执一不二

《吕氏春秋》的诗笔记

扎希 译

中国出版集团有限公司

研究出版社

图书在版编目 (CIP) 数据

执一不二：《吕氏春秋》的诗笔记 / 扎希译. --
北京：研究出版社，2023.7
ISBN 978-7-5199-1436-3

Ⅰ.①执… Ⅱ.①扎… Ⅲ.①杂家②《吕氏春秋》—
译文 Ⅳ.①B229.24

中国版本图书馆CIP数据核字(2023)第041925号

出品人：赵卜慧
出版统筹：丁　波
责任编辑：安玉霞

执一不二：《吕氏春秋》的诗笔记

ZHIYI BUER：《LÜSHI CHUNQIU》DE SHIBIJI
扎希　译

研究出版社　出版发行
（100006　北京市东城区灯市口大街100号华腾商务楼）
北京隆昌伟业印刷有限公司　新华书店经销
2023年7月第1版　2023年7月第1次印刷
开本：880毫米×1230毫米　1/32　印张：26
字数：624千字
ISBN 978-7-5199-1436-3　定价：98.00元
电话（010）64217619　64217652（发行部）

目录

要总结、承继灿烂的
古代文化这一份珍贵遗产　李慎明　001

《吕氏春秋》原文
校勘所据旧刻本　003

孟春纪第一

孟春　001

本生　006

重己　011

贵公　016

去私　021

仲春纪第二　025

仲春　025

贵生　029

情欲　035

当染　040

功名　一作由道　044

季春纪第三　048

季春　048

尽数　053

先己　057

论人　063

圜道　068

孟夏纪第四　073

孟夏 ……………………………………………… 073

劝学 一作观师 …………………………………… 077

尊师 ……………………………………………… 082

诬徒 一作诋役 …………………………………… 087

用众 一作善学 …………………………………… 092

仲夏纪第五 ……………………………………… 096

仲夏 ……………………………………………… 096

大乐 ……………………………………………… 100

侈乐 ……………………………………………… 104

适音 一作和乐 …………………………………… 107

古乐 ……………………………………………… 112

季夏纪第六 ……………………………………… 119

季夏 ……………………………………………… 119

音律 ……………………………………………… 124

音初 ……………………………………………… 129

制乐 ……………………………………………… 133

明理 ……………………………………………… 138

孟秋纪第七 ……………………………………… 143

孟秋 ……………………………………………… 143

荡兵 一作用兵 …………………………………… 147

振乱 ……………………………………………… 152

禁塞 ……………………………………………… 155

怀宠 ……………………………………………… 160

仲秋纪第八 ……………………………………… 164

仲秋 ……………………………………………… 164

论威 ……………………………………………… 168

简选 ……………………………………………… 172

决胜 ……………………………………………… 177

爱士 一作慎穷 …………………………………… 181

季秋纪第九 ……………………………………… 185

185　季秋
189　顺民
194　知士
198　审己
202　精通
207　孟冬纪第十
207　孟冬
211　节丧
216　安死
222　异宝
226　异用
230　仲冬纪第十一
230　仲冬
234　至忠
238　忠廉

243　当务
247　长见
253　季冬纪第十二
253　季冬
257　士节
261　介立　一作立意
264　诚廉
268　不侵
274　序意　一作廉孝
278　有始览第一
278　有始
283　应同　旧作名类
289　去尤
294　听言
298　谨听

303 务本
307 谕大
311 孝行览第二
311 孝行
317 本味
325 首时 一作胥时
330 义赏
336 长攻
343 慎人 一作顺人
349 遇合
355 必己 一作本知,一作不遇
363 慎大览第三
363 慎大
371 权勋
377 下贤

384 报更
390 顺说
395 不广
401 贵因
407 察今
413 先识览第四
413 先识
419 观世
425 知接
431 悔过
437 乐成
444 察微
450 去宥
455 正名
460 审分览第五

审分　460
君守　467
任数　473
勿躬　480
知度　486
慎势　493
不二　500
执一　502

审应览第六　507
审应　507
重言　514
精谕　519
离谓　525
淫辞　532
不屈　538

应言　544
具备　551
离俗览第七　557
离俗　557
高义　564
上德　570
用民　578
适威　584
为欲　590
贵信　595
举难　602
恃君览第八　609
恃君　609
长利　615
知分　620

626 召类
632 达郁
638 行论
645 骄恣
651 观表
657 开春论第一
657 开春
662 察贤
664 期贤
668 审为
672 爱类
677 贵卒
681 慎行论第二
681 慎行
686 无义

690 疑似
693 壹行
697 求人
702 察传
706 贵直论第三
706 贵直
711 直谏
715 知化
719 过理
722 壅塞
727 原乱
731 不苟论第四
731 不苟
736 赞能
740 自知

当赏　　743

博志　　746

贵当　　751

似顺论第五　　755

似顺　　755

别类　　759

有度　　763

分职　　766

处方　　773

慎小　　777

士容论第六　　782

士容　　782

务大　　786

上农　　790

任地　　795

辩土　　799

审时　　804

附录　　810

《吕氏春秋》序　汉·高诱　　810

后记　　812

要总结、承继灿烂的古代文化
这一份珍贵遗产

  毛泽东同志在 1938 年指出："我们这个民族有数千年的历史，有它的特点，有它的许多珍贵品。对于这些，我们还是小学生。今天的中国是历史的中国的一个发展；我们是马克思主义的历史主义者，我们不应当割断历史。从孔夫子到孙中山，我们应当给以总结，承继这一份珍贵的遗产。这对于指导当前的伟大的运动，是有重要的帮助的。"[1]

  1940 年 1 月，毛泽东同志指出："中国的长期封建社会中，创造了灿烂的古代文化。清理古代文化的发展过程，剔除其封建性的糟粕，吸收其民主性的精华，是发展民族新文化提高民族自信心的必要条件；但是决不能无批判地兼收并蓄。必须将古代封建统治阶级的一切腐朽的东西和古代优秀的人民文化即多少带有民主性和革命性的东西区别开来。"[2]

  习近平总书记十分重视对中华优秀文化传统的研究和继承。他在党的二十大报告中指出："我们必须坚定历史自信、文化自信，坚持古为今用、推陈出新，把马克思主义思想精髓同中华优秀传统文化精华

---

[1] 《毛泽东选集》第 2 版第 2 卷第 534 页。
[2] 《毛泽东选集》第 2 版第 2 卷第 707 页。

贯通起来、同人民群众日用而不觉的共同价值观念融通起来，不断赋予科学理论鲜明的中国特色，不断夯实马克思主义中国化时代化的历史基础和群众基础，让马克思主义在中国牢牢扎根。"

作为先秦的一部重要典籍，《吕氏春秋》的政治思想、哲学思想以及它所保留的科学文化方面的历史资料十分丰富，是中华民族和中华文明的一份珍贵遗产，我们应该像对待先秦其他重要典籍一样给予重视和研究。

初看到《吕氏春秋》的这部诗译本，有点出乎意料，想想又在情理之中。这的确是一种有益的创新性探索。2000多年前的秦王政，是在其仲父吕不韦和《吕氏春秋》的深刻影响之下，领导秦国扫荡六国从而实现了中华民族的第一次大一统。祝愿今天的读者也能在这本《吕氏春秋》的"诗笔记"中开卷有益。

李慎明

中央马克思主义理论研究和
建设工程咨询委员会首席专家
中国政治学会会长
2023年2日3日

《吕氏春秋》原文校勘所据旧刻本

1. 元至正嘉兴路儒学刊本　简称元本　北京图书馆藏

2. 明弘治十一年李瀚刻本　简称李本　北京图书馆藏

3. 明嘉靖七年许宗鲁刻本　简称许本　北京图书馆藏

4. 明万历己卯张登云校本　简称张本　北京大学图书馆藏

5. 明万历己卯姜璧重刻本　简称姜本　北京大学图书馆藏

6. 明万历宋邦义等校本　简称宋本　北京大学图书馆藏

7. 明万历宋启明刻本（仅十二纪）　简称小宋本　北京大学图书馆藏

8. 明万历丙申刘如宠刻本（见《百子全书》）　简称刘本　北京大学图书馆藏

9. 明万历乙巳汪一鸾刻本　简称汪本　北京图书馆藏

10. 明万历庚申凌稚隆套印本　简称凌本　北京图书馆藏

11. 明朱梦龙刻本简称朱本　北京大学图书馆藏

12. 明黄之寀刻本　简称黄本　北京大学图书馆藏

13. 明天启吴勉学刻本　简称吴本　北京图书馆藏

14. 明崇祯七年王锡衮刻本　简称王本　北京图书馆藏

孟春纪第一

孟 春

一曰：

孟春之月

太阳运行在营室[1]

初昏时分，参[2]

是出现在中天南方的中星[3]

拂晓时分，尾[4]

是出现在中天南方的中星

孟春日于天干属甲乙

其主宰之帝是太皞[5]

其佐帝之神是句芒[6]

其应时之虫是龙鱼鳞族[7]

其应时之音是角

其应时之律是太簇[8]

天地相配木成之数为八[9]

其应时之味是酸

其应时之气味是膻

其应时之祭祀是户[10]

注释：

[1] 营室：二十八宿之一，在今飞马座。

[2] 参：二十八宿之一，在今猎户座。

[3] 中星：二十八宿分布四方，按一定轨道运转，依次每月行至中天南方的星叫中星。观察中星可确定四时。

[4] 尾：二十八宿之一，在今天蝎座。

[5] 太皞：即伏羲氏，本书把太皞作为五帝之一。五行家称太皞以木德称王天下，被尊为东方之帝、木德之君。

[6] 句芒：少皞氏之子，名重，辅佐木德之帝，被尊为木德之神。

[7] 虫：古时对动物的总称。

[8] 律：律管，即定音的竹管。太簇：古代十二律之一。据说古人把葭莩的灰塞在律管里，某月到了，与它相应的律管里的灰就飞动起来，这就叫作律中某某；孟春之月，太簇管中的灰飞动起来，所以叫"律中太簇"。

[9] 八：指木之成数。阴阳五行说认为天地生成五行，一天生水，二地生火，三天生木，四地生金，五天生土；因为阴阳不相配不能相成，所以又六地成水，七天成火，八地成木，九天成金，十地成土。天生木之数是三，天地相配成木之数是八。

[10] 户：户祀，五祀（户灶中霤门行）之一。古人认为春天阳气上升、蛰伏的动物开始活动，由户而出，所以孟春要举行户祀。

祭品以脾为先

东风吹融冰冻

藏伏一冬的动物开始活动

鱼向上游到冰层之下

水獭杀死捕得的鱼

像祭品一样陈列在水边

候雁向北而飞

天子居住在青阳左个 [1]

出行乘坐饰有鸾铃的车 [2]

驾的是苍青龙马 [3]

车上插着绘有龙纹的青色旗帜

穿着青色的衣服

佩戴青色的玉饰

吃的是麦与羊 [4]

宗庙所用器具

纹理镂刻得空疏而通达

这个月立春

立春的前三天，太史禀告天子

说："某日立春，盛德在木" [5]

天子于是斋戒以整洁身心

立春之日

天子亲率三公、九卿、诸侯、大夫 [6]

一起来到城外东郊 [7]

注释:

[1] 青阳左个：即东向明堂的北侧室。古代帝王居住及宣布政教的明堂，按五行构筑，东向的叫青阳，南向的叫明堂，西向的叫总章，北向的叫玄堂，中央的叫太庙。除太庙只有一个太室之外，其余的在正堂两侧各有一个侧室，叫"个"。左侧室叫左个，右侧室叫右个。按四时、五行的运行，天子每月换一个居室。

[2] 鸾：本是青色凤鸟。这里是取鸾凤色青。五色与五行相配，青属木，所以用青色的东西命名春天用的器物。下文的御用之物如青龙、青旋、青衣、青玉等，都是为顺应春天的青苍之色。

[3] 龙：高大的马。马八尺以上为龙。

[4] 麦与羊：古人认为，五谷（麦黍稷麻菽）、五畜（鸡羊牛犬豕）与五行相配，麦属木，羊属火。吃东西要顺应时气，才能安生养性。春气贵在调和，仍有冬日余寒，所以吃与春同属木的谷物，并用属火之畜来御寒。

[5] 盛德：大德。古人认为，春属木而有生育万物之德，所以说春季盛德在木。

[6] 三公：辅佐天子的最高官吏，这里指太师、太傅、太保。九卿：指少师、少傅、少保、冢宰、司徒、宗伯、司马、司寇、司空。

[7] 东郊：邑东八里为东郊。

迎接春天的来到

天子迎春归来

在朝堂之上赏赐公卿、诸侯、大夫

命令三公发布德教、宣布禁令

行褒奖，施泽惠，惠及众民

褒奖赏赐，都要立行通达，无有不当

于是命令太史，遵奉典法 [1]

主持推算天上日月星辰的运行

太阳所在、月亮所经，务必丝毫不差

日月星辰进退疾迟的运行规律不得有失

坚持以牵牛初度的冬至点

作为历法计算的起点 [2]

这个月，于吉日

天子将向上帝祈祷五谷丰登

于是择取吉辰 [3]

天子亲自用车装着耒耜 [4]

放在参乘的保介和御者之间 [5]

率领三公、九卿、诸侯、大夫

去帝籍田亲自耕作 [6]

天子三推耒耜入土

三公五推，卿、诸侯、大夫九推

返回后，天子在祖庙执爵饮酒

三公、九卿、诸侯、大夫

注释：

[1] 典：指六典，即治典、教典、礼典、政典、刑典、事典。法：八法，即官属、官职、官联、官常、官成、官法、官刑、官计。六典八法是当时治理邦国官府的法则制度。

[2] 当时人们认为冬至点在牵牛初度，以冬至点作为历法计算的起点。

[3] 日为天干，辰为地支，所以有事于天（祈谷）用日，有事于地（耕地籍）用辰。

[4] 耒耜：耕地的农具。耒，犁柄。耜，铧。

[5] 保介：车右，即站在车上右侧保卫君主的武士。车右与驾车的御者都是参乘（依孔颖达说）。

[6] 帝籍田：古时，天子有农田千亩，用民力耕作，来生产祭祀上帝的黍稷，所以称这千亩农田为帝籍田。又简称帝籍或籍田。

都要陪侍天子饮酒

这场宴饮命名为"劳酒"[1]

这个月，天气下降，地气上腾

天地之气混同合一，草木萌生

王发布关于农事的政令

命令田畯住于东郊[2]

（监督并指导农民）整治田地的界限

审视并端正田间路径

多多考察丘陵、阪险[3]、平原、湿地

把握哪些土地适宜种植粮食

明了五谷的种植方法

以这些教诲引导农民

这些都要事必躬亲

农功之事布置完毕

首要的是确定农产品价格标准

这样，农民才不会疑虑重重

这个月，命令乐正进入太学[4]

教国子练习舞蹈

还要修订祭祀典则

下令祭祀山林川泽

牺牲祭品禁用雌性母牲

禁止砍伐树木

注释：

[1] 此处意为：籍耕归来，天子举行宴饮以慰劳群臣。

[2] 田畯：古代主管农事的官员。

[3] 阪：大坡。险：高低不平之地。

[4] 乐正：乐官之长。

不许倾覆鸟巢

不许杀害初生之虫、母腹中的小兽

和刚刚学飞的小鸟

不许杀害幼兽，不得捡取鸟蛋

不可征召会聚百姓

不可大兴土木修建城郭

要掩埋尸骸枯骨

这个月，不可以举兵征伐

举兵杀戮必有天降灾殃

在不应有任何战事的季节里

任何战事都不可由我而起

莫变天道运行

莫绝大地生机

莫乱人伦纲纪

孟春之月，如果颁行夏天的政令

就会风雨无常，草木早枯，国人惶恐

如果颁行秋天的政令

就会瘟疫流行，屡见疾风暴雨

藜莠蓬蒿野草丛生

如果颁行冬天的政令

就会有大雨大水来坏毁农田

霜雪为害，冬麦无收

本　生

二曰：

最初始创造生命的，是天

养育生命并使其成长的，是人

能够保养天之所生而不触犯损毁的

称为天子

天子的一举一动

都以保全天命为要务

这就是设立职官的由来

天子设立职官

正是用以保全生命

当代的昏聩之主

设立很多职官反而去伤害生命

则是失去所以设立职官的本意

这就如精心训练军队

本来是为了对付敌寇

现在自己训练的士兵

却攻击起自己

这也是丧失了精心练军的本意

水本来清澈

泥土搅浑了水

所以水才不得清澈

人本来长寿

外在之物干扰了人

所以人才不得长寿

那些外在之物

本应用以滋养生命

而不是用生命去追求

当今世人

糊里糊涂的多是以命养物

正是不知身与物谁轻谁重

不知轻重

就会以重为轻，以轻为重

像这样

就会每有所为而无不失败

以此为君，必昏聩无道

以此为臣，必乱政败法

以此为子，必狂妄无礼

一国之中只要有这三者之一

无可幸免，必定亡国

如果现在这里有一种声音

耳朵听到它一定能让人颇为惬意

然而只要听到它就会让人耳聋失聪

你一定不会去听

如果这里有一种颜色

眼睛看到它一定能让自己颇为惬意

然而只要看到它就会让人失明

你一定不会去看

如果这里有一味食物

嘴巴吃到它一定能让人颇为惬意

然而只要吃到它就会让人瘖哑失声

你一定不会去吃

因此，圣人对于这些声色滋味

有利于性命的才会取用

有害于性命的就舍弃不用

这就是保全性命的大道

世上富贵之人

对于这些声色滋味

大多迷惑不清

他们日夜寻欢

一旦得到，就肆意放纵而不自禁

如此哪能不伤害性命

万人持弓，共射一靶，无有不中

万物繁茂，若用来伤害一个生命

那个生命就不可能不被伤害

若用来有利于一个生命

那个生命就不可能不得以长生

所以，圣人统摄万物

正是为了保全自己的天赋性命

天赋性命完备无损

那么就会精神和谐

眼睛明亮，听觉聪灵

嗅觉敏锐，言辞敏捷

周身三百六十个关节舒展通畅

像这样的人

言语不多而为人所信

不劳谋划而诸事得当

不费思虑而自有所得

精神贯通于天地

思想覆盖着宇宙

对于自然万物无不慨然相受

对于千变万化无不包容从容

博大如苍天大地

上作天子而毫无傲骄

下为匹夫而从不忧闷

这样的人称得上德行完全的人

身为权贵巨富而不明保全性命之道

所拥有的权位财富正好成为祸患

那还不如既贫且贱

贫贱之人一向索获甚难

虽然也渴望享受那种（富贵）生活

又哪能凭空从何而来

出门乘车，入家坐辇

务求安逸舒适

这车辇堪称"招蹶之机"[1]

吃肥肉，喝醇酒

勉强着自己又喝又吃

这酒肉堪称"烂肠之食"

肤如凝脂，明眸皓齿，靡靡之音

令人沉湎享乐

这美色堪称"伐性之斧"

招蹶之机、烂肠之食、伐性之斧三患

都是由富贵所招致

所以，古来就有不肯富贵的人

那是出于珍重性命的原因

不是借轻视富贵的虚名来自夸

而是因为实实在在地要保全性命

这样的道理不可不明

注释：

[1] 招蹶之机：导致人脚生病的器械。

重 己

三曰：

倕，是灵巧至极的巧匠 [1]

人们并不会去爱惜倕的手指

却会爱惜自己的手指

因为自己的手指属于自己

能为己所用，有利于自己

人们不去爱惜昆山之玉、江汉之珠 [2]

却会珍爱自己的苍璧小玑 [3]

因为自己的东西属于自己

能为己所用，有利于自己

如今，我的生命为我自己所有

而且也是极大地有利于我

说起生命的贵贱

即使赋予天子之贵

也不足以与身家性命相比

说起生命的轻重

即使赋予天下之富

也不可以命相换

注释：

[1] 倕：相传是尧时的巧匠。

[2] 昆山：昆仑山。据说昆仑山产的玉石，用炉炭烧三天三夜，色泽也不改变。因此古人用"昆山之玉"指代上好的美玉。江汉：长江、汉水。传说江汉有夜明珠，因此古人用"江汉之珠"指代上好的珍珠。

[3] 苍璧：含石多的玉。小玑：小而不圆的珍珠。

说起生命的安危

一旦失去生命

终身不可能再会得到

正是因为这三个方面

有道之人对于生命总是慎之又慎

确有慎重相待反而伤害生命的

因为他并未通达生命的本性

不通达生命的本性

谨慎小心哪能有什么益处

这就好比一位盲人乐官

再爱护儿子

仍免不了会让爱子枕卧谷糠之中

又好比一位聋子养育婴儿

正当雷声隆隆

却在堂上抱着自家婴儿

向堂外偷窥

这种小心翼翼的实际后果

比起漫不经心来

到底又能有什么不同

那些不知道慎惜生命的人

对这死生、存亡、可与不可

从来就没有搞明白

这些从来都没有搞明白的人

他们所谓正确的从来不曾正确

他们所谓的不正确从来不曾不正确

他们把不正确的当作是正确的

把正确的当作是不正确的

这简直就是极大的惑乱

像这样的人

正是上天降祸的人

以此修身，必死必殃

以此治国，必残必亡

这些死殃残亡之祸

并不是自己上门

而是思维惑乱所致

长寿的得来也常常就是这样

所以，有道之人

并不审视事态所导致的结果

而是着重审视事态的由来

审视那不可止禁而来的缘由

这个道理不可不深知明了

让乌获用力拉拽牛尾[1]

即使用尽力气拽断牛尾

牛也不会动，因为是逆行

注释：

[1] 乌获：战国时秦国的力士，以勇力侍秦武王。

让五尺高的牧童拉起牛鼻环

而牛会听任所往

因为这样是顺应天性

世上的人主贵人

无论是贤明还是不肖

无人不愿久视长生

但如果一味悖逆天性

再渴望也还是没用

生命的长久

在于顺应生命的天性

使生命生长不顺的

正是欲望

所以，圣人一定会首先节制欲望

使之适度

房室大则阴气多

台子高则阳气盛

阴气多则易得寒蹶 [1]

阳气多则易得痿病 [2]

这都是阴阳不适之患

所以，先王不住大屋，不筑高台

饮食不求丰盛珍异

衣着不会过厚过热

衣着厚热会闭结脉理

注释:

[1] 寒蹶：是一种手足逆冷的病症，古人认为是阴气盛所致。

[2] 痿：是一种肢体萎弱无力的病症，古人认为主要是阳气盛而五脏内热所致。蹶、痿之疾都会使人肢体不能活动。

脉理闭结则气脉不畅

饮食丰盛珍异则胃会过满

胃满则胸腹闷胀

胸腹闷胀则气脉不畅

如此这般哪能得到长生

从前，先代圣王建造园囿园池

可以远眺游观、活动身体就已足够

他们建造宫室台榭

可避燥隔湿就已足够

他们乘车出门、皮衣在身

可往来方便、安身暖体就已足够

他们置备饮食酏醴[1]

只要味道不错、填饱肚肠就已足够

他们创作音乐歌舞

可安定性情、自娱自乐就已足够

这五个方面，圣王所以用来养性

并不是出于节俭而担心靡费

就是为了调和性情使之适度

注释:

[1] 酏：稀粥，可用来酿酒。醴：甜酒。

贵 公

四曰：

从前，先代圣王治理天下

必以公正无私为上

圣王大公无私，则政治安定清明

天下安定是由于公正无私

试看历代史志

拥有占有天下的人很多

那得天下的必是以公正无私而得

那失天下的必失之于偏私自利

人主之立，必出于公

所以，《鸿范》中就有这样的诗句

"无偏无党，王道荡荡

无偏无颇，遵王之义

无或作好，遵王之道

无或作恶，遵王之路"[1]

天下，不是一人之天下

而是天下人的天下

注释：

[1] 《鸿范》：此为《尚书·周书》中的一篇，一作《洪范》。引文诗句大意为：不要偏私不要结党，圣王之道浩浩荡荡。绝不偏私绝不倾颇，遵循圣王大法道义。不要放纵自私偏好，遵循圣王光明大道。不要恣意个人好恶，遵循圣王前进正路。

阴阳调和，不只生长一种物类

甘露时雨，不会偏私任何一物

万民之主，不应偏袒任何一人

伯禽启程将行 [1]

向父亲周公求教如何治鲁 [2]

周公说："利施于民，绝不利己"

荆国有一个丢了弓的人 [3]

却不再去找

说："荆人丢弓，荆人得弓

又有什么可找的"

孔子听了这事

说："去掉'荆'就对了"

老聃听了这件事

说："（再）去掉那个'人'才好"

所以，老聃达到了至公境界

天地如此伟大

养育万民

却从不以万民为一己之子孙

成就万方

却从不将任何一物据为己有

万事万物的成长发展

注释：

[1] 伯禽：周公旦之子，鲁国始祖。周公相成王，留在东都洛阳，成王封伯禽于鲁。

[2] 周公：姬姓，名旦，周武王之弟，辅佐武王灭商，建立周王朝。

[3] 荆：即楚，古代楚国的别称。因楚国原建国于荆山一带，故名"荆"。

无不承受天地的恩泽

无不得益于天地的好处

却没有谁明白这一切从何而来

这也正是三皇五帝的德行

管仲病重 [1]

桓公前去探问 [2]

说："仲父的病越来越重

一旦病得厉害

发生国人不可避讳之事

可把国家托付给谁"

管仲答道："往昔臣竭智尽力

尚未能了解到这样的人

现在病在旦夕之间

臣又能说些什么"

桓公说："这是国家大事

还望仲父教导寡人"

管仲恭谨遵命

说："公打算以谁为相"

桓公说："鲍叔牙是否可以"

管仲应对答道："不可

夷吾我深知鲍叔牙

鲍叔牙的为人绝对清廉洁直

但对于那些不如自己的人

注释:

[1] 管仲：由鲍叔牙推荐，为桓公相，尊称"仲父"。

[2] 桓公：指齐桓公，为春秋五霸之首。

不屑与之为伍

一旦听说了人家的短处

就会终生不忘

实在不得已，那个隰朋还是可以的 [1]

说起隰朋的为人

能记识效法先贤

也肯于不耻下问

以自己比不上黄帝为耻

又能同情不如自己的人

他对于国政大事

不需要他了解的就不去打听

他对于各项事务

不由他管辖的就不去多问

他对于别人的过失

只要无关大节就视若未见

如果真是不得已

那么隰朋还是可以"

一国之相

已是最大官职

既然位居高官

就不应苛求小处

不应小处聪明

所以说：高明的匠人不会亲手砍削

注释：

[1] 隰朋：齐大夫。

高超的厨师不会在意如何摆放食器

真正的勇士不会为小事胜负高下而争

正义之师绝不烧杀劫掠强取为寇

桓公秉公而行抛却私怨

信用管子而成为五霸首领 [1]

一旦怀私而行

偏袒所爱，任用竖刀

自己就落得个尸虫出户 [2]

人之年少，懵懵懂懂

人之年长，有些聪明

所以，聪明而行私

莫若愚笨而秉公

日日酒醉还要整饬丧制

明明据为私有却自诩为公

贪婪残暴还想成就王业

即使是舜也办不到这个

注释：

[1] 五霸：指春秋时势力强大称雄一时的五个诸侯首领。通行的说法，五霸指齐桓、晋文、秦穆、宋襄、楚庄。本书《当染》等篇则把齐桓、晋文、楚庄、吴阖闾、越勾践列为春秋五霸。

[2] 竖刀：齐桓公的近侍。他书或作"竖刁"。尸虫出户：桓公死，竖刀参与乱齐国，桓公五子争立，无人主丧，尸体停在床上六十多天不予殡殓，以至尸虫流出门外。

去　私

五曰：

天所覆盖无一处为私

地所承载无一处为私

日月普照无一处为私

四时交替无一时为私

天地日月，春夏秋冬

力行公正无私之大德

万物才得以生存成长

尧有十个儿子

却把天下授予了舜

而没给自己的儿子

舜有九个儿子

却把天下授予了禹

而没给自己的儿子

他们都是大公无私之人

晋平公曾问祁黄羊^[1]

注释：

[1]　晋平公：春秋晋国国君，名彪，公元前557年—前532年在位。祁黄羊：晋大夫，名奚，字黄羊。据《左传·襄公三年》的记载，祁奚荐贤的事发生在晋悼公之时。

说:"南阳目前没有县令[1]

哪位可以南阳掌政"

祁黄羊应对说:"解狐可以"[2]

平公说:"解狐不正是你的仇敌"

应对说:"君问谁可做南阳令

没有问是否臣的仇人"

平公说:"善"

于是任用了解狐

国人对此纷纷赞好

过了一段时间

平公又问祁黄羊

说:"国中尚无军尉[3]

哪位可以出任"

祁黄羊答道:"午可以"

平公说:"午不正是你的儿子"

应对说:"君问谁适任军尉

没有问是否臣的儿子"

平公说:"善"

于是又任用了祁午

国人对此纷纷称好

孔子听闻此事

说:"善哉!祁黄羊之论

外举不避仇,内举不避子"

祁黄羊可谓一心为公

注释:

[1] 南阳:古地名,在今河南省济源市一带。

[2] 解狐:晋大夫。

[3] 军尉:平时管理军政,战时兼任主将的御者。

墨家有个钜子叫腹䵍[1]

居住在秦国，他的儿子杀了人

秦惠王说："先生年迈

没有其他的儿子

寡人已经命令下官不得处死

这事就请先生听从寡人"

腹䵍应对答道："墨家的规则是

'杀人者死，伤人者刑'

以此来禁止伤人杀人

严禁伤人杀人

本就是天下之大义

王虽赐予我恩惠

而令官员不得处死我的儿子

腹䵍却不能不遵行墨家的规则"

惠王的指令没有得到腹䵍应允

对腹䵍的儿子执行了死刑

自己的儿子，人人偏爱

忍心杀掉爱子以行大义

这位钜子可谓公而忘私

厨师善于调和五味而不会自己食用

所以才可以做厨师

假使厨师调和五味然后只给自己食用

注释：

[1] 钜子：等于说"大师"。战国时墨家对本学派有重大成就的人的称呼。他书或作"巨子"。腹䵍：人名。姓腹，名䵍。

那么这样的人就不能成为厨师

对于成就王霸之业的君主

也是一样道理

诛杀暴虐却不独占所有利益

而是用以分封天下贤德

因此可以成就王霸大业

假使王霸之君诛杀暴虐

却将一切据为己有

那么，也就没什么王霸之业可成

仲春纪第二

仲　春

一曰：

仲春之月

太阳运行在奎 [1]

初昏时分，弧 [2]

是出现在中天南方的中星

拂晓时分，建星 [3]

是出现在中天南方的中星

仲春日于天干属甲乙

其主宰之帝是太皞

其佐帝之神是句芒

其应时之虫是龙鱼鳞族

其应时之音是角

其应时之律是夹钟 [4]

天地相配木成之数为八

其应时之味是酸

其应时之气味是膻

其应时之祭祀是户

注释：

[1] 奎：二十八宿之一，在今仙女座。

[2] 弧：星宿名，又名弧矢，在鬼宿之南，今属大犬及船尾座。

[3] 建星：星宿名，在斗宿之上，今属人马座。

[4] 夹钟：十二律之一。

祭品以脾为先

这个月，雨水开始从天而落

桃树李树的枝头开花

黄鹂开始鸣叫

天空中鹰逐渐为鸠所取代 [1]

天子居住青阳太庙 [2]

出行乘坐饰有鸾铃的车

驾车的是苍青龙马

车上插着绘有龙纹的青色旗帜

穿着青色的衣服

佩戴青色的玉饰

吃的是麦与羊

宗庙所用器具

纹理镂刻得空疏而通达

这个月，要安养万物滋生的萌芽

养育好天下的儿童和少年

抚恤失去父亲的孤儿

择选黄道吉日

令百姓举行社稷祭祀土神

祈求五谷丰登

令有司减少狱中囚犯

即使仍然在押，也要去掉刑具

不可鞭笞犯人

注释：

[1] 鸠：布谷鸟。

[2] 青阳太庙：东向明堂的中间正室。

不可死刑后陈尸示众

禁止诉讼之事

这个月，燕子来到

燕子来的时候

要准备好太牢祭品牛羊猪三牲

到郊外去祭祀主管嫁娶的高禖之神 [1]

天子亲自前往

后妃带着宫中所有女眷侍从

为天子御幸而有孕的女眷举行礼仪

给她戴上弓套，再授予弓箭 [2]

这一切都在高禖神之前

这个月，黑夜白天相等

天雷发声，有了闪电

蛰伏的动物都要苏醒

纷纷离开它们的洞穴

在雷鸣到来之前的三天

要振动木铎向万民发令 [3]

"天上打雷之时

有不顾警戒而行房事

生出的孩子会有先天残疾

孩子的父母必有凶灾"

乘着日夜平分

注释：

[1] 高禖：即郊禖。禖：专管嫁娶的媒神。因其祠在郊外，故称郊禖。

[2] 这是为了祈求能生男孩，因为弓矢之类都是男子勇士所用。

[3] 木铎：以木为舌的大铃。古代宣布政教法令，要巡行振鸣木铎以警示。

正好顺应天时统一度量、均衡秤杆

校正斗桶量器，校正秤锤与概 [1]

这个月，耕作的农夫稍作休息

修整一下阖扇 [2]

务必保证寝庙祭祀诸事完备 [3]

莫要兴兵征伐，以免妨害农事

这个月，莫让川泽干涸

不许焚烧山林

天子先奉献羔羊

以祭祀司寒之神

再打开藏冰的冰窖取冰 [4]

在这个月的第一个丁日

命令乐正进入国学教练舞蹈

初入国学的要以彩帛祭祀先师

天子率三公、九卿、诸侯

亲自前去观看

在这个月中旬的丁日

还要命令乐正进入国学教练音乐

这个月，一般的祈祷祭祀不用牺牲

会奉献玉圭玉璧 [5]

或用皮毛缯帛来代替

注释：

[1] 概：平斗斛的木板

[2] 阖扇：门户。用木做的叫阖，用竹苇做的叫扇。

[3] 寝庙：古代宗庙中前边祭祖的部分叫庙，后边住人的部分叫寝。

[4] 古人冬天凿下冰块，藏入冰窖，仲春二月，先要献上羊羔祭祀司寒之神，然后才能打开冰窖取冰，此称献羔开冰。

[5] 圭璧：古代祭祀时用作符信的玉器。圭，上尖下方的玉器。璧，圆形而中间有孔的玉器。

仲春之月，如果颁行秋天的政令

国中就会大水泛滥，寒气忽至，外敌来犯

如果颁行冬天的政令

就会阳气不胜，麦子不熟，

百姓饥饿，相互劫掠

如果颁行夏天的政令

国中就会田地大旱

暖热之气提前到来，虫螟为害

贵　生

二曰：

面对天下万事万物

圣人深深思考

只有生命至为宝贵

那耳目口鼻

不过是生命的仆役

耳朵虽然想聆听声音

眼睛虽然想赏看色彩

鼻子虽然想嗅闻香氛

嘴巴虽然想品尝美味

只要有害生命

这些功能就都会被禁止

即使这四官自己不甚愿意

若是有利于生命也不敢不从

由此看来

耳目鼻口不可擅行

务必有所制约

正如百官各有所司

不得擅自为政,

务必有所制约

这就是珍重生命的方法

尧曾想把天下让给子州支父 [1]

子州支父回复

说:"让我做个天子还是可以的

虽然如此,但我患有深重的忧劳之症

正要深入治疗

无暇考虑天下的治理"

天下,何等尊贵

子州支父不会为坐天下

而伤害自己的性命

其他物事就更是姑且不论

其实,正是这种不愿为得天下而伤生的

注释:

[1] 子州支父:传说中的古代隐士,姓子,名州,字支父。

才是可以托付天下的人

越国人杀了自己的三代国君 [1]

王子搜一时忧惧重重

逃进了一口采丹的矿井

越国没有了国君

到处找王子搜而不得

循迹追踪到他藏身的矿井

王子搜却拒绝现身

越国人就烧起艾草来熏

再以国君专用的王舆奉乘 [2]

王子搜手拉着车绥 [3]

仰天而呼说:"国君之位啊

独独不能放过我吗"

王子搜并不是憎恶国君之位

而是担心为君之后祸患丛生

像王子搜这样的人

可谓不愿为了国家而危害自己的性命

这倒使越人愿意尊其为君

鲁君听说颜阖是个得道之人 [4]

就派人带着币帛前去致意 [5]

颜阖居于里巷里门,身着粗布之衣

正在喂牛,鲁君的使者到了

注释:

[1] 毕沅据《竹书纪年》考证,战国时越王无颛(即"搜")之前越国三代国君不寿、朱句、无余先后被杀。

[2] 王舆:国君专用的车。

[3] 车绥:上车时挽手所用的绳子。

[4] 颜阖:战国时鲁国的隐士。

[5] 币帛:古人用以相互赠送、致意的礼物。

颜阖接待了使者

使者说:"这里是颜阖的家吗"

颜阖答道:"这是颜阖的家"

使者献上鲁君的礼物

颜阖说:"担心您听错了指令获罪

不如先去确认一下"

使者返身回去审核清楚

来回再找已经没人

所以,像颜阖这样的人

并不是本来就厌恶富贵

而是因为以性命为重

世之人主常常以贵富自诩

对那些得道之人以傲慢相对

如此不了解得道之人

真是可叹可悲

因此说:道之精华,用以修身

其尚有余,用来治理国家

残余泥土草芥之物,用来办理天下政务

由此看来,帝王的功业

不过是圣人的闲暇余事

并非用以全身养生的大道

现在,那些世俗君子

为了身外之物

危害身体甚至舍弃生命

他们这样做到底是为了什么

他们到底为了什么而这样做

但凡圣人有所行动

必定明了行动原因与达到目的的途径

如果有这样一个人

用罕见的随侯之珠 [1]

去弹射千仞之上的小鸟

世人一定会笑话他

为什么会笑话

因为所付代价重大

所得又那么轻小

那生命啊

又岂是随侯之珠所能相较

子华子说 [2]

"全生为上，亏生次之

死次之，迫生为下" [3]

因此，对于生命最大的尊重

就是所说的全生

所谓全生，就是六欲都各得其宜 [4]

所谓亏生，就是六欲所宜各得其半

生命受到亏损，生命的天性就有所削弱

注释：

[1] 随侯之珠：相传随侯见一条大蛇伤断，给它敷药，后来大蛇从江中衔来一颗明珠报答他。后人把这颗明珠称作"随侯之珠"。随，汉东之国，姬姓。

[2] 子华子：古代道家人物。传说为战国时魏国人，与韩昭釐侯同时期。

[3] 大意是：保全生命天性，顺其自然得享天年，最为上等；生命天性，由于受到外物干扰而有亏欠，不圆满，是次一等；再次的是虽未享天年却能为坚守志向而舍弃生命；最下等的就是压抑生命天性而苟且偷生。

[4] 六欲：指生、死及耳、目、口、鼻的欲望。

亏损越多，生命的天性越薄

所谓死者

已经失去了用以知道六欲的凭借

等于又回到生命未生时的起点

所谓迫生，就是六欲都不得其宜

所得到的都为生命天性所极为憎恶

屈服，就是这一类

受辱，就是这一类

最大的耻辱莫过于不义之行

所以，不义之行就是迫生

但是迫生并非仅指不义之行

所以说苟且偷生不如一死

怎么能够知道上述这些都是正确的

譬如，耳朵听到厌恶的声音

就不如什么都没有听见

眼睛看到厌恶的东西

就不如什么都没有看见

因此，雷鸣就要捂住耳朵

闪电就要闭上眼睛

迫生，就是和这一样

但凡六欲

都很明了自己所极端厌恶的东西

如果定要如此、无法避免

就不如没有任何感官用以感知

如果没有任何感官用以感知

也就是所说的死亡

所以，迫生还不如去死

嗜好吃肉的

不是说腐败的鼠肉也要吃

嗜好喝酒的

不是说腐败变质的酒也要喝

珍重生命

绝对不是说可以苟且偷生

情　欲

三曰

天生育了人

而使人有贪念有欲望

欲望产生情感

情感，有节有度有深浅

圣人修身节制适度以克制欲望

所以不会过分放纵自己的情感

耳朵想听五声

眼睛想看五色

嘴巴想吃五味

这些都是情欲

无论贵贱、愚智、贤或不肖

都有着同等的、一样的情欲

即使是神农、黄帝

他们的情欲也与桀、纣的相同

圣人之所以异于常人

在于能够把握适度用情

一切立足于贵生尊生

就能把握好情欲的分寸

不从贵生尊生的角度出发

情欲就会放纵

这二者的分野

就是生死存亡的根本

世俗君主放纵情欲

所以动辄败亡，他们的

耳朵无论怎么听都听不够

眼睛无论怎么看都看不厌

口嘴无论怎么吃都吃不饱

以至于身体浮肿，筋骨积滞

血脉壅塞，九窍空空

就是有彭祖在世，也无能为力

对于物质的追求，世俗君主总是

渴望不可能得到的东西

追求无法满足的欲望

从而大大丧失生命的根本

招致百姓怨责，树立起强大敌人

自己意志不坚，意气易变

只夸耀权势，好弄权谋，满怀欺诈

不顾道德正义，急于追逐邪利

等到穷途末路，虽有后悔

又哪里还来得及

亲近奸佞小人，疏远正直大臣

一旦国家极度危难

就是痛悔所有过错，仍然无力挽回

当听说行将灭亡也是身心惊骇

却就是搞不清楚这一切的由来

自己百病缠身，国家乱难频仍

如此君临臣民

只能是置自身于忧患之中

再美妙的声音，耳朵也会置若罔闻

再美丽的色彩，眼睛也会视若无睹

再香甜的美味，口嘴也会味同嚼蜡

活着与死去也没有什么不同

古时得道之人

生命得以长寿

妙音、美色、香味长久享受

到底是什么原因

是因为早早确定了贵生的信念

早早确定贵生的信念

就能早早地知道如何爱惜生命

早早知道爱惜生命

就会确保精力不竭

秋天降温若早，则冬天必暖

春天雨水较多，则夏天必旱

天地尚且难以两全

何况我们人的自身

其实，人身与天地相通相同

天地万物形体各异

本性上却是一体

所以，古代的修身与治天下者

必然效法天地

樽中有酒

喝的人多就会很快喝尽

君主尊贵的生命犹如醇酒

天下万物无不就此痛饮

所以，君主尊贵的生命常常加速耗尽

不仅是天下万物在痛饮

君主也在损耗自己的生命以供养天下之人

而且最后自己不知不省

功业虽成就于外，而生命亏耗于内

耳朵听不见，眼睛看不到，嘴巴吃不进

心中大乱，胡言乱语

胡思乱想，幻影幢幢

一旦面临死境

神魂颠倒，惊惧万分

不知如何是好

心机用尽而到了这个地步

岂不可悲

世上那些侍奉君主的人臣

都以孙叔敖得遇荆庄王为幸 [1]

如果让有道之人来说就又当别论

其实，这是荆国的大幸

荆庄王本就好四处游玩打猎

跑马射箭，快乐无尽

正好把治国的辛劳和争霸诸侯的忧思

都付与孙叔敖

孙叔敖从此日夜操劳不息

再也不得作利身养生

从而使庄王的丰功伟业得以

著于史册，传于后世

注释：

[1] 孙叔敖：字孙叔，春秋楚人，初隐居海滨，后为楚庄王令尹。荆庄王：即楚庄王，春秋楚国国君，芈姓，名旅（他书或作吕、侣），公元前 613 年—前 591 年在位，为春秋五霸之一。

当　染

四曰：

看到素丝的染色过程 [1]

墨子有所感叹

说："染于苍则苍，染于黄则黄

所以入者变，其色亦变

五入而为五色矣"

所以，染色不可不慎重当心

不仅素丝染色是这样

国家也有个如何熏染的过程

舜就深受许由、伯阳的熏陶 [2]

禹深受皋陶、伯益的熏陶 [3]

汤深受伊尹、仲虺的熏陶 [4]

武王深受太公望、周公旦的熏陶

这四位王者，获得良好熏陶

故能称王天下，立为天子，

功名遮天蔽地

凡举说天下仁义显达之人

注释：

[1]　素丝：未经染色的生丝。

[2]　许由：古代传说中的高士，字
　　武仲，颍川人。相传舜想将天
　　下让给许由，许由不接受，逃
　　隐于箕山。伯阳：尧时的贤人，
　　传说为舜七友之一。

[3]　皋陶：舜的法官。伯益：舜臣，
　　与皋陶同族。

[4]　汤：商朝的建立者，也称天乙。
　　伊尹：商汤的大臣，名挚，原
　　是汤妻陪嫁的奴隶，后辅佐汤
　　灭桀，建立商朝，被尊为阿衡
　　（宰相）。仲虺：汤的左相。

必称颂这四位王者

夏桀深受干辛、歧踵戎所染 [1]

殷纣深受崇侯、恶来所染 [2]

周厉王深受虢公长父、荣夷终所染 [3]

幽王深受虢公鼓、祭公敦所染 [4]

这四位王者，受到不良熏染

故国破人亡，为天下人责辱

凡举说天下不义耻辱之人

必称指这四位王者

齐桓公深受管仲、鲍叔牙的熏陶

晋文公深受咎犯、郭偃的熏陶 [5]

荆庄王深受孙叔敖、沈尹蒸所染 [6]

吴王阖庐深受伍员、文之仪的熏陶 [7]

越王勾践深受范蠡、大夫种的熏陶

这五位君主，获得良好熏陶

故得以称霸诸侯，功名传于后世

范吉射为张柳朔、王生所染 [8]

中行寅为黄藉秦、高强所染 [9]

夫差为王孙雒、太宰嚭所染 [10]

智伯瑶为智国、张武所染 [11]

中山尚为魏义、椻长所染 [12]

宋康王为唐鞅、田不禋所染 [13]

这六位君主，受到不良熏染

故国家残亡，自己被杀或者受辱

宗庙再也得不到血食祭祀

子孙断绝，君臣离散，国民流亡

凡举说天下贪婪残暴的可耻之人

必称指这六位君主

凡是作为君王

不应为了成为君王而因此显荣

不应为了成为君王而因此安适

而是为了能实行大道、实践义理

实践义理来自优良的教导熏陶

所以，古代善于做君王的

宁愿花费精力辨择人臣，而放逸于官事

这就是把握了为君的正道

不善于为君的

内心愁闷，耳目烦劳

而国家愈加危险，自身愈多耻辱

这是因为没有把握为君的切要

不知为君切要的原因

就在于所受熏染教导不当

既受到不当的熏染教导

又能从何而知义理大道

这里说的就是那六位君主

那六位君主

并非不以国为重、不爱其身

就是因为所受熏染教导不当

熏染教导与生死存亡紧密相关

不仅诸侯君主如此

对于帝王也是一样

不只是国家有熏染现象，士也是这样

孔子曾向老聃、孟苏、夔靖叔[1]学习

鲁惠公派大夫宰让[2]

向天子请示祭天祭祖的礼仪[3]

桓王则专门派出史官角前往[4]

惠公把角留在鲁国，角的后人就在鲁国

墨子得以向角的后人请教

孔子、墨子这二位贤士

并无爵位能在人前炫耀

也没有能给人带来好处的赏赐利禄

但若举说天下显赫荣耀的人

必称颂这二位贤士

人已经离世那么久

追随二位的却越来越多

门生弟子越来越丰盛，遍布天下

王公大人信从并宣扬孔、墨思想

有爱惜子弟的，送子弟去追随学习

而且时刻不停

子贡、子夏、曾子都学自孔子

注释：

[1] 孟苏、夔靖叔：当是与孔子同时的两位有道之人。

[2] 鲁惠公：春秋鲁国国君，名弗皇（一作"弗湟"），公元前768年—前723年在位。宰让：鲁大夫。

[3] 天子：指周平王。

[4] 桓王：当作"平王"。因惠公死于平王四十八年，其时桓王未立。如"桓王使史角往"，其时惠公已死，则又与下文"惠公止之"不合。

田子方学自子贡 [1]

段干木学自子夏 [2]

吴起学自曾子 [3]

禽滑厘从学墨子 [4]

许犯学自禽滑厘

田系学自许犯 [5]

显荣天下的孔、墨后学

门生众多，不可胜数

都是因为所受教育熏染正确得当

功 名 一作由道

五曰：

遵循正道

功名成就无处可去

只会如影随形

仿佛回声响应呼声

精于垂钓者

水下十仞的鱼一样钓出

因为鱼饵喷香

善于射弋者

注释：

[1] 田子方：战国时魏国的贤士，魏文侯尊他为师。

[2] 段干木：战国时魏国的隐士，很受魏文侯的尊重。

[3] 吴起：战国时魏国人，军事家。先为魏文侯将军，文侯死后，因遭陷害而逃到楚国，辅佐楚悼王变法图强，使楚国强盛一时。

[4] 禽滑厘：墨子的弟子。他书或作"禽滑黎"。

[5] 许犯、田系：墨家后学弟子。

百仞高天上的鸟一样射下

因为有一把好弓

善于治国为君者

语音不同、风俗独特、习惯迥异的四方蛮族

都会远来臣服

因为德行深厚

水泉深广则鱼鳖归附

树木繁茂则鸟雀归附

百草旺盛则禽兽归附

人主贤明则豪杰归附

故圣王不致力于勉强使谁归顺

而是致力于怎样才能令人归附

强令之下的笑容没有真正的欢乐

强令之下的恸哭没有真正的悲伤

强迫命令这种方法

可以实现虚名小事

而不可能有所大成

瓦缶之中的醯醋一发黄 [1]

就会招来蚊蚋飞聚

因为有酸味四溢

但仅仅有水还做不到这一点

用猫去引诱老鼠，用冰块招引苍蝇

注释:

[1] 缶: 瓦器。圆腹，小口，有盖，用以汲水或盛流质。醯: 醋。

做法再精妙，肯定不可能

用腐臭之鱼驱赶苍蝇

苍蝇来的会越来越多，几不可禁

这其实是用招引之法来进行驱离

桀、纣就是意图使人归附

以暴政实现安定，以驱离招致归顺

惩罚再重，刑法再严

能有什么益处

严寒已到，温暖最有利于民众

酷暑临头，哪清凉民众往哪走

民众并没有什么确定所在

总是会聚集于有利之处

无利就会离去

要做天子

对于民众的走向

不可不辨察把握

当今世界

可谓极寒，可谓极热

而百姓并未有所趋附

因为，天下君主的作为都是一样的恶劣

要做天子，就要给人民有所展示

就不可不与他们有所区别

如果行为举止与乱君无异

即使政令频出

人民还是不会前来归附

没有人民的支持

就无人能成就王业

反倒是暴君庆幸，人民绝望

故当今之世

如果还有仁人志士

就不可不致力于此

如果还有圣贤明主

就不可不以此为重

是贤德，还是不肖

都切实来自自己的言行

不会来自别人的分封

就像命运不可更改

就像美丑不可移易

桀、纣贵为天子，富有天下

能害尽天下人民

而就是不能得到贤君之名

关龙逢、王子比干 [1]

能以死谏诤君上之过

而不能为君上争得贤名

名声和评价本就不来自别人的分封

务必遵循正道才有所成

注释：

[1] 关龙逢：夏桀之臣。传说夏桀暴虐无道，关龙逢极力劝谏，被桀所杀。王子比干：殷纣的叔伯父（一说纣的庶兄）。传说纣荒淫暴虐，比干犯颜强谏，被纣剖心而死。

季春纪第三

季 春

一曰：

季春之月

太阳运行在胃 [1]

初昏时分，七星 [2]

是出现在中天南方的中星

拂晓时分，牵牛 [3]

是出现在中天南方的中星

季春日于天干属甲乙

其主宰之帝是太皞

其佐帝之神是句芒

其应时之虫是龙鱼鳞族

其应时之音是角

其应时之律是姑洗 [4]

天地相配木成之数为八

其应时之味是酸

其应时之气味是膻

其应时之祭祀是户

注释：

[1] 胃：星宿名，二十八宿之一，在今白羊座。

[2] 七星：星宿名，即星宿，二十八宿之一，在今长蛇座。

[3] 牵牛：星宿名，即牛宿，二十八宿之一，在今摩羯座。

[4] 姑洗：十二律之一，属阳律。

祭品以脾为先

梧桐树开始开花

田鼠化为驾 [1]

彩虹开始出现

浮萍开始生出

天子居住青阳右个 [2]

出行乘坐饰有銮铃的车

驾车的是苍青龙马

车上插着绘有龙纹的青色旗帜

穿着青色的衣服

佩戴青色的玉饰

吃的是麦与羊

宗庙所用器具

纹理镂刻得空疏而通达

这个月，天子向先帝献祭鞠衣 [3]

令主管船只的舟牧

把船翻过来检查船底有无漏洞

翻来五次，翻去五次

然后禀告天子舟船完全齐备

天子于是开始乘船

向宗庙进献鲔鱼

为麦子祈祷籽实饱满

注释：

[1] 驾：鹌鹑之类的鸟。田鼠化为驾只是古人的一种传说。

[2] 青阳右个：即东向明堂的右侧室。

[3] 鞠衣：指后妃们躬桑时穿的像初生的桑叶那种黄色的衣服。先帝：指太皞等古帝王。季春正是采桑养蚕之际，天子向先帝进献鞠衣，祈求蚕事丰收。

这个月，万物生长发育之气正盛

阳气发泄，生者尽出，萌芽出土

应发散财物，不可赋敛纳入

天子要广布恩德、遍行恩惠

令有司打开粮仓地窖

赐予贫困和无依无靠的人

救济在外无钱、居家无食的人

打开仓库，拿出财物，周济天下

劝勉诸侯，聘任名士[1]，礼贤下士

这个月，命司空宣示[2]

"时雨将降，下水上腾

循行国邑，周视原野

修筑堤防，导达沟渎

开通道路，无有障塞

田猎罩弋，置罘罗网[3]

喂兽之药，无出九门"[4]

这个月，命野虞严禁砍伐桑树柘树[5]

斑鸠振动羽翅，戴任降于桑林[6]

要准备好采桑养蚕用的槾、曲、篅、筐[7]

王后、王妃斋戒身心

面向东方亲自采集桑叶

要禁止妇女出外游观

注释：

[1] 名士：指有德行通道术而隐居不做官的人。

[2] 司空：主管土地、建筑、道路等事的官，周代为六卿之一。

[3] 罩：捕捉禽兽的长柄网。弋：拴在生丝线上射出去以后可以收的箭。置罘：都是捕兔的网。罗：捕鸟的网。这里置罘罗网泛指一切捕捉禽兽的网。

[4] 此段引文大意为：应时之雨即将降落，地下之水向上翻涌，外出巡行国都城邑，视察周边平原旷野，整治水利修补堤坝，疏导打通田间水道，疏通开辟大道小路，四通八达没有障塞，用于田猎的网箭，捕兔捕鸟的罗网，毒杀野兽的毒药，不许带出都城大门。

[5] 野虞：主管山林田野的官

[6] 戴任：鸟名。

[7] 槾、曲、篅、筐：都是采桑养蚕的用具。槾，放蚕薄的木架的横木。曲，蚕薄。篅，圆底的筐。筐，方底的筐。

减少妇女养蚕之外的差事

勉励她们专心于采桑养蚕

一旦蚕事完成

就把蚕茧分给妇女们缫丝

根据她们各自出丝的轻重

作为考核绩效

蚕丝供给织作郊外祭天祭祖的祭服

不许有任何懒惰

这个月，命工师下令百工 [1]

仔细检查五库的储量 [2]

金铁、皮革筋、角齿、羽箭杆、脂胶丹漆

不得有任何不良情况

要确保百工得到管理

监工每天发号施令

不许违背时宜

不做过分奇巧的器物

避免勾动上位者分心

这个月的月末，选择吉日

举办"大合乐" [3]

天子会率三公、九卿、诸侯、大夫

亲自到场观看

注释:

[1] 工师：统领百工的官。百工：指各种工匠。

[2] 五库：储藏器材的五种仓库，金铁为一库，皮革筋为一库，角齿为一库，羽箭杆为一库，脂胶丹漆为一库。

[3] 大合乐：各种音乐舞蹈同时演奏。孟春之月乐正入国学教练舞蹈；仲春上旬丁日，乐正又入国学教练舞蹈；中旬丁日，又入国学教练音乐，这时来举行"合乐"。

这个月，要在放牧中

让犝牛、腾马与发情的母牛、母马交配 [1]

选出纯色驹犊 [2]，用作牺牲祭品 [3]

都要一一记数

国人举行驱除疫鬼的傩祭

在国都的九门割裂牺牲祭神

以去除邪恶，结束春气

实行应在本月实行的政令，就会

一旬一至，一月三旬三次

降下及时甘霖

季春之月，如果颁行冬天的政令

就会寒气时发，草木萧疏，国人惶恐

如果颁行夏天的政令

就会百姓多有疫病

应时之雨不降

种植在山陵的谷物没有收成

如果颁行秋天的政令

就会天多阴沉

绵绵淫雨早早到来

而且战事并起纷生

注释:

[1] 犝牛：公牛。腾马：公马。

[2] 驹：小马。犊：小牛。

[3] 牺牲：用作祭品的纯色牲畜。

尽 数

二曰：

天生阴阳、寒暑、燥湿

四时更替、万物变化

莫不可以利益于人

莫不可以危害于人

圣人洞察阴阳之宜

辨明万物之利

以给生命带来益处

所以，只要精与神安守于形骸

那么年寿就能够长久

这里的所谓长

不是短命得以延续

而是能够尽享天生寿数

得享天年的关键

在于避开危害

何谓避害

大甘，大酸，大苦，大辛，大咸

五种东西充塞体内

就会危害生命

大喜，大怒，大忧，大恐，大哀

五种状态与精神交集

就会危害生命

大寒，大热，大燥，大湿，

大风，大雨，大雾

七种环境动摇人的精气

就会危害生命

所以，但凡养生，莫若把握根本

把握根本则疾病无所从来

精气的集聚 [1]，必有所入之形

集聚于鸟羽

借之体现为振翅飞扬

集聚于走兽

借之体现为奔走如流

集聚于珠玉

借之体现为精美精良

集聚于树木

借之体现为繁茂葱茏

集聚于圣人

借之体现为睿智聪明

精气之来

依于轻盈者会让它纵身飞翔

注释：

[1] 精气：指形成万物的阴阳元气。中国古代朴素的唯物论者认为，精气是一种原始物质，它可以变化生成万物，而万物的生长变化是精气的表现和作用。

依于行动者会让它奔走如流

依于美好者会让它美轮美奂

依于成长者会让它丰盛繁茂

依于有智者会让他智慧明理

流水不腐，户枢不蝼，是因为经常活动

身体与精气也是一样

身不活动则精不流动

精不流动则气就郁结

郁结在头部就会形成肿、风 [1]

郁结在耳部就会形成挶、聋 [2]

郁结在眼部就会形成矒、盲 [3]

郁结在鼻部就会形成鼽、窒 [4]

郁结在腹部就会形成张、疛 [5]

郁结在脚部就会形成痿、蹷 [6]

水中含盐分及其他矿物质过少的地方

人多有秃顶和瘿 [7]

水中含盐分及其他矿物质过多的地方

人多有尰、躄 [8]

水味甜美的地方

人多健康与貌美

水味辛辣的地方

人多生有疽、痤 [9]

注释：

[1] 肿：头肿。风：面肿。

[2] 挶：耳病。

[3] 矒：眼眶红肿。

[4] 鼽、窒：均指闭塞不通。

[5] 张、疛：均为腹部疾病。张，
即"胀"。

[6] 痿、蹷：均为脚部疾病。

[7] 瘿：颈部生囊状瘤。

[8] 尰：脚肿。躄：不能行走

[9] 疽：结成块状的毒疮。浮浅者
为痤，深厚者为疽。痤：痈。

水味苦涩的地方

多有尪与伛之人 [1]

凡是饮食，不宜浓烈厚重

厚味烈酒就是致病之首

饮食能够有规律有节制

身体就一定会无灾无病

饮食的原则，就是不要或饥或饱

这样就能让五脏安适

要吃营养可口的食物

精神平和，仪容端正

以神气将养

周身百节舒适欢愉

都能受到精气的滋润

喝的时候务必小口下咽

身形端直而不扭转

当今社会时尚龟甲蓍草卜筮

祈神求福，祭神报谢

所以疾病越来越多

这就好像一位射手

射不中箭靶，反而去调整靶标

这哪能有利于中靶

想用开水止住热水的沸腾

注释：

[1] 尪：骨骼弯曲症。胫、背、胸骨骼弯曲都称"尪"。伛：脊背弯曲。

水只会沸腾不止

只要撤了火，水的沸腾自然停止

所以，巫医毒药 [1]

不过是通过辟邪驱鬼以治病

所以，古人瞧不上这些东西

因为相对于养生大道都是细枝末节

先　己

三曰：

汤向伊尹请教

说："想要好好地治理天下

应该怎么办"

伊尹回答说

"越是想治理天下

天下越是不好治理

要治理好天下

应首先修养自身"

大凡做事的根本

务必首先修养身心

爱惜自己宝贵身体

注释：

[1] 毒药：这里指治病的药物，其
味多苦辛，故称毒药。

吐故纳新，腠理畅通

精气日新，邪气去尽

从而尽享天年

这就是所谓的真人 [1]

从前，先代圣王

修身有成而天下成

修身养性而天下治平

所以，要使回声响亮

不在于回声而在于原声嘹亮

要改善身影

不在于影子而在于摆正身形

治理天下的人

并不致力于天下

而在于修养自身

《诗》中有说

"淑人君子，其仪不忒

其仪不忒，正是四国" [2]

这说的正是修养自身

因此，回身向道而善修善成

躬行仁义则人人称善

乐施君道

而百官已治，天下万民得利

注释：

[1] 真人：道家称存养本性的得道
     之人。

[2] 引诗见《诗·曹风·鸤鸠》。
     大意为：善人君子，仪容端庄。
     仪容端庄，表率四方。

这三方面能有所成

都在于无为

无为之道曰胜天

就是听凭天道，任其自然

无为之义曰利身

就是顺应天性，修养自身

无为之君曰勿身

就是凡事都不亲力亲为

不亲力亲为就不会偏听

修养身心就平和清静

听凭天道就能顺应天性

顺应天性

就会聪明睿智，长寿长生

平和清静

就会事业发展，四方乐从

端正视听

就没有奸邪闭塞，无知惶惑

所以，君上为君之道有失

就会有敌人入侵边境

国内德行有失，名声就会丢到国外

因此，百仞之松

根部受损，树梢就要枯槁

商周二国的末世就是这样

国君胸中无谋，政令在外推行受困

因此，心中有得才听得进各种意见

广纳雅言才能政事得当

政事得当自然功名成就

五帝以道为先而后崇德

所以，道德无比昌隆

三王先行教化再行杀罚

所以，社会无比美善安定

五伯先治理好国家再四处征战 [1]

所以，军事无比强大

当今之世

诡计阴谋并行

欺诈骗术迭出

征伐攻战不休

国家灭亡、君主受辱越来越多

因为他们所做的就是舍本求末

夏后相与有扈氏 [2]

于甘泽交战而未胜 [3]

六卿请求再战 [4]

夏后相说："不可

吾国土并不狭小

吾百姓人也不少

战而不胜，这是因为

注释：

[1] 五伯：即五霸。
[2] 夏后相：当是"夏后启"之讹。
   启，禹的儿子，姒姓。后，君。
   有扈：即有扈氏，古国名。
[3] 甘泽：古地名。
[4] 六卿：天子设六军，六军的主
   将称六卿。

吾德行浅薄、教化不善"

于是，此后所居之处

席子不用两层

饭菜不吃两样

琴瑟乐器不予陈设

仪仗钟鼓不予整治

不许子女修饰打扮

亲近亲族，敬爱长者

尊重贤士，任用能人

一年以后而有扈氏归服

故欲胜人者，必先自胜

想品评别人，须先评判自我

要了解别人，必先自知

《诗》中说："执辔如组"[1]

孔子说："明悉此话深意

可以执掌天下"

子贡反问："执缰驭马般治理天下

岂不过于急躁"

孔子说："这里说的不是急躁

这里是说驭手调理好手中缰绳

马自会向前奔行

正如织者只要编织好手中丝线

手下自然会出现种种花纹"

注释：

[1] 引诗见《诗·郑风·大叔于田》。大意为：执缰驭马一如编织花纹。辔，驾驭牲口的缰绳。组，编织。

圣人修养自身

广大事业自会如纹而成于天下

所以，子华子说

"丘陵生成而穴居者可以安身

大水深渊生成而鱼鳖可以安身

松柏茂盛而行路之人可得绿荫"

孔子见鲁哀公

哀公说："有人告诉寡人说

'治理国家的人

坐在朝堂之上就可以理政'

寡人认为这话不切实际"

孔子说："这并不是迂阔之言

丘听说过这个

修身有得的人会很得人心

自身有失的人会失去人心

能不出门而天下得治的

大概只有善于反省修身的君主"

论 人

四曰：

做君主的方法相当简单

君主所遵奉的守则就在近旁

最上乘的方法就是反求诸己

其次才是求诸他人

越是向远处寻求

就越是背道而驰

寻求得越是用力

离开其中要义越远

何谓反求诸己

使耳目视听有度

使嗜好欲望有所节制

舍弃智巧权谋

摈弃虚伪诡诈

让意识游于无穷的虚无之境

让心念立于无为的自然之途

这样，就没有什么能伤害自己的天性

天性无损，就能了知事物的精微之处

了知事物的精微之处

就能把握事理的玄妙

把握事理玄妙可谓得一 [1]

大凡万物万形

都是得一而后形成

由此而知，得一知一 [2]

就能因应万物千变万化

阔达渊深，深不可测

德行光明灿烂美好

并列日月，不可熄灭

豪杰贤士随时而来

远方宾服，无可阻塞

精神、元气疏通

无所束缚，不可拘守

由此而知，得一知一

就复归于天性

嗜好欲望易于满足

养身之物节制少取

从而不受支配、不被占有

超脱世俗自得其乐

内心性情纯洁清白

从而不受玷污、不可染黑

注释：

[1] 一：指道。道家把"一"看作
数之始，物之极。

[2] 知一：等于说"得一"。

威权不能使他畏惧

严厉不能使他惊恐

从而不会害怕、不可屈服

由此而知，得一知一

就会行动必与事合宜

顺应时势，周旋得当

从不置身窘地

举止必礼数周全

或取或与，遵循事理

从不迷乱失礼

言语必全面无失

至于肌肤，感同身受

从不改张易调

（有这样的得道之人在）

奸谗之人就会无计可施

贤明之人就会兴旺显达，不可隐匿

由此而知，得一知一

就仿佛天地一般

那么，有什么事业不能胜任完成

有什么事物不能适合相应

就好像那驾车的御者

一旦反求诸己，就会车轻马快

跑得很远才歇息吃饭

也不会疲倦

从前，前代的亡国之君

总归罪于他人

所以天天杀戮不停

以至于亡国还不醒悟

夏、商、周三代兴国之王

总认为罪在己身

所以天天勤于功业而不懈怠

以至于成就王业

何谓求诸他人

人皆同类而智慧不同

贤与不肖迥异

一旦都以巧言诡辩来自我防范

不肖之主就会因此迷乱

凡是要衡量识别一个人

处于顺境的就要观察他礼敬什么人

地位显贵的就要观察他举荐什么人

富裕富足的就要观察他赡养的宾客门人

听取意见的就要观察他的所作所为

闲居在家的就要观察他的喜好嗜好

为上司所信的就要观察他如何进言

穷困潦倒的就要观察他所坚拒不受的

地位低贱的就要观察他坚决不做的

让他高兴欢喜以此检验他的操守

让他开心娱乐以此检验他是否有邪癖

让他冲天一怒以此检验他的气度

让他心生畏惧以此检验他是否品行卓异

让他悲哀伤心以此检验他是否仁爱友善

让他辛劳困顿以此检验他是否意志坚定

八观六验

这就是贤明之主衡量品评人的方法标准

衡量、品评一个人

还一定要听取六戚四隐的评价

何谓六戚

就是父、母、兄、弟、妻、子

何谓四隐

就是朋友、故人、乡邻、左右亲近

考察一个人的内心品格，用六戚四隐

考察一个人的外在表现，用八观六验

一个人的真假、贪鄙、美恶

就能了解无失

一如这个人本想避雨

却无论去哪里都有雨水

先代圣王就是以此来知人识人

圜　道

五曰：

天道圜 [1]，地道方 [2]

圣王效法天地

据此设立上君下臣

何以解释天道之圜

精气一上一下

环绕往复，循环终始，无所留止

所以说天道周而复始、运转不穷

何以解释地道之方

万物异类异形

各有名分职守，不能互相替代

所以说地道端平正直

君主执圜，臣下处方

方圜各安其道而不改变

于是国家强大昌盛

太阳一昼夜绕行一周

（周而复始，运而不穷）

注释：

[1] 圜：通"圆"。指周而复始，
运而不穷。
[2] 地道：关于地的道理、法则。
方：端平正直。

这就是圜道

月亮依次相会二十八宿

起于轸宿，角宿为终 [1]

（周而复始，运而不穷）

这就是圜道

精气运行四季

一上一下，阴阳会合

（周而复始，运而不穷）

这就是圜道

万物生机萌动，萌动而后出生

出生而后成长，成长而后壮大

壮大而后成熟，成熟而后衰败

衰败而后灭亡，亡后隐灭无形

（周而复始，运而不穷）

这就是圜道

云气西行

云气周旋回转，冬夏不停

水泉东流，日夜不休

水泉泉源不竭，大海从未盈满

小泉汇为大海，重水化作轻云

（周而复始，运而不穷）

这就是圜道

黄帝说："帝无常处也

有处者乃无处也" [2]

注释:

[1] 轸宿与角宿相接。二十八宿始于角宿，终于轸宿。

[2] 战国时有很多托名为黄帝著的书出现。这里当是引自此类书文。此引文大意是：天帝从无具体居处，如果说有那就是无所不在。

说的是无论颠仆障碍都会前行

（周而复始，运而不穷）

这就是圜道

人体之窍有九 [1]

一窍壅闭，八窍病虚

八窍病虚过久则身毙

因此，如果倾听，应答就会停止

如果要看，倾听就会停止

以此说明一官、一窍之专精

专精但不应停滞，停滞则败

（周而复始，运而不穷）

这就是圜道

大道至贵

莫知其源，莫知其端

莫知其始，莫知其终

而万物以其为本源

圣王效法大道，保全天性

安定生命，以发号施令

政令出于君口

百官依令而行，日夜不休

普遍贯彻，穷极深入

洽合民心，通达四方

执行情况转而复归，回报君主

（周而复始，运而不穷）

注释：

[1] 九窍：指耳、目、鼻、口、大
　　小便处等。

这就是圆道

君令运行但如圆道

就会使不可能的成为可能

使不美好的成为美好

这样就没有壅塞

无所壅塞，就是君政畅通

所以，国家政令

君主以之为生命

臣下的贤或不肖、国家的安危存亡

都由此而定

人有形体四肢，能够为人所支使

因为有所触动就定有反应

有了触动却毫无反应

那么，形体四肢就不能再用

人臣也是这样

君上发号施令却无动于衷

那么就不能支使他们

有臣下而不受支使，不如没有

身为君主

就要能支使那些本不属于自己的臣下

舜、禹、汤、武都是如此

先王设立高官

必要求他们端平正直、遵守臣道

端平正直、遵守臣道才会确定职分

职分确定则下臣不敢隐私瞒上

尧、舜，贤明之主

都把天下传继给了贤明后人

而不肯给与自己的子孙

正如设立百官

必用端平正直、遵守臣道之人

当今世上的君主

都想要父死子继，再传与自己的子孙

设立百官，不能让他们行为端正

而是以私欲惑乱臣心

这到底是为了什么

这是因为他们的贪欲如此之远深

而见识如此之浅近

五音无不和谐相应，是因为音位确定

宫、徵、商、羽、角

各处其处，音皆调和，无有相违

所以听起来无不相互应和而优美

贤明之主设立百官有似于此

百官各处其职、各治其事

以侍奉君主

君主就无有不安

以此治国，国家无不兴盛

以此备患，祸患无由而至

孟夏纪第四

孟　夏

一曰：

孟夏之月

太阳运行在毕[1]

晨昏时分，翼[2]

是出现在中天南方的中星

拂晓时分，婺女[3]

是出现在中天南方的中星

孟夏日于天干属丙丁

其主宰之帝是炎帝

其佐帝之神是祝融[4]

其应时之虫是凤鸟羽族

其应时之音是徵

其应时之律是仲吕[5]

天地相配火成之数为七[6]

其应时之性是礼[7]

其应时之事是视[8]

其应时之味是苦

注释：

[1] 毕：二十八宿之一，在今金牛座。

[2] 翼：二十八宿之一，在今巨爵座。

[3] 婺女：二十八宿之一，又简称"女"，在今宝瓶座。

[4] 祝融：颛顼氏之后，名吴回，曾作高辛氏火官，死后被尊为火德之神。

[5] 仲吕：十二律之一，属阴律。

[6] 七：阴阳说认为，火生数为二；成数为七，这里指火的成数。

[7] 性：情性。礼：五性（仁义礼智信）之一。

[8] 事：指修身之事。视：五事（貌言视听思）之一。

其应时之气味是焦

其应时之祭祀是灶 [1]

祭品以肺为先

蝼蝈开始鸣叫

蚯蚓从土里钻出

王菩开始生长 [2]

苦菜秀出了花朵

天子居住明堂左个 [3]

出行要乘坐赤红色的车

驾车的是赤骝 [4]

车上插着绘有龙纹的赤色旗帜

穿着赤色的衣服

佩戴赤色的玉饰

吃的是菽与鸡 [5]

宗庙所用器具又高又大

这个月，得以立夏

立夏的前三天，太史禀告天子

说："某日立夏，盛德在火"

天子于是斋戒以整洁身心

立夏之日

天子亲率三公、九卿、诸侯、大夫

一起来到城外南郊 [6]

迎接夏天的到来

注释：

[1] 灶：五祀之一，指对灶神的祭祀。

[2] 王菩：即栝楼，一种药用植物，根和果实可入药。

[3] 明堂左个：南向明堂的左侧室。

[4] 骝：黑鬣黑尾的红马。

[5] 菽：豆类。

[6] 南郊：邑南七里（"七"取夏之数）。

迎夏归来，天子要行赏、封侯、庆赐 [1]

无不欣喜高兴

于是命令乐师演习礼、乐合演 [2]

命令太尉禀报推荐杰俊 [3]

进荐贤良，举荐长大 [4]

分封爵位，给予俸禄

一定要与地位相当

这个月，万物生长草木繁茂

不要进行破坏毁损

不要大兴土木

不要征用百姓

不要砍伐大树

这个月，天子开始穿细葛布的衣服

命野虞出行巡查田地原野 [5]

勉励农耕，鼓励农民

不要错失农时

命司徒巡视县鄙 [6]

命农夫努力耕作

不许藏伏在国都之中

这个月，要驱赶野兽

不让田中五谷受害

注释：

[1] 庆：赐。

[2] 乐师：即小乐正，乐官副职。

[3] 太尉：官名，秦设置，负责军事。

[4] 长大：指形貌高大的人。

[5] 野虞：主管山林的官吏。

[6] 司徒：九卿之一，主管教化。县鄙：二千五百家为县，五百家为鄙。这里泛指天子领地之内。

也不许进行大规模的田猎

这个月，农民献上新打下的麦子

天子会就着猪肉品尝新麦

尝食前先奉献祖庙，祭祀先祖

这个月，要积聚蓄藏各种草药

靡草死，麦秋至 [1]

要判定轻刑，判决小罪

释放不够判刑的犯人

桑蚕之事结束之后

后妃向天子献茧

于是开收茧税 [2]

按桑的多少来均分

贵贱老幼都依照同样的标准

用于供给祭天祭祖时的祭服

这个月，天子要饮春天酿的醇酒

观赏礼乐表演

实行应在本月实行的政令

就会十日一次，三旬三次

降下甘霖

孟夏之月，如果颁行秋天的政令

注释:

[1] 靡草：即葶苈，一年生草本药用植物。麦秋：麦子成熟的季节。五谷各以其生为春，以成为秋。

[2] 茧税：指蚕民收获蚕茧所应交纳的税。

就会屡次降下苦雨 [1]

五谷就不再生长

寇贼侵扰边境

四方百姓躲进城堡

如果颁行冬天的政令

草木就会早早枯槁

还会大发洪水，破坏城郭

如果颁行春天的政令

就会虫蝗成灾，暴风袭来

草木开花而不结果实

劝 学 一作观师

二曰：

先王所教

荣耀莫过于孝

显达莫过于忠

忠孝，君主父母所甚想得到

显达与荣耀

臣下子女所十分向往

然而人君父母常常得不到所想要的

注释：

[1] 苦雨：指伤害庄稼的秋雨。

子女与臣下也难得如愿

这是由于不知理义

不知理义，源自不学习

从师学习的人

如果老师通达且自己有才

我没听说过这样的人会不成为圣人

圣人所在，天下政治清明安定

在左则左方重，在右则右方重

因此，古代的圣王无不尊敬师长

以师为尊

而不论老师的贵贱富贫

像这样去做

就会名声显达

德行昭彰天下

所以，老师施教

不会计较学生的轻重、尊卑、富贫

而看重学生是否竞求理义

学生倘若能够接受理义

对学生的教诲也就无不合宜

所求尽得，所欲尽成

这只会在得到圣人之后才能发生

圣人来自努力学习

不努力学习而能成为魁士名人[1]

从来未曾有过

努力学习的关键在于尊敬老师

老师得到尊重

教导才会被人信从

所述道理才会为人称述而彰明

因此，应召而教的老师

不可能教化别人

随便招呼老师的学生

受不到真正的教育

对于自卑的老师

学生不会听信

看不起老师的学生

不会听从老师的教诲

老师采用不可教化、无人听信的方法

而勉强施教

还想道义施行、荣获尊重

不也相差太远

学生处于不愿受教、不予听信的状态

而自行其是

还想名扬天下、立命安身

这简直就是怀揣腐臭而妄想芬芳

这如同掉进水里却不愿湿衣

注释:

[1] 魁士：贤能之士。

大凡进行说教

应该让人听起来愉悦而不是强行说服

现今世上的说教者

大多无法令人心悦诚服

反而进行硬性说教

不能让人耳顺心服而硬性说教

这如同本想拯救溺水者

却坠上块石头让他下沉

这简直就是本想治病

却给病人喝下毒堇 [1]

那些让世道愈加混乱的

让不肖之主深深昏惑的

就是由此而生

所以，作为老师的要务

在于依循事理，在于力行道义

事理得到依循，道义得到确立

老师的地位就会得到尊重

王公大人不敢骄慢

上至于天子朝见而不羞惭

大凡君臣际遇，师生相长

这样的和洽尚且不一定能够实现

遗弃正理，抛弃道义

注释：

[1] 堇：一种草，有毒，可入药。

去追求不一定实现的东西

还想别人来尊重自己

岂不是太难

因此，老师务必依循事理践行道义

然后，才会得到真正的盛名与尊重

曾子说[1]："君子在道路上行走

其中父亲在世的，可以看得出来

其中有老师的，可以看出来

对于那些父亲、老师都不在的

其他人又能怎么样呢"

这里说的是，尊师应如孝敬父亲

曾点派曾参外出[2]

（曾参）逾期而未归

人们见了曾点说："恐怕有意外横祸"

曾点说："即使他路遇不测

只要我在，他哪敢出事"

孔子被拘囚于匡

弟子颜渊最后一个来探望

孔子说："吾以为你已经死了"

颜渊说："先生尚在

回哪里敢死"

颜回对于孔子，犹如曾参对待父亲

古代贤德君子啊

注释：

[1] 曾子：指曾参，字子舆，春秋鲁国人，孔子弟子。

[2] 曾点：字皙，曾参之父，孔子弟子。

都是像这样敬重老师

所以老师教得也是尽心竭智

尊　师

三曰：

神农以悉诸为师 [1]

黄帝以大挠为师 [2]

帝颛顼以伯夷父为师 [3]

帝喾以伯招为师 [4]

帝尧以子州支父为师 [5]

帝舜以许由为师 [6]

禹以大成贽为师 [7]

汤以小臣为师 [8]

文王、武王以吕望、周公旦为师

齐桓公以管夷吾为师

晋文公以咎犯、随会为师 [9]

秦穆公以百里奚、公孙枝为师 [10]

楚庄王以孙叔敖、沈尹巫为师 [11]

吴王阖闾以伍子胥、文之仪为师

越王勾践以范蠡、大夫种为师

注释：

[1]　悉诸：姓悉，名诸，传说为神农之师。

[2]　大挠：传说为黄帝史官，始作甲子，创造了以干支相配纪日的方法。

[3]　颛顼：传说中的古帝名，号高阳氏。伯夷父：传说为颛顼之师，又称伯夷。

[4]　喾：传说中的古帝名，号高辛氏。伯招：传说为帝喾之师。他书或作"柏招"。

[5]　子州支父：传说中的古代隐士。

[6]　许由：传说中的古代隐士。

[7]　大成贽：传说为禹的老师。

[8]　小臣：指伊尹，商王朝的开国功臣。

[9]　咎犯：即狐偃，字子犯，晋文公之臣。随会：即士会，字季，晋大夫，食采邑随及范，所以又称随会、随季或范季，死后称随武子、范武子。

[10]　秦穆公：为春秋五霸之一。百里奚：姓百里，名奚，秦大夫。他书或作"百里傒"。公孙枝：姓公孙，名枝，字子桑，秦大夫。

[11]　孙叔敖：字孙叔，楚庄王令尹。沈尹巫：春秋时楚国大夫，又作"沈尹筮"。

这十位圣人、六位贤者 [1]

没有一个不尊重老师

现在的这些人啊

地位没有达到帝王的尊贵

才智没有达到圣者的高度

却想不尊奉老师

哪里还能实现得了至尊、至圣

这就是五帝绝、三代灭的缘由

况且，上天造人

让人有耳可以听闻

如果不用来学习

就是能听到也不如听不见的聋子

让人有眼睛可以看见

如果不用来学习

就是能看见也不如看不见的盲人

使人有嘴巴可以说话

如果不用来学习

就是能说也不如口伤而不能说的人

让人有心可以有所感知

如果不用来学习

就是有所感知也不如狂乱无知的人

所以，学习

并不能给人带来什么额外利益

注释:

[1] 十位圣人：指神农、黄帝……
武王等十位帝王。六位贤者：
指齐桓公、晋文公……勾践等
六位诸侯。

只是能够让人通达天性

能够保全天赋秉性而不去败坏

这就是所谓善于学习

子张，出身于鲁国鄙陋之家 [1]

颜涿聚，梁父山上的大盗 [2]

都就学于孔子

段干木，晋国的大牙侩 [3]

就学于子夏 [4]

高何、县子石，齐国的暴虐之徒 [5]

为乡里指斥驱逐

就学于子墨子

索卢参，东方有名的狡诈之人 [6]

就学于禽滑黎

这六个人，本是

触犯刑律按律当杀耻辱在身的人

如今，非但免于刑罚蒙辱而死

反而从此成为天下皆知的名士显人

终其天年，王公大人追随而礼敬

这都得益于学习

但凡学习

务求学业增进，才会心中无惑

尽力诵读背诵，恭谨等候聆听

注释：

[1] 子张：姓颛孙，名师，字子张，孔子的弟子。

[2] 颜涿聚：名庚，字涿聚，春秋齐大夫。梁父：泰山下的一座小山，在今山东省新泰市西。

[3] 段干木：战国初魏国的贤士，隐居不仕。牙侩：古时集市贸易中为买卖双方撮合从中取得佣金的人。

[4] 子夏：姓卜，名商，字子夏，孔子的弟子。

[5] 高何、县子石：战国时人，墨子的弟子。

[6] 索卢参：复姓索卢，名参，墨家学派禽滑黎的弟子。

看到师心愉悦，请教书中意旨

顺适老师耳目，不违老师意志

退而认真思考，探求老师教诲

经常辩论推理，阐明个中道理

不苟且于巧辩，定要合乎规则

既有所得，不可自负贤能

一时不明，不必自卑惭愧

这样就一定能把握大道的根本

老师在世，就要恭敬地奉养

恭敬奉养的原则

是让老师心情愉悦为上 [1]

老师过世，就要恭敬地祭祀

恭敬祭祀的方法

以合于四时之节为要

这就是对老师的尊重

为老师修整唐圃 [2]，积极灌溉，勤于种植

织麻鞋，结兽网，编蒲苇

到田地里，用力耕耘，种植谷物

走进山林，进入河湖

获取鱼鳖，捕猎鸟兽

这就是对老师的尊重

为老师照看车马，小心驾驭

调适衣服，务求轻暖

注释:

[1] 古人认为奉养尊亲，当以顺其心为贵。《礼记·祭统》中说："养则观其顺也"。

[2] 唐圃：园地。唐，通"塘"，堤。圃，种植果木瓜菜的园子。

备办饮食，务必清洁

调和五味，保证甘美

谦恭有礼，和颜悦色，言辞谨慎

行步快慢有节，一定恭敬庄重

这就是对老师的尊重

君子的学问，论说大义

必称引老师教导以阐明道理

听从教诲，一定尽心竭力去发扬光大

听受教导而不尽力践行

这可称之为"背"

论说大义与老师教导不符

这可称之为"叛"

有背叛行为的人

贤主的朝廷不会接纳他

君子不会与他交友

所以，教育，是大义之事

学习，是大智之举

义之大者，莫大于利人

利人，莫大于教育

智之大者，莫大于修身

修养身心莫大于学习

修身有成

为人子，那么不用支使就会孝顺

为人臣，那么不用命令就相当忠诚

为人君，那么不用勉强就天下平定

大势有利就可以成为天下之长

所以，子贡问孔子说

"后世将怎样称道夫子"

孔子说："我哪有什么值得称道

如果一定要说，就是

爱好学习而从不满足

善于教诲而不知疲倦

也就是这些"

天子进入太学祭祀先代圣人[1]

会与教过自己的老师一起并列而行

不把老师作为臣下，以此宣示

敬重学习，尊重师尊

诬 徒 一作诋役

四曰：

学识通达的老师施教，会使弟子

安心、快乐、安闲、优游、庄重、严谨

注释：

[1] 太学：这里指明堂。明堂，古代帝王宣明政教的地方。凡朝会、祭祀、庆赏、选士、养老、教学等大典均在此举行。关于古代的明堂，历代一些礼家认为，太庙、清庙、太室、太学为一事，似可信。

在教学中实现了这六个方面

那么，邪僻之路就被堵塞

理义之道就会大行

在教学中如果无法实现这六个方面

那么，君主就无法号令臣下

父亲就无法支使儿子

老师就无法教导学生

人之常情

不会喜欢令自己不安的事情

不能从不喜欢的事情中有所获得

任何事情

如果做起来很快乐

何必非要等待贤者

即使不肖之人也会抢着去做

如果做起来很艰苦

不用说不肖之人，即使贤能有才的人

也不会坚持太久

从这些人之常情的角度来看

就可以得知劝勉学习的原因

子华子曾说："王者喜欢成就王业的事情

国破身亡者对使其败亡的事乐此不疲

所以烹煮兽肉并不能吃掉整个野兽

不过是吃上几块喜欢的肉干而已"

然而，成就王业者专注理义

国破身亡者嗜好残暴骄慢

各自专注有所不同

所以，他们的祸福也就不同

不善于施教的老师是这样的

心志不和，取舍多变，固无恒心

如阴晴不定，喜怒无常

言谈一天一变，放纵自行

过失在己，不肯自我批评

坚持错误，自以为是

不接受别人意见，也不改正自己

见到有权有势及有钱的人

就要表现亲近

而不论他们是否有才能

也不考察他们是否有德行

赶紧跑过去充作老师

曲从迎合，巴结奉承，唯恐不及

对于那些平时操守清白美善

体貌出众、闻识广博

勤学好问、学业几成的弟子

则予以压制

诘难而疏远，嫉妒且厌恶

学生想要离去却都希望能够结业

而留下又心神不安

回去愧对父母兄弟

出门羞见朋友邻里

这是求学的人最悲伤的事情

因为师徒之间彼此心志不同

人之常情，憎恶与自己心志相左的人

这是师徒之间相互怨恨不满的原因

人之常情

不会亲近所怨恨的人

不会称誉所厌恶的人

学业败坏，道术废弃

就是由此而生

善于施教的老师就不是这样

（他们）视徒如己，施教起来能够设身处地

从而把握了教育的真谛

凡是要求别人的，自己一定做到

像这样，师徒之间没有隔阂

如同师徒一体

人之常情

喜爱与自己心志相同的人

称誉与自己心志相同的人

帮助与自己心志相同的人

学业彰明，正道正术大行

就是由此而生

不善于学习的人

跟着老师学习的时候

粗心大意却想成绩优良

浅尝辄止却想学术精深

那草木、鸡狗、牛马尚不可粗暴对待

若粗暴对待，也会以粗暴报人

更何况对待明师与道术的传授

所以，不善于学习的人就是这样

对待老师不忠诚，用心不专一

爱好不深入，学习不努力

辩论起来是非不明，有所效法却不精心

对老师常怀怨恼，安于平庸

世间俗务处处留心

常以权势自矜，好屡犯过失

所以沉溺于巧诈，迷恋于小利，惑乱于情欲

问起事情则前后矛盾

言辞详明的则又与心相异

言辞简约的则又与意相反

对于分散的事情不会综合

对于复杂的事情不会分析

需要努力完成的事难以承受

这就是不善于学习的人的通病

用 众 一作善学

五曰：

善于学习的人，就像齐王吃鸡

一定要吃上几千只鸡跖

然后才有所满足

即使不够，鸡跖仍然还有

任何事物本来就是

莫不有长，莫不有短

人也是这样

善于学习的人

会利用别人所长以补自己之短

所以，善于利用别人长处的人

终将雄踞天下

不要耻笑有人无能

不要厌恶有人无知

嘲笑别人无能

蔑视别人无知

难免会令自己陷入窘境

有人无能而不去耻笑

有人无知而不去贬低

这才是上等的教养

要知道，即使是桀、纣

尚有可畏可取之处

何况对于贤明之人

所以，有学问的人会这样说

求学之时不可以辨析议论

如果需要有所辨析评议

也应是施教的老师

施教，本身就是一场大评大议

求学时不进行辨析议论

就可以由无知贫贱变得贤明富贵

如同以贫贱之身离家

以富贵之身衣锦而还 [1]

戎人生于戎、长于戎而说戎言 [2]

不知他是跟谁学的

楚人生于楚、长于楚而说楚言

不知他是跟谁学的

现在让楚人于戎地成长

让戎人于楚地成长

那么，楚人就会说起戎言

注释：

[1] 这里是比喻，由愚昧无知入
    学，以学业有成而贤明通达。
[2] 戎：古代泛指我国西部的少数
    民族。

戎人就会说起楚言

由此观之，我就不信

亡国之主不可以成为贤明君主

不过是他们所生长的环境使然

所以，对于生长环境不可不仔细考察

天下没有纯白的狐狸

却有纯白的裘衣

那是取之于众多白狐身上

能够运用发挥众人的长处

这是三皇五帝大立功名的成因

凡是君王得立

都是出于众人的支持

若是君位确立就舍弃众人

那就是得到末节而失去本根

凡是得到末节而失去本根的君主

就没听说过他的统治会安定稳固

所以，拥有众多勇士就无惧孟贲 [1]

依靠众人力量就不怕乌获 [2]

凭借众人的眼力就不怕离娄 [3]

依靠众人智慧就不担心比不上尧、舜

凝聚大众，依靠大众

这是统治民众最宝贵的方法

注释：

[1] 孟贲：战国时卫国的勇士，据说可以"生拔牛角"。

[2] 乌获：战国时秦国的大力士。

[3] 离娄：传说为黄帝时视力最好的人。一名"离朱"。

田骈对齐王说:"面对众人的力量

孟贲也苦于没有办法

因而齐国的边境不会有什么问题"

楚国、魏国的君主都不贵言辞

而国内备战已经修治齐整

将士已经训练有素可以出征

这都是得益于众人的力量和智慧

仲夏纪第五

仲 夏

一曰：

仲夏之月

太阳运行在东井 [1]

晨昏时分，亢 [2]

是出现在中天南方的中星

拂晓时分，危 [3]

是出现在中天南方的中星

仲夏日于天干属丙丁

其主宰之帝是炎帝

其佐帝之神是祝融

其应时之虫是凤鸟羽族

其应时之音是徵

其应时之律是蕤宾 [4]

天地相配火成之数为七

其应时之味是苦

其应时之气味是焦

其应时之祭祀是灶 [5]

注释：

[1] 东井：二十八宿之一，在今双子座。

[2] 亢：二十八宿之一，在今巨爵座。

[3] 危：二十八宿之一，在今宝瓶座及飞马座。

[4] 蕤宾：十二律之一，属阳律。

[5] 灶：五祀之一，指对灶神的祭祀。

祭品以肺为先

小暑来到，螳螂出现

鵙开始难听地鸣叫 [1]

婉转如百鸟之音的反舌则不出声 [2]

天子居住明堂太庙 [3]

出行要乘坐赤红色的车

驾车的是赤骝

车上插着绘有龙纹的赤色旗帜

穿着赤色的衣服

佩戴赤色的玉饰

吃的是菽与鸡

宗庙所用器具又高又大

供养力大强健的人

这个月，命令乐师修整韬鞞鼓 [4]

调节琴瑟管箫，整理干戚戈羽 [5]

调和竽笙埙篪 [6]，整饬钟磬柷敔 [7]

命令主管官吏，为百姓

祈祷祭祀山川和众水之源

举行盛大雩祭祭祀天帝 [8]

所有的乐器一起奏响

命令天子领地之内

百县大夫同时举行雩祭

祭祀有功于百姓的前世百君公卿

注释:

[1] 鵙：伯劳鸟，夏至开始鸣叫，冬至而止，鸣叫的声音很难听。

[2] 反舌：百舌鸟，立春开始鸣叫，夏至而止。叫声婉转，如百鸟之音。

[3] 明堂太庙：南向明堂的中央正室。

[4] 韬鞞：乐曲演奏时，用来指挥的鼓。

[5] 干：盾。戚：斧。羽：古时舞者所执的顶端插有羽毛的用来指挥的旗子，因为上边有羽毛，所以称作羽。干戚戈羽都是舞具。

[6] 竽笙：管乐器，竽大于笙，竽三十六簧，笙大者十九簧，小者十三簧。埙：古代陶制的吹奏乐器。篪：竹制的吹奏乐器。

[7] 磬：石或玉制成的打击乐器。柷：打击乐器，状如漆桶，中间有木椎，可以左右敲击，乐曲开始时击柷。敔：打击乐器，形状像伏虎，背上有钮锯，乐曲结束时击敔。准备以上这些乐器和舞具，是为即将到来的雩祭天帝时使用。

[8] 雩：旱时求雨的祭祀。

祈祷谷物籽实丰满

农民于是进献黍子

这个月，天子会就着雏鸡尝食黍子

连同樱桃一起

尝食前先奉献祖庙，祭祀先祖

命令百姓不要割刈蓼蓝来浆染东西[1]

不烧木炭，不晒布匹

城门闾门不关闭，关口集市不征税

缓减重刑的囚犯，增加他们的饮食

放牧时把马群中怀孕的母马分出

束缚住公马的马蹄

颁布关于养马的教化政令

这个月，夏至到来

阴阳相遇而争，万物各有死生

君子斋戒

居处深深，身心安静

禁止声色，不可进御妃嫔

减少美味，不必调和滋味

退止情欲，安定心气

身体器官安静无为

诸事不急不忙

耐心等待阳阴相争的成败

注释:

[1] 蓝：草名，即蓼蓝，可以提炼青色。仲夏月因蓝草尚未长成，所以禁止刈割。

鹿角脱落

知了开始鸣叫

半夏开始生长 [1]

木堇花开清晨 [2]

这个月，不可在南方用火 [3]

可以高居明亮的楼观

可以纵目远眺

可以登上山陵

可以置身高高台榭

仲夏之月，如果颁行冬天的政令

就会降下雹霰伤害五谷

道路不通，不义之兵来犯

如果颁行春天的政令

就会五谷晚熟，虫害频仍

国家遭遇饥荒

如果颁行秋天的政令

就会草木凋零，果实早成

百姓受害于疫病

注释：

[1] 半夏：药草名，夏历五月而生。

[2] 木堇：落叶灌木，花早晨开晚上闭。堇，也作槿。

[3] 五行说认为南方属火，仲夏火气旺盛，如果再于南方用火，则火气伤阴。

大 乐

二曰：

音乐的由来非常久远

产生于度量 [1]，本源于太一 [2]

太一生两仪 [3]，两仪生阴阳

阴阳变化，一上一下，合而成形

混混沌沌，离而复合，合而复离

这就是所谓自然的永恒规律

天地运转如车轮

终而复始，极则复反

莫不顺和适宜

日月星辰运行

有的快，有的慢

日月轨道不同

各按各的轨道行进

四季更迭出现

有热有凉，有短有长

有的柔和，有的刚厉

万物所生，始于太一，阴阳化育

注释：

[1] 度量：指律管的长度、容积等。

[2] 太一：天地万物的本原。

[3] 两仪：天地。

阳气主导而萌芽生发

阴气主导而凝冻成形

有形之体必有所处，莫不发声

声出于和，和谐有度

先王制定音乐[1]，由此而生

天下太平，万物安宁

顺应化育正道，方可成就音乐

完成音乐需要条件，务必节制嗜欲

不放纵嗜欲，才能对音乐专心致志

制作音乐讲究方式方法

音乐一定生于平和

平和出于公正，公正出于大道

故只有得道之人

方可与之谈论音乐

被灭亡的国家，遭受屠戮的人民

不是没有音乐

而是他们的音乐没有欢乐

将要淹死的人必笑[2]

即将处死的罪人高歌

精神狂乱者手舞足蹈

乱世之乐有似于此

君臣地位错倒

注释：

[1] 先王：指尧、舜、禹、汤、文王、武王等。

[2] 《左传哀公二十年》有"溺人必笑"句，这大概是当时流行的谚语。

父子各失本分

夫妻之间不和

民众痛苦呻吟

在这种情境下制作音乐

又能制作出什么

大凡音乐

来自天地和谐、阴阳调和

最初生成人的，是天

人自己对此可没做什么贡献

天让人有了欲好

人不得不有所追求

天让人有了憎恶

人不得不尽量避免

欲好与憎恶

都来自天然禀赋

人自己不得参与做主

不可改变，不可易换

世上的大家学者

有的却非要否定音乐 [1]

他们的观点不知来自哪里

完美盛乐

为君臣、父子、长幼所欢欣喜悦

注释：

[1] 指墨家学派，《墨子》中有《非乐》篇。

欢欣生于平和，平和生于大道

这个道啊

看是看不见，听是听不到

无法描绘形状

有人若明了

不见之见，不闻之闻，无形之形

那就几近于知道

这个道啊，精妙至极

不可为形，不可为名

勉强为之，称之为"太一"

所以，这个"一"形成制度法令

这个"两"要依从听命

先代圣人弃"两"而用"一"

是因为深谙万物的内在真谛

所以，若能以"一"理政

就会君臣相悦，远近和睦

人民高兴，兄弟同心

若能以"一"修治身心

就会免于灾病，寿终天年，保全天性

若能以"一"治国

就会奸邪尽去，贤者自来，天下教化

若能以"一"治理天下

就会寒暑相适，风雨适时，成为圣人

所以，知"一"则明，用"两"则惑

侈　乐

三曰：

人无不依赖于生命而生存

却不知道其赖以生存的根本

人无不依赖于知觉而感知

却不知其赖以感知的根本

知其赖以感知的根本叫作知道

不知其赖以感知的根本叫作弃宝

丢弃大宝的必会遭殃

世上的人主，多以珠玉戈剑为宝

越多则百姓就越怨恨

国家就越危险

自己越来越身处忧患

这就失去了"宝"的本来意义

动乱时代的音乐与此一样

演奏木质、革质乐器[1]

乐声如打雷

演奏铜质、石质乐器

注释：

[1] 木：八音之一。古代称金、石、丝、竹、匏、土、革、木这八种制造乐器的材料为八音。钟为金，磬为石，琴瑟为丝，箫管为竹，笙竽为匏，埙为土，鼓为革，柷敔为木。

乐声如霹雳

演奏丝竹乐器

乐声、歌舞之声如喧哗

以此骇人精神、动人耳目、荡人性情

那倒是可以

以此作为音乐则不会带来快乐

所以，音乐越奢侈放纵

百姓越沉郁，国家越混乱

君主地位就越低下

也就失去音乐的本来意义

大凡古代圣王之所作都是贵乐

因为贵乐可以使人快乐

夏桀、殷纣所作的都是侈乐

增大了鼓、钟、磬、管、箫的声音

以声音巨大为美，以乐器众多为壮观

音乐奇异瑰丽

人们的耳朵从未听到过

人们的眼睛从未看到过

只求夸张过分，不讲究适度

宋国衰弱，作千钟之乐 [1]

齐国衰落，作大吕之乐 [2]

楚国衰落，作以舞降神的巫音

那是多么地盛大而奢侈啊

注释：

[1] 千钟：钟律之名。

[2] 大吕：齐钟名，音协大吕之律。

在有道者看来

却失去了音乐的真谛

失去音乐的真谛

这样的音乐就没有欢乐

（如果君主）喜欢没有快乐的音乐

他的百姓一定有所怨恨

他的生命也会受到伤害

他的生命一旦和这种音乐相遇

就好像冰遇上炎热太阳

反而会伤害自身

因为，这个生命不懂音乐的真谛

只是一味醉心于奢侈放纵

音乐之有音乐的真谛

犹如肌肤身体之有情性

有情性就必有所生长保养

寒、温、劳、逸、饥、饱

这六种情形都不适中

凡是保养

就要看到不适中的情况

而置身于适中的环境

能够长久地置身于适中的环境

生命才会长久

关于生命，其本来清静

有所感触而后才有所知觉

因为有外界影响使然

如果顺其放纵而不收拢

就会为嗜欲所牵制

一旦为嗜欲所牵制，就必定危害生命

况且那嗜欲无穷无尽

定会导致贪鄙悖乱之心

和淫逸奸诈之事

所以，强横者劫掠弱小者

势众者侵害力单者

勇猛者欺凌怯懦者

强壮者侮辱幼小者

必由此而生

适 音 一作和乐

四曰：

耳朵的天性是要倾听声音

心情不快乐

五音在前也不听 [1]

眼睛的天性是要观赏色彩

注释：

[1] 五音：宫、商、角、徵、羽。
这里泛指音乐。

心情不快乐

五色在前也不看 [1]

鼻子的天性是要嗅闻芳香

心情不快乐

芳香在前也不闻

嘴巴的天性是要品尝滋味

心情不快乐

五味在前也不吃 [2]

有所欲望的，是耳目鼻口

快乐或不快乐的，是心

心境必须平和，然后才有欢乐

内心欢乐，然后

耳目鼻口才有所欲求

所以，快乐的关键在于心境平和

心境平和的关键在于行为合宜适中

快乐应该有所合宜适中

心情也应该有所合宜适中

人的天性，都是

希望长寿而憎恶短命

希望安顺而憎恶危难

希望荣耀而憎恶耻辱

希望安逸而憎恶辛劳

四种愿望得到满足

注释：

[1] 五色：青、黄、赤、白、黑。
这里泛指各种色彩。

[2] 五味：酸、苦、甘、辛、咸。
这里泛指美味。

四种憎恶得以免除

则内心就合宜适中

四种愿望能够获得满足

关键在于依循事物规律

依循规律以修身，则生命得以保全

生命得以保全则寿命增长

依循规律以治国，则法度得以确立

法度确立则天下臣服

所以，心情合宜适中的关键

在于依循事物的规律

那音乐也应有所合宜适中

乐音过大，就会使人心志摇动

以摇动不定之心听巨大乐音

则耳朵无法容受

无法容受就会充溢阻塞

充溢阻塞，则心志越加振荡

乐音过小，就会使人心志不满

以不满之心听细小乐音

则耳朵无法充盈

无法充盈就会有所不足

有所不足，则心志越是细而不满

乐音过清，就会使人心志高扬

以高扬之心听清亮乐音

则耳朵空虚疲困

空虚疲困至极就会无以审鉴

无以审鉴，则心志衰竭

乐声过浊，就会使人心志低下

以低下之心听浊重乐音

则耳朵拢收不住

拢不住音就会无法专心

无法专心，则心易动怒

所以，乐音过大、过小、过清、过浊

都不是合宜适中

何谓合宜适中

衷 [1]！就是合宜适中的乐音

什么可以称为衷

钟音律度最大不超过钧所发之音 [2]

钟的重量最重不超过一石 [3]

这就是大小重轻适合的衷

黄钟律所定宫音 [4]

是乐音的根本，是判断清浊的衷

这个衷，就是合宜适中

以合宜适中的心境欣赏合宜适中的音乐

这就是和谐

乐音的各个方面都不过分

平正和谐是也

注释：

[1] 衷：指声音大小清浊适中。

[2] 钧：通"均"，古代度量钟音律度的器具。

[3] 石：古代重量单位，一百二十斤为一石。

[4] 古乐中的十二律以黄钟之宫为本，用"三分损益法"（详见《音律》篇）以次相生，所以说"黄钟之宫，音之本也"。黄钟之宫，古乐以律确定五音音高，用黄钟律所定的宫音，叫作黄钟之宫，又称黄钟宫。这是古乐中最基本的乐调之一。

所以，太平盛世的音乐，安宁而快乐

因其政事平和

乱世之音，哀怨而愤怒

因其政事乖谬

亡国之音，悲伤而哀恸

因其政事险恶

大凡音乐

与政事相通而能移风平俗

风俗的形成

得自音乐的潜移默化之功

所以，有道之世

考察其音乐就可以了解其民风

考察其民风就可以了知其政事

考察其政事就可以了解其君主

所以，先王进行宣示教化

一定要借助音乐

清庙之中有瑟 [1]

弦色朱红而瑟底镂刻小孔

一人领唱，三人继声唱和 [2]

其中深意远远超越乐音本身

举行大飨祭礼 [3]

进献玄尊，生鱼盛于俎中 [4]

大羹不用五味调和 [5]

其中意味远远超越美味本身

注释：

[1] 清庙：宗庙。宗庙肃然清静，所以称为清庙。

[2] 宗庙奏乐，一人领唱，三人应和。唱，领唱；也作"倡"。这里是说，宗庙祭祀，奏乐演唱规模很小。

[3] 大飨：集合远近祖先神主于太庙合祭。

[4] 玄尊：盛玄酒的酒器。玄酒，指上古行祭礼时所用的水。水本无色，古人习以为黑色，故称"玄酒"。俎，古代祭祀时用的礼器。

[5] 大羹：古代祭祀时所用的带汁的肉。这里表明先王崇尚饮食之本。

所以，先王制定礼乐

不是仅仅为了欢愉耳目、尽享口腹

而是为了教化生民

端正好恶，奉行理义

古　乐

五曰：

音乐的由来久远

定不可放弃偏废

有的适中，有的放纵

有的纯正，有的淫邪

贤者因它而发达荣昌

不肖者因它而国败身亡

从前，古代朱襄氏治理天下 [1]

风多而阳气蓄积

万物分散脱落

果实难以成熟

所以士达造出五弦琴 [2]

招来阴气，安定众生

注释：

[1] 朱襄氏：传说中远古部落名，
其首领为炎帝。

[2] 士达：朱襄氏之臣。

从前，葛天氏的音乐 [1]

要三个人手持牛尾

顿足歌唱，有舞乐八阕 [2]

第一章名为"载民"

第二章名为"玄鸟"

第三章名为"遂草木"

第四章名为"奋五谷"

第五章名为"敬天常"

第六章名为"达帝功"

第七章名为"依地德"

第八章名为"总万物之极"

从前，阴康氏施政之始 [3]

阴气较盛，沉积凝滞而浓厚

阳气通道壅塞不通

不按正常规律运行

民气郁抑阻塞不畅

筋骨蜷缩不展

所以创作舞蹈以疏通引导

从前，黄帝下令伶伦制作定音律管 [4]

伶伦从大夏的西边 [5]

来到昆仑山的北麓

注释：

[1] 葛天氏：传说中的远古部落
名。这里指其部落首领。

[2] 八阕：八阕之乐是反映古代劳
动人民生产斗争和原始宗教信
仰的舞乐。

[3] 阴康氏：传说中的远古部落
名。这里指其部落首领。

[4] 伶伦：传说为黄帝的乐官。伶，
乐官。伦，人名。律：古代定
音用的竹制律管，相传为伶伦
所制。

[5] 大夏：传说中古代西方的山。

从嶰溪之谷取来竹子[1]

选用的都是中空且管壁厚度均匀

于两个竹节间截取

——三寸九分长的一段

然后吹它，把发出来的声音

定为黄钟之宫[2]

吹出来的声音是舍少[3]

再依次制作十二根竹管

带到昆仑山下

听着凤凰的鸣叫，借以区别出十二律

根据雄凤鸣叫可分出六阳律

根据雌凤之鸣可分出六阴律

把这些音律与黄钟之宫相比较

都适度和谐

都可以自黄钟律的宫音而生

所以说：黄钟之宫，律吕之本[4]

黄帝又命伶伦与荣将铸造十二口钟[5]

以和谐五音，以示音乐华美

在仲春之月，乙卯之日，

太阳位于奎宿，乐曲命名为"咸池"[6]

开始演奏

帝颛顼生于若水[7]，住在空桑[8]

后来登基为帝

注释：

[1] 嶰溪：山谷之名。他书或作"取竹于嶰谷"。嶰谷，昆仑之北谷。

[2] 黄钟之宫：用黄钟律所定的宫音。

[3] 舍少：应是模拟黄钟管的声音（见陈奇猷《吕氏春秋校释》引）。刘复说，吹出来的声音是"舍少"。

[4] 律吕：十二律中，阳律称律，阴律称吕。

[5] 荣将：传说中的黄帝之臣。他书或作"荣援"。

[6] 咸池：古乐名，传说为黄帝时所作。

[7] 若水：古水名，即今雅砻江。

[8] 空桑：古地名。

德与天合，八方纯正之风运行

风声如熙熙、凄凄、锵锵

颛顼喜欢这个声音

就令飞龙作乐 [1] 以模仿八风之音

命名为"承云" [2]，用以祭祀上帝

然后，命令鱓为乐曲领奏 [3]

鱓就仰面躺下

用自己的尾巴击打自己的腹部

发出和盛乐音

帝喾命令咸黑作曲 [4]

创作出"九招""六列""六英" [5]

有倕制造出鼙、鼓、钟、磬、苓

和管、埙、篪、鞀、椎、钟等乐器 [6]

帝喾于是令人两手相击演奏乐器

有的敲鼓击鼙，有的敲钟击磬

有的吹笙，有的演奏管、篪

同时命令凤鸟、天翟一起随乐舞蹈 [7]

帝喾大喜，就用这乐舞来赞美天帝的圣德

帝尧得立，命令质创作音乐 [8]

质于是仿效山林溪谷的声音作歌

又把麋鹿的皮蒙住缶来敲打

并拍石击石

注释:

[1] 飞龙：一说是乐人名。

[2] 承云：古乐名，传说为颛顼时所作。

[3] 鱓：通"鼍"。即鳄，皮可制鼓。古代奏乐始于击鼓，鱓司击鼓，所以说鱓先为乐始。按此文上下所记古帝役使动物之事都是古代的神话传说。

[4] 喾：传说中的五帝之一。咸黑：传说为帝喾之臣。

[5] "九招""六列""六英"：古乐名，相传为帝喾时所作。

[6] 有倕：传说中的古代巧匠。有，名词词头。倕，人名。

[7] 天翟：神话中的天鸟。翟，长尾巴的野鸡。

[8] 质：传说为尧、舜时的乐官。

以模仿天帝玉磬的声音

用以招致百兽舞蹈

瞽叟分解五弦之瑟 [1]

制作了十五弦之瑟

演奏的乐曲名为"大章"

用以祭祀上帝

舜立为帝，给延下令 [2]

分解瞽叟所作的瑟

增加八根弦，制成二十三弦之瑟

帝舜命令质

修订"九招""六列""六英"

以昭明天帝圣德

禹立为帝

为天下辛勤操劳，日夜不懈

疏通大川，决开壅塞，开凿龙门 [3]

疏浚洪水水道以导入黄河

疏通三江五湖，流注东海，以利百姓

大功告成的时候

命令皋陶创作"夏籥"九成 [4]

来昭示他的功业

殷汤即位

注释：

[1] 瞽叟：舜的父亲。瞽，瞎子。

[2] 延：相传为舜之臣。

[3] 龙门：地名，在今山西省河津市西北。

[4] 皋陶：禹之臣，传说在舜时掌刑狱之事。夏籥：古乐名，即"大夏"。传说禹时乐舞"大夏"用籥伴奏，故又名"夏籥"。籥，同龠。九成：九段，又称"九奏""九变"。

夏桀行为无道

残暴虐待百姓，侵害剥夺诸侯

不依循法度，遭天下痛恨

汤于是率领六州诸侯 [1]

讨伐桀的罪行

功名大成，百姓安宁

于是，汤命令伊尹

创作"大护"乐、"晨露"歌 [2]

研习"九招""六列""六英"

以展现汤帝的善德

周文王身处岐邑 [3]

对于做下三淫罪恶的殷纣 [4]

诸侯纷纷叛离

转而辅佐拥戴文王

散宜生说："可以讨伐殷了"

文王不许

周公旦于是作诗道

"文王在上，於昭于天

周虽旧邦，其命维新" [5]

以此来赞誉文王的德行

武王即位

率领六军讨伐殷纣

注释：

[1] 六州：指古九州中的荆、兖、雍、豫、徐、扬六州。

[2] "大护"：古乐名，相传为汤时伊尹所作。"晨露"：古乐名，相传为汤时所作。

[3] 岐：古邑名，为周的祖先古公亶父所建，故址在今陕西省岐山县东北。

[4] 三淫：指暴君殷纣所做的三件残暴的事，即"剖比干之心，断材士之股，刳孕妇之胎"（依高诱说）。

[5] 引诗见《诗·大雅·文王》。大意为：文王高高在上，美德昭明于天。岐周虽然古老，天命却是崭新。

六军尚未到达殷的都城

精锐兵马已克敌于牧野

得胜而归，在国都太庙的中室

进献俘虏的左耳

于是，命令周公创作"大武"[1]

成王即位

殷的遗民叛乱

成王命令周公前往讨伐

商人驾驭大象，在东夷肆虐[2]

周公率领军队追逐，直至江南

于是，创作"三象"[3]

以此赞美他的功德

所以，音乐的由来相当久远

绝不仅仅是哪一个时代的作品

注释：

[1] 大武：古乐名，相传为周武王
    时周公所作，歌颂武王灭纣的
    功绩。

[2] 东夷：这里指古代东方诸民族
    所居之地。

[3] 三象：古乐名，相传为周公所
    作。

季夏纪第六

季　夏

一曰：

季夏之月

太阳运行在柳 [1]

晨昏时分，心 [2]

是出现在中天南方的中星

拂晓时分，奎 [3]

是出现在中天南方的中星

季夏日于天干属丙丁

其主宰之帝是炎帝

其佐帝之神是祝融

其应时之虫是凤鸟羽族

其应时之音是徵

其应时之律是林钟 [4]

天地相配火成之数为七

其应时之味是苦

其应时之气味是焦

其应时之祭祀是灶 [5]

祭品以肺为先

凉风始至 [1]，蟋蟀居于屋檐之下

鹰开始练习飞翔和搏击 [2]

腐草化作萤火虫 [3]

天子居住明堂右个 [4]

出行要乘坐赤红色的车

驾车的是赤骝

车上插着绘有龙纹的赤色旗帜

穿着赤色的衣服

佩戴赤色的玉饰

吃的是菽与鸡

宗庙所用器具又高又大

这个月，令渔师斩蛟取鼍，升龟取鼋 [5]

还要命令虞人收纳材苇 [6]

这个月，令四监大夫合集百县的秩刍 [7]

以饲养祭祀用的全色牲畜

令百姓无不使出全力

用以供奉皇天上帝、名山大川、四方之神

用以祭祀宗庙社稷之神灵

为人民祈福

这个月，命妇官主持印染 [8]

注释：

[1] 凉风始至：依五行说，季夏三月，阴气起，凉风属阴，所以凉风始至。

[2] 古人认为秋季将至，鹰为顺应秋生杀之气，所以练习飞翔，准备搏击飞鸟。

[3] 萤火虫生于草中，古人不知，以为是腐草所化。

[4] 明堂右个：南向明堂的右侧室。

[5] 渔师：掌管水产的官吏。鼍：鳄鱼的一种，皮可以蒙鼓。升：登。古人认为龟是神灵，所以说"升"。鼋：甲鱼，肉可食。

[6] 虞人：掌管山林池泽的官。这里的虞人当指泽虞。材苇：可用来编织器物的苇草。

[7] 四监大夫：周时制度，天子领地内分为百县，每县辖四郡，上大夫受县，下大夫受郡。这里的四监大夫指监四郡的县大夫。百县：指天子的全部领地。秩刍：按规定应交纳的刍草。

[8] 妇官：主管治丝麻布帛之事的女官。

黼黻文章 [1]，一定要依照惯例和法则

不许有一点差错

黑黄苍赤，莫不鲜艳良好

不许有任何欺诈

从而供给祭天祭祖时的礼服

并用以制作旌旗和名号

标志贵贱等级的界限

这个月，树木正盛

要命令虞人进山巡视林木

不许任何人砍树伐林

不可以大兴土木

不可以会合诸侯

不可以兴师动众

不要进行这些重大的事情

不然会因此动损土气 [2]

不要发布干犯农时的政令

不然会妨害神农之事 [3]

这个月水大雨多

要命令神农加紧巡视田亩修治 [4]

大事举动违背农时则有天灾降临

这个月，土地湿润，盛暑湿热

大雨时时降落

注释：

[1] 黼：半黑半白的花纹。黻：半黑半青的花纹。文：半青半红的花纹。章：半红半白的花纹。

[2] 依五行说，季夏末属土，土将用事，做上述事不合时令，有损土气。

[3] 神农之事：指农事。

[4] 神农：指农官。

除草后晒干烧掉，再引雨水浇灌

这样有利于消灭田间杂草

仿佛热水煮过

可以用来给耕地施肥

可以使土地肥美

实行应在本月实行的政令

这个月就会多次降下甘霖

除去晦朔两天

三旬中可以有二日降雨

季夏之月，如果颁行春天的政令

谷物的籽实就会散落

国人多因受风而咳

百姓四处迁移

如果颁行秋天的政令

无论高地还是低地都会出现大水

庄稼不能成熟，多地发生女灾 [1]

如果颁行冬天的政令

寒气就会不合时宜地来到

鹰隼提前击杀飞鸟

四方边邑的百姓

为避敌寇而躲入城堡

注释：

[1] 女灾：指妇女不能生育之灾。
五行说认为秋属金，主杀气，
又金生水，所以到处水潦，禾
稼不成熟，妇女不生育。

中央于五行属土

中央于天干属戊己

其主宰之帝是黄帝

其佐帝之神是后土

其应时之虫是麒麟倮族

其应时之音是宫

其应时之律是黄钟之宫

天地相配土成之数为五

其应时之味是甘

其应时之气味是香

其应时之祭祀是中霤 [1]

祭品以心为先

天子居住太庙太室 [2]

出行要乘坐木质大车

车前驾着黄骝

车上插着绘有龙纹的黄色旗帜

穿着黄色的衣服

佩戴黄色的玉饰

吃的是稷与牛 [3]

宗庙所用器具

器中宽大、器口小而敛缩

注释:

[1] 中霤：五祀之一，祭祀后土。
中霤指屋的中央。

[2] 太庙太室：南向居中的明堂。

[3] 稷：谷子。一说是高粱。

音　律

二曰：

黄钟律生林钟律

林钟律生太蔟律

太蔟律生南吕律

南吕律生姑洗律

姑洗律生应钟律

应钟律生蕤宾律

蕤宾律生大吕律

大吕律生夷则律

夷则律生夹钟律

夹钟律生无射律

无射律生仲吕律

把作为基准的音律度数

分为三等份，再增加其中一份

在三分之四的已知音律数上

产生新的音律

此为"上生"

把作为基准的音律度数

分为三等份，减去其中的一份

在三分之二的已知音律数上

产生新的音律

此为"下生"[1]

黄钟、大吕、太蔟、夹钟、

姑洗、仲吕、蕤宾

是由上生而得

林钟、夷则、南吕、无射、应钟

是由下生而得

最圣明最完美的世代

天地之气，合而生风

太阳运行到某一度次

月亮就聚集起当月之风

十二律由此而生

仲冬之月白天最短的冬至产生出黄钟

季冬之月产生出大吕

孟春之月产生出太蔟

仲春之月产生出夹钟

季春之月产生出姑洗

孟夏之月产生出仲吕

仲夏之月白天最长的夏至产生出蕤宾

季夏之月产生出林钟

孟秋之月产生出夷则

注释：

[1] 这里讲的是音律相生的方法，
即"三分损益法"。

仲秋之月产生出南吕

季秋之月产生出无射

孟冬之月产生出应钟

天地交合，风气纯正

十二律得以确定

黄钟之月 [1]

不可进行动土工程

注意不揭开盖藏之物

以使天地之气封闭牢固

不然，阳气就会泄露

大吕之月

一年之数将近结束

新的一年将重新开始

要让你的农民心志专一

不要有所劳役

太蔟之月

阳气始生，草木萌动

命令农民发土耕种

不可错过农时

夹钟之月

注释：

[1] 黄钟之月：即律中黄钟之月（夏历十一月）。下文"大吕之月""太蔟之月"即律中大吕之月（夏历十二月）、律中太蔟之月（夏历正月），其余以此类推。

宽容平和，广施仁德，去除刑罚

不可大兴土木，不可兴师动众

那样会伤害众生

姑洗之月

疏通大道小路

疏浚沟渠，兴修水利

申明这个政令

非凡瑞气很快就来

仲吕之月

不可征聚广大民众

巡视农事，劝勉农民

草木庄稼正在生长

不可使民心偏离农事

蕤宾之月

阳气在上，畜养丁壮

君臣不安，则草木早枯

林钟之月

草木丰盛满盈

阴气即将开始刑杀万物

不可举行大事

以将养阳气

夷则之月

修明法度，整顿刑罚

简选武士，磨砺兵器

声讨、诛杀不义之人

以安抚四方

南吕之月

蛰虫钻进洞穴泥土

要催促农民尽快收割藏聚

不可懈怠

务求多收多藏

无射之月

迅速判决有罪之人

应当法办就不要赦免

不可滞留诉讼案件

要从速处理，要合乎程序

应钟之月

阴阳不通，天地闭塞而进入冬季[1]

按贵贱等级饬正丧事的规格法度

审慎处理百姓送终事宜

注释：

[1] 古人认为，孟冬之月，天气上腾，地气下降，天地不通，故阴阳不通。

音　初

三曰：

夏后氏孔甲在东阳萯山打猎 [1]

天刮起大风，天色昏暗

孔甲迷失方向

走进一家老百姓的屋子

主人家正好生了个儿子

有人说："有君主到来

这真是吉祥的日子

这个孩子实在是大吉"

也有人说："如果承受不了这个福分

这个孩子就定有灾殃"

夏君就把这个孩子带了回去

说："让他做我的儿子

谁还敢害他"

孩子长大成人

一次，帐幕移动使屋椽裂开

斧子掉下来砍断了他的脚

于是只好担负守门之职 [2]

注释：

[1] 夏后氏孔甲：夏君，禹的第十四代孙，桀的曾祖。东阳萯山：古地名。

[2] 古代多用断足者担任守门之职。

孔甲说:"呜呼！发生这种灾难

简直就是命中注定"

于是作出"破斧"之歌

这就是最早的东方音乐

禹外出巡视诸事

途中遇见涂山氏之女 [1]

禹没来得及与她举行婚礼

就又去南方巡视 [2]

涂山氏之女就叫她的侍女

在涂山南面等候禹

她自己还作了一首歌

歌中唱道:"候人兮猗" [3]

这就是最早的南方音乐

周公和召公曾在那里采风

以此歌为"周南""召南"

周昭王亲自率军征伐荆国

辛余靡身高力大，作王的车右 [4]

大军队返回徒渡汉水

桥梁败坏，王和蔡公坠落在水中

辛余靡把昭王救起渡到北岸 [5]

又返回救了蔡公

周公于是封他作西方的诸侯

注释:

[1] 涂山：相传为夏禹娶涂山氏之女及会合诸侯处。其地说法不一：一说在"会稽"（今浙江省绍兴市西北四十五里）；一说在"寿春东北"（今安徽省怀远县的涂山）。

[2] 据传说，禹娶涂山氏之女，婚后三四天就受命治水去了。

[3] 候人兮猗意为："候望人啊"。

[4] 辛余靡：周昭王之臣。他书或作"辛由靡"。车右，又称骖乘。车右都由勇士担任，任务是执干戈以御敌，并负责战争中的力役之事。

[5] 按《史记·周本纪》记载："昭王南巡狩，不返，卒于江上。"《左传·僖公四年》记载："昭王南征而不复。"均与本篇所记不同，当属传闻异辞。

— 130 —

这是去做一方诸侯的长公 [1]

当年殷整甲迁居西河 [2]

常常思念故土

于是创作了最早的西方音乐

长公继承了这音乐并住在西山 [3]

秦缪公曾在那里采风

把它作为最早的秦音

有娀氏有两位美女 [4]

为她们造起了九重高台

吃饭必有鼓乐作伴

天帝命令燕子去看望她们

燕子去了，叫声谥隘

两位美女十分喜爱

争相扑住燕子，用玉筐盖住

过了一会儿，揭开玉筐再看

燕子留下两个鸟蛋

向北飞去，不再回来

两位女子就作了首歌

一终唱道："燕燕往飞" [5]

这就是最早的北方音乐

大凡音乐

都是出自人的内心

注释：

[1]　长公：一方诸侯之长。

[2]　殷整甲：商王河亶甲，名整。
　　　西河：古地名，在今河南省内
　　　黄县东南。《史记·殷本纪》
　　　记载："河亶甲居相"，"相"
　　　与"西河"当是一地。

[3]　西山：西翟之山。

[4]　有娀氏：远古氏族名。传说有
　　　娀氏有女简狄，是帝喾的次妃，
　　　生契（殷的祖先）。

[5]　一终：古乐章以奏诗一篇为一
　　　终，也叫一竟、一成。"燕燕
　　　往飞"：意为"燕子燕子展翅
　　　飞"。

心有所感而激荡于乐音之中

音乐表现于外而化育内心

所以，听音乐可以了解风俗

考察习俗可以了解志趣

观察志趣可以了解德行

兴盛与衰亡、贤与不肖、君子与小人

都会在音乐中一一表现，不可隐匿

所以说：作为一种观察的对象

音乐所反映的内容相当深刻

土质恶劣则草木不能生长

水质浑浊则鱼鳖不能长大

社会黑暗则礼仪烦乱而音乐淫邪

郑卫之声，桑间之音 [1]

这都是混乱国家的喜好

为道德衰微的人所喜悦

流辟、诐越、慆滥的音乐一出 [2]

放荡不羁的风气、邪恶轻慢的思想

就会四处熏染

人们一旦受到熏染

各式各样的奸佞邪恶就由此产生

所以，君子以道为根本

重视自身品德修养

端正品德而再创作音乐

注释：

[1] 郑卫之声：即郑卫之音，见《本生》注。桑间之音：又作"桑间濮上之音"，桑间在濮水之上。传说殷纣亡国，殷纣的乐官延在桑间投濮水自杀，后春秋时晋国乐官涓经过此地，听到水面上飘扬着音乐声，便记载下来，这就是桑间之音。后人用它代表亡国之音、靡靡之音。

[2] 流辟：淫邪放纵。诐越：声音飞荡。慆滥：放荡过分。

和谐音乐而后通达理义

音乐和谐

人民就会向往道义

制　乐

四曰：

要想欣赏到和谐完美至极的音乐

就必定要有和谐完美至极的政治

一国政治清明美善

这个国家的音乐也就美妙动人

一国政治粗疏浅薄

这个国家的音乐也就粗糙浅陋

若是乱世之中

对于音乐，就只有轻忽怠慢

现在就是关闭门窗

仍可感动天地

即使不过区区一室之中

从前，成汤在位的时候

庭院中长出一棵谷子

黄昏时刚刚萌生

等到天亮已经长大如拱 [1]

属下请来卜者以问吉凶 [2]

汤辞退卜者

说："我听说吉祥是福气的先兆

遇到吉兆却行为不善

则福气就不会降临

妖邪是灾祸的先兆

遇到妖异而做善事

则灾祸就不会降临"

于是，他早早上朝，很晚才退朝休息

探问疾病，吊唁逝者，忙于安抚百姓

三天之后，庭中的谷子就消亡不见

所以，祸兮福所倚，福兮祸所伏

圣人独有真知灼见

事物变化的终极一般人哪会知晓

周文王执掌国政八年

那年六月，文王卧病在床

五天后地震

无论东西南北

震动不出国都四郊 [3]

注释：

[1] 拱：两手合围。

[2] 卜：古人用火灼龟甲取兆，以预测吉凶，称卜。

[3] 郊：邑外为郊。周制，离都城五十里为近郊，百里为远郊。

百官都请求说

"臣等听说大地震动，是因为君主

如今王卧病在床五天而地震

四面震动不出国都之郊

群臣都十分恐惧，说'请移之'"

文王说："怎么把它移走"

答道："征发徭役，发动民众

增筑国都城墙

应该可以把灾祸移走"

文王说："不可

那上天显现妖异

是为了惩罚有罪的人

我一定有罪

所以上天以此惩罚我

现在特为此征发徭役、发动民众

来增筑国都城墙

这就是在加重我的罪过

这样做，肯定不行

昌愿意改过以增加善行 [1]，来移走灾祸

也许这样才可以免除灾祸！"于是

严谨礼仪法度、皮革 [2]，用以结交诸侯

整饬辞令、币帛，用以礼敬豪杰

颁布爵位、等级、田畴 [3]，用以封赏群臣

没有多长时间，文王的病就退止

注释：

[1]　昌：周文王名昌。

[2]　皮革：皮革、币帛在古代通常用作贵重的贡品或相互赠送的礼物。

[3]　田畴：泛指已耕作的田地。分指则谷地为田，麻地为畴。

文王即位八年而地震

地震之后在位四十三年

文王总共临国五十一年而终

这是因为文王能够止祸灭妖

宋景公在位的时候

荧惑出现在心宿 [1]

景公有些恐惧

召见子韦 [2]，向他询问

说："荧惑出现在心宿，因为什么"

子韦说："荧惑，主掌天罚 [3]

心宿，是宋国的分野 [4]

灾祸当降于国君

虽然如此，可转移给宰相"

景公说："宰相，与我一起治理国家

要把死亡转移给他，不吉利"

子韦说："可以转移给百姓"

景公说："百姓死了

寡人给谁当君

宁愿就是自己去死"

子韦说："可以转移给当年的农业收成"

景公说："当年农业收成有损

百姓就会遭受饥荒

百姓遭受饥荒就一定会死

注释：

[1] 荧惑：火星。心，心宿，二十八宿之一。

[2] 子韦：宋国的太史。

[3] 古人认为荧惑为执法之星，主天罚。

[4] 古天文学说把天上的星宿位置跟地上州国的位置相对应，如心宿与宋国对应，就天文说，心宿是宋国的分星；就地上说，心宿是宋国的分野。

为人之君，竟为了让自己活下去

而杀害自己的人民

那么，谁还会把我当作国君

这肯定是寡人的命数原本到头

你不用再说了"

子韦诚惶诚恐地离开本位

面向北面接连敬拜

说："臣斗胆敬贺君上

上天居于高处却可听清地上的一切

君讲了三句至德之言

上天一定会给君三大奖赏

今晚荧惑会后退三舍 [1]

君延寿二十一年"

景公说："你怎么知道这个"

答道："有三句善言

必得三大奖赏

荧惑必后退三舍

迁徙一舍要行经七星

一星代表一年，三七二十一年

所以臣说'君延寿二十一年'

臣愿匍匐于陛下候望今夜星相

荧惑不动，臣愿请死"

景公说："可"

当晚，荧惑果然后退三舍

注释:

[1] 舍：星运行停留之处。

明　理

五曰：

五帝三王时代的音乐

尽善尽美，登峰造极

乱国之主从来不懂得音乐

因为他们都是凡庸君主

老天恩赐得以成为君主

却徒有其名，不曾得君主之实

这真是可叹可悲

这犹如端坐于方位不正的屋子里

所谓端正恰恰就是不正

大凡万物之生

不是仅仅一气所能化育 [1]

万物之长

不是仅仅一物可以担承

万物之成

不是仅仅一方的功绩

所以，众正积聚所在

注释：

[1]　一气：单指阴气或阳气。古人
　　认为万物是天地阴阳之气聚合
　　而生，所以单有"一气"不能
　　化育万物。

福气无不降临

众邪积聚所在

灾祸无不发生

哪里的风雨气候不依循节气

哪里就降不下应时甘雨

哪里的霜雪气候不合时令

哪里就寒暑失当，阴阳失常

四季颠倒，男女淫乱不育

禽兽胚胎消释不能生殖

草木矮短不能滋长

五谷枯败不能成熟

根据这些制作音乐

能作出个什么东西

所以，混乱至极的社会风气是

君臣相害，长少互杀

父子相残，弟兄互欺

挚友相叛，夫妻互犯

天天互相危害，丧失人伦纲纪

心如禽兽，长于邪恶

苟且求利，不明义理

那里的云气形状有的像狗

像马、像天鹅、像很多车辆

有的云状像人，苍衣赤首

一动不动，它的名字叫"天衡"[1]

有的云状像悬在半空的旄旗[2]

颜色赤红，它的名字叫"云旍"

有的云状像众马相争

它的名字叫"滑马"

有的云状像众多生长的植蘁[3]

上黄下白，它的名字叫"蚩尤之旗"

那里的太阳有时有斗蚀[4]

有时有倍僪，有时有晕珥[5]

有时太阳不发光

有时有光却没有日影

有时多个太阳一齐出现

有时白天昏暗

有时太阳出现在夜里

那里的月亮有时有薄蚀[6]

有时有晕珥[7]，有时一侧昏暗

有时四个月亮一起出现

有时天空同时出现两个月亮

有时是"小月承大月"

有时是"大月承小月"[8]

有时月光遮住星光

注释：

[1] 天衡：与"天衡"同。天衡，《隋书·天文志》中说：岁星之精，流为天衡，"状如人，苍衣赤首，不动。主灭位。"

[2] 旍：同"旌"。用旄牛尾和彩色鸟羽作竿饰的旗。

[3] 植蘁：属菌类，菌上如盖，下有曲柄，与旗相似，所以比作蚩尤之旗。

[4] 斗蚀：指日蚀。古人认为日蚀现象是两日共斗相食而成的，所以称斗蚀（依高诱注）。

[5] 倍僪、晕珥：太阳周围的光气。高诱说："倍僪，晕珥，皆日旁之危气也。在两旁反出为倍，在上反出为僪；在上内向为冠，两旁内向为珥。"

[6] 薄蚀：指月蚀。古人认为由于日月迫近相拖，才发生了月亏食现象，所以称薄食。薄，迫近。

[7] 晕珥：月亮周围的光气。

[8] 小月承大月：一种由于月晕而造成的奇特现象，天空并出两月，一大一小，大月在上，小月在下，叫作"小月承大月"。如果小月在上，大月在下，叫作"大月承小月"。承，捧着。

有时月出而无光

那里的星星有荧惑，有彗星

有天掊，有天欃，有天竹

有天英，有天干，有贼星

有斗星，有宾星 [1]

那里的雾气有的上不接天，下不连地

有的上大下小

有的像水的波浪

有的好像山上的林木

春天时候竟是黄色

夏天时候竟是黑色

秋天时候竟是苍色

冬天时候竟是赤色 [2]

那里的妖孽有的生得就像带子

会有鬼跳进城墙上的女墙

有兔子生出野鸡，野鸡又生出鹓 [3]

有螟虫聚集在国都，发出匈匈的声音

国都内有游蛇东西乱窜

马和牛开口说话，狗猪互相交配

会有狼进入国都，有人自天而降

街市上有鸱舞蹈 [4]，国都内有怪兽乱走

注释：

[1] 荧惑、慧星、天掊、天欃、天竹、天英、天干、贼星、斗星、宾星：都是星名。古人把它们列为妖星，认为它们的出现，预示着人间必将发生灾祸。彗星，非指一般的彗星，而是嘈星。嘈星，妖星之一。

[2] 这四句是说气不和，发生异常。依古人五行说，春气宜苍，夏气宜赤，季夏宜黄，秋气宜白，冬气宜黑。

[3] 鹓：同"鹬"，小鸟。

[4] 鸱：鸱鸮，猫头鹰一类的鸟。

有马生出角，有雄鸡五只脚

有猪生下来却蹄不生甲，有鸡蛋孵化不出

有祭祀土神的庙宇自己移了地方

有猪生出了狗

一国之中出现这些怪异之物

君主不知惊惶，不懂得迅速变革

上帝就会降下灾祸，凶灾至极

国破家亡，君死民伤，无有幸免

人民流离失散，大遭饥荒，指日可待

这都是动乱国家所发生的，不能胜数

用尽楚、越的竹子，还是书写不尽

所以，子华子说

"那乱世中的百姓啊

没有节度，是非错乱

百病丛生，人多疾病

路上有很多尚在襁褓的弃婴

还有很多瞎眼、秃头、驼背、鸡胸

可谓万怪皆生"

因此，乱世之主

哪里听得到和谐完美至极的音乐

听不到和谐完美至极的音乐

它的音乐就不会使人快乐

孟秋纪第七

孟　秋

一曰：

孟秋之月

太阳运行在翼 [1]

初昏时分，斗 [2]

是出现在中天南方的中星

拂晓时分，毕 [3]

是出现在中天南方的中星

孟秋日于天干属庚辛

其主宰之帝是少皞

其佐帝之神是蓐收 [4]

其应时之虫是虎类毛族

其应时之音是商

其应时之律是夷则 [5]

天地相配金成之数为九

其应时之味是辛

其应时之气味是腥

其应时之祭祀是门 [6]

注释：

[1]　翼：二十八宿之一，在今巨爵座。

[2]　斗：二十八宿之一，在今人马座。

[3]　毕：二十八宿之一，在今金牛座。

[4]　蓐收：少皞氏之子，名该，被尊为金德之神。

[5]　夷则：十二律之一，属阳律。

[6]　门：五祀之一。古人认为秋由门入，所以要祭门。

祭品以肝为先

凉风来到，白露降落，寒蝉鸣叫

鹰四面摆开被击杀的飞鸟

这个月，要开始使用刑罚和杀戮

天子居住总章左个 [1]

出行乘坐白色的兵车

驾车的是黑鬣白马

车上插着绘有龙纹的白色旗帜

穿着白色的衣服

佩戴白色的玉饰

吃的是麻与犬

宗庙所用器具

深而且有棱有角

这个月立秋

立秋的前三天，太史禀告天子

说："某日立秋，盛德在金"

天子于是斋戒以整洁身心

立秋之日

天子亲率三公、九卿、诸侯、大夫

一起来到城外西郊

迎接秋天的到来

天子迎秋归来

在朝堂之上赏赐将帅和勇武之人

注释：

[1]　总章左个：西向明堂的左侧室。

命令将帅挑选兵士，磨砺武器

精选才俊，严加训练

一心委任战功卓著的将士

去征讨不义之人

责问诛杀凶恶怠慢之人

以彰明爱憎使天下归顺

这个月，命令有司加强禁令

修缮牢狱，准备刑具

禁止奸邪之事

警戒有罪的邪恶之人

随时进行捉拿拘捕

命令审理诉讼的法官

去探视察看有伤创骨折的犯人

判决诉讼，务必公正无偏

有罪者杀，严格断刑

这个月开始，天地肃杀

不可盛气骄盈

这个月，农民开始进献五谷

天子会品尝新收获的谷物

尝食前先奉献祖庙，祭祀先祖

命令百官要百姓收藏谷物

修缮堤坝使之完整

对可能壅塞的水道仔细检查

以防备水大为害

还要修葺宫室，培坿墙垣

修整内外城郭

这个月，不分封诸侯

不设立高官

不赐人土地

不馈送重礼

不派出特使

实行应在本月实行的政令

凉风就会来到

每旬一至，三旬三至

孟秋之月，如果颁行冬天的政令

就会阴气大盛，甲虫伤谷，敌军来犯

如果颁行春天的政令

国家就会干旱，阳气复来，五谷不能结实

如果颁行夏天的政令

就会火灾多发，冷热无常，百姓多患疟疾

荡 兵 一作用兵

二曰：

古代的圣王主张进行正义的战争

而不废止战争

战争由来已久，与人类一并相生

大凡战争，讲究的是威势

威势，体现的是力量

拥有威势和力量，是人的天赋秉性

天性，禀受于天

不是人自己所能造就

尚武的人无从改变

有才能的人不可移易

战争之所从来相当久远

黄帝、炎帝已用水火相战

共工氏曾以战争恣意发难

五帝之间早就以战争相争

兴起又灭亡，灭亡又兴起

迭代更替，胜者统治天下

人们说"蚩尤作兵"

其实，蚩尤并没有创造兵器

只不过是把兵器改造得更为锐利

没有蚩尤的时候

人们就已经砍削林木进行战斗

胜利者成为首领

首领没能治理好百姓

所以，设立君主

君主仍不足以治理好百姓

所以，设立天子

天子的设立出于君主

君主的设立出于首领

首领的设立出于相争

争斗的由来已是长久

不可禁，不可止

所以，古代的贤王主张

进行正义的战争

而不是废止战争

家中没有斥责鞭笞

僮仆、儿童马上就会出错

国家没有严厉刑罚

侵夺百姓、百姓互侵就会立刻出现

天下没有诛伐

诸侯相互侵侮就会立即出现

所以，斥责鞭笞不可废止于家

刑罚不可废止于国

诛伐不可废止于天下

只不过使用上有的高明、有的笨拙

所以，古代的圣王主张

进行正义的战争

而不是废止战争

因为有人吃饭噎死

就要禁废天下的食物

这很荒谬

因为有人乘船溺亡

就要禁废天下的船只

这很荒谬

因为发生战争而亡国

就要废止天下的战争

这很荒谬

战争不可废止

譬如水火一般

善于利用就会造福于世

不善于利用就会造成灾祸

譬如用药治病

得到良药就能使人活命

得到毒药就会使人丧生

作为治理天下的良药

正义之战的作用其实颇大

况且战争之所从来相当久远

未曾须臾不用

贵贱、长少、贤不肖

在这方面都是一样

只是用起来有大有小而已

可以从多方面细细考察战争

争斗之意隐而未发，是战争

怒目相视，是战争

面有怒色，是战争

言辞傲慢，是战争

以手推挽，是战争

以足相搏，是战争 [1]

恣意群斗，是战争

三军攻战，是战争

这八种情况都是战争

只不过是规模小大有别

如今世上极力鼓吹废止战争的人

其实自己一辈子都置身于争斗之中

却不知道自己言行相悖

所以，他们的游说尽管有力

注释：

[1] 此处依马叙伦说。

言谈雄辩，据典引经

还是不被人听取采纳

所以，古代的圣王主张

进行正义的战争

而不是废止战争

战争贵在正义

用以诛杀暴君而拯救苦难人民

人民必对战争喜悦欢迎

就像孝子见到慈母

就像饥饿的人见到甘美食品

人民会呼喊着奔向它

就像强弩射向深谷

就像蓄积很久的大水冲垮堤坝

（面对这种情况）

中常之主尚且不能阻止他的人民

更何况那暴君

振 乱

三曰：

当今的社会过于混乱

黎民百姓的苦难无以复加

天子既绝 [1]

贤者或隐匿或被弃而不用

当世昏乱之君恣意妄行

与人民离心离德

百姓的痛苦怨恨无处诉说

世上但有贤主，才德出众的人

应当明察这个道理

这样他们的斗争就会伸张正义

天下民众，将死的将因此而得生

蒙辱的将因此而得显荣

受苦受难的将因此而得安逸

当世昏君恣意妄行

一般人都会逃离他们的国君

甚至无法顾及父母至亲

又何况那些不肖之人

注释：

[1] 此指周王室已经灭亡而秦尚未
称帝之时。

所以，正义之师莅临

当世昏君就不能再占有他的人民

父母亲人也不能阻禁子女

大凡作为天下人民的君主

主要的思虑莫不在于

培长有道而止息无道

奖赏正义而惩罚不义

现今世上有的学者常常反对攻伐 [1]

反对攻伐就会采取救守 [2]

采取救守，那么方才所说的

培长有道而止息无道、奖赏正义而惩罚不义

这样的方针就无法实行

能给天下人民作君主

其利害全在于能否明察这个道理

攻伐与救守实质一样

而取舍因人而异

靠论辩析说来否定攻伐

最终不会有什么定论

辩论者要是自己本来就不明白

那就是糊涂

要是自己明白却昧心而来

那就是欺骗

注释:

[1] 这里的学者主要指研习墨家学
说的人。

[2] 救守：救援防守，与"攻伐"
相对。

欺骗与糊涂，这样的人

纵然善辩也是无能无用

这些反对攻伐的论调

就是在否定自己的论据的同时

又以这些论据证明自己所否定的观点

这种论调本想有利于百姓

实际上反而是在祸害人民

想给天下安定

实际上反而危及天下

给天下带来深重灾难

置人民于极大危险之中的

就以反对攻伐的论说为甚

那些志在为天下人民谋利益的人

不可不深刻地明白这个道理

那攻伐之事

无一不是攻击无道而惩罚不义

能够攻击无道且讨伐不义

那么没有比这更大的幸福

没有什么比这更有利于百姓

禁止攻伐

这就是在摒弃正道而讨伐正义

这就是在置汤武伟业于穷途困厄

这就是在助长桀纣的罪业

人们之所以不敢行无道、不义之事

是因为那样做必有惩罚

人们之所以祈求公道，力行正义

是因为这样做社会公认

如果让无道、不义之人得到保护

这种保护

就是对无道、不义之人的奖赏

反而会让公道、正义之人走投无路

这种走投无路的困境

就是对公道、正义之人的罚处

赏不善而罚善

想这样治理好人民

岂不过于困难

所以，搞乱天下、危害百姓的

就以这种否定攻伐的论调为最

禁　塞

四曰：

那救守的本心

无不是守护无道而帮救不义

守护无道而帮救不义

那么，就没有比这更大的祸患

对天下百姓造成的危害，也没有比这更深

凡主张救守的人

首先是以言辞论说

其次是诉诸武力

以言辞论说的时候会聚徒成群 [1]

日夜思虑，费心劳神

早上一起就要论之诵之

躺下睡觉还要梦中陈述

把自己搞得唇焦肺燥，神疲魂伤

上称三皇五帝的功业

以取悦人君

下称五霸名士谋略

以使自己的主张得到证明

从早上朝会到晚上退朝

都在劝说统兵的主帅

传布宣扬，晓谕众人

以阐明自己的这番道理

道理讲完，话语说尽

若自己的主张未得实行

就必会反转而诉诸武力

转而诉诸武力，势必就是战争

注释：

[1] 原文为"承从多群"：这里依
许维通说译作"聚徒成群"。

战争本身，必要杀人

这其实是以杀害无辜百姓

助兴无道与不义之人

只要无道与不义者存在

就会助长天下的凶害

而阻止天下人受益

即使侥幸取胜

开始滋长的就是祸凶

先王的法典说

"为善者赏，为不善者罚"

这是自古以来的原则，不可更改

现在，不做正义与不义的判别

就极力采用救守

那么，就没有比这更不义

危害天下百姓的也莫过于此

所以，采用攻伐不对，反对攻伐不对

采用救守不对，反对救守不对

唯有正义的战争是对的

如果是正义之战

攻伐也是对的，救守也是对的

如果是不义之战

攻伐不对，救守不对

能让夏桀、殷纣荒淫无道至如此地步的

是心存侥幸

能让吴王夫差、智伯瑶侵占掠夺至如此地步的

是心存侥幸

能让晋厉、陈灵、宋康作恶至如此地步的 [1]

是心存侥幸

如果让桀、纣知道他们那样做

必是国亡身死，断子绝孙

我不知他们是否还会荒淫无道至如此地步

如果让吴王夫差、智伯瑶知道他们那样做

必是国成废墟，身遭杀戮

我不知他们是否还会侵占掠夺至如此地步

如果晋厉知道必死于匠丽氏那里 [2]

如果陈灵公知道必死于夏徵舒之手

如果宋康王知道自己必死于温邑 [3]

我不知他们是否还会作恶到如此地步

这七个国君，大行无道与不义

所残杀的无辜百姓

不可以万为单位计数

青壮年，老人和儿童

流产或死于母腹中的胎儿

遍及平原旷野

塞满深壑大谷，流入大江大河

注释:

[1] 晋厉：指晋厉公，春秋晋国国君，名寿曼，公元前 581 年—前 573 年在位。晋厉公七年（公元前 574 年），厉公游匠丽氏，被晋卿栾书、中行偃囚禁，第二年被杀。陈灵：指陈灵公，春秋陈国君，名平国，公元前 614 年—前 599 年在位。灵公与其臣孔宁、仪行父都和夏姬私通，陈灵公十五年（公元前 599 年），灵公与二臣在夏姬家饮酒时，被夏姬之子夏徵舒射杀。宋康：指宋康王，战国时宋国国君，名偃，公元前 328 年—前 286 年在位（据《史记》记载在位四十三年，一说在位四十七年）。

[2] 匠丽氏：晋大夫。他书或作"匠骊氏"。

[3] 温邑：战国时魏邑。

尸骨的积灰填平了沟洫险阻

百姓冒着流矢，脚踩刀剑

加上冻饿饥寒的熬煎

这种状况一直持续到现在

而且愈演愈烈

所以，暴露在野外的骸骨无法计数

积尸封土而成的高冢，高大宛若山陵

世上如有奋发之君、仁义之士

请深念于此

足以痛心疾首

足以悲天悯人

考察产生这一切的根源

在于有道之人被废弃

反让无道昏君恣意妄行

那无道昏君能够恣意妄行

全在于心存侥幸

所以，当今世上最大的问题

并不在于救守本身

而在于不肖之人确实侥幸

救守之说一出

不肖之人就越发有幸

贤人却越发疑惧

所以，大乱天下的

正在于不论正义与否

而一味地力主救守

怀　宠

五曰：

凡君子所说，都不是苟且辩说

凡士人所议，都不是苟且言语

必切合事理然后述说

必符合大义然后论议

所以，听了这番诉说论议

王公大人才越发喜好事理

士人百姓才越发遵行大义

义理正道彰明

则暴虐、奸诈、侵夺之类邪道止息

暴虐、奸诈邪道与义理正道截然相反

它们势不两立，不可并存

所以，正义之师进入敌国边境

士人就会知道已经有所庇护

百姓就会知道能够不死

正义之师到了敌国国都和其他城邑的郊区

不害五谷，不掘坟墓

不伐树木，不烧财粮

不焚房屋，不掠六畜

送归俘获的敌国百姓，以彰明爱憎

当真诚与信任与人民的期待相符

就能争取到敌方的民众

若是能够做到这样

还有顽固、嫉恨、坚持错误、绝不归顺的

对他们动用武力也是理所应当

用兵之前，要先发布檄文号令

说："大兵之来，救民生死

尔君在上，所行无道

倨高傲慢，荒淫怠惰

贪婪暴戾，残虐百姓

狂妄凶暴，自以为是

圣明法制，摈弃远离

诋毁先王，毁谤旧典

上不顺天，下不惠民

征敛无度，求索无厌

罪杀无辜，奖赏不当

有君若此，天之所诛

人之所雠，不当为君

大军此来，将诛此君

斩除民雠，顺行天道

如有逆天、卫护民雠

一律处决，绝不赦免

以家归顺，禄之以家 [1]

以里归顺，禄之以里

以乡归顺，禄之以乡

以邑归顺，禄之以邑

以国归顺，禄之以国"

所以，攻克敌国

不伤及敌国士民百姓

只诛杀应诛杀的人即可

举荐敌国那些出类拔萃的人

赐予土地，封赏爵位

选拔那些贤明有德的人

给予尊重，授予显位

寻找孤寡，予以赈恤

会见那些长者老者而予以礼敬

一概增加俸禄，提高秩级

审理那些罪犯而予以赦免释放

分发府库中的财物

散发仓廪中的粮食

用以安抚百姓

注释：

[1] 意为：率领一家归顺的，赏给他一家作为俸禄。以下句依此类推。里、乡、邑：古代居民组织的单位。春秋战国，诸侯各有编制，名称内容均不统一。

不把敌国财物据为己有

问询百姓不愿废弃的丛社、大祠 [1]

并使之复兴，多方设法增加祭礼

因此，贤良之人会以位尊名显为荣

长者老者会因受到礼遇而心悦

人民因德政而安宁

如果这里有个人，能使死人复生

那么，天下必争相跟从、服侍

正义之师所救死扶伤的也是太多

人们哪会不高兴欢迎

所以，正义之师一到

邻国的人民就会归顺如流

被伐之国的人民则望之如父母

征师越远，得民越多

兵刃未接而人民就迅速归服

注释：

[1] 丛社：草木繁茂的祭祀土神的
地方。祠：祭神的庙堂。

仲秋纪第八

仲　秋

一曰：

仲秋之月

太阳运行在角[1]

初昏时分，牵牛

是出现在中天南方的中星

拂晓时分，觜嶲[2]

是出现在中天南方的中星

仲秋日于天干属庚辛

其主宰之帝是少皞

其佐帝之神是蓐收

其应时之虫是虎类毛族

其应时之音是商

其应时之律是南吕[3]

天地相配金成之数为九

其应时之味是辛

其应时之气味是腥

其应时之祭祀是门

注释：

[1]　角：二十八宿之一，在今室女座。

[2]　觜嶲：二十八宿之一，在今猎户座。

[3]　南吕：十二律之一，属阴律。

祭品以肝为先

凉风发生，候雁北来，燕子南归

群鸟养护增生毛羽以备过冬

天子居住总章太庙 [1]

出行乘坐白色的兵车

驾车的是黑鬣白马

车上插着绘有龙纹的白色旗帜

穿着白色的衣服

佩戴白色的玉饰

吃的是麻与犬

宗庙所用器具

深而且有棱有角

这个月，要赡养衰老之人

授予几案、手杖，赐予糜粥饮食

命令司服准备并整饬衣裳 [2]

祭服的文绣都有固定规格 [3]

小大有制，短长有度

祭服之外的衣服各有各的度量

务必遵循旧法

头冠、束带规格如常

命令有司申严百刑

斩杀罪犯务必合法正当

不得违背法律，不得背弃公理

注释：

[1] 总章太庙：西向明堂的中央正
　　室。

[2] 司服：主管服制的官吏。衣：
　　上衣。裳：下衣。

[3] 古时制度，祭服上衣用画，下
　　衣用绣。

如有曲法冤枉，执法者必有灾殃

这个月，要命令宰祝巡视祭祀牺牲 [1]

看看牺牲是否完整没有损伤

考察牺牲的刍豢情况 [2]

细瞻肥瘦，观察毛色

务必合乎旧例

测量小大，视看长短

务必符合标准

五个方面都要完全合适 [3]

这样才能请上帝享用

天子于是举行傩祭 [4]

御止驱逐疫疠，以通达秋气

就着狗肉品尝麻籽

尝食前先奉献祖庙，祭祀先祖

这个月，可以修筑城郭，建置都邑 [5]

挖掘地窖，修葺粮仓

命令有司督促百姓收藏谷物

尽力聚藏干菜，多多积聚柴米

要鼓励及时播下麦种

不要错过农时

如果错失农时，一定施予惩罚

注释：

[1] 宰祝：即充人、太祝，官名，主管牺牲及祭祀。

[2] 刍豢：都是养的意思。刍，指用草喂养牛羊。豢，指用谷物喂养猪狗。

[3] 五个方面：指全具、肥瘠、物色、小大、长短。

[4] 傩：祭祀名，逐除灾疫、不祥。

[5] 都邑：城镇。有先君宗庙的叫都，没有的叫邑。

这个月，日夜各半，雷开始止声

蛰伏的动物藏伏在洞穴口

阴气渐渐旺盛

阳气日日衰微

河水开始干涸

因为日夜时刻相等

正好统一度量，平衡秤锤秤杆

校正钧石 [1]，齐同斗甬 [2]

这个月，要减轻关市的税收

招徕往来商旅，广纳钱财

以利民间诸事

四方会集，远乡皆至

这样，就会各项财物不缺

国家用费充足，百事皆成

但凡做事不可违背天数 [3]

必顺天时 [4]，乃因其类 [5]

实行应在本月实行的政令

白露就会降落

降落三旬

仲秋之月，如果颁行春天的政令

就会秋雨不降，草木开花

注释:

[1] 钧: 三十斤。石: 一百二十斤。

[2] 斗甬: 都是量器。甬，即"桶"字。

[3] 天数: 天道，自然的规律。

[4] 时: 指天时，即四时节令。

[5] 因: 依，顺。类: 事类。这句大意是要依事情的不同来确定何时做什么。

国家有大惶恐[1]

如果颁行夏天的政令

就会国家大旱，蛰虫不藏

五谷再次萌生

如果颁行冬天的政令

就会屡犯风灾，雷提前止声，草木早死

论 威

二曰：

义，是万事的要领

是君臣、长幼、亲疏的基础

是治乱、安危、胜败的关键

胜败的关键，不用他求

务必反求于己

人的本性都是愿活而不想死

渴望荣耀而厌恶耻辱

死生荣辱之道统一于义

就可使三军将士同心

注释：

[1] 五行说认为春主生育，秋行春令，所以草木生荣；又认为金木相犯，所以国有大惶恐。

凡是军队，应该兵多将广

而军心，应该是上下一致

三军同心，军令就贯通无阻

号令畅行，大军行于天下

也就无敌于天下

古代的正义之师

士卒对于军令的尊重

重于天下，贵于天子

军令深藏于士卒心中

感于肌肤，深切牢固

没有什么能够让它动摇

完全不可变更

像是这样，敌人哪里还有机会取胜

所以说：军令不可冲犯，敌人必然疲弱

军令通达无阻，敌人必然屈服

先胜于此朝中发令

则必胜于彼战场争雄

凡兵器，都是天下杀伤人的凶器

凡勇武，就是天下杀伤人的凶德

举凶器，行凶德，是由于不得已

举起凶器，必是要杀人

有人被杀，才有更多的人得以生存

实行凶德，必显示武力

显示武力，才能使别人恐惧而屈服

慑服敌人，人民得以生存

正义之师因此兴盛昌隆

所以，古代的正义之师出征

士卒尚未交战

而威名已天下皆闻

敌人既已降服

哪里还用得着击鼓干戈

所以，善于昭示威力的

在其未发之中，在其未显之中

潜藏隐晦，若现若隐，莫知实情

这就是所谓实实在在的威力至极

凡用兵动武，讲究急、疾、捷、先

要想把握好急、疾、捷、先的方法

关键在于清楚

缓、徐、迟、后与急、疾、捷、先的区别

急、疾、捷、先

这是正义之师的决胜之道

行军打仗绝不可久滞一处

知道哪里不可久留，也就是知道了

必须避开的死绝之地

纵有江河之险也要逾越它

纵有大山险塞也要攻陷它

克敌制胜，就要屏住呼吸，精神专一

心无忧虑，目无旁视，耳无他闻

心、眼、耳全力集中于军事而已

冉叔发誓要杀死田侯 [1]

而齐国君臣都十分恐惧

豫让决心要杀死襄子 [2]

而赵家上下都十分恐惧

成荆要跟韩主拼命 [3]

而周人都十分畏惧

一个人的决心尚且有如此威力

又何况万乘大国如果决意达到目的

哪还会有什么能与之为敌

恐怕刀刃未接就已得偿所愿

敌军惊恐畏惧，意志动摇

一旦到达极点

都像是精神错乱，魂飞魄散

走不知往哪走，跑不知跑哪里

虽有险阻要塞、坚甲利兵

也是心无所据，精神不宁

夏桀就是这样死于南巢 [4]

假如用木头击打木头，就会一拍两开

把水倒入水里，就会散入水中

把冰投向冰面，就会沉没

把泥抛到泥里，就会下陷

注释：

[1] 冉叔：战国时的义士。田侯：战国时齐国国君，田姓。

[2] 豫让：春秋末年晋国人，晋卿智瑶的家臣。智氏被赵、韩、魏三家灭掉之后，他一再谋刺赵襄子，后事败自杀。襄子：名无恤（一作"毋恤"），赵简子之子，晋卿。他与韩、魏两家合谋，灭了智氏。

[3] 成荆：春秋时齐国的勇士，常与孟贲并提。成荆与韩主的事未详。

[4] 南巢：古地名。故址当在今安徽省巢县。史传夏桀被成汤放逐，死于南巢。

这就是快慢先后的必然态势

用兵，有最关键之处

懂得对敌方出其不意、攻其不备

就会取而胜之

专诸就是这样 [1]

独自一人手举剑落而已

一举而成就了吴王阖闾

又何况是正义之师

多者数万，少者数千

足迹密布征途，开辟敌国道路

正义之师的武士

岂一个专诸所能相提并论

简　选

三曰：

世上有一种言论说

"驱使起市民百姓，可以战胜

来敌禄秩丰厚、训练有素的军兵

驱使起老弱疲惫的民众，可以战胜

注释：

[1] 专诸：春秋时吴国人。他借献
　　鱼之机，用藏在鱼腹中的匕首
　　为吴公子光（阖闾）刺杀了吴
　　王僚，自己也当场被杀。

来敌体格精壮、技艺熟练的武士

驱使起散乱无纪的囚徒，可以战胜

来敌行列整齐的战阵

手持锄耰和白苕木棒 [1]

可以打败来敌的长矛利刃"

这其实是完全不懂军事的谬论

假如这里有一把利剑

用来刺杀却刺不中

用来击打却打不着目标

那就与手持劣剑没有什么区别

但因此而在搏斗时使用劣剑

则万万不成

挑选精兵良将、兵械锐利的军队

在不当的时机出征

在不当的时机发动进攻

那就与劣等军卒的战力没有区别

但因此而在战争中使用劣等军卒

则万万不成

王子庆忌、陈年尚且要求宝剑锋利 [2]

选用精兵良将，保证兵械锐利

交由才能出众的将领统率

古来以此有成就王业的，有成就霸业的

汤、武、齐桓、晋文、吴阖闾就是

注释：

[1]　耰：平土的农具。

[2]　王子庆忌：春秋时吴王僚之
　　　子，以勇捷有力闻名。陈年：
　　　古代齐国的勇士。

商汤率领七十辆精良战车

六千名不怕死的武士

戊子日在郕地大战 [1]

擒住了推移、大牺 [2]

进军鸣条 [3]，攻入巢门 [4]

于是占有了夏

既然夏桀已经逃跑

商汤便大行仁爱慈义，抚恤百姓

与桀的所作所为完全相反

举用夏地贤良之人

顺应人民的意愿

从而远近归附

得以称王天下

周武王率虎贲勇士三千 [5]

精选战车三百

在甲子那天取胜于牧野

而纣王遭擒

然后，提拔贤人于显位

进荐殷朝遗老

了解人民意愿

行赏及于禽兽

诛杀纣王，惩罚不避天子

亲近殷的士民百姓

注释:

[1] 郕：古地名。

[2] 推移、大牺：夏桀之臣。他书或作"推哆""大戏"。

[3] 鸣条：古地名，又名高侯原，在今山西省运城市安邑镇北。相传商汤伐桀，战于鸣条之野，即此地。

[4] 巢门：当是夏桀国都城门之名。

[5] 虎贲：勇士之称。

就像亲近周自己的士民百姓

对人对己，一视同仁

天下赞美他的美德

万民欢悦他的仁心

所以，武王得立天子

齐桓公率领精良兵车三百乘

训练有素的士兵一万

作为大军先锋，横行海内

天下无人能挡

南到石梁 [1]，西达酆鄗 [2]，北至令支 [3]

当中山国攻陷邢国

狄人灭了卫国 [4]

桓公在夷仪重立邢国 [5]

在楚丘重立卫国 [6]

晋文公训练出五乘有五种技能的甲士

精锐步卒一千

先于前线接敌交锋

没有哪个诸侯的军队能够抵挡

晋军摧毁郑国城上的女墙

命令卫国田垄一律东西走向 [7]

尊奉周天子于衡雍 [8]

注释：

[1] 石梁：古地名。高诱注："在彭城。"彭城在今江苏省铜山市。

[2] 酆：在今陕西省鄠邑区东。他书或作"丰"。鄗：在今陕西省西安市西南。

[3] 令支：春秋时山戎属国，故址在今河北省迁安市一带。本书《有始》作"令疵"。

[4] 公元前 660 年，狄人杀卫懿公于荥泽，所以说"灭"。

[5] 夷仪：古地名，在今山东省聊城市西。

[6] 楚丘：古地名，在今河南省滑县东。

[7] 此举意在利于晋军军车行进。

[8] 衡雍：春秋郑地，在今河南省原阳县。

吴王阖庐选拔力士五百

善跑士兵三千，作为军队前锋

与楚国交战，五战五胜

接着占领了郢 [1]

东征直到庳庐 [2]，

西伐打到巴、蜀 [3]

向北逼近齐、晋

令行中国 [4]

所以，凡是大军借势山川险阻

那是要用其便于攻防

看重兵甲器械，希望的是甲坚兵利

选拔训练武士，希望他们强壮精锐

统率士卒，希望他们训练有素

这四个方面，是正义之师的辅助

是适应时势变化的凭借

不能没有，也不能一味依赖

这是取胜的一个策略

注释：

[1] 郢：春秋时楚国国都，故址在今湖北省江陵县西北。

[2] 庳庐：古地名。

[3] 巴、蜀：二古国名，故址在今四川省境内。

[4] 中国：指春秋时地处中原的华夏各诸侯国。

决　胜

四曰：

用兵之道有其根本

必义，必智，必勇

出于正义，就会使敌方陷于孤立

敌方孤立无援，上上下下

就会心虚而缺乏斗志

民众就会瓦解离散

孤立无援

就会父兄怨恨，贤人非议

动乱自内而起

足智多谋

就能把握时势的发展趋势

把握时势发展趋势

就能了解虚实盛衰的变化

就能确定先后、远近、行止的策略

勇猛果敢，就能临事决断

能临事决断，一旦行动起来

犹如雷电、旋风、暴雨

犹如山崩与决堤、异变与星坠

犹如猛禽出击

搏击抓取，则禽兽毙命

击中树木，则树木碎裂

这些都是凭借勇猛而成

那士卒们从不会总是勇敢

也不会一味胆怯

士气高涨就会勇气充满

勇气充实就会勇敢无畏

士气丧失就会空虚

空虚就会胆小害怕

怯懦与勇敢、空虚与充实

产生的缘由实在微妙

不可不把握知晓

士卒勇敢，就会奋力作战

士卒胆怯，就会临阵败逃

战而取胜的，凭恃自己的勇气而战

战败而逃的，心怀胆怯而战

怯懦与勇敢之间没有永恒不变

变化常常就在须臾瞬间

而且不知道是个什么道理

唯有圣人知道这样的缘由

所以，商、周因此而兴盛

桀、纣因此而灭亡

用兵，有巧有拙

彼此结局如此截然不同

在于是提振士气还是削弱士气

是善于还是不善于指挥众多军队作战

后者军队虽然庞大，士卒众多

其实无助于取胜

军盛兵多却不善于作战

那么兵多不如兵少而精

人数众多固然造福较大

如果造祸，为害也大

譬如深水捕鱼

捕到的鱼会大

如果遇难，危险更甚

善于用兵的人

会调动四境之内所有的人参战

即使是干粗活的奴隶或者仆役

以及没有受过训练的百姓

方圆数百里之内的都前来参战

这就是形势逼人

造势者，最会详察捕捉战机

并擅长辖制引导众人

凡是用兵

贵在善于凭借利用

所谓凭借利用

就是借敌方之险为己方坚固要塞

就是利用敌方之谋完成己方任务

能够明察可利用的条件

再采取行动加兵于敌

那胜利就会不可穷尽

胜利无穷，可称之为用兵神妙

用兵神妙，则不可战胜

用兵，最了不起的就是不可战胜

不可战胜的主动权，操纵于自己手中

能够取胜，在于敌人虚怯谋失

圣人总是能把握己方主动

不一定要依赖对方的失误

所以，手执不可战胜之方略与不胜之敌交战

像这样，就会用兵无失

凡用兵获胜，就是敌方有失

要战胜有失误的敌军

务必隐蔽，务必潜藏

务必蓄积力量，务必集中兵力

做到隐蔽，就能战胜公开的敌人

做到潜藏，就能战胜暴露的敌人

做到蓄积，就能战胜力量零散的敌人

做到集中，就能战胜兵力分散的敌人

像那擅长搏击、抓取、顶撞、撕咬的野兽

当利用自己的齿、角、爪、牙出击的时候

必须依托于放低身形姿态

尽量隐蔽藏匿

这就是它们能够取胜的原因

爱 士 一作慎穷

五曰：

有人受寒，就给他衣穿

有人饥饿，就给他饭吃

挨饿受冻，是人的大灾

予以救助，是出于正义

人的艰难窘迫

比饥寒交迫更为深重

所以，贤明的君主

对人的艰难必予怜悯

对人的窘迫必表同情

做到这些，就会

善名显达，国士归附

从前，秦穆公乘车出行而车坏

右侧驾辕的马走失而被农夫抓住

穆公自己去找马

在岐山的南面 [1]

看到农夫们正准备分食马肉

穆公叹了口气

说："吃骏马的肉，如果不立即喝酒

我担心马肉会伤了你们"

于是，请每位农夫都喝了酒才离开

过了一年，正值韩原之战 [2]

晋国士兵包围了穆公的兵车

晋人梁由靡抓住穆公车最左边的马 [3]

晋惠公的车右路石 [4]

举殳击中穆公的皑甲 [5]

而且击穿了六层革甲 [6]

曾在岐山之南分食马肉的农夫三百多人

此时赶到车前全力为穆公而战

结果，秦军大胜晋军

反而俘获晋惠公而还

这就是《诗》中所说

"君君子则正，以行其德

君贱人则宽，以尽其力" [7]

为人之主，怎么能不行德爱人

注释：

[1] 岐山：在今陕西省岐山县东北。

[2] 韩原：春秋晋地，在今山西省芮城县。秦、晋韩原之战发生在公元前 645 年，可参见《左传·僖公十五年》。

[3] 梁由靡：晋大夫。据《史记·晋世家》记载，韩原之战，梁由靡为晋惠公驾车。

[4] 晋惠公：春秋时晋国国君，名夷吾，公元前 650 年—前 637 年在位。车右：由勇士担任。路石：人名。

[5] 殳：同殳，古代兵器，竹制，一端有棱。

[6] 当时革甲一般都是复叠七层。

[7] 这两句诗是逸诗，今本《诗经》未载。大意为：给君子作君要公正，以让君子力行仁德；给卑贱人作君要宽厚包容，以让他们全力效忠。

君主力行仁德、爱护人民

人民就会爱戴自己的君上

人民爱戴自己的君上

就都会乐于为自己的君上而死

赵简子有两头白骡[1]，特别喜欢

阳城胥渠任职广门之官[2]

一天晚上来敲简子的门

说道："主君的家臣胥渠得了病[3]

医生告诉我说

'吃得白骡的肝，病就没了

吃不到就会死'"

谒者进去通报[4]

董安于正在一旁侍奉[5]

恼怒地说："嘻！胥渠这个家伙

竟算计起我们主君的白骡

请让我立即去把他干掉"

简子说："为了牲畜活命而杀人

不也太不仁义

杀牲畜以救活人命

不也正是仁爱之举"

于是，叫来厨师杀死白骡

取出骡肝给了阳城胥渠

过了没多久，赵简子举兵攻翟[6]

注释：

[1] 赵简子：春秋末年晋卿，名鞅，谥号简子。

[2] 阳城胥渠：赵简子的家臣，复姓阳城，名胥渠。广门：晋邑名。

[3] 主君：古时国君、卿、大夫均可称主君。这里指赵简子。

[4] 谒者：专管通报的小官。

[5] 董安于：赵简子的家臣。他书或作"董阏于"。

[6] 翟：通"狄"。我国古代北方地区民族名。

广门之官，左队七百人、右队七百人

一起率先攻上城头

斩获敌方披甲武士的首级

由此看来，君主怎么可以不爱护士属

凡敌人来犯，都是追求利益

如果来犯是死，那就是退却有利

敌人都认为退却有利

那就无须兵刃相接

所以，如果敌人从我们这里获得生存

那么，我们就要死于敌手

如果敌人死在我们手下

那么，我们就从敌人那里获得了生存

是我得生于敌，还是敌得生于我

难道不应当仔细研究

这就是用兵的精妙所在

存亡死生取决于

是否明白这个道理

季秋纪第九

季 秋

一曰：

季秋之月

太阳运行在房 [1]

初昏时分，虚 [2]

是出现在中天南方的中星

拂晓时分，柳

是出现在中天南方的中星

季秋日于天干属庚辛

其主宰之帝是少皞

其佐帝之神是蓐收

其应时之虫是虎类毛族

其应时之音是商

其应时之律是无射 [3]

天地相配金成之数为九

其应时之味是辛

其应时之气味是腥

其应时之祭祀是门

祭品以肝为先

候雁北来，宾爵投身入海化为蛤蜊 [1]

菊开黄花，豺杀兽戮禽后四面摆开

天子居住总章右个 [2]

出行乘坐白色的兵车

驾车的是黑鬣白马

车上插着绘有龙纹的白色旗帜

穿着白色的衣服

佩戴白色的玉饰

吃的是麻与犬

宗庙所用器具

深而且有棱有角

这个月，要严申号令

命令百官贵贱人等无不以纳收为务

以合天地收藏的时气

不可有宣泄散出

命令冢宰 [3]

在收获了所有农作物之后

设立登记五谷的账簿

帝籍田的谷物入神仓收储 [4]

务必恭敬而不怠慢

务必端正而不偏邪

注释：

[1] 宾爵：指老雀。爵，通"雀"。
因雀栖息于人家房宇之间有似
宾客，所以称为宾爵。雀入海
为蛤，是古人一种不科学的说
法。

[2] 总章右个：西向明堂的右侧
室。

[3] 冢宰：官名，六卿之一，也称
大宰。负责治理邦国，统领百
官。

[4] 神仓：储藏供祭祀上帝神祇所
用谷物的谷仓。

这个月，霜开始降落

各种工匠休工息作

于是，命令有司 [1]

说："寒气猝至，百姓经受不起

让他们都进入屋室"

这个月上旬的丁日

进入太学习练吹籥

这个月，举行飨祭以遍祀五帝

以牺牲尝祭群神

（有司）向天子禀告祭祀齐备

天子聚会诸侯

使百县大夫来从 [2]

向诸侯大夫颁授明年的朔日 [3]

和诸侯向百姓收税轻重的法规

抽税轻重、贡赋多少

都以地处远近和土地适宜产出为标准

用以供给郊庙祭天祭祖 [4]

不得归于私有

这个月，天子在田猎中教练治兵之法

熟悉刀剑矛戟矢等五种兵器

选出真正的良马

命令田仆和七驺都来驾车 [5]

注释：

[1] 有司：这里指司徒。

[2] 百县：指天子领地内的各县。

[3] 秦以夏历十月（建亥之月）为岁首，九月为年终，所以天子于此月授明年的朔日。朔日指每月初一。这一天日月合朔（即日月同在一个黄道经度上），所以称为朔。古人很重视朔日，每年年终，天子要向诸侯颁布来年十二个月的朔日，诸侯受飨之后把它藏在祖庙里，每月要告朔。

[4] 郊庙：泛指祭祀。祭天叫郊，祭祖叫庙。

[5] 田仆：即田猎时负责御车的人。七驺：即负责套马和卸马的人。

车上插着各种旌旗

有的旗帜绘有龟蛇

有的旗帜绘有鹰鸟

参与田猎的人按照等级授予车辆

各种车辆按照尊卑排好队列

按次序整齐地摆在猎场周围的树墙之外

司徒把戒尺插在带间 [1]，面北以发布戒令

天子身着戎装，披挂刀剑

张弓搭箭来射猎

命令主祀以所猎获鸟兽祭祀四方之神 [2]

这个月，草木发黄落地，可以伐薪烧炭

蛰伏的动物都俯伏在洞穴

用泥封严它们的洞口

要督促公正地断案判刑

不能留下有罪应判未决的案件

要收缴不当之人的俸禄官爵

以及那些不应得到国家供养的人的供养

这个月，天子会就着狗肉品尝稻米

尝食前先奉献祖庙，祭祀先祖

季秋之月，如果颁行夏天的政令

国家就会大水成灾，冬藏败坏

百姓多鼻塞窒息

如果颁行冬天的政令

国家就会盗贼横生，边境不宁

土地被分割侵削

如果颁行春天的政令

就会暖风来到，百姓松懈懒惰

师旅军事必起 [1]

顺 民

二曰：

先王以顺依民心为先

所以能够成就功名

以品德获取民心

从而建立卓越功业、闻名天下的

上古以来屡见

丧失民心而可以立功扬名的

则从未曾有

获得民心，讲究方式方法

万乘大国，百户小邑

人民无不有其所悦

注释：

[1] 师旅：军队。古制，二千五百
　　人为师，五百人为旅。

选取人民所喜欢的事情去做

就会获得民心

而人民高兴的事并不会有很多

这就是取得民心的关键

从前，汤灭掉夏而统治天下

天大旱，五年没有收成

汤于是在桑林[1]

向神献上自己的身体而祈祷

"我一人有罪，无关天下百姓

若百姓有罪，罪在我一人

不要因我一人之无能

致使天帝鬼神伤害民生"

于是剪去自己的头发

枥槭自己的手指[2]

把自己的身体作为牺牲

用以向天帝祈福

百姓于是非常高兴

大雨于是从天而降

汤真是通晓鬼神变化、人事转移

文王身处岐山臣事纣王

虽遭冤枉轻慢，始终雅正恭顺

按时朝拜，贡物合宜，祭祀诚敬

注释：

[1] 桑林：古地名。汤祀神之所。

[2] 枥槭：古代绞指的刑具，这里
用作动词。枥手，是古代的一
种刑罚。用绳联小木棍五根，
套入手指收紧，状如后来的"拶
指"。

纣很是高兴，封文王为西伯 [1]

赐给的土地纵横千里

文王一拜再拜，稽首而推辞 [2]

说："愿为百姓请求废除炮烙之刑"

文王并不是厌恶纵横千里的土地

而是因为能为百姓求得废除炮烙之刑

必会博得民心

博得民心，当然远胜于获得千里之地

所以说，文王睿智

越王为会稽之耻而痛苦

想要深得民心

以舍命与吴国拼死一战

身不安于枕席，口不享用美味

眼不看美色，耳不听钟鼓

三年之中，苦身劳力，唇焦肺干

在内与群臣相亲，对下教养百姓

以使民心归附

有了甘美食物，若不够平分

自己也绝不独享

有了酒，就倒入江水，与民同饮

一定要自己耕种自己吃

只穿妻子亲手纺织的衣服

饭食严禁珍馐，绝不衣外加衣

注释：

[1] 西伯：古代统领一方的长官称伯。文王统领雍州（古九州之一，包括今陕西北部、甘肃大部及青海一部），在西方，故称西伯。

[2] 稽首：古人最恭敬的礼节，动作近似于叩头，但要先拜，然后两手合抱按地，头伏在手前边的地上，并停留一会儿，整个动作都较缓慢。

禁用二色为饰，时常外出巡视

随车载着食物，去看望孤寡老弱

对有病、困穷、面色愁悴、衣食不足的人

一定要亲自给他们吃食

然后，召集诸位大夫向他们宣告

说："请上天裁正，愿与吴国一决胜负

让吴越两国一起毁灭

士大夫相互杀伤，踏肝践肺，同日战死

孤跟吴王颈臂相交肉搏僵仆而亡

这就是孤最大的愿望

如果这些办不到

就内估量我国不足以毁伤吴国

就外考虑相交诸侯也不能毁灭它

那么，孤将离开国家，舍弃群臣

身带佩剑，手执利刃

改变容貌，更换姓名

充当仆役而臣侍吴王

以便寻机与吴王决死于一旦

孤虽然知道

这样做会腰断颈绝

头脚异处，四肢散裂

被天下人所辱

但孤的志向一定要实现"

果不其然，没过多久

越国与吴国就在五湖激战 [1]

吴军大败，接着越军包围王宫

攻下城门，活捉夫差，杀死吴相 [2]

灭掉吴国二年之后

越国称霸诸侯

这都是因为首先顺依了民心

齐庄子想要攻打越国 [3]

向和子征求意见 [4]

和子说："先君有遗命说

'不可攻打越国

越国，强盛犹如猛虎'"

庄子说："虽然是只猛虎

现在已经死了"

和子把这话告诉鸮子 [5]

鸮子说："虽然已经死了

但人们认为它还活着"

所以，但凡进行大事

一定要先考察民心所向

然后再做决定

注释：

[1] 五湖：这里指太湖。

[2] 吴相：指太宰嚭。

[3] 齐庄子：即田庄子，田和之父，齐宣公之相。

[4] 和子：春秋时齐国田常的曾孙田和，公元前 386 年始列为诸侯，为田姓齐国第一个国君。

[5] 鸮子：齐国之相。

知　士

三曰：

假如这里有日行千里的骏马

如果没有善于相马的人

仍然不会被认作千里马

善于相马的人与千里马

相得益彰，相辅相成

仿佛鼓槌和鼓，缺一则不响

那士中也有超群出众的千里马

气节高尚，为正义而献身

这就是士中的千里马

能使士人尽其才驰骋千里的

只有贤明之人

静郭君喜欢门客剂貌辨 [1]

剂貌辨为人方面颇多过失

其他门客都不喜欢此人

士尉为此谏诤静郭君 [2]

静郭君不听，为此士尉告辞而去

注释：

[1] 静郭君：姓田名婴，号静郭君，战国时齐相，因受封于薛（在今山东藤县东南），又称薛公。他书或作"靖郭君"。剂貌辨：齐人，静郭君的门客。他书或作"齐貌辨""剧貌辨"。

[2] 士尉：齐人，静郭君的门客。

孟尝君私下也曾劝说静郭君

静郭君勃然大怒

说："把你们都消灭

离散我所有的家人

只要能满足剂貌辨先生

我也在所不辞"

于是，安排剂貌辨住在上等客舍

让他的长子侍奉

早晚进献食物

过了几年，威王薨[1]，宣王即位[2]

静郭君的往来风格

在宣王那里很不讨喜

静郭君就辞官而去了封地薛

仍然总是和剂貌辨在一起

在薛地待了不长时间

剂貌辨向静郭君辞行

要去谒见宣王

静郭君说："大王对我极不喜欢

您这一去，一定死在那里"

剂貌辨说："我本来就不是去求生

请原谅我是铁定要去"

静郭君劝阻不住

剂貌辨说走就走，到了齐国都城

宣王听说之后，满怀怒意地等着

剂貌辨拜见宣王

宣王说："你就是静郭君言听计从

非常喜爱的那个人吧"

剂貌辨回答说："喜爱是有

言听计从却是没有

当初大王做太子的时候

我对静郭君说

'太子有不仁之相

耳后见腮，下斜偷视

这样的人会言行相悖，行事背理

不如废掉太子

改立卫姬的幼子校师'[1]

静郭君竟流着泪说

'不可以。我不忍心这样做'

如果静郭君听从我的话并这样做

就一定不会有今天的麻烦

这是第一个例证

到了薛地之后，昭阳[2]

愿意用大于几倍的土地交换薛

我又说：'一定要听他的'

静郭君说：'薛地是从先王那里承受而来

现在，虽被后王所厌恶

注释：

[1] 校师：当是齐宣王的庶子，卫姬所生。

[2] 昭阳：战国时人，楚相。

如果把薛地换给了外人

将来独自面对先王时我将怎么说

再说，先王的宗庙都在薛地

我哪能把先王的宗庙给了楚国

他又不肯听我的辨析

这是第二个例证"

宣王出声长叹，面色激动

"静郭君对于寡人

竟然能关爱到这个地步

我年纪尚小，实在是不知道

您可否愿意替寡人请静郭君来这里"

剂貌辨回答说："敬诺"

静郭君于是来到国都

穿着威王所赐的衣服

戴着威王所赐的冠帽

佩着威王所赐的宝剑

宣王亲自到了郊外去迎接静郭君

远远望见，宣王就流下了眼泪

静郭君到了，就请他作齐相

静郭君一再辞谢，不得已而接受下来

十天之后，以病为借口极力推辞

三天之后，宣王这才应允

在当时，静郭君可谓

不待他人教谕而知人的人

因为能够做到不待他人教谕而知人

所以，任何非议都形成不了阻碍

这正是剂貌辨置生命与欢乐于度外

肯为静郭君奔赴患难的缘故

审　己

四曰：

凡是事物发展到目前这个状态

一定有其内在原因

如果不明了它的内因

即使言行得当

也还是和不知不懂一样

最终难免陷于困境

先王、名士、明师之所以不凡超俗

就在于他们知道事物之所以这样的原因

水自山中而出奔向大海

水不是因为恶山而渴望海

而是山高海低的地势形成

庄稼生于田野而贮藏于仓

庄稼本身没有这个想法

是因为人们都有需用

所以子路罩住了雉却又放了它

是由于自己尚未知道捉到它的原因

子列子曾一射中的 [1]

就向关尹子请教关于射箭的道理 [2]

关尹子问："知道你为什么射中"

子列子回答说;"不知道"

关尹子说："现在还不能跟你论道"

子列子就回去继续练习射箭

练了三年，又去请教

关尹子问："知道你为什么射中"

子列子说："知道了"

关尹子说："可以了

要奉守它而不要失掉"

不只射箭如此

国家的存亡，人的贤愚

也都各有原因

圣人并不深察国家存亡、贤愚

而会精心考察造成它们这样的原因

注释：

[1] 子列子：战国时郑人，姓列，名御寇。子，古代对男子的尊称。

[2] 关尹子：古代道家人物，名喜，为函谷关令，故又称关令尹。

齐国攻打鲁国，索求岑鼎[1]

鲁君装上另一只鼎送过去

齐侯不信而退还

认为那不是真的岑鼎

派人告诉鲁侯说

"柳下季认定的[2]，我才愿意接受"

鲁君只好请出柳下季

柳下季答复说

"君用齐侯渴望的岑鼎贿赂齐侯

是为了借此免除国家的灾难

臣下也有个'国'在这里[3]

毁灭臣的'国'来挽救君的国

这是臣所难以办到的"

于是，鲁君就把真的岑鼎送到齐国

柳下季这样可谓很会劝说

不仅保持自己的国

又保存了鲁君的国

齐湣王出奔流亡住在卫国[4]

白天散步，对公玉丹说[5]

"我已经流亡国外，却不知道原因何在

吾之所以流亡，究竟是什么原因

我一定要纠正自己的过失"

公玉丹回答说

注释：

[1] 岑鼎：鲁国宝鼎，因形高而锐，类岑之形，故名岑鼎。岑，小而高的山。

[2] 柳下季：春秋时鲁国大夫展禽，字季，因食邑柳下，故称柳下季，谥惠，故又称柳下惠。

[3] 国：喻持守之物，这里指信誉。

[4] 齐湣王：公元前300年—前284年在位，一度与秦昭王并称东、西帝，后燕合五国之兵攻齐，齐湣王逃到卫国。

[5] 公玉丹：齐湣王之臣。

"臣以为王已经明白

王竟然还不知道

王之所以出奔流亡

完全是因为王过于贤明

天下的君王多是些不肖之人

因而憎恶王的贤明

于是互相勾结而合兵进攻王

这就是王流亡的原因所在"

滑王大为感慨而长叹

说："贤明如我

却怎么还要受这样的痛苦"

这么一说，滑王还是没明白原因所在

这样，公玉丹才能够继续蒙骗

越王授有四个儿子[1]

越王的弟弟名叫豫

豫想把越王的四个儿子全杀死

自己成为越王的继承人

于是诽谤其中三子而让越王杀死

国人不满，纷纷指责越王

豫于是又对仅剩下的越王一子

加以诽谤诋毁

想让越王将此子杀死

越王这次没有听从

注释:

[1] 越王授：勾践六世孙无颛。疑
即《贵生》篇的"王子搜"。

越王的这个儿子一直担心必死

就顺应国人的心愿把豫驱逐出国

并派兵包围了王宫

越王长叹说

"我没听豫的话，所以才遭受此难"

这也是没搞清楚自己灭亡的原因

精　通

五曰：

有的人说菟丝无根

其实菟丝并不是没有根

只是它的根与它不相接连

茯苓就是它的根

慈石召铁，那是有一种力在吸引 [1]

树木彼此生得近就会互相摩擦

那是有一种力在推它

圣人面南为君，一心爱民利民

号令未发

天下人就都伸长脖子，踮起脚跟

因为，圣人与人民精气相通

注释:

[1] 慈石：即磁石。古人认为，这种石可以吸铁，就像慈母吸引子女一样，故名"慈石"。

如果是暴君残害百姓

百姓也一样反应灵敏

如果有国家准备攻击他国

整日磨砺各种兵器

华衣美食犒赏士兵

几天之内就要出征

那要遭受攻击的国家肯定不快乐

倒不是因为有人听到了风声

而是有神预先告警

一个人自己在秦国

他所亲爱的人在齐国死了

秦国的人会心神不宁

因为人的精气互相往来沟通

德，是万民的主宰

月亮，是各种属阴之物的根本

月望之时 [1]，蚌蛤内随着月圆而满

各种属阴之物一并满盈

月晦之时 [2]，蚌蛤内随着月光尽敛而虚

各种属阴之物一并亏损

月相的变化显现于天

各种属阴之物却能随之变化于深渊

圣人践履自己的德行

注释：

[1] 月望：月满。《释名·释天》说："望，月满之名也。月大十六日，小十五日，日在东，月在西，遥相望也。"

[2] 月晦：月光尽敛。时在农历的每月最后一日。

四方边远荒蛮之地的百姓

就都会随之整饬自己言行

从而归向仁义

养由基射兕 [1]，却射中石头

箭杆射入石中

尾部的羽毛隐没不见

这是由于他全神贯注于射兕

把石头当成了兕

伯乐学习相马

眼里看到的

除了马以外没有别的东西

这是因为他全神贯注于相马

宋国的厨师丁专好分卸牛的肢体

眼睛看到的

除了死牛之外没有别的东西

整整三年眼前不见活牛

用了十九年的刀

刀刃仍然锋利，好像刚刚研磨

这是因为他总是顺着牛的肌理进行分解

而全神贯注于牛的肢体

锺子期头天夜里听到有人击磬而伤悲 [2]

就派人把击磬的人叫来问他说

注释：

[1] 养由基：春秋时楚国大夫，以善射著称。兕：兽名，属犀牛类。一说即雌犀。

[2] 锺子期：春秋时楚人。

"你击磬的声音怎么如此悲哀"

那人回答说:"我的父亲不幸杀了人

已经无法活命

我的母亲虽得以活命

却被没入官府替公家造酒

我自己虽得以活命

却也被没入官府为公家击磬

我已经三年没有见到我的母亲

昨晚在舍氏见到了我的母亲 [1]

想为她赎身可是没有钱

就连我自己也是公家的财产

因此悲从中来"

锺子期叹息说:"可悲呀!可悲

心并不是手臂

手臂也不是击磬之椎,更不是磬

一旦悲哀存于心中

木石椎磬竟能与之相应"

所以,君子如果精诚于此就会表现于彼

自己心中有感就会影响到他人

哪里一定要极力说出来才行

周有个人叫申喜

一度与母亲失散

一天,他听到有个乞丐在门前唱歌

注释:

[1] 舍氏:《新序》作"舍市"。

不禁悲从中来，脸色皆变

他告守门人让唱歌的乞丐进来

亲自接见，向她询问

"什么原因使你求乞"

通过交谈才知道

那乞丐原来正是他的母亲

所以，父母之于子女，子女之于父母

其实是一体而两分

精气相同而呼吸各异

就像草莽有花有实

就像树木有根有心

虽所处不同却彼此相通

志趣相同，又各自潜藏心中

无论谁有了病痛，都会互相救护

会因为对方的忧思而互相感动

活着，大家共享快乐

死了，心中无比哀痛

这就叫作骨肉之亲

这种天性出于至诚而彼此心灵相映

双方精气相得

难道还要等什么言语沟通

孟冬纪第十

孟　冬

一曰：

孟冬之月

太阳运行在尾 [1]

初昏时分，危 [2]

是出现在中天南方的中星

拂晓时分，七星 [3]

是出现在中天南方的中星

孟冬日于天干属壬癸 [4]

其主宰之帝是颛顼

其佐帝之神是玄冥 [5]

其应时之虫是龟鳖甲族

其应时之音是羽

其应时之律是应钟 [6]

天地相配水成之数为六

其应时之味是咸

其应时之气味是朽 [7]

其应时之祭祀是行 [8]

注释：

[1] 尾：二十八宿之一，在今天蝎座。

[2] 危：二十八宿之一，在今宝瓶座及飞马座。

[3] 七星：即星宿，二十八宿之一，在今长蛇座。

[4] 壬癸：五行说认为冬季属水，壬癸也属水，所以说"其日壬癸"。

[5] 玄冥：少皞氏之子，名循，被尊为水德之神。

[6] 应钟：十二律之一，属阴律。

[7] 朽：指若有若无的气味。

[8] 行：五祀之一。行指门内之地。

祭品以肾为先

水开始结冰，地开始封冻

山鸡钻入淮河变为蛤蜊

彩虹藏匿不再出现

天子居住玄堂左个 [1]

出行乘坐黑色的车

驾车的是铁骊 [2]

车上插着绘有龙纹的黑色旗帜

穿着黑色的衣服

佩戴黑色的玉饰

吃的是黍与彘

宗庙所用器具

宏大而口敛

这个月立冬

立冬的前三天，太史禀告天子

说："某日立冬，盛德在水"

天子于是斋戒以整洁身心

立冬之日

天子亲率三公、九卿、诸侯、大夫

一起来到城外北郊 [3]

迎接冬天的到来

迎冬归来，天子就在朝中

封赏为国献身的烈士

注释：

[1] 玄堂左个：北向明堂的左侧屋。

[2] 铁骊：黑色的马。铁，铁是黑
色，所以用它表示黑色。骊，
黑色马。

[3] 北郊：邑北六里。"六"取冬
之数。

救济这些烈士遗留的孤寡

这个月，要命令掌管卜筮的太卜

进行祈祷占卜

察看占卜时龟甲上烧出的裂纹

仔细研究卦象的吉凶

要察访那些阿谀上司并违法作乱的人

不得有任何包庇隐匿

这个月，天子开始穿上皮衣皮服

命令主管官吏说

"天气上腾，地气下降

天地不通，闭而成冬"

命令百官对仓廪府库

务必慎重认真

命令司徒出外巡视检查

不得有尚未收敛聚藏的谷物

加高加固城墙，加强城门里门

整修门栓门鼻，注意钥匙锁头

加固盖有印章的印封

加强边境守备，修葺边塞要害

严守关卡桥梁，封住田间小路

整饬丧事的等级，辨清随葬衣服

确定棺椁厚薄尺寸

以及营建坟墓的大小、高低、厚薄的标准

这些都要依循贵贱等级

这个月，工师要献上百工制作的器物 [1]

作为考核工效

摆出尊贵的祭器

审查是否严格依循程式法度

器物制作不得过于奇巧

来挑动尊位者的奢侈之心

务必精巧细致的方为上品

要刻上工匠制作者的名字

以此来考察他们真实的工作绩效

如有不当，必须治罪

并深究其中的诈巧

这个月，天子与群臣要进行蒸祭

蒸祭之后君臣举行盛大宴饮

天子向天宗祈祷来年五谷丰登 [2]

要大杀祭祀用的牺牲

在公社及门闾祈祷 [3]

飨祀先祖，举行五祀 [4]

要慰劳农夫，让他们好好休息

天子还要命令将帅讲习武事

操练军士射箭、驾车，比试体力

注释：

[1] 工师：工官之长。

[2] 天宗：指日月星辰。日为阳宗，月为阴宗，北辰为星宗。

[3] 公社：官社、国社，即祭祀后土之神的地方。

[4] 五祀：指户、灶、中霤、门、行等五种祭祀。

这个月，要命令水虞渔师[1]

收缴水泉池泽的赋税

绝不允许加重赋税侵夺百姓的利益

那样会为天子结怨天下百姓

有胆敢这样做的

一定罪惩无赦

孟冬之月，如果颁行春天的政令

就会冰冻不实，地气发散，百姓流亡

如果颁行夏天的政令

就会国多风暴，当冻不寒，蛰虫复出

如果颁行秋天的政令

就会霜雪不时，时有小的战争

国土受到侵扰

节　丧

二曰：

确知生，这是圣人的要务

确知死，这是圣人的急务

注释：

[1] 水虞：掌管水利的官。渔师：
掌管水产的官。

知生，不让生命受到伤害

就是所谓养生

知死，不让死者受到伤害

就是所谓安死

生死二事，唯圣人能知晓与决断

但凡生于天地之间

就必有一死，不可避免

孝子尊重自己的父母

慈亲疼爱自己的子女

爱重之深深入肌骨，这是天性

所尊重所疼爱的人

死后抛入沟谷

人之常情不忍而为

因而有了葬送死者的道义

葬，就是藏

慈亲孝子对此慎之又慎

慎之又慎，就是活着的人要为死者考虑

活着的人为死者的考虑

莫过于不要让死者被移来移去

莫过于不要让墓穴被掘开

防止掘墓，防止移动

莫过于墓中无利可图

这就是所谓永远埋藏的重闭

古代有人葬于旷野深山而安然至今

不是因为其中没有珠玉国宝

而是坟葬不可不深藏

葬得浅，则狐狸都能发掘

葬得深，就会与水泉相接

所以，凡葬务必要在高高的土山之上

避开狐狸的危害、水泉的浸渍

做到这样好是好

但忘了奸邪、盗贼、寇乱的祸害

岂不还是糊涂

譬如一位盲人乐师本想躲避柱子

避开了柱子却用力撞到尖木桩上

奸邪、盗贼、寇乱的危害

可是个大大的尖木桩啊

慈亲孝子一定要想方设法避开

才能实现丧葬的本义

把棺椁做得坚实

是为了避开蝼蚁蛇虫

如今世风大乱

人主的丧葬越来越奢侈

心里并不是为死者着想

只是活着的人借此夸耀争为人上

以奢侈浪费为荣，以俭省节约为鄙

不把有利于死者当回事

而只是一心考虑活着的人的毁谤、赞誉

这可不是慈亲孝子之心

父亲虽然死了

孝子的尊重要毫不懈怠

孩子虽然死了

慈亲的疼爱会不减分毫

埋葬所疼爱、所尊重的人

却以活着的人十分想得到的东西陪葬

想用这些东西使死者安宁

像这样安葬其结果将会怎样

百姓对于利益

会冒着流矢，脚踏利刃

不惜喋血残杀地去追求

不知礼义的野蛮人

会残忍地对待父母、兄弟、朋友

去追求自己的利益

现在，如果没有这样的危险

不用承受这样的耻辱

得利却相当丰厚

可以乘车吃肉，泽及子孙

即使圣人尚且禁止不住

更何况是昏乱之君

国越大，家越富，陪葬越厚

死者口中含珠，身着鳞施玉服 [1]

生前赏玩嗜好的宝物

钟鼎壶滥 [2]，车马衣被戈剑，不可尽数

生前各种享养器具

无不随葬在一起

题凑如室 [3]，棺椁数重

积石积炭，环绕其外

奸邪之人听说，互相传告

君主虽会严刑重罚以禁，仍然无法制止

况且死者越久，生者就会越来越疏远

生者越来越疏远

守墓人就越来越懈怠

如果守墓人越来越懈怠

墓中还是那些随葬的器物

这种形势肯定就不会安全

世俗之人举行葬礼，用大车载着棺柩

各种旗帜、如云偻翣相随 [4]

珠玉点缀着棺柩，黼黻文章涂饰 [5]

左右万人执绋牵引灵车

需用军法指挥，灵车才得以行进

注释：

[1] 含珠：古代贵族丧礼，人死后，把珍珠放入死者口中叫含珠。如果放入玉、叫含玉。含，也作"哈""晗"。鳞施：玉制的葬服。把玉石琢成各种形状的小薄片，角上穿孔，连缀而成。因套在死者身上有如鱼鳞，故名"鳞施"，又名"玉匣"。

[2] 滥：通"鉴"。浴盆。

[3] 题凑：古代天子的椁制，也赐用于大臣。椁室用大木累积而成，好像四面有檐的屋子，木的头都向内，故名题凑。题，头。凑，聚。

[4] 如云偻翣：因偻翣之上画有云气，故称"如云偻翣"。偻，盖在柩车上的饰物。翣，用羽毛制成的伞形之物，有柄，灵车行时持之在两旁随行。

[5] 黼黻：古代礼服上绘绣的花纹。黑白相间的花纹叫黼，黑与青相间的花纹叫黻。文章：错杂的色彩或花纹。古以青赤相配为文，赤白相配为章。

举行这样的葬礼，若是给世人观赏

真是壮美，真是盛大

但用这样的葬礼安葬死者，则并不合适

倘若如此厚葬真的于死者有益

那么，即使会使国家贫困、人民劳苦

慈亲孝子也会在所不辞

安　死

三曰：

世上建造陵墓

都是高大如山，其上树木如林

石牌坊立在陵墓之前两边

中间筑立宫室，堂前有东西石阶

建得好像都邑一般

用这些向世人显摆、夸耀财富

那倒是合适

用这些为死者安葬却不适当

对于死者来说

看一万年犹如一瞬

人的寿命，长的不超过百岁

中寿不过六十

根据百年或六十年人生的需要

来为无限久远的死者考虑

其中必有不相适合的实际问题

只有从无限久远的角度替死者考虑

才是把握安葬的本义

假如这里有这样一个人

在墓上立了一块刻字石碑

说："这里随葬的

珠玉、玩好、财物、宝器多多 [1]

不可不掘，掘开必定大富

世世代代乘车吃肉"

人们一定一起嘲笑他

认为这个人实在太糊涂

世上进行的厚葬

其实都是与此相似

从古到今，没有不灭亡的国家

没有不灭亡的国家

就没有不被挖掘的陵墓

就人们耳闻目睹来说

齐、荆、燕曾经亡国 [2]

宋、中山已经亡国

注释：

[1] 宝器：珍贵的器物，多指鼎彝等传国之重器。

[2] 原文为"齐、荆、燕尝亡矣"，史实未详。

赵、魏、韩也都亡了 [1]

这些都已成旧国

在此之前，亡国不可胜数

因此，巨大陵墓没有不被掘开的

但是当今世人却竞相争造大墓

难道就不可悲

国君的不善百姓

父亲的不孝之子

兄长的忤逆之弟

都是乡里一起用釜甑吃饭的人 [2]

所一致驱逐的人

他们害怕耕稼、打柴之劳

不肯从事耕稼、劳役

而一心追求锦衣玉食之乐

当机谋巧诈用尽，仍一无所获

于是就聚合众人

凭借深山、大湖、树林、沼泽

四外出击，拦路打劫

还要探察葬器丰厚的名丘大墓

找到便于盗墓的住所

暗中挖掘，日夜不休

一定要得到墓中随葬的财物

再一起瓜分

注释：

[1] 依陈奇猷《吕氏春秋校释》，
"亡"字或说国势乱弱、大权
旁落、人主不能行其制义。

[2] 釜，古代炊器，类似于今天的
锅。甑，古代炊器，陶制，三
足，中空。

那所爱重、所尊重的人

死后竟不免遭到奸邪、盗贼、匪寇的凌辱

这可是孝子、忠臣、慈父、挚友

务必当心的大事

尧葬在谷林[1]，墓上种满了树

舜葬在纪市[2]

市上的作坊、店铺

不因此做任何改动

禹葬在会稽

没对众人有任何烦扰

由此看来，先王是以节俭原则安葬死者

这样做并不是吝惜钱财

并不是顾虑耗费人力

而完全是为死者考虑

先王所忧虑的，唯恐死者受辱

坟墓被盗掘，死者必受凌辱

如果丧葬节俭朴素也就没人来盗墓

所以，先王的安葬

必俭，必合，必同

什么叫作合，什么叫作同

葬于山林就与山林合为一体

葬于山坡或低湿之地

就与山坡或低湿之地相会同

注释:

[1] 谷林：地名。传说尧葬于成阳（在今山东省曹县东北），疑谷林即在成阳。

[2] 纪市：地名。传说舜葬于江南九疑（在今湖南省宁远县南），疑纪市即在九疑山下。

这就是所谓的爱人

那愿意爱人的人多

懂得如何爱人的人少

所以，宋国还没有灭亡

东冢就被盗掘 [1]

齐国还没有灭亡

（齐）庄公的墓冢就被盗掘

国内安定时尚且如此

何况百世之后而国已灭亡的时候

所以，孝子、忠臣、慈父、挚友

对此不可不明察深思

敬爱死者，反而置他们于危地

说的就是这个

《诗》中说："不敢暴虎，不敢冯河

人知其一，莫知其他" [2]

这里说的正是

不懂得由此及彼地类推

忽而反身反对，忽而反身赞成

所反对的正是刚刚所赞同过的

所赞同的正是刚刚所反对过的

是非尚未判定

反而热衷于喜怒斗争

我不反对斗，也不反对争

但是反对人们没搞清楚为什么斗就斗

反对人们没搞清楚为什么争就争

所以，凡是斗争应是

是非确定之后而采用的手段

如今的人们

多是不先确定是非

而是先急于斗争

这就是大大的糊涂

鲁国季孙氏举办丧事 [1]

孔子前去吊丧

入门之后，站到左边，就宾客之位

主丧之人用玙璠装殓 [2]

孔子自西阶下穿过中庭

快步东行登东阶而上

说："用宝玉装殓

犹如把遗骸暴露在原野"

穿过中庭，登阶而上，不合礼仪

尽管不合礼仪，孔子这样做

这是为了阻止犯错

注释:

[1] 季孙：春秋时鲁国最有权势的贵族。丧：指季平子意如之丧。

[2] 主丧之人，指季桓子，季平子之子，名斯。玙璠：鲁国的宝玉。《左传·定公四年》记载："季平子卒，阳货以玙璠收，仲梁怀弗与，曰：'改步改玉。'"与本篇所言不同。

异 宝

四曰：

古人不是没有宝物
只是看待宝物的观念有所不同

孙叔敖得病，临死的时候
告诫他的儿子
说："王多次封赐给我土地
我都没有接受
如果我死了，王还会对你封赐
一定不要接受肥沃富饶的土地
楚、越国之间有个寝之丘 [1]
这个地方土地贫瘠，地名甚恶
荆人怕鬼，越人迷信鬼神和灾祥
能够长久占有的封地
估摸只有这里"
孙叔敖死，王果然要把肥沃土地
封赐给他的儿子
但是他的儿子予以谢绝

注释：

[1] 寝之丘：春秋楚邑，在今河南
    固始、沈丘两县之间。他书或
    作"寝丘"。"寝丘"，含有
    陵墓之义，所以说地名甚恶。

只是请求封赐寝之丘

所以这块土地至今未失

孙叔敖的智慧在于懂得

不以常人心目中的利益为利益

懂得以他人所恶为自己所喜

这就是有道之士之所以与世俗相异

伍员逃亡，荆国紧急追捕

他登上太行而遥望郑国 [1]

说："这个国家，地势险要

人民多有智慧

但是它的国君，是位凡庸俗主

不足以相与谋举大事"

离开郑国，到了许国 [2]

拜见许公并探询宜去的国家

许公没有直接回答

只是向东南方而唾 [3]

伍员再拜接受赐教

说："知道要去哪里了"

于是，往吴国出发

路过楚国，到了江边，想要渡江

看到一位老人，撑着小船，正要捕鱼

于是走近老人而请求送他过江

老人用船载他横渡长江

注释：

[1] 太行：即今之太行山。伍员自楚出亡，历经宋、郑、晋、许四国，然后入吴，故有"登太行"之举（依洪亮吉说）。

[2] 许：春秋时的小国，后被楚所灭。

[3] 许公想让伍员投奔吴国，但又不敢得罪楚国这个强大的近邻，所以不直接回答，而以向吴国所在的东南方而唾示意。

问老人的姓名，老人却不肯告诉

于是解下自己的宝剑送给老人

说："这是价值千金的宝剑

愿意奉献给丈人"[1]

老人不肯接受

说："荆国的法令，捉到伍员

授执圭之爵[2]，俸禄万石，黄金千镒[3]

从前，伍子胥从这里经过

吾尚且不捉他去领赏

现在我要你的千金宝剑做什么"

伍员到了吴国后

派人到江边去寻找老人

就是无法找到

于是，每次吃饭必要祭祀老人

祝告说："江上之丈人啊

天地至大，养育万物至多

可以无所不为，而无所以为[4]

有人做了有利于别人的事

也是一无所求

名字不可得而闻知

人不可得而亲见

（达到这种境界的）

恐怕只有江边老丈"

注释：

[1] 丈人：老者。

[2] 执圭：春秋时诸侯国爵位名
称。圭，玉制礼器，上尖下方。
也作"珪"。形制大小因爵位
及用途不同而异。天子（或诸
侯）把圭赐给功臣，让他们执
圭朝见，故名"执圭"。

[3] 镒：古代重量单位。

[4] 无所以为：即无所求的意思。

宋国有农夫耕地时得到块玉

献给司城子罕^[1]，子罕拒不接受

农夫请求说："这是我的宝物

希望相国赏脸把它收下"

于罕说："你以玉为宝

我则以不受馈赠为宝"

所以，宋国德高望重的人说

"子罕不是没有宝贝

但他的宝贝与别人的不同"

假如把百金与抟黍^[2]出示给小儿

小儿一定去抓取抟黍

把和氏之璧、百金、道德修养的至理名言

出示给鄙陋无知之人

鄙陋无知之人定会拿走百金

把和氏之璧、道德修养的至理名言

出示给贤人

贤人定会选取至理名言

人的智慧越精深

所需取的东西就越精致

人的智慧越粗陋

所需取的东西就越粗下

注释：

[1] 司城子罕：春秋时宋国的执政
大臣。司城，官名，即司空，
相当于相国，执掌国政，春秋
时宋国所设置。

[2] 抟黍：捏成团的黄米饭。

异　用

五曰：

万事万物对谁都是同等

但人们的运用各有不同

这就是治乱、存亡、死生的根本

所以，国土广大，兵力强盛

未必社会安定

尊贵富大，未必显赫

一切都在于运用

桀、纣运用自己的资质才能

而造成自己的灭亡

汤、武运用自己的资质才能

而成就自己的王业

汤看见有人在设网祈福

网设四面，向神祷告

说："从天上坠落的，从地上生出的

从四面八方来的，都落吾网里"

汤说："嘻！一网打尽

除非是桀，谁还会这么做"

汤收起那网的三面，只在一面设网

重又教导那人这样祷告

"从前蛛蝥作网罟 [1]

现在人来学纺织

（你们这些禽兽啊）

要向左去就向左

要向右去就向右

要向高处去就去高处

要向低处去的就去低处

触犯天命的由吾捕取"

汉水以南的国家中，有人闻知此事

说："汤的仁德惠及禽兽"

于是，四十个国家前来归附

别人四面设网，未必捕得到鸟

汤撤去三面，设网一面

以此一面之网网得四十国

这网可不只是用来网鸟

周文王让人挖掘池塘

挖出死人尸骸

官吏以此禀告文王

文王说："另择地安葬"

官吏说："这具尸骨无主"

注释：

[1] 蛛蝥：虫名。秦晋之间称蜘蛛
    为蛛蝥。罟：网。

文王说："抚有天下的就是天下之主

抚有一国的就是一国之主

现在我不就是他的主人吗"

于是命令官吏

为尸骨着衣装棺改葬他处

天下人听说了这件事

说："文王贤明啊

恩泽惠及髊骨[1]，何况对待世人"

有的人得到了宝物

却使国家陷入危难

文王得了具朽骨

却能借此谕示自己是仁德之主

所以，对于圣人来说

任何东西都可以物尽其用

孔子的弟子中

凡是从远方来的

孔子就扛着手杖，问他说

"你的祖父没灾没病吧"

然后持杖拱手行礼，问候说

"你的父母没灾没病吧"

然后拄杖问候说

"你的兄弟没灾没病吧"

然后拖着手杖背过身去，问候说

注释:

[1] 髊骨：同"胔"，肉未烂尽的
骸骨。

"你的妻子、孩子没灾没病吧"

因此，孔子用六尺手杖

就让人知晓贵贱等级，辨明亲疏关系

又何况用尊位厚禄

古人重视善射的能力

是为了抚育幼者、赡养老人 [1]

现在的人重视善射的能力

是为了用来攻战侵夺

卑贱之人

会凭借善射来抢劫弱者

欺侮势孤力单的人

以拦路抢劫为业

仁德之人，得到饴糖

会用来保养病人、奉养老人

跖和企足得到饴糖 [2]

只会用来拔闩开门（实行盗窃）

注释：

[1] 古代射箭之礼，射中者让射不中者饮罚酒。酒在古代被视作养老养病之物，射者力求射中免饮，以示自己非老非病，不仅无须别人供养，还能供养老幼病弱之入。

[2] 跖：传说中春秋战国之际奴隶起义的领袖，先秦古籍中多污蔑为"盗跖"。企足：即庄蹻，传说中战国时楚国的奴隶起义领袖。

仲冬纪第十一

仲 冬

一曰：

仲冬之月

太阳运行在斗 [1]

初昏时分，东壁 [2]

是出现在中天南方的中星

拂晓时分，轸 [3]

是出现在中天南方的中星

仲冬日于天干属壬癸

其主宰之帝是颛顼

其佐帝之神是玄冥

其应时之虫是龟鳖甲族

其应时之音是羽

其应时之律是黄钟

天地相配水成之数为六

其应时之味是咸

其应时之气味是朽

其应时之祭祀是行

注释：

[1] 斗：二十八宿之一，在今人马座。

[2] 东壁：二十八宿之一，在今飞马座。

[3] 轸：二十八宿之一，在今乌鸦座。

祭品以肾为先

冰冻得愈益坚硬

地冻得开始开裂

鹖鴠不再鸣叫 [1]

老虎开始交配

天子居住玄堂太庙 [2]

出行乘坐黑色的车

驾车的是铁骊

车上插着绘有龙纹的黑色旗帜

穿着黑色的衣服

佩戴黑色的玉饰

吃的是黍与彘

宗庙所用器具

宏大而口敛

这个月，命令司徒

"土事无作，无发盖藏 [3]

无起大众，以固而闭"

打开仓廪，发动大众

将宣泄地气

这就是所谓开启天地闭藏万物之所

蛰伏的动物就会死去

百姓多有疫病

随之而来的就是丧亡

注释:

[1] 鹖鴠：山鸟。

[2] 玄堂太庙：北向明堂的中央正室。

[3] 盖藏：指覆盖贮藏东西的仓廪府库之类。

这个月，命名为"畅月"[1]

这个月，命令阉尹严申宫中禁令[2]

慎重宫门，谨守宫室

务必严加关闭房室内外之门

减少妇事[3]，勿做巧饰[4]

贵戚近习[5]，无不禁止

命令大酋监制酿酒[6]

秫稻务必纯净齐备

麹蘖发酵务必及时[7]

浸渍烹煮务必清洁

井水泉水务必香甜

陶器瓦器务必良好

火候剂量务必适中

六项物事统筹兼顾

大酋负责监督

不得有任何差忒

天子命令有司

祭祀四海、大河、水源、渊泽、井泉

向水神祈祷

这个月，没有收藏积聚的农货

散失的牛马畜兽

任人取用而不责问

注释：

[1] "畅月"：此月阴气盛，人民空闲无事。

[2] 阉尹：宫官之长。

[3] 妇事：指妇女的工作。

[4] 这句意思是不得制作过分巧饰的东西。

[5] 贵戚：尊贵的近亲。近习：王身边宠幸的人。

[6] 大酋：酒官之长。

[7] 麹蘖：酿酒时引起发酵的物质。

在山林泽薮中 [1]

有能采集蔬实、猎取禽兽的 [2]

野虞要对他们进行教育指导 [3]

对于侵夺他们成果的

一定治罪，决不宽赦

这个月，白天最短的冬至到来

阴阳相遇而争，各种生物萌动

君子斋戒，居处务必深邃

身体需要安宁

屏除声色，禁绝嗜欲

身体性情安适其中

凡事安静以待

等待阴阳消长所成

芸开始萌生 [4]，荔挺生而出 [5]

蚯蚓屈曲，麋角陨坠 [6]，水泉涌动

冬至的时候，可以砍伐林木

割取竹与箭 [7]

这个月，可以罢免不尽职的官吏

扔掉没有用处的器物

涂塞阙庭门闾 [8]，修筑牢狱

这会有助于天地闭藏

注释：

[1] 泽：水聚集之处。薮：泽旁无水之处。

[2] 疏食：指草木的果实，即榛栗菱芡之类。

[3] 野虞：主管山林薮泽的官。

[4] 芸：草名，像苜蓿。

[5] 荔：草名，像蒲而小，根可以作刷子。

[6] 麋：鹿的一种。

[7] 箭：小竹子。

[8] 阙：也叫观，即宫门外两边筑起的高台。

仲冬之月，如果颁行夏天的政令

就会国家干旱，雾气弥漫，雷声滚滚

如果颁行秋天的政令

就会常常雨雪交加，瓜瓝不熟

国家有大的军事行动

如果颁行春天的政令

就会虫螟为害，水泉衰竭

百姓多有疫病

至　忠

二曰：

至忠之言逆耳，逆心

不是贤明的君主

哪个能听得进忠言

因此，贤君所喜欢的

正是不肖之主所要诛除的

人主无不痛恨侵暴劫夺的行径

而自己的所作所为

却在天天招致种种侵暴劫夺

痛恨，能有什么益用

假如这里有棵树

希望它长得高大秀美

别人经常予以浇灌

自己却讨厌这样的行为

而且每天砍伐树根

那么，树是肯定活不成

那厌恶听取忠言的

正是自伐自毁最严重的那种

荆庄王在云梦打猎 [1]

箭射随兕 [2]，射中

申公子培抢在王之前把随兕夺走 [3]

王说："怎么那么暴 [4] 而犯上不敬"

命令官吏诛杀申公子培

左右的大夫纷纷劝谏

说："子培，是个贤人

又是王的过人百倍的贤臣

这样做，必有缘故

请您明察此事"

不出三个月，子培生病而死

荆国发兵，在两棠作战 [5]，大胜晋军

回国奖赏有功将士

申公子培的弟弟上前

向主管官吏要求赏赐

注释:

[1] 云梦：云梦泽，古代的大湖，
    在今湖北省江陵至蕲春之间。

[2] 随兕：恶兽名。

[3] 申公：楚申邑邑宰，楚僭称王，
    邑宰称公。

[4] 暴：臣下侵凌君主称为暴。

[5] 指春秋时楚晋郊之战。两棠，
    当是郊的属地，在郑国境内。

说："他们行军打仗有功

臣的兄长在王的车下有功"

王说："为什么这么说"

回答说："臣的兄长有暴而不敬之名

在王的身边触犯死罪

他的愚心本是为了效忠君王

让君王保持千年之寿

臣的兄长曾读古书说

'杀随兕者，不出三月'

因此，臣的兄长

（见到王射杀了随兕）

当时内心惊惧而抢走随兕

所以，遭此祸殃而死"

王命人打开平府查阅古籍[1]

古书上果然有这样的记载

于是厚赏子培的兄弟

申公子培，他的忠诚可谓穆行[2]

穆行的含义是

不以别人的了解为受到鼓励

不以别人的不解而致泄气丧气

德行就没有比这更高的了

齐王身上生了恶疮[3]

派人到宋国迎请文挚[1]

注释：

[1] 平府：府名，当是楚国收藏古籍文书的地方。

[2] 穆：美。

[3] 齐王：指齐湣王。

文挚到，察看王的病

对太子说："王的病肯定可以治愈

虽然如此，王一旦痊愈

就一定会杀死我文挚"

太子说："什么原因"

文挚回答说："不激怒王

就治不好王的病

激怒王，则文挚必死"

太子头叩地而拜，极力请求

说："只要能治好父王的病

臣和臣的母亲

一定在王那里为您以死相争

父王一定哀怜臣和臣的母亲

请先生不必为此担心"

文挚说："诺！愿为王而死"

与太子约定看病时间

却三次不如期前往

王本已动怒

文挚到了，不脱鞋就直接上床

踩着王的衣服

在询问王病情的时候

王恼怒而不与文挚说话

于是，文挚出言不逊以激怒王

王大声呵斥文挚并猛地站起来

注释:

[1] 文挚：据本文记载当是战国时
   的名医。

病于是得以痊愈

王仍然大怒不悦，要生烹文挚

太子与王后急忙为文挚争辩

但已无法实现

终于把文挚在鼎中生烹

煮了三天三夜，容貌依然

文挚说："真的想要杀死我

为什么不盖上盖子

以隔断阴阳之气"

王让人把鼎盖上，文挚这才断气

太平盛世，做到忠诚容易

乱世之中，做到忠诚就要困难

文挚不是不知治愈王病则自己必死

为太子去做这等难事

就是为了成全太子的孝敬之义

忠　廉

三曰：

士的名节不可污辱

士人以此为大

以名节为大,大得较富贵为尊

私利,就不足以令士人欢喜而心动

即使名列诸侯,坐拥万乘

也不足以动摇心志

假如名节受到污辱

就没有什么值得再活下去

像这样的人,拥有了权势

绝不会以势谋私

身居官位,绝不会名节自污

统军率队,定不会败逃屈服

忠臣就是这样

只要有利于君主、有利于国家

从不拒绝推诿,宁可杀身舍生以殉

国家有这样的士

就称得上国中有人

像这样的人本来就难得难遇

问题又在于

即使有这样的人却又不为人所知

吴王想杀王子庆忌而没能杀死 [1]

吴王为此深深忧虑

要离说:"臣能做到" [2]

吴王说:"你怎么能杀得了他

我曾经乘六匹马驾的车

注释:

[1] 吴王指吴王阖庐(又作"阖闾")。他用专诸刺杀吴王僚而自立为王。王子庆忌:吴王僚之子,以勇武著称。

[2] 要离:吴王阖庐之臣。要离刺杀王子庆忌之事,可参阅《吴越春秋·阖闾内传》。

一直追到长江边，还是赶不上他

放箭射他，他左右两手各接满把

还是射不中他

现在，你拔剑在手就举不起手臂

上了车子，连车轼都难以凭倚

你怎么能杀得了他"

要离说："士只担心自己不够勇敢

哪里会担心有做不成的事情

王真能相助，臣一定能成"

吴王说："诺"

第二天一早，就将要离治罪

拘捕要离的妻子和孩子

处死后焚尸扬灰

要离逃跑，跑到卫国去见王子庆忌

王子庆忌高兴地说

"吴王的暴虐无道

你亲眼所见，诸侯所共知

（虽然家人身亡，）现在你幸得逃离

也算得上件好事"

与王子庆忌待了不长一段时间后

要离对王子庆忌说

"吴王愈来愈暴虐无道

愿跟随王子去夺回国家"

王子庆忌说："善"

于是和要离一起渡江

船至中流，要离拔剑直刺王子庆忌

王子庆忌揪住要离的头发

把要离扔入江中

等要离浮出水面就又抓起来投入江中

这样反复了多次

王子庆忌最后说

"你是天下的国士 [1]

饶你一死而让你成名"

要离得以不死，回到吴国

吴王非常高兴，愿意与他分享国家

要离说："不可。臣决心必死"

吴王制止要离

要离说："杀死妻子和孩子

焚其尸并扬其灰

为的是有利于成事

臣以为这是不仁之举

为故主而杀新主

臣以为这是不义之举

被揪住头发投入江中又浮起来

这样三入三出

只不过是王子庆忌对我开恩不杀

臣已经为其所辱

不仁不义，又已备受污辱

注释:

[1] 国士：智勇冠于全国的人。

不可以苟生"

吴王劝止不住

要离最终伏剑自刎

要离堪称是不为赏赐所动

所以面对巨大利益而气节不改

要离堪称廉洁，持守于廉洁

所以不会为富贵而忘记自己的耻辱

卫懿公有个臣子叫弘演 [1]

受命出使国外

正值翟人来攻打卫国 [2]

卫国的士兵百姓都说

"君所给予高官厚禄的，是鹤 [3]

君所给予荣华富贵的，是宫人侍从

君应让宫人与鹤去迎敌作战

我们哪会打仗作战"

于是大家溃散而逃

翟人到了，在荥泽追上懿公 [4]

杀死懿公，把他的肉吃尽

独独留下了懿公的肝脏

弘演出使归来

就向着懿公的肝脏复命

汇报完毕，痛哭失声，呼天抢地

尽哀之后，弘演说

注释：

[1] 卫懿公：春秋时卫国国君，名赤，公元前 668 年—前 660 年在位。卫懿公好鹤亡国，可参阅《左传·闵公二年》。弘演：卫懿公之臣。

[2] 翟：通"狄"。

[3] 据《左传·闵公二年》记载："卫懿公好鹤，鹤有乘轩者。"轩是大夫以上所乘的车，故有此说。

[4] 荥泽：应在今黄河之北。

"请让臣成为您的外衣"

然后，举刀自剖

先取出自己腹中的内脏

再把懿公的肝脏放入腹中

齐桓公听说了这个事情

说："卫国的灭亡，因为卫君无道

现在卫国有这样的大臣

就不能不让卫国立存"

于是，在楚丘重建卫国

弘演堪称忠诚

为自己的国君杀身舍生以殉

不但殉身国君

还使卫国的宗庙得以复立，不绝祭祀

真可称得上是有功

当　务

四曰：

善辩而不合逻辑

可靠而不合理义

勇猛而不合道义

循规而不合时务

犹如头脑混乱而乘快马

神志颠狂而操持吴干将

大乱天下的，一定是上述这四种行径

条分缕析之可贵在于它符合逻辑

诚实可靠之可贵在于它依循理义

勇敢勇猛之可贵在于它伸张正义

循规守法之可贵在于它合于时务

跖的徒党曾经问跖说

"强盗有道义吗"

跖说："何止是有道义啊

凭空推测室内所藏之物

猜中所藏，就是圣

敢于带头进去，就是勇

甘愿最后离开，就是义

懂得把握时机，就是智

利分平均而不独占，就是仁

不通晓这五点而能成为大盗的

天下没有"

跖进一步辩说，批判六王、五伯 [1]

认为尧有不慈之名 [2]

舜有不孝之行 [3]

禹有淫湎之意 [4]

注释:

[1] 六王：指尧、舜、禹、汤、周文王，周武王。五伯：即春秋五霸。跖非难六王五伯可参阅《庄子·盗跖》篇。

[2] 尧有不慈之名：传说尧杀长子丹朱，故有"不慈"之说。

[3] 舜有不孝之行：传说舜放逐其父瞽叟，故有"不孝"之说。

[4] 禹有淫湎之意：传说帝女令仪狄造酒，进献给禹，禹饮后认为很甘美，故有"淫湎"之说。淫湎，沉溺于酒。

汤、武都有放逐弑君之罪 [1]

五伯都有侵暴兴乱之谋 [2]

世人对他们充满赞誉

却回避不谈他们的罪恶

这才是惑乱众听

所以，跖死后要持金锤下葬

说："下黄泉见到六王、五伯

要敲击他们的头颅"

雄辩如此，还不如不辩

楚国有个以直道立身的人 [3]

他的父亲偷羊，他向官府告发

官府抓住他的父亲，将要处死

这个直道立身的人请求代父受刑

将要行刑处死的时候，他告诉官吏

说："父亲偷羊而我揭露告发

这样的人不是诚实可靠吗

父亲死刑而愿代父受死

这样的人不是很孝顺吗

诚实而孝顺的人都要杀掉

这个国家还有不杀的人吗"

楚王听说了这事，于是决定免除死刑

孔子听说这件事

说："太奇怪了

注释:

[1] 商汤起兵伐桀，桀流窜南巢，如同放逐；武王伐纣，纣在鹿台自焚；故有此说。

[2] 五伯有暴乱之谋：指五霸为争霸主，骨肉相残，兼并小国，故有"暴乱"之说。

[3] 可参阅《论语·子路》《庄子·盗跖》。

直道立身，讲究的就是诚信

（这个人）借一个父亲却两次捞取名声"

所以，这样的直道立身的诚信

还不如不讲诚信 [1]

齐国有两个逞勇之人

一人住在东郭 [2]，另一人住在西郭

他们意外地相遇于路上

说："姑且一起喝几杯"

举觞饮酒数巡之后

说："姑且来点肉"

一人说："你，身上就有肉

我，身上也有肉

何必另去找肉

在这里，只需准备调味的豉酱"

于是拔刀割下身上的肉对吃起来

直吃到死

像这样的勇敢，真不如不勇敢

纣的同母兄弟一共三人

长兄叫微子启 [3]

仲兄叫中衍 [4]

季兄叫受德 [5]

受德就是纣，年龄最小

注释：

[1] 这里指的是违背了儒家"子为父隐"的道义。

[2] 郭：外城。

[3] 微子启：帝乙长子，名启，因多次谏纣，不被听取，故逃亡。周灭商后，微子启向周称臣，封于宋，为宋国始祖。

[4] 中衍：帝乙次子，微子启死后，继为宋国之君，他书或作"仲衍"。

[5] 纣，名受。这里说纣名"受德"，与其他古籍所载不同，疑有误。

纣的母亲生微子启和中衍的时侯

还是帝乙的妾

在成为正妻后生下了纣

纣的父亲、纣的母亲本想

立微子启为太子

太史援引法典而辩说

"有正妻的儿子在

就不可封立妾的儿子"

纣因此成为王位的继承人

像这样的依规守法，不如无法

长　见

五曰：

智力相互之间的确有所差异

因为，有的人颇具远见

有的人目光短浅

今天之于古代

一如古代之于后世

今天之于后世

也一如今天之于古代

所以，只要清楚地了解今天

就可以知晓古代

知晓古代，就可以知道未来

古往今来、前生后世相承一脉

所以，圣人能够上知千年，下知千年

荆文王说："苋譆对我 [1]

多次据义冒犯，据礼违抗

跟他在一起，我就感到不安

久而久之，不榖确有所得 [2]

如果不由我亲自来授爵予他

后世如有圣人

将会以此责难不榖"

于是，授予苋譆五大夫之爵

"申侯伯善于把握迎合吾意 [3]

吾有所想要的，他就能提前准备好

与他在一起相当安逸

久而久之，不榖却若有所失

吾自己不疏远他

后世如有圣人

将会以此责难不榖"

于是，送走申侯伯

申侯伯去了郑国，曲意逢迎郑君之心

总是事先准备好郑君想要的一切

注释：

[1] 荆文王：即楚文王，春秋时楚国国君，名赀，公元前 689 年—前 676 年在位。苋譆：楚文王之臣。他书或作"管饶""管苏"。

[2] 不榖：不善之人。这是春秋时诸侯的谦称。榖，善。

[3] 申侯伯：楚文王之臣。他书或作"申侯"。申，春秋时小国，为楚所灭。

仅用三年就把持了郑国国政

五个月后，郑人把他杀死

这就是后世圣人

促使荆文王在前世做了好事

晋平公铸成一口大钟 [2]

让乐工审听钟韵

乐工都认为钟声和谐

师旷说："不够和谐！请重新铸造" [3]

平公说："乐工们都认为很和谐"

师旷说："后代如有精通音律的

将会知道这口钟的钟声并不和谐

臣私下为君感到丢人"

后来，果然有师涓指出钟声不谐 [3]

由此看来，师旷想使钟声调试完美

是为了后世那些精通音律的人

吕太公望受封于齐 [4]

周公旦受封于鲁

两位君主相互十分友好

会经常在一起讨论

"怎样才能治理好国家"

太公望说："尊敬贤人，崇尚功业"

周公旦说："亲近亲人，崇尚恩德"

注释：

[2] 晋平公：春秋时晋国国君，名彪，公元前 557 年—前 531 年在位。

[3] 师旷：春秋时著名乐师，名旷，相传他精通审音辨律，因为是瞎子，史书又称"瞽旷"。

[3] 师涓：春秋时卫灵公的乐官，善音律。据《韩非子·十过》记载，师旷与师涓同时，与本篇不同。

[4] 吕太公望：即太公望吕尚。吕，氏。太公望，号。

太公望说："鲁国将从此削弱"

周公旦说："鲁国虽然会削弱

但后世占有齐国的也肯定不会是吕氏"

后来，齐国日益强大，以至称霸

传到二十四代而田成子据有了齐国[1]

鲁国日益削弱

以至于仅能勉强生存

却传到三十四代而亡

吴起正治理西河之外[2]

被王错在魏武侯面前构陷[3]

武侯派人召回吴起

吴起走到岸门[4]

停车回望西河，眼泪一行行流下

仆从对吴起说

"我私下观察先生心志

视舍弃天下就像扔掉鞋子

现在仅仅离开西河就泪流满面

这是为了什么"

吴起擦去眼泪

回答说："你不知道。

如果君了解信任我

让我尽己所能

凭着西河，就可以助君成就王业

注释：

[1] 田成子：即田恒（又名田常）。
齐简公四年，田恒杀简公，拥
立平公。自任齐相，齐国之政
尽归田氏。

[2] 西河：指今山西、陕西界上
黄河南北流向最南端的一段。
也指战国时地处黄河西岸的魏
地。

[3] 王错：魏大夫，魏武侯死后二
年出奔韩。魏武侯：名击，魏
文侯之子，公元前 386 年—前
371 年在位。公元前 376 年与
韩、赵共灭晋。

[4] 岸门：魏邑，在今山西省河津
市南。

现在，君听信小人谗言妄议而不信任我

西河不久就会被秦国攻取

魏国从此削弱"

吴起果然离开魏国去了楚国

不久，西河被秦国完全吞并

秦国日益强大起来

这正是吴起所先前预见

并为之流泪

魏公叔痤病了^[1]，惠王前去探望^[2]

说："公叔的病，嗟！病得很重

国家该怎么办呢"

公叔回答说："臣的家臣御庶子鞅^[3]

希望大王能把国政交他治理

如果不能任用他

务必不要让他离开魏国"

王没有回答，出来后对左右侍从说

"岂不是太可悲了

以公叔如此贤明，而今竟对寡人说

一定要把国政交给鞅

简直荒谬绝伦"

公叔死，公孙鞅西行游说秦国

秦孝公听从公孙鞅

秦国果然从此强盛起来

注释：

[1] 公叔痤：战国时魏惠王相。

[2] 惠王：魏惠王，魏武侯之子，名莹，公元前370年—前335年在位。

[3] 御庶子鞅：即公孙鞅，卫国人，又名卫鞅。初为魏相公叔痤的家臣，后入秦辅佐秦孝公实行变法，奠定了秦国富强的基础。秦封之于商（今陕西省商县东南），号商君，又称商鞅。今存《商君书》二十四篇。御庶子，官名。

魏国果然从此削弱下去

由此看来，并不是公叔痤荒谬

荒谬的正是魏王

那些行事荒谬之人的通病

就是把不荒谬当作荒谬

季冬纪第十二

季 冬

一曰：

仲冬之月

太阳运行在婺女^[1]

初昏时分，娄^[2]

是出现在中天南方的中星

拂晓时分，氐^[3]

是出现在中天南方的中星

季冬日于天干属壬癸

其主宰之帝是颛顼

其佐帝之神是玄冥

其应时之虫是龟鳖甲族

其应时之音是羽

其应时之律是大吕

天地相配水成之数为六

其应时之味是咸

其应时之气味是朽

其应时之祭祀是行

注释:

[1] 婺女：二十八宿之一，又简称
    "女"，在今宝瓶座。

[2] 娄：二十八宿之一，在今白羊
    座。

[3] 氐：二十八宿之一，在今天秤
    座。

祭品以肾为先

大雁向北而飞，喜鹊开始做巢

山鸡鸣叫，家鸡孵卵

天子居住玄堂右个 [1]

出行乘坐黑色的车

驾车的是铁骊

车上插着绘有龙纹的黑色旗帜

穿着黑色的衣服

佩戴黑色的玉饰

吃的是黍与彘

宗庙所用器具

宏大而口敛

这个月，命令有司举行大规模傩祭 [2]

在四方之门都割裂牺牲

举行祭祀，以攘除阴气

制作土牛，用它送走冬季阴寒之气 [3]

远行之鸟飞得又高又快

要普遍举行对山川之神的祭祀

及对有功于民的先世公卿大臣

天神地祇的祭祀

这个月，命令渔师开始捕鱼 [4]

天子会亲自前往

注释：

[1] 玄堂右个：北向明堂的右侧室。

[2] 傩：驱除灾疫的祭祀。

[3] 土牛：五行说中，土能克水，
冬属水，牛属土，所以制作土
牛，用它送走冬季阴寒之气。

[4] 渔师：负责捕鱼的官。

品尝刚捕到的鲜鱼

尝食之前，要先向祖庙进献

冰冻得厚而坚硬到了极点

水泽之处一层层冻得坚硬

要命令凿取冰块，把冰块藏入冰窖

发令告诉百姓选出五种谷物的种子

命司农筹划耦耕农事 [1]

修理耒耜，准备耕田农具

命令乐师举行大规模的各种吹奏乐合奏

宣示一年诸事结束

命令四监大夫 [2]

收缴按常规应该交纳的木柴

以供给祖庙及百祀薪燎 [3]

这个月，日尽于次 [4]，月尽于纪 [5]

日月星辰运行一周天

又返回到原来的位置

一年天数接近终了了

一年就要重新开始

让农民专心装备农事

不要再有别的役使

天子于是与公卿大夫一起

饬正国家的典章制度

讨论按季节月份制定的政令

注释：

[1] 司农：负责农业的官。耦耕：古代的一种耕作方法，两人各执耒耜合耕一尺之地。

[2] 四监大夫：周制，天子领地内有县有郡，一县辖四郡，每郡有一大夫监临。四监大夫即监临各郡的大夫。

[3] 薪燎：焚柴祭神的燎祭。

[4] 次：指十二次。古人为了说明日月星辰的运行，把黄道附近一周天从西向东分为十二个等分，每个等分给一个名称，如星纪，玄枵等，这叫十二次。季冬之月，日躔于玄枵，运行一年，又终于玄枵，所以说日尽于次。

[5] 纪：指日月相会。

以此准备来年应做之事

命令太史

编排与天子异姓的诸侯国次序

使诸侯国依序贡赋牺牲

以供给对皇天上帝和社稷之神的禁祀

命令与天子同姓的诸侯国

供给祖庙祭祀所用的刍豢 [1]

命令宰依次列出 [2]

从卿大夫到庶民百姓所有土地之数

让他们贡赋牺牲

以供给山林河川之神的祭祀

凡是天下九州之人 [3]

无不尽力奉献

以供给对皇天上帝、社稷之神、祖庙神主

及山林河流之神的祭祀

实行应在本月实行的政令

这就算一年终了

三旬中有二日

（瑞雪必至） [4]

季冬之月，如果颁行秋天的政令

就会白露早降，甲虫成灾

四方边境有敌来袭

注释：

[1] 刍豢：指祭祀用的牺牲。牛羊叫刍，猪狗叫豢。

[2] 宰：指小宰，太宰的属官，帮助太宰管理政令。

[3] 九州：古时将天下分为九州，即冀、豫、雍、扬、兖、徐、幽、青、荆。

[4] 此处上无所承，似有脱文，应也指雨雪而言（依陶鸿庆说）。

百姓纷纷避入城堡

如果颁行春天的政令

尚在母腹及刚出生的动物就会多受伤害

国中流行久治不愈的疾病

名之为违背时气之"逆"

如果颁行夏天的政令

就会大水败国

时令冬雪应降不降

冻冰提前融化

士　节

二曰：

士的为人

面对大义不避危难

面临祸患忘却私利

舍生行义，视死如归

对于这样的人

国君不能迫其为友

天子无法让他称臣

但大至平定天下

次至安定一国

务必要用这样的人

所以，有心大立功名的人主

不可不致力于访求这样的人才

贤主总是致力于访求贤士

而超脱于日常政务

齐国有个叫北郭骚的人 [1]

结罘网 [2]，捆蒲苇 [3]，织麻鞋

用来奉养母亲

仍不足以维持生存

于是，走到晏子门上求见 [4]

说："想来乞求用以奉养母亲的东西"

晏子的仆从对晏子说

"这位是齐国的贤人

他义薄云天

不向天子称臣

不与诸侯交友

对于利益不苟且取用

对于灾祸不苟且逃免

现在来乞求用以奉养母亲的东西

这是出于对您的道义心悦诚服

请您一定有所给予"

晏子于是派人

注释：

[1] 北郭骚：春秋时齐国的隐士。
    北郭，姓；骚，名。

[2] 罘：捕兽的网。

[3] 捆：砸。编蒲苇时要边编边砸，
    使之牢固。

[4] 晏子：春秋时齐人，名婴，字
    平仲，继其父桓子为齐卿，后
    相景公，以节俭力行名显诸侯。

拿出仓库粮食、府库金钱相赠

北郭骚谢绝金钱，收下了粮食

不久之后，晏子被齐君猜忌

出奔他国避难

过北郭骚家门来辞别

北郭骚恭恭敬敬，沐浴而出

迎见晏子说："夫子将要到哪里去"

晏子说："受齐君的猜忌

将要逃往他国"

北郭子说："夫子好自为之"

晏子上车，长叹一声

说："婴的逃亡难道有什么不对

我对士也是太不了解"

于是，晏子远行

北郭子招来朋友，告诉他们

说："我对晏子的道义本就心悦诚服

曾向他乞求用以奉养母亲的东西

我听说'养及亲者，身伉其难'[1]

现在晏子受到齐君的猜忌

我将用自己的死为他洗清冤诬"

北郭子穿戴好衣冠

让朋友拿着剑捧着笥随后[2]

注释：

[1] 引文大意为：对于奉养过自己父母的人，一定要为他分担危难。

[2] 笥：苇或竹制的方形盛器。

走到齐君的门庭前

找到负责传话通禀的官吏

说："晏子，天下闻名的贤人

他若出亡，则齐国必受侵犯

与其注定看到国家遭受侵犯

不如自己先死去

愿把我的头托付给您

请为晏子洗清冤诬"

于是对他的朋友说

"把我的头盛在笥中

捧去托付给那个官吏"

然后，退下几步，自刎而死

朋友捧着盛了头的竹匣

托付给了那个官吏

然后，对旁观的人说

"北郭子为国难而死

吾将为北郭子而死"

然后，也退下几步，自刎而死

齐君听说，大为震惊

乘着驲车亲自追赶晏子 [1]

直到都城郊外近百里的地方才赶上

请求晏子返回

晏子不得已只好回返

注释：

[1] 驲：古代驿站专用的车。

听说是北郭骚以死来为自己申冤

晏子说："婴的逃亡难道有什么不对

也是愈来愈不了解这些士"

介 立 —作立意

三曰：

依凭尊贵富有而受人拥戴很容易

处身贫穷低贱有人跟随都很困难

从前晋文公逃亡，行遍天下

困窘至极，贫贱至极

而介子推不弃不离[1]

因为晋文公具有足以拥戴的德行

返回后，晋国已经是万乘之国

然而介子推却离开文公

因为，这时的晋文公

已经没有值得他拥戴的德行

身处困境的时候能做到的

顺易之境中做不到了

文公正是因此王业不成

注释：

[1] 介子推：春秋时晋国的隐士。曾跟随晋文公出亡十九年，文公返国后，他不肯受赏，与母亲一起隐居山中，终身不仕。他书或作"介之推""介推"。

晋文公返回晋国后

介子推不肯接受封赏

他为自己赋诗道

"有龙于飞 [1]，周遍天下

五蛇从之 [2]，为之丞辅

龙反其乡，得其处所

四蛇从之，得其露雨

一蛇羞之，桥死于中野 [3]"

把这首诗挂在文公门前

而自己隐居于绵上山 [4]

文公听说了

说："嘻！这一定是介子推"

于是，文公避舍变服 [5]，以示引咎自责

向士民百姓下令

说："有能找到介子推的

封上卿爵位，赐田亩百万"

有人在山中遇到介子推

背着釜，以篓为盖 [6]

向他询问说："请问介子推在哪里"

回答说："那介子推

如果不想出仕而想隐居

我哪里会知道他在哪里"

说罢转身就走，终生不再出仕

注释：

[1] 有龙于飞：喻晋公子重耳（晋文公）出亡。

[2] 五蛇：喻跟随公子重耳出亡的五位贤士；赵衰、狐偃、贾伦、魏犨、介子推。

[3] 一蛇：喻介子推自己。桥死：疑是"槁死"（依毕沅校说）。中野：野外。

[4] 绵上山：即今山西介休市东南四十里的介山。

[5] 避舍变服：古礼，国有凶丧祸乱之事，君主离开宫室居住，改穿凶丧之服。

[6] 篓：有长柄的笠，类似今天的伞。

人的想法不同

难道不是过于悬殊

当今世上那些追名逐利的人

每天早早上朝，晚晚地才退朝归来

唇焦口干，日思夜想

仍然未能得到

现在，介子推的名利已经到手

却反而只想尽快逃走

介子推可谓远超世俗

东方有位士，叫爰旌目 [1]

正要到某地去，却饿昏在路上

狐父的强盗中有个叫丘的

看到了爰旌目，就摘下壶

把壶中的水泡饭给他吃

爰旌目咽下三口饭后，眼睛才能看见

说："你是干什么的"

回答说："我是狐父人丘"

爰旌目说："嘻！你不是强盗吗

为什么给我吃东西

我坚守道义，不吃你的东西"

然后，两手抓地要往外吐

又吐不出来，一阵喀喀

然后，趴在地上死了

注释：

[1] 爰旌目：人名。

郑国人攻陷韩国鞔邑

庄蹻洗劫楚国都城郢 [1]

秦军把赵军围困于长平 [2]

韩、楚、赵这三个国家的将帅贵族

多是骄傲自恣

他们的士卒百姓多是强壮有力

于是，他们相互暴凌，相互残杀

脆弱的人跪拜以求免死

到最后，人们交替相食

正义与否根本不分，只希望侥幸活命

至于爰旌目，已经吃了东西本可以不死

因憎恶盗贼狐父的不义又不肯不死

如果让三国的将士与爰旌目相比

他们之间岂不是有着太大的差距

诚　廉

四曰：

石头可以破开

但坚硬的本质不会改变

注释：

[1]　庄蹻：战国时楚国奴隶起义的领袖。

[2]　秦昭王四十七年（公元前 260 年）秦将白起把赵括率领的赵国军队围困在长平（今山西省高平市西北），赵括被射死，赵军四十万人被俘活埋。

朱砂可以磨碎

但赤红的本色不会改变

坚硬与赤红

是石头与朱砂的本性

本性啊，禀赋于天

不是任意择取、制造而来

豪杰之士，洁身自好

一如这般，不可随意玷污

从前，周朝将要兴起的时候

有两位贤士，住在孤竹 [1]

名叫伯夷、叔齐 [2]

两人一起商量说

"听说西方有一方之长 [3]

似乎是位仁德有道之人

现在我们何必还待在这里"

于是，两人西行向周而去

正走到岐阳 [4]

文王却已亡殁

武王刚刚即位

正要向四方宣示周国之德

就派了叔旦去四内找到胶鬲 [5]

在神前立誓缔约

"加富三等，就官一列" [6]

注释：

[1] 孤竹：古国名，在今河北省卢龙县一带。

[2] 伯夷、叔齐：商末孤竹君的两个儿子。相传孤竹君遗命立次子叔齐为继承人，叔齐让位给伯夷，伯夷不受，叔齐也不肯即位，二人相继逃走，后一起投奔周。周武王伐纣，二人曾谏阻；武王灭商后，他们耻食周粟，饿死在首阳山。

[3] 一方之长：指西伯姬昌。姬昌死后谥为文王。

[4] 岐阳：岐山（在今陕西省岐山县）之南。

[5] 叔旦：即周公旦，武王之弟。四内：古地名。胶鬲：殷的贤臣，最初贩卖鱼盐，后由周文王举荐给纣。

[6] 富：俸禄。就官一列：官居第一等。

盟书准备三份

文辞相同，涂上牲血

一份埋在四内

与盟者各持一份而归

武王又派保召公到共头山下 [1]

找到微子开 [2]

与他在神前立誓缔约

"世为长侯，守殷常祀

相奉桑林，宜私孟诸" [3]

准备好三份盟书

文辞相同，涂上牲血

一份埋在共头山下

两人各持一份而归

伯夷、叔齐听说了这些

相望而笑说

"譆！很不一样啊

这可不是我们所说的'道'

从前，神农氏治有天下的时候

四时祭祀，毕恭毕敬

却并不为什么人祈福

对于人民，忠信为怀

尽心治理，而无他求

百姓喜欢正义与公平

就为了百姓努力实现正义与公平

注释：

[1] 保召公：姬姓，名奭，周武王之臣，因封地在召，故称召公或召伯。武王灭纣后，封召公于北燕》成公时任太保，故又称保召公。共头：山名，又作"共首"，今河南省辉县内。

[2] 即微子启。

[3] 盟誓句大意为：世代为诸侯之长，奉守殷依例举行的祭祀，供奉祭祀殷天子的桑林之乐以孟诸作为你的私人封地。孟诸：古泽名，今河南省商丘市东北。

百姓喜欢安定与太平

就为了百姓努力实现安定与太平

不利用别人的失败使自己成功

不借助别人的低下成就自己的高尚

如今周眼见着殷邪僻淫乱

而迅速出手施治修正

用的方法却是崇尚计谋，借助行贿

倚恃武力，耀武扬威

把在神前杀牲立誓作为信约

借助四内和共头山缔约

来表白所作所为

四处宣扬武王灭殷受命于天的吉梦 [1]

来取悦众人

杀戮征战以获取利益

以此来实现对殷的接续

这是以乱易暴

我们听说的古代贤士

生逢太平治世

绝不推辞自己的责任

身逢动乱之世

不会苟且偷生

如今天下黑暗，周德衰微

与其依附周

从而玷污自己的名节

注释：

[1] 事见《周书·程寤》，今已亡佚。《太平御览·五百三十三》载其大概：周文王妻太姒梦见商之庭长出荆棘，其子姬发取来周庭的柞树，植于宫阙之间，化为松柏棫柞。太姒惊醒，告诉文王。文王说：把姬发召来，在明堂拜谢吉梦，这个梦兆示姬发从皇天上帝那里承受了商的天命。

不如离开

可以确保我们德行高洁"

于是,两人向北而走

走到首阳山下

就饿死在那里

人之常情

无不有所重,无不有所轻

对于重要的会尽力保全

用不重要的来确保重要的

伯夷、叔齐,这二位贤士

都能舍身弃命

以坚守意志,保全节操

孰轻孰重早已了然于胸

不 侵

五曰:

天下任何利益

都比不过自己的生命

但士却甘愿为他人献出生命

为他人献身的人，实在是难能可贵

如果不为人知

情投意合更是无从说起

贤明的君主自无须他人教谕

肯定能与士相好相知

因此，士会竭心尽力

凡事直言相谏，而不在意后患

豫让、公孙弘就是这样的人 [1]

因为那个时候

智伯、孟尝君是了解士的人

如今世上的君主，得到百里土地

就会满心欢喜

四境之内都要举行庆贺

得到位贤士，反倒无动于衷

更不会相互庆贺

这就是不知轻重

汤、武，不过是千乘之主

然而士都来归附

桀、纣，本就是天子

然而士都纷纷离去

孔、墨，布衣庶人

即使万乘之主、千乘之君

也无法与他们争得天下士的跟从

由此看来，尊、贵、富、大

注释：

[1] 公孙弘：战国时齐孟尝君的门
客。

不足以招来士

一定要与士相好相知

然后，才有可能

豫让的朋友对豫让说

"你的行为真是令人不解

你曾经事奉过范氏、中行氏 [1]

诸侯把他们全部灭掉

而你并不为他们报仇

到了智氏被灭

你却一定要为他报仇

这是什么缘故"

豫让说："我来告诉你其中的缘由

那范氏、中行氏

我受冻的时候没有给我衣穿

我饥饿的时候没有给我饭吃

平时让我和几千位门客一起

接受一样的衣食

这是像养活众人一样地养活我

凡像养活众人一样地养活我的

我也对待众人一样地对待他

至于智氏，就不一样

出门，给我车坐

居家，给我充足的供养

注释：

[1] 范氏：即春秋时晋国的贵族士氏。这里指范吉射。中行氏：即春秋时晋国的贵族荀氏，因有林父为中行主将，后以中行为氏。这里指中行寅。中行，春秋时晋国军制之名。晋置上中下三军，后又增置中行、右行、左行。

大庭广众的朝会之中

一定给我特别的礼遇

这是以国士之礼待我 [1]

待我以国士的

我也像国士那样来报答"

豫让，就是国士

尚且念念不忘别人如何对待自己

又何况一般人

孟尝君筹划合纵抗秦 [2]

公孙弘对孟尝君说

"君不如派人到西边去

观察一下秦王

抑或秦王真是个帝王之主

君恐怕连个臣都做不上

哪里顾得上搞什么合纵与秦国对抗

抑或秦王是个不肖主

君再合纵抗秦也还不晚"

孟尝君说："善！就请您去"

公孙弘郑重地作出承诺

带着十辆车前往秦国

秦昭王听说此事 [3]

就想当面以言辞羞辱公孙弘

借此观察一下这个人

注释：

[1]　国士：智勇冠于全国的人。

[2]　合纵：战国时秦在西方，六国在东，土地南北相连，故将联合六国抗秦称为合纵。

[3]　秦昭王：即秦昭襄王，战国时秦国国君，名稷，公元前306年—前251年在位。

公孙弘拜见昭王

昭王说:"薛[1]这个地方有多大"

公孙弘回答说:"方圆百里"

昭王笑道:"寡人的国家

土地纵横数千里

尚不敢据以与人作对

如今孟尝君的土地不过百里

就想据以和寡人作对

这事难道能行"

公孙弘回答说:"孟尝君喜好士

大王不喜好士"

昭王说:"孟尝君喜好士又能怎样"

公孙弘回答说:"守节重义者

不向天子称臣,不结交诸侯

得志,则无愧于为众民之君

不得志,也不肯与人为臣

像这样的,孟尝君那里有三位

善于理政,可作管仲、商鞅的老师

他们的主义主张如果能得到认同施行

必能使君主成就王霸之业

像这样的,孟尝君那里有五位

遭到威重的万乘之主的羞辱

有辱使命,退而自刎

但定会用自己的血染污对方衣服

注释:

[1] 薛:齐邑,孟尝君的封地。

也就是像我这样的

孟尝君那里有七位"

昭王笑了起来并道歉

说:"贵客何必如此

寡人与孟尝君一向交好

希望贵客务必向孟尝君

转达寡人的心意"

公孙弘庄重地作出承诺

公孙弘可谓凛然不可侵犯

昭王,是万乘大国之君

孟尝君,是千乘之国臣

面对昭王,为孟尝君仗义执言

不受欺凌侮辱

公孙弘堪称为士

序 意 一作廉孝 [1]

秦始皇八年

（申年的）岁星位于涒滩

秋天的一个初一

那天正好是甲子

就是在初一这天

有位君子请问十二纪的事

文信侯吕不韦说

"曾经学过黄帝对孙子颛顼的教诲

有些心得：'皇天在上，大地在下

你若能效法天地

可为民父母"

听说古代的清平盛世

无不是效法天地

总共十二纪

记载的就是国家的治乱存亡

以此了解寿夭吉凶

上可测天，下验于地，中应人事

如此一来

注释：

[1] 本篇是《吕氏春秋》的后序，有残缺错简。前半只言十二纪，后半言赵襄子豫让事与本篇无关，为他篇错入。

— 274 —

任何是非正误一概明了

天意务必顺行

顺行天意，才有天生万物

大地务必坚固

大地坚固，万物才得安宁

人务必诚信

为人诚信，才能有所听用

天地人三者各得其所

就可以无为而行

行，就是大行天道

即行依天数 [1]，遵循地理 [2]，平抑私心

因为私欲产生偏见

会使人看不清正确方向

因为私欲产生偏听

会使人听不到正确意见

因为私利而忧心忡忡

会使人心狂乱而丧失原则

眼睛、耳朵和心三者

本就是为自身所有

若三者再过于着力于私欲

思想上也就没有了任何公道

思想上失去公道

福气就会一天天地衰减

注释：

[1]　天数：天地运行的方式。

[2]　地理：大地万物运行的规律。

灾难就会一天天兴旺

看看那太阳一旦偏斜就必定西落

就可以明白这个道理

赵襄子在园囿中游玩

走到桥边，马不肯前进

青荓是他的参乘

襄子说："到前边看看桥底下

好像是有什么人在"

青荓到前边看看桥下

豫让仰面睡在那里，装作死了的人

他叱退青荓说

"走开，老子我要做大事"

青荓说："少年时就与你交好

你现在要行大事

我要是说出来

这是失掉了相友之道

你要杀死我的君王

如果我不说出来

这又是失掉为臣之道

像我这样进退两难

只有一死而已"

于是退去自尽

其实，青荓并不想死

但以人臣的节操为重

又不愿废弃为友之道

青荓和豫让

可以算作真正的朋友

有始览第一

有　始

一曰：

天和地都有开始

轻微之物上升形成天

重浊之物下降形成地

天地合和，就是万物生生之道

这个道理，可以

从寒暑变化、日月运行、昼夜交替中了解

由万物形体、性能、应用各异中得到解释

万物因天地合和而成，分离而生

知合则知成，知离则知生

由此可知天地万物之形成

要了解任何事物的形成

都应详察其中的实际情况

审度辨别其所处态势

天有九野 [1]

地有九州

注释：

[1]　九野：即九天，古代指天的中央及八方。野，星宿所在的星空区域。

境内有九山

山上有九塞 [1]

水泽有九薮 [2]

风有八等

水有六川

何谓九野

天中央叫钧天 [3]

钧天的星宿是角、亢、氐

东方叫苍天 [4]

苍天的星宿是房、心、尾

东北叫变天 [5]

变天的星宿是箕 [6]、斗、牵牛

北方叫玄天 [7]

玄天的星宿是婺女、虚、危、营室

西北叫幽天 [8]

幽天的星宿是东壁、奎、娄

西方叫颢天 [9]

颢天的星宿是胃、昴 [10]、毕

西南叫朱天 [11]

朱天的星宿是觜嶲、参、东井

南方叫炎天 [12]

炎天的星宿是舆鬼 [13]、柳、七星

东南叫阳天 [14]

注释：

[1] 塞：险阻。

[2] 薮：大泽。

[3] 钧天：因为距其他八野均等，所以称钧天。钧，通均。

[4] 苍天：东方属木，木色青，所以称为苍天。

[5] 变天：东北为阴气之极，阳气之始，万物将从此而生，所以称为变天。

[6] 箕：二十八宿之一，在今人马座。

[7] 玄天：北方属水，水色黑，所以称为玄天。

[8] 幽天：西北即将至太阴，所以称为幽天。

[9] 颢天：西方属金，金色白，所以称为颢天。颢，白。

[10] 昴：二十八宿之一，在今金牛座。

[11] 朱天：西南为少阳，所以称为朱天。朱，阳。

[12] 炎天：南方属火，火性炎上，所以称为炎天。

[13] 舆鬼：即鬼宿，二十八宿之一，今属巨蟹座。

[14] 阳天：东南即将至太阳（东方为太阳），所以称为阳天。

阳天的星宿是张[1]、翼、轸

何谓九州

黄河、汉水之间为豫州

是周王室的疆域

清河、西河之间为冀州[2]

是晋国的疆域

黄河、济水之间为兖州

是卫国的疆域

东方为青州

是齐国的疆域

泗水之滨为徐州

是鲁国的疆域

东南为扬州

是越国的疆域

南方为荆州

是楚国的疆域

西方为雍州

是秦国的疆域

北方为幽州

是燕国的疆域

何谓九山

会稽[3]、太山[4]、王屋[5]、首山[6]、太华[7]

注释:

[1] 张：二十八宿之一，在今长蛇座。

[2] 清河：在今河北省境内。西河：古人称冀州西边南北流向的黄河为西河。

[3] 会稽：山名，在今浙江省绍兴市东北。

[4] 太山：即泰山。

[5] 王屋：山名，在今山西省阳城县西南。

[6] 首山：即首阳山。在今山西省永济市南。

[7] 太华：即华山。

岐山、太行、羊肠[1]、孟门[2]

何谓九塞

大汾、冥阨、荆阮、方城、殽

井陉、令疵、句注、居庸

何谓九薮

吴国的具区、楚国的云梦、秦国的阳华

晋国的大陆、粱国的圃田、宋国的孟诸

齐国的海隅、赵国的钜鹿、燕国的大昭

何谓八风

东北风叫炎风，东风叫滔风，东南风叫熏
风

南风叫巨风，西南风叫凄风，西风叫飂风

西北风叫厉风，北风叫寒风

何谓六川

河水、赤水[3]、辽水[4]

黑水[5]、江水、淮水

整个四海之内[6]

东西长二万八千里

南北长二万六千里

注释：

[1] 羊肠：山名，在今山西省晋城
市南。

[2] 孟门：山名，在今陕西省宜川
东北。

[3] 赤水：不详。高诱说发源于昆
仑山东南部。

[4] 辽水：不详。高诱说发源于砥
石山，从塞北向东流，直到辽
东西南部入海。

[5] 黑水：不详。高诱说发源于昆
仑山西北部。

[6] 四海之内：古时认为中国四周
都有海，称中国为海内。

可行的水道八千里

受水的河道也是八千里

最大的河流有六条

有名的大河六百条

内陆河三千条

小河流数以万计

整个四极之内

东西长五亿零九万七千里

南北长也是五亿零九万七千里

极星与天俱游 [1]

天枢则一动不动 [2]

冬至这天

太阳运行于离北天极最远的圆形轨道

环行于东西南北四个极点，称为玄明 [3]

夏至这天

太阳运行于离北天极最近的圆形轨道

正值头顶之上，正当天极之下

没有了昼夜之别

在白民国以南 [4]，建木树下 [5]

日中时分，没有影子

大声呼喊，没有回声

因为这里就是天地的中心

注释：

[1] 极星：即北极璇玑，又称"帝星"，今为"小熊座"。与天俱游：指日月星辰围绕北天极作周日运动。

[2] 天枢：指北天极。

[3] 玄明：大明。

[4] 白民：古代传说中的海外国名。

[5] 建木：古代传说中的一种树名，在白民国之南。

天地万物，一如人的身体

这就是所谓的大同

人有耳目鼻口

天地有五谷寒暑

这就是所谓的各有差异

这样，就是万物齐备

天斟输万物，圣人察览万物

以了解其中的共同规律

在深究天地形成、雷电发生的自然原因中

在深思阴阳变化生成万物的精妙之中

在体察人与禽兽各得其所的安宁平静之中

获得彻底的理解

应 同 旧作名类

二曰：

凡帝王将兴

上天必事先呈现祥兆

昭示天下万民

黄帝的时代

上天事先以大蚯蚓大蝼蛄示现

黄帝说："土气正盛"

土气旺盛

所以，黄帝时代崇尚黄色

凡事皆效法于土

待到禹的时代

上天事先以草木秋冬不凋示现

禹说："木气正盛"

木气旺盛

所以，夏禹时代崇尚青色

凡事皆效法于木

待到汤的时代

上天事先以刀剑生于水中示现

汤说："金气正盛"

金气旺盛

所以，商汤时代崇尚白色

凡事皆效法于金

待到文王的时代

上天事先示现以

火赤鸟口衔丹书停在周社 [1]

文王说："火气正盛"

火气旺盛

所以，周的时代崇尚红色

凡事皆效法于火

注释：

[1] 火赤鸟：指由火幻化而成的赤
色乌鸦。社：本指土神，这里
指祭土神的地方。

代替火的必将是水

上天事先示现以水气旺盛

水气旺盛

所以，新的时代必然崇尚黑色

凡事皆效法于水

如果水气旺盛而至

却不知气数已然具备

那么，气数就会转移到土

上天运行四时

但不会帮助违背农时的农事 [1]

事物同类，相互吸引

气味相同，相互迎合

声音相同，相互响应

敲击此处宫音，彼处宫音随之振动

敲击此处角音，彼处角音随之振动

在同样平的地面上注水

水会先流向潮湿的地方

铺放均匀的柴草上点火

火靠近干燥的地方燃烧

高山之云如草莽，水上之云呈鱼鳞

干旱时云如烟火，阴雨时云似水波

这些都无不以类似其赖以生成的方式

向人示现

注释：

[1] 此句与上下文义不连贯，恐有
    脱文（依刘咸炘说）。

因此，用龙就能招来雨

凭着形体就能找到影子

军队所经，必生棘楚灌木 [1]

对于祸福的由来

很多人以为是命中注定

其实，他们哪里知道其中真正的缘由

覆巢毁卵，凤凰就不会再至

剖腹食胎，麒麟就不会再来

竭泽而渔，龟龙就不会再去

事物同类相从的事实

简直不可胜计

儿子不会总是为父亲所遏制

臣子不会总是甘受君主遏制

志同道合就在一起

志不同、道不合就离开

所以，君主即使再尊贵

如果把白当成黑，臣子就不能听从

父亲即使再亲近

如果把黑当成白，儿子就不会顺从

黄帝说："芒芒昧昧

因天之威，与元同气" [2]

所以说人和人之间

志气相同胜过义气相投

义气相投胜过同力共事

同力共事胜过同居共处

同居共处胜过名号相同

称帝天下者，讲究的是志气相同

称王天下者，讲究的是义气相投

称霸天下者，讲究的是同力共事

那些忙来忙去的君主

偏爱左右亲近常随之人

德行薄而不厚

亡国之君最在意虚名

不仁不义，德行低劣

智慧越是低劣

与他亲近同在的就更为低劣

智慧越是精致出众

与他亲近同在的就越是精致出众

所以，凡是用心着意之处

不可以不精纯精诚

凡事精纯精诚

正是五帝三王所以能功业成就

事物同类，都会相互聚合

所以，尧为善举

众多好事都随之而来

桀作歹为非

则众多坏事归于一身

《商箴》说："天降灾布祥，并有其职"[1]

说的是，灾祸与福运

往往是人自己所招致

所以，一旦国家混乱起来

就不仅仅是国内混乱

必定会招来外敌入侵

国家仅仅混乱未必会灭亡

一旦招致外患就难以生存

凡是用兵作战

都是用于有利可图的地方

用于听起来符合道义的地方

攻打混乱的国家，容易使之归服

一旦敌国屈服

进攻的国家就会获得利益

攻打混乱的国家

听来公正合宜符合道义

既然与道义相符

进攻的国家就以此为荣

既声名赫耀又饱得利益

中等才能的君主尚且这样

何况是贤明之君

所以，割让土地献出宝器

注释：

[1] 《商箴》：古书名，久已亡佚。
此处大意为：上天降灾施祥，
皆有其主。

辞语谦卑向人屈服

不可能阻止别国的进攻

只有治理好自己的国家

才足以制止敌国的攻伐

自己的国家治理得好

谋图利益的就不敢前来进攻

谋图名声的就不敢前来征伐

大凡攻伐他国

不是为利就一定是图个名声

如果名与利都无法所得

那么，国家即使再强大

又何苦发动这种徒劳的攻伐

从下述这件事就可以理解这些道理

史墨去了一趟卫国 [1]，赵简子就停了下来

不再准备突袭卫国

赵简子可谓深谙动静之道

去　尤

三曰：

世上凭靠听闻而做的决策

注释：

[1] 史墨：又作史默。春秋时晋国史官。史墨打探卫国事详见《召类》篇。

多有片面和局限

既然片面和局限多多

那么依靠听闻所做决策必有谬误

人的认识受蒙蔽、有局限的原因很多

关键必在于人总是各有所喜、各有所恶

朝东望看的人看不见西墙

朝南望看的人看不到北方

因为，心意各有所在

一个人丢了斧子

怀疑是邻居的儿子所偷

观察邻居儿子走路的样子

怎么看都像偷了他的斧子

观察邻居儿子的面色眼神

怎么看都像偷了他的斧子

听邻居儿子说话言语

怎么听都像偷了他的斧子

留意邻居儿子的举止神态

所作所为没有一样不像偷了斧子

后来，挖坑的时候又得到了他的斧子

过几天，再看到那位邻居之子

就一点都不像偷斧子的人

邻居之子并没有任何变化

而是他自己有了改变

这种改变并没什么特别之处

就是他一度被自己的臆测所蒙蔽

按照郳国^[1]的传统方法

是以帛制作战衣

公息忌^[2]对郳国的国君说

"不如用丝绳来连缀

但凡战甲坚固

是因为塞满了连缀战甲的窍孔

现在窍孔倒是塞满

但仅能承受一半的受力

如果用丝绳就会大不一样

会塞满窍孔并承受全部力量"

郳君认为有道理

说:"哪里可以搞到丝绳"

公息忌说:"主公用起来

老百姓就会造出来"

郳君说:"善"

于是命令负责制造战甲的官员

制造战甲必须缀以丝绳

公息忌对这个决定满心欢悦

就让自己的家人都做起丝绳

于是有人对此诋毁道

"公息忌之所以建议用丝绳

注释:

[1] 郳:古国名,又称"郳娄",
　　后改称"邹"。周武王封颛顼
　　之后于郳,后为楚所灭。故城
　　在今山东省邹市东南。

[2] 公息忌:人名。

因为他家织造很多这种丝绳"

邾君听说了很不高兴

于是又命令负责制造战甲的官员

制造战甲不许使用丝绳

这就是邾君的认识不当

制作战甲时连缀以丝绳

这的确是很好的办法

公息忌虽然为此让家人多多制作

但这并无大碍

如果用丝绳缀甲没什么用处

即使公息忌不作丝绳，也没什么好处

公息忌家人制造还是不制造丝绳

并不足以损及公息忌的主张

使用丝绳的本意

不可不考察清楚

鲁国有个相貌丑陋的人

他的父亲出门时见到美男子商咄 [1]

回来后告诉邻居

说："商咄长得可比不上我的儿子"

但是他儿子确实丑陋至极

商咄确实至美无比

他竟会以为至美不如至丑

那是被自己的偏爱所蒙蔽

注释：

[1] 商咄：人名，以貌美著称。章
炳麟认为即春秋时宋公子商咄。

所以，知道了美可以被认为是丑

知道了丑可以被认为是美

然后，才会懂得什么是真正的美与丑

《庄子》说："用瓦片做赌注

一般人都会心态安详

用衣带钩做赌注，就会有些担心

如果是用黄金做赌注

就会有如面临险境

其实，需要的赌技都是一样

有面临险境的感觉

是因为另外有所看重

为另外所看重的东西所牵挂

大概就要内心不安"

那位鲁国人的判断就可谓

为另外所看重的东西所牵挂

从齐国人想得到黄金

以及秦国墨家子弟之间的相互嫉妒

可以看出这个道理的解释

就是在认识上

人都是各有各的局限

老聃就明白这个道理

他像个高大挺直的木头

独立于世，特立独行

必然不合于世俗

那么，哪里会有什么外界干扰

能让他心神不宁

听　言

四曰：

对于听到的言论，不能不有所辨察

不作辨察，就不能分辨出好与不好

对好与不好不作分辨

没有比这导致的祸乱更大

夏、商、周三代之主

一向明辨好与不好

所以，称王天下

当今世道愈加衰蔽

圣王之道废绝

当世君主总好尽情欢乐

钟鼓之器越来越大

台榭园囿愈加奢华

耗费的是人民的钱财

随意役用百姓，让人轻易送命

用以发泄自己的愤怒

衰老疲弱的冻饿而亡

强壮有力的瘦弱早夭

山穷水尽、走投无路的

再死于掳掠

攻打没有过错的国家，以掠取土地

杀死无辜的人民，以夺取利益

这样做却还希图宗庙平安

国家社稷没有危险

不也是太过于困难

假如有人说："某人财物很多

他家房屋后墙受潮，看家的狗死了

看这样子可以打个洞"

那么，必有很多人责备这个人

可如果有人说："某国饥荒

它的城墙低矮，它的防守器具很少

可以突袭而夺取"

反而没有人予以谴责

其实，人们不懂

这完全是一类事情

《周书》上说 [1]

"往者不可及，来者不可待

注释:

[1] 《周书》：古逸书。

贤明其世^[1]，谓之天子"

所以，当今之世

有能力辨明好与不好

他称王天下也就不难

区分好与不好的关键

在于利，在于爱

利益人民，爱护百姓

这才是大道根本

那在海上漂泊的人

走了一个来月

见到个人模人样的都会心生欢喜

等到漂泊了一年

就是见到来自中国的任何东西^[2]

都会欢天喜地

这就是离开人越久，对人的思念越深

乱世中的人民，与圣王相别也是很久

人民渴望圣王

日日夜夜，不息不断

所以，那些贤明君主和英雄豪杰

既然心系百姓苍生

就一定要勉力而行

功绩先于名声

事业先于功名

议论先于事实

不掌握事实，哪能听信言论

不了解内情，怎么判断言实相符

如果做不到这个

那么，人言与鸟语

是有所区别还是没有区别呢 [1]

造父开始是向大豆学习的 [2]

蠭门开始是向甘蝇学习的 [3]

造父向大豆学习驾车

蠭门向甘蝇学习射箭

专心致志，矢志不渝

成为自己的本能

正因为专心致志，矢志不渝

所以造父能够学到

致远追急的驾驭之术

所以蠭门能够学到

除害禁暴的弓射之术

大凡人也一定要习练心性

然后才能判断听取别人的言论

不修习心性，也要研习学问

不学习而能判断听取各方言论

古往今来都是没有

关于这个道理

注释:

[1] 此处原文有脱，目前译文依陶
鸿庆说。

[2] 造父、大豆：都是古代善于驾
车的人。

[3] 蠭门、甘蝇：都是古代善于射
箭的人。

可以通过以下四士的议论来理解

白圭非难惠子 [1]

公孙龙以偃兵劝说燕昭王

以及应付秦赵的空洛之盟 [2]

孔穿 [3] 非议公孙龙

翟翦 [4] 责难惠子的立法

这四位人士的议论

都有理有据，理由充分

不可不仔细思考辨察

谨 听

五曰：

从前，禹洗一次头

要多次握住头发停下来

吃一顿饭

要多次站起来多次

都是为了以礼对待有道之士

以通晓自身的不足

通晓自身的不足之处

就不会与外物计较相争

注释：

[1] 白圭：名丹，字圭，魏人（依梁玉绳说）。惠子：惠施，宋人。白圭非难惠子之事，见《不屈》篇。

[2] 公孙龙：魏人，战国名家的代表人物。公孙龙说燕昭王以偃兵之事，见《应言》篇。应空洛之遇事，见《淫辞》篇。

[3] 孔穿：字子高，孔子之后。孔穿之议公孙龙事，见《淫辞》篇。

[4] 翟翦：魏国人，翟黄之后。翟翦之难惠子之法事，见《淫辞》篇。

贤主和悦平静地对待人

使有道之士怡然自得

一切顺其自然

他们也就能够畅所欲言

与此相反的，是那些亡国之主

总以为自己贤明，而别人都不如自己

轻视别人，就会使谏言者有所矜持

说起来言不尽意

听者自以为贤，实际上一无所获

即使享有天下，又于天下何益

这不过是以冥为昭，以乱为定

以毁为成，以危为宁

殷周，正是因此而亡

比干，正是因此而死

如此悖乱之举

举不胜举

所以，君主的常性

并不在自己有所怀疑的地方犯错误

却会在无所怀疑的地方犯错误

不会在不了解的方面犯错误

却会在自以为已经了解的方面犯错误

所以，即使无所怀疑，即使有所了解

也一定要以法令为标准加以考察

以度量为标准加以测度

以数术为标准加以检验

若能坚持这样

是非判断就不会失误

言行举动就不会有过

尧怎么能普天下选贤而任用了舜

舜怎么能普天下选贤而任用了禹

不过是根据耳朵做出的判断

通过耳朵就可以做出决断

这是回归人的本性

当今世上这些昏惑之人

不懂得回归人的本性

又不知明察五帝三王成就功业的根本

那么，从何而知所处时代的弊病

从何而知自身的不足

最上等的是无所不知

其次的就是明白自己有所不知

不懂就要问，不会就要学

《周箴》上说

"夫自念斯学，德未暮" [1]

勤学好问，三代所以昌盛

不知而自以为知，百祸之宗

没有无缘无故的名声

注释:

[1] 《周箴》：古逸书。这句引文大意为：自己念念不忘学习思考，修养道德就一定不晚。

没有自然而然的功业

没有凭空而存的国家

一定要有贤德之人才行

贤德之人的思想

博大而难以知道，精妙而难以把握

所以，如果见到贤德之人

却有所失敬，就不会感动人心

如果不能感动人心

对很多道理就会知之不深

不能深刻理解贤德之人所说

也就没什么比这更不吉利

君主贤明，世道安宁

君主不肖，社会混乱

现在，周王室已灭，天子已绝 [1]

天下再大的混乱

也莫过于没有天子

没有了天子

强者会恃强凌弱

众者会以众暴寡

用军队相互残杀，不得止息

这就正好是今天的这个社会

所以，处于今天的这个社会

要想寻访有道之士

注释：

[1] 天子已绝：秦庄襄王元年（公元前 249 年），吕不韦率秦军灭东周，名义上的周天子已不复存在，所以说"天子已绝"。

就要去四海之上，山谷之中

偏僻边远幽深安静的地方

如果真能在那里找到，也还是万幸

真要是寻访到

还有什么想法不能实现

还有什么作为不能成功

太公曾在滋泉垂钓 [1]

遭逢纣王当政的时代

所以，文王访得太公而成就王业

文王，本是千乘之国的诸侯

纣王，是万乘之国的天子

天子失去了姜太公

却为千乘诸侯得到 [2]

根由就在于对有道之士的知与不知

对于平头百姓

不用什么了解就可以支使

不用什么礼数就可以命令

对于有道之士

一定要待之以礼

一定要相互了解

然后，他们才会尽心竭智地辅佐

这个道理体现在胜书劝说周公的故事 [3]

周公可谓颇能听从劝说

还体现在齐桓公见小臣稷的故事 [4]

注释：

[1] 滋泉：也作"兹泉"，泉名。《水经注·渭水》："渭水之右，磻溪水注之，水出南山兹谷，乘高激流，注于溪中。溪中有泉，谓之兹泉。"

[2] 千乘：指称诸侯。古代实行车战，以拥有的兵车多少作为衡量国家大小的标准。天子万乘，诸侯千乘。

[3] 胜书说周公事见《精谕》篇。胜书以不言说周公，周公听从了，使纣王无以加罪于周。

[4] 齐桓公见小臣稷事见《下贤》篇。齐桓公一日之内见小臣稷数次，而小臣稷不见他。随行之人劝桓公不要再去，桓公不听，终于见到小臣稷。

魏文侯见田子方的故事 [1]

他们都称得上是礼贤下士

务 本

六曰：

试观览上世古书

三王的辅佐大臣

哪个不是声名赫赫

名至实归，地位安固，功勋伟大

《诗》中说："有晻凄凄，兴云祁祁

雨我公田，遂及我私" [2]

三王的辅臣都为公家竭尽其能

从而获得自己的利益

平庸之主的辅臣

渴望获得名声利益

与三王的辅臣一样

但他们的名声无不充满耻辱

所得利益无不岌岌可危

因为他们没有为公家的事业做出贡献

他们只在意

注释：

[1] 魏文侯之见田子方：疑为"魏文侯见段干木"之误，事见《下贤》篇。魏文侯去见段干木，站得疲倦了也不敢歇息。

[2] 引诗见《诗经·小雅·大田》。大意为：阴雨凄凄，浓云密布。雨我公田，并及私田。

自己在国中的地位尚不够显贵

而并不在意

自己的君主在天下尚不够显贵

他们只在意

自己的身家不够富有

而从不在意

自己的国家不够强大

所以，越渴望荣耀反而越是耻辱

越渴望平安反而越是危险

安危荣辱的根本在于国家的君主

君主的根本在于宗庙

宗庙的根本在于人民

人民的治理是否有序在于百官

《易》中说："复自道，何其咎，吉"[1]

说的正是，只要根本保持不动

其他的举措变化终究会带来欢喜

如今世人

一旦身居官位，就放纵悖乱

一旦面对财宝，就贪得无厌

一旦接近君主，就阿谀奉承

一旦领兵率众，就疲敝怯懦

凭这些就渴望得到君主的信任

岂不是太难

注释：

[1] 引文见《周易·小畜》初九的爻辞。大意为：按照正常的轨道返回，周而复始，能有什么灾祸。吉。

如果有这么一个人

以修养自身、廉洁清正为耻

见到财物就尽取归己

靠这样的手段致富

那么除非是强盗

否则什么也得不到

荣华富贵从不自行到来

而是来自建功立业

如果功劳浅薄却渴求甚多

这就是欺骗

如果寸功未建却索求荣华富贵

这就是诈取

欺骗诈取之途，君子绝不经行

人们常爱说的是

"如果主上任用的是我

国家就不会有任何问题"

其实，真的任用他未必就能如此

最好还是尽量使自己才德俱备

如果自身问题不少

一旦被用于治国与政

哪还能确保国家没有祸患

自己，为自己所能控制

放弃自己的力所能及

却致力于自己所无法控制的东西

这才是荒诞悖谬

不让这种人治国治吏才是对的

如果能够在家孝顺双亲

在外广交朋友

一定是可以用途政事的

如果奉事父母做不到孝顺

与友相交做不到忠诚厚道

这些都做不到，还有谁会予以肯定

所以，评价一个人

不能根据他所未能做到的

而要根据他已经做的

据此就可以知道他将能做什么

古代侍奉君主的人

一定要先奉献才能

然后得到任用

一定会自我再三反省

才会接受任命

主上即使有过多的封赏

臣下也不会白白地获取

《大雅》中说："上帝临汝，无贰尔心"[1]

这说的正是忠臣之行

这个道理可以从两位士人那里得到理解

注释：

[1] 引诗见《诗经·大雅·大明》。大意为：上帝正看着你，你不要有贰心。

郑君问被瞻之义 [1]

薄疑以不要加重税回复卫嗣君 [2]

这两位士人都是接近于把握根本

谕 大

七曰：

从前，舜意图包罗古今而未成

但已经足以成就帝业

禹想要成就帝业而未成

但已经足以匡正异方之俗

汤想要继承禹的事业而未成

但已经足以使四方极远之地臣服

武王想赶上汤的成就而未成

但足以在舟车人力所达之处成就王道

五伯想继承三王的事业而未成

但已经足以成为诸侯盟主

孔丘、墨翟力图在世上实现自己的主张

虽然没有成功

但已经足以成就显赫声名

他们没有能够实现自己的远大理想

注释：

[1] 参见《务大》篇。被瞻之义，指被瞻不死君难，不随君亡的主张。被瞻之义，意在讽谏君主听贤任贤。郑君，指郑穆公。被瞻，郑大夫，事郑文公。

[2] 参见《审应览》。薄疑之说，意在养民安民，民为宗庙之本，百官主民之治乱。薄疑，疑是卫臣。卫嗣君，卫平侯之子，秦贬其称为君。

但已经足以有所成就

《夏书》曰："天子之德广运

乃神，乃武乃文"[1]

所以，成功的关键在于躬身去做

事业有成的关键在于目标远大

地域广大，就有常祥、不庭、歧母

群抵、天翟、不周等高山[2]

山大了，就有虎、豹、熊、螇蛆[3]

水大了，就有蛟、龙、鼋、鼍、鳣、鲔[4]

《商书》中说："五世之庙，可以观怪

万夫之长，可以生谋"[5]

孔穴之中没有泽池

水井之中没有大鱼

新林之中没有大树

但凡谋略有成

必着眼于广大、众多、长久而来

这是确定无疑

季子[6]讲："在同一处房顶之下

燕子和麻雀相互争夺

为了筑窝在最好的地方

母鸟哺育着幼鸟

一派喜乐自得，自以为平安

注释：

[1] 《夏书》：古逸书。此处引文大意为：天子功德广大深远，玄妙神奇，勇武而文雅。

[2] 常祥、不庭、歧母、群抵、天翟、不周：都是山名，所在不详。参阅《山海经》。

[3] 螇蛆：当是兽名。

[4] 鼋：大龟。鼍：鼍龙，鳄鱼的一种，俗称"猪婆龙"。鳣、鲔：两种大鱼。

[5] 《商书》：古逸书。引文大意为：五代祖庙，可见鬼怪。万人之长，会有谋略。

[6] 季子：人名，生平不详。

这时灶上的烟囱爆裂

火向上烧着了屋梁

燕子和麻雀却神色不变

这是为什么

是不知道灾祸将要降临到自己身上

臣子之中

很少有能够避免燕雀那样见识的人

那些人虽为臣子

却一心只想加官进爵荣禄富贵

父子兄弟在一国之中结党营私

自己欢乐喜庆，洋洋自得

却危害着他们的国家

其实，他们离灶上的烟囱已经很近

自己却一无所知

在智慧见识上

他们和燕雀其实没有什么不同

所以说："天下大乱，无有安国

一国尽乱，无有安家

一家皆乱，无有安身"

说的就是这个

身之于家，家之于国，国之于天下

正如小之于大

小之安定必凭仗于大

大之安宁必依赖于小

大小或贵贱，彼此相互依赖凭仗

然后，才能都得到安乐

决定贱小的安宁仍在于贵大

这个道理

可以通过这样几个故事获得理解

薄疑向卫嗣君解说王业成就之法 [1]

杜赫向周昭文君解说安定天下的方法 [2]

以及匡章责难惠子尊齐王为王 [3]

注释：

[1] 参见《务大》篇。薄疑以"乌获举千钧，又况一斤"为喻，以"千钧"喻王术，以"一斤"喻治国，说明掌握了王术（"大义"），治国（小事）极易。强调了贵大之意。

[2] 参见《务大》篇。杜赫说周昭文君以安天下。杜赫，周人。周昭文君，战国时东周之君。周昭文君愿学安定周国之道，杜赫用安定天下之道劝说他，其意仍在于明"务大"之旨。

[3] 参见《爱类》篇。匡章，齐人，曾为齐威王、齐宣王将。惠子，姓惠名施，宋人，曾为梁惠王相，庄子的朋友。本文取惠子王齐王以说明贵大之旨。

孝行览第二

孝 行

一曰：

凡是治理天下，治理国家

一定要首先致力于根本

把不重要的事情放在后面

所谓根本

说的不是耕耘种植

而是致力于人事

致力于人事

不是指使贫穷者富裕起来

使人烟稀少的地方人口繁多

而是致力于根本

致力于根本

没有比孝道更为重要

为人主者孝

就会声名卓著荣耀

臣下尽服，天下赞誉

为人臣者孝

就会忠诚侍奉君主

居官清正廉洁

面对国难勇于献身

士人百姓孝

就会勉励耕耘

守必固，攻必克

不懈怠，不败逃

这孝道啊，正是

三皇五帝致力的根本

万事之纲纪

如果说坚持一个原则，就能使

诸善皆来、诸邪尽去、天下顺从

就只有孝道

所以，评价一个人

先要看他如何对待亲人

然后推及他如何对待不那么亲近的人

先要看他如何对待所看重的关系

然后看他如何对待不那么重要的关系

如果有这么一个人

对于亲近重要之人尽心尽力

对于疏远轻微之人也不简慢

这就是笃厚谨慎、躬行孝道

先王正是以此来治理天下

关爱自己的亲人，不去厌恶别人

尊敬自己的亲人，不敢轻慢他人

对亲人给予全部的热爱和尊敬

给百姓以灿烂和光明，极至四海

这就是天子之孝

曾子说："我们的身体，都是父母所生

使用父母所给予的身体，哪敢不敬

平日仪容举止不庄重，就是不孝

侍奉君主不忠诚，就是不孝

身居官位不尽职守，就是不孝

与朋友相交不诚实，就是不孝

战场对敌不勇敢，就是不孝

上述五种情况不能做到

灾难就会祸及亲人

怎敢不严肃谨慎"

《商书》中说："刑三百

罪莫重于不孝"

曾子说："先王治理天下有五

贵德、贵贵、贵老、敬长、慈幼

凭这五个方面

先王得以平定天下

所谓崇尚道德

因为德行高尚者近于圣贤

所谓尊崇高贵者

因为尊贵者近于君主

所谓敬重老者

因为老人近于双亲

所谓尊敬年长者

因为长者近于兄长

所谓爱护年幼者

因为年幼者近于弟弟"

曾子说:"父母给予你生命

你不能杀生

父母养育了你

你不能不务正业

父母给予你身心健全

你不得予以损坏

所以,渡河要乘船而不游涉

行路要走大路而不走小径

保全自己的肢体,守住自己的宗庙

这就是孝道"

养身之道有五

整修宫殿,安置卧具,节制饮食

这是调养身体之道

种植五色花卉，铺陈五彩

错综布列华美花纹

这是调养目力之道

端正六律，调和五声，协调八音

这是调养耳听之道

烧熟五谷，烹饪六畜，调和口味

这是调养口食之道

面色和悦，言语动听，进退恭敬

这是调养心志之道

这五个方面

相互更替次第而用

可谓善于养生

乐正子春下堂时伤了脚 [1]

病愈后却几个月不出门，还面带忧色

有学生问他说："先生您下堂时脚受伤

脚好几个月了还不出门，还面带忧色

可以问问这是为了什么"

乐正子春说："这个问得好啊

我从曾子那里听说过

曾子是从仲尼那里听来的

父母把孩子完好地生出来

孩子把身体完好地归还父母

不可以亏损身体，不可以破坏身形

注释：

[1] 乐正子春：战国时人，曾参的学生，姓乐正，名子春。

这才可谓孝道

君子一举一动之间都不可以忘记

我（伤了脚，就是）忘记孝道

因此而有所心忧"

所以说，身体并非自己私有

而是尊敬的父母所留予

人民的根本教养在于孝道

奉行孝道叫作奉养

奉养父母应该可以做到

难的是对父母恭恭敬敬

恭恭敬敬应该可以做到

难的是使父母身心安适

使父母身心安适应该可以做到

难的是让父母从始到终安享天年

父母离世之后，能够凡事谨慎

不给父母带来不好的名声

才可谓善始善终

所谓仁，就是以孝道为仁

所谓礼，就是躬行孝道为礼

所谓义，就是宜行孝道为义

所谓信，就是信奉孝道为信

所谓强，就是加强孝道为强

欢悦因顺行孝道而生

刑罚由悖逆孝道而行

本　味

二曰：

做事当从根本处努力

坚持一段时间，必有所得

如果是致力于微末枝节

只会是劳而无功

功名的成就

缘于把握事物的根本

得到贤德之人的教化

若非贤德之人

谁又能知晓事物的发展变化

所以说，功名成就的根本

在于得到贤德之人

有侁氏的女子采桑[1]

在中空的桑树里得到一个婴儿

把他献给了自己的君主

君主命令厨师

注释：

[1] 有侁氏：即有莘氏，古部族名。
　　侁，通"莘"。

对这个婴儿好加哺养

并搞清楚婴儿来自何方

厨师说："婴儿的母亲住在伊水 [1]

有了身孕后，梦见天神告诉她说

'臼里一出水就向东快跑

而且千万不要回头顾望'

第二天，她真的看到臼里出水

就告诉她的邻居

向东跑十里，回头一看

她的村邑已是汪洋一片

于是，她的身体

变成一棵中空的桑树

所以，给婴儿起名伊尹" [2]

这就是伊尹生于空桑之中的来历

伊尹长大后十分贤德

汤听说了伊尹的贤德

派人找到有侁氏

提出请求要带走伊尹

有侁氏没有答应

其实，伊尹也想归附于汤

汤索性提请结婚，迎娶有侁氏女为妻

有侁氏喜从中来

就把伊尹作为陪嫁的奴仆送给汤

所以，为求得有道之士

注释：

[1] 伊水：即伊河，源出河南省卢
　　氏县，东北流入洛河。

[2] 伊尹：名挚，商汤臣。

贤明的君主真是无所不用

为求得贤明的君主

有道之士也无所不行

贤明的君主和有道之士

彼此相得，乐得其所

他们不用谋划就能亲密无间

不用相约就会恪守信用

共同尽心竭力

不避危难，行事勤苦

志同道合，以此为乐

所以，才会有功名大成

他们从来都不孤独

士人如果只是孤芳自赏而自视甚高

君主如果就是独断专行而自以为是

那么，他们的名号注定灭绝

国家势必处于险境

所以，黄帝会四方寻得贤能

以任用辅佐

尧、舜访得伯阳、续耳后 [1]

才得以成就帝业

所有贤德之人的高尚品德

一定会为人所知

伯牙弹琴，钟子期听到

注释：

[1] 伯阳、续耳：相传都是尧时的
    贤人。

琴声刚刚开始的时候

表现出攀登大山的志向

钟子期说："太好了

这个琴弹得巍峨如大山"

须臾之间，琴声表现出

随流水常进不懈的志向

钟子期又说："太好了

这个琴弹得如水大湍急奔流激荡"

钟子期死了

伯牙摔琴断弦，终身不再弹琴

他认为

这世上再没有值得为之弹琴的人

不仅弹琴是这样

对待贤德之人也是这样

即使世上有贤德之人

如果不能以礼相待

贤德之人何必一定要忠君尽忠

这就好比如果驾驭不善

千里马自己也跑不出千里之程

汤得到伊尹之后

先在宗庙里举行仪式被除灾邪

束苇为炬，燃起被除不祥之火

用纯色雄猪的血涂满祭器

第二天，上朝之时

汤正式接见伊尹

伊尹给汤说尽天下美味

汤说："可否得到这些食材

并做出如许美味"

伊尹回答说："君王您的国家太小

不足以具备这些东西

当了天子，然后才可具有

有三类动物

生活在水里的有腥气

吃肉的有臊气

吃草的有膻气

虽然气味不好却都可做成美味

因为各有各的烹饪方法

调和味道的根本，首先在于用水

咸、苦、酸、辛、甘五味

水、木、火三材

九次煮沸，九次变化

把握火候是关键

火时而猛烈，时而徐缓

灭腥去臊除膻，必须用火

火候适中，不可失于把握

调和味道

必定要用甘、酸、苦、辛、咸调料

先放后放，放多放少

剂量虽然些微，却各有各的功用

鼎中味道的变化[1]，精妙微纤

有口无法言传，有意难以意会

如射御之微[2]，阴阳之化[3]，四时之数[4]

所以，这样做出来的东西

才会久放而不败坏

熟而不烂，甘而不太甜

酸而不过，咸而不减味鲜

辣而不烈，清淡而不寡薄

肥而不腻，肥而不腴

那肉中的美味啊

猩猩的嘴唇，獾獾的脚掌[5]，嶲燕的燕尾[6]

述荡的小腿[7]，旄牛和大象的短尾

在流沙之西、丹山之南

有凤产下的凤卵

那是沃民国人的食物[8]

那鱼中的美味啊

洞庭湖的鱄鱼，东海的鲕鱼

醴水中有鱼名为朱鳖

长着六只脚，能吐出珠子

碧色的身体如青玉

藋水[9]中有鱼名为鳐

形状像鲤鱼却有翅膀

注释：

[1] 鼎：古代煮肉的器具。

[2] 射御之微：指射御技术的精妙，以喻中的致远。

[3] 阴阳之化：指阴阳化和而成万物。

[4] 四时之数：指四季更迭，春生夏长秋收冬藏的功效。

[5] 獾獾：鸟名。《山海经·南山经》作"灌灌"。

[6] 嶲燕：鸟名。

[7] 述荡：兽名。《山海经·大荒南经》作"跊踢"。

[8] 沃民国：传说在西方。

[9] 藋水：《山海经·西山经》作"观水"。

经常会在夜里从西海飞游到东海

那菜中的美味啊

昆仑山的蘋菜，寿木的花果

指姑山的东面，中容之国 [1]

那里有赤木玄木的叶子 [2]

食而能成仙人

在余瞀 [3] 山南，南极之旁边

有一种菜名为嘉树

颜色犹如碧玉

还有阳华的芸，云梦的芹，具区的菁

生长在浸渊 [4]，名叫土英的草

那调料中的美味啊

阳朴的姜 [5]，招摇的桂 [6]，越骆的竹笋 [7]

鳣鱼鲔鱼做的肉酱，大夏的盐 [8]

宰揭的露 [9]，其色如玉

还有长泽的鸟卵 [10]

那粮食中的美味啊

玄山的禾谷 [11]，不周山的粟 [12]

阳山的糜子 [13]，南海的黑黍

那水中的美味啊

三危山的露水 [14]，昆仑山的泉水

沮江边山丘上的泉水，名叫摇水

白山的水 [15]

高泉山上的涌泉 [16]，冀州的水源

注释：

[1] 中容之国：古代方国名。

[2] 传说赤木玄木之叶可食，食而能成仙。

[3] 余瞀：古山名，传说在南方。

[4] 浸渊：古池泽名，其地不详。

[5] 阳朴：地名，传说在蜀郡。

[6] 招摇：山名，传说在桂阳。

[7] 越骆：当作"骆越"（依孙人和说）。骆，越的别名。

[8] 大夏：古泽名，或说是山名，传说在西方。

[9] 宰揭：古山名，其处不详。

[10] 长泽：古泽名，传说在西方。

[11] 玄山：古山名，其处不详。

[12] 不周：即不周山，古代传说中的山名，在昆仑西北。

[13] 阳山：昆仑山之南，山南曰阳，故称"阳山"。

[14] 三危：古山名，传说在西方。

[15] 白山：即天山，因终年积雪而得名。

[16] 高泉：古山名，传说在西方。

那水果中的美味啊

沙棠树的果实 [1]

常山之北 [2]，投渊之上 [3]

有众多先帝享用的百果

箕山之东 [4]、青鸟居处的甜山楂 [5]

长江之滨的橘子

云梦之畔的柚子

汉水上的石耳 [6]

运致这些水果

要用骏马青龙的马力，骏马遗风的座乘

如果不先当天子

就不可能具全这些美味

天子从来不是勉强去做

务必首先深谙大道

成道在己不在人

自己有成则可成天子

既成天子，美味自然齐备

所以，审近可以就此知远

成就自己，以此可以成就别人

圣人之道一向简单明了

哪里用得着费那么多的力气

注释：

[1] 沙棠：树木名，生于昆仑山。

[2] 常山：即恒山。五岳中的古北
      岳。

[3] 投渊：水名。

[4] 箕山：山名，传说中尧时许由
      隐居于此。在今河南省登封市
      东南。

[5] 青鸟：鸟名，居西方，传说中
      为西王母所使。

[6] 石耳：菜名。

首 时 一作胥时

三曰：

圣人做事

似缓而急，似迟而速

看起来无所作为却一举而成

那是在等待时机

王季历为国事辛劳而死 [1]

文王为此深深痛苦

又难忘被纣拘于羑里之耻 [2]

但当时伐纣的时机并不成熟

武王以臣事商纣，夙夜不懈

从不忘文王于玉饰之门被骂的耻辱

武王继位十二年

才终于在甲子日于牧野大败殷军

时机从来不是轻易可得

太公望是东夷之人 [3]

想平定天下却没找到合适的君主

他听说文王贤明

然后着意到渭水边钓鱼

注释：

[1] 王季历：大王之子，文王之父。

[2] 羑里：古地名，故址在今河南省汤阴县城内。

[3] 太公望：即吕望。东夷，我国古代对东方民族的称呼。

以观察文王的德性

伍子胥想见吴王但没有机会 [1]

有门客告诉了王子光 [2]

王子光见了伍子胥却厌恶他的相貌

不等听伍子胥讲话就予以谢绝

门客请问王子光为何如此

王子光说："他的相貌正是我所特别厌恶"

门客把这话告诉了伍子胥

伍子胥说："这事容易

请王子高居堂上，挂起两层帷幕

我只露出衣服和手，与他谈话"

王子光同意这个安排

可伍子胥刚讲一半，王子光就掀起帷帘

握住伍子胥的手，与他坐在了一起

等伍子胥说完，王子光更是大为欢喜

伍子胥由此认为

将来据有吴国的，非王子光莫属

于是回到乡间安心耕作

过了七年，王子光果然取代僚当了吴王

然后重用伍子胥

伍子胥于是修整法制

礼贤下士，举用贤良

简选精兵，演习战阵

再过六年之后，在柏举大胜楚军 [3]

注释：

[1] 吴王：指吴王僚，吴王夷昧之子（一说为庶兄），公元前526年—前515年在位，后被专诸刺死。

[2] 王子光：即吴王阖闾，公元前514年—前496年在位。

[3] 柏举：楚国南部边邑。

九战九胜，追败军千里

昭王逃到随国 [1]，吴军占领楚国都城郢

伍子胥亲自箭射楚王宫殿

鞭打楚平王之墓三百

以报杀父杀兄之仇

其实，伍子胥先前隐身乡野

并不曾忘记楚平王杀父之仇

而是在等待时机

墨家有个人叫田鸠 [2]，渴望见到秦惠王 [3]

在秦国待了三年仍未能得见

有客人把这个情况告诉楚王

田鸠就去拜见楚王

楚王很喜欢他

给予他将军的符节，让他出使秦国

田鸠这才因此到了秦国，见到惠王

他这样告诉别人说

"赴秦之路如此遥远

难道竟是先从更远的楚国走起"

事物本来就是欲近实远，似远实近

时机也是这样

即使汤、武这样的贤德之君

如果没有桀、纣无道的时机

也是无法成就王业

即使有桀、纣无道这样的时机

注释:

[1] 昭王：楚平王之子，公元前 515 年—前 488 年在位。随：国名。春秋时成为楚国的附庸，在今湖北省随县。

[2] 田鸠：即田俅，齐国人。

[3] 秦惠王：秦孝公之子，名驷，公元前 337 年—前 311 年在位。

如果没有汤、武那样的贤德

也是无法成就王业

圣人之与时机

一如步行之影与身不可相离

所以，有道之士未遇之时

四处隐匿藏伏，甘受劳苦，等待时机

时机一到

有的从布衣而起成为天子 [1]

有的从诸侯而起占有天下 [2]

有的从卑贱而起得以辅佐三王 [3]

有的从匹夫而起向万乘之主复仇 [4]

所以，圣人所看重的，只是时机

水冻得正坚固的时候

后稷不会去耕种

后稷耕种，一定要等待春天来临

所以，人即使颇有智慧

如果遇不到时机

还是不能建功立名

正当树叶繁茂丰美的时候

整天采摘也不会采光

一旦秋霜降下

林木上的所有树叶立即落尽

事情的难易

注释：

[1] 这里指舜从百姓而成为天子。

[2] 这里指商汤、武王从诸侯而起，最终占有天下。

[3] 这里指如太公望、伊尹、傅说从卑贱地位而起成为三王的辅佐。傅说：商王武丁的大臣，原为从事版筑的奴隶，后被武丁任为相，治理国政。

[4] 这里指豫让为智伯刺杀赵襄子事。豫让，智伯的家臣。赵襄子灭智伯，豫让漆身吞炭，变音容，几次行刺赵襄子而未成，后请斩襄子之衣而自杀。万乘之主：赵襄子专晋国政，有兵车万乘。

并不在于事情本身是小还是大

关键在于把握时机

郑相子阳遇难 [1]

当时正逢猘狗乱逐 [2]

齐国的贵族高氏、国氏遇难

正好有追失牛之乱 [3]

众人乘乱杀死子阳和高氏、国氏

只要时机刚好

狗和牛尚可成为人们发难的先导

更何况是人自己借机发难

饥饿的马充满了马厩

默然无声，是因为没有见到草料

饥饿的狗充满了狗窝

默然无声，是因为没有见到骨头

如果真见到草料和骨头

它们一定会相互争抢而难以制控

乱世之中的人民

默然无声，是因为没有见到贤人

如果见到贤人

他们一定会奔往归附，无可制止

归附者岂不是全身心以赴

齐湣王僭称东帝 [4]

遭到天下诸侯围困

注释：

[1] 郑子阳：郑相，驷氏之后。《史记》称"驷子阳"。

[2] 本书《适威》篇说："子阳好严。有过而折弓者，恐必死，遂应猘狗而杀子阳。"《淮南子·氾论》说："郑子阳刚毅而好罚，其于罚也，执而无赦。舍人有折弓者，畏罪而恐诛，则因獭狗之惊以杀子阳。"即指此事。猘狗，即疯狗。

[3] 指借追失牛之乱而杀死高氏、国氏。

[4] 这里指公元前 288 年齐湣王称东帝，导致燕国联合秦、楚、韩、赵、魏五国伐齐，湣王出奔之事。

于是被鲁国趁机夺取徐州

赵肃侯修建寿陵而致万民不附 [1]

于是被卫国趁机夺取茧氏 [2]

鲁、卫这样的小国

居然占到大国的便宜

只是因为遇到了时机

所以，贤明的君主和杰出的人士啊

如果真心想百姓所想

生逢乱世，则正当其时

上天不会给人两次机会

时机从不恭候太久

人的才能不必事事精巧

一举成功

在于适当其时

义 赏

四曰：

春气至而草木生长

秋气至而草木凋落

生长与凋落

注释：

[1] 这里指赵肃侯因修陵寝扰民而引起民怨。寿陵，寝陵之名。

[2] 茧氏：赵邑。

受节气支配，并非自然如此

所以，支配者一出现

万物无不随之而作

支配者不到，万物也无所作为

古人深谙万物变化的主导

所以，万物莫不为其所用

或赏或罚，权力之柄

掌握在君主手中

如果赏罚所施符合道义

那么忠信亲爱的原则

就会彰明天下

彰明日久且日益增长

人民就会安之若性

这就叫作教化成功

一旦教化有成

即使厚赏严刑

也无法阻止人们力行忠信

所以，善于进行教化的人

总是根据道义施以赏罚

成功的教化又会使任何奖惩

都无法阻止人们的自觉行动

如果赏罚运用不当，也是这样

会助长奸伪贼乱贪戾之道

一旦倡行长久而不加制止

也就仿佛成了人们的天性

一如戎夷胡貉巴越那些边地族人

即使再有厚赏严刑也无法阻止他们

郢人惯用两块夹板建筑土墙

吴起改进这种筑墙的方法

反而遭到怨恨

以赏罚来改变邪曲的东西

本来就是为了使人民安乐

那氐族羌族之人，若是被俘以后

并不在意被抓捕捆绑

担心的却是死后不被焚烧

这也是由于邪曲所致

所以，施行任何赏罚都要慎之又慎

一旦形成邪曲

只会伤害人民

晋文公曾准备在城濮[1]跟楚国人作战

召来舅舅咎犯询问[2]

说："楚国兵多，我国兵少

怎样可以取胜"

咎犯回答说："我听说

讲究繁杂礼仪的君主

礼仪再盛大也不满足

注释：

[1] 城濮：春秋卫地名，在今河南省范县。

[2] 咎犯：狐偃，字子犯，晋文公之舅，所以称舅犯。咎，通"舅"。

频繁作战的君主

对于欺骗诡诈从不满足

君尽可对楚国实行诈术"

文公把咎犯的话告诉了雍季 [1]

雍季说："竭泽而渔

哪能捕不到鱼

可是来年就不会有鱼

为了打猎把草木烧光

哪能不获得野兽

可是来年就不再有野兽

诈伪之道

可以眼前苟且得利

以后就不会再有所得

这不是长久之计"

文公仍然采纳了咎犯的建议

在城濮打败楚人

得胜回国后行赏，却以雍季为首

文公左右的人劝谏说

"城濮之战的胜利

是因为采用咎犯的谋略

君采纳咎犯的意见

行赏的时候却把他放在后边

这似乎有些不当"

文公说："雍季的话，谋的是百世之利

注释：

[1] 雍季：人名，事迹不详。

咎犯的话，仅仅顾及一时

哪有将一时之利

置于百世之利之前的道理"

孔子听闻此事

说："遇到危难而用欺骗

足以打败敌人

得胜还国后尊崇贤人

足以报答恩德

文公虽然不是始终坚持这样

却足以成就霸业"

封赏厚重会令百姓心动

百姓心有所向，事情就能成功

靠欺骗对方获得成功

即使成功了，最终必定要毁坏

即使胜利了，最终必定要失败

天下取得过胜利的人很多

可是能成就霸业的也就五位

文公作为其中之一

当然明白如何取得胜利

如果取得了胜利

却不明白胜利如何而来

那就和没有取得胜利一般

秦国战胜了戎

却在殽打了败仗 [1]

注释：

[1] 殽：崤山，分东西二崤。在今河南省西部。《左传·僖公三十三年》："晋人及姜戎败秦师于殽。"

楚国战胜了中原诸国 [1]

却在柏举被吴国击败 [2]

周武王懂得这个道理

所以一战而胜称王天下 [3]

如果国家充盈着各种欺骗诡诈

就没有安定可言

灾患可不会仅仅来自外面

赵襄子脱困于晋阳 [4]

行赏五个有功之人，高赦为首 [5]

张孟谈说 [6]："晋阳之事

高赦并无大功

行赏时却以他为首，为什么"

襄子说："寡人的国家有危

江山社稷几亡

我自己身陷忧困

此间与寡人交往而不忘君臣之礼的

只有高赦，我因此把他放在最前边"

孔子听说这事 [7]

说："襄子可谓善于行赏

赏了一个人

天底下那些做臣子的

就没有人再敢失礼"

治理六军用同样的办法 [8]

注释：

[1] 指公元前 597 年楚国在邲打败晋国。《左传·宣公十二年》载，"晋荀林父帅师及楚子战于邲"，楚胜晋服郑。

[2] 指楚昭王在柏举被吴国打败。

[3] 指牧野一战，武王灭商而称王天下。

[4] 指智伯率韩、魏两家围赵襄子于晋阳，襄子令家臣张孟谈与韩、魏两家暗中联系，灭掉智氏。赵襄子，名毋恤，赵简子之子。

[5] 高赦：赵襄子家臣。

[6] 张孟谈：赵襄子家臣。

[7] 赵襄子事发生在孔子死后，此处当系伪托。

[8] 六军：周时制度，天子设有六军，诸侯国依大小设有三军二军一军等。后周室衰微，大诸侯国军队的建制已不只三军。这里六军泛指军队。

军队不敢轻慢

向北灭掉代 [1]，向东威逼迫齐

让张孟谈翻出城墙

暗中与魏桓、韩康 [2] 约定日期

共同攻打智伯

砍下智伯的头颅作成酒器

从而终于奠定三家分晋的局面

这难道不正是由于赏罚得当

长　攻

五曰：

但凡治乱存亡，安危强弱

一定要相互遇合，然后才能成功

如果彼此相同一致

就不能形成相遇相成

所以，桀、纣虽然不肖

但他们之所以灭亡

是因为遇上了汤、武

与汤、武相遇，这是天意

而不是因为桀、纣是否不肖

注释：

[1] 代：战国时国名，在今河北省
蔚县一带。后为赵襄子所灭。

[2] 魏桓：即魏桓子，名驹。韩康：
即韩康子，名虎。

汤、武虽然贤德

但他们能够成就王业

是因为遇上了桀、纣

与桀、纣相遇，这是天意

并不是因为汤、武是否贤德

如果桀、纣没有遇上汤、武

未必会亡国亡己

桀、纣如果不亡，即使再不肖不贤

也不至于有亡国之辱

假使汤、武不遇上桀、纣

未必会成就王业

汤、武如果王业不成，即使再贤德

也不至于享有称王天下的荣耀

所以，对于立有卓越大功的人主

固然听不到他有什么不好之处

而对于亡国之君，也从来听不到什么贤名

这就好比出色的农民

他们擅长于分辨土地的优劣

耕种锄草勤勤恳恳

却未必能有所获

但有收获的

一定首先是这些人

这里收获的关键

在于遇上及时雨

遇上及时雨，凭的是天意

而非出色的农民所能决定

越国正逢灾年，收成不好

王有些害怕 [1]

召来范蠡商量谋划 [2]

范蠡说："王何必忧虑

如今的荒年

正是越国的福气和吴国的灾祸

那吴国相当富足，而且钱财有余

吴国的王正当年少 [3]

智谋不足，才能轻薄

喜好一时虚名，不思后患

王如果准备厚重的钱币礼物

言辞卑谦，向吴国请求借粮

粮食就可以得到

只要得到粮食

越国最终必定会占有吴国

王还能有什么忧患"

越王说："善"

于是就派人向吴国请求借粮

吴王准备给越国粮食的时候

伍子胥进谏说："绝不能给

那吴国与越国，土地相接，边境相邻

道路平坦通畅，人民往来频繁

本就是相互敌战的仇对之国

不是吴国灭掉越国

就必定是越国灭掉吴国

像那燕国、秦国、齐国、晋国

它们处于高山陆地，哪能跨越五湖九江

穿过十七处险阻来攻占吴国

所以说，不是吴国灭掉越国

就必定是越国灭掉吴国

现在要送给它粮食，给它吃的

这就是在助长我们的对手

滋养我们的仇人

等到国家钱财缺乏、人民怨恨的时候

再后悔就来不及

不如不给粮食而去攻打越国

这才是正常的道理

我们的先王也是以此成就霸业 [1]

再说那个饥荒

这从来都是交替出现的事

一如深沟和山坡

哪个国家能没有"

吴王说："不对。我所听说的是

正义之师不会攻伐已经归顺的国家

仁德之人会给饥饿的人救济粮食

注释：

[1] 先王：指吴王阖闾。

现在越国已经归服却还要攻打它

这就不是正义之师

越国闹饥荒却不给它粮食

不合仁德本义

这不仁不义的事情，即使得到十个越国

我也不会去做"

于是，吴国就给了越国粮食

不出三年，吴国也遇到灾年

吴王派人向越国请求借粮

越王不给，却来攻打吴国

吴王夫差终被擒获

楚王想占取息国和蔡国 [1]

于是就假装跟蔡侯友好

并且与他商量说

"我想得到息国，该怎么办"

蔡侯说："息侯的夫人

是我妻子的妹妹

请让我替您宴飨息侯和他的妻子

我和大王您一起去

你们可以乘机偷袭息国"

楚王说："诺"

于是，楚王与蔡侯

带着宴飨的食品进入息国

注释：

[1] 楚王：指楚文王。息国，为楚
所灭，在今河南省新县和息县
一带。蔡国，周武王弟叔度及
其子胡受封之地，在今河南省
上蔡、新蔡县一带。

楚军一并同行，乘机夺取了息国

楚军回师驻扎在蔡国，又夺取了蔡国

赵简子病重，召见太子 [1]

告诉他说："等我死了，安葬完毕

你要穿着孝服

登上夏屋山 [2] 去瞭望"

太子恭恭敬敬地承诺

简子死了，安葬完毕

太子穿着孝服

召见大臣，告诉他们说

"我要登上夏屋山去瞭望"

大臣们都予以劝阻

"登上夏屋山远望，这就是出游

穿着孝服出游，是不可以的"

襄子说："这是先君令旨

寡人不敢废除"

大臣们于是恭敬应诺

襄子登上夏屋山

观望到代国的风土人情

看到代国一派欢乐美好的景象

于是襄子说："先君一定是用这个来教诲我"

回来以后，就开始思考如何占取代国

先是友好地对待代国

注释：

[1] 赵简子：即赵鞅，赵襄子之父，晋卿。太子，即赵襄子。

[2] 夏屋山：在今山西省代县一带。

代君好色

襄子就请求把姐姐嫁给代君为妻

代君欣然答应

姐姐嫁过去以后，襄子万事都讨好代国

马郡本来适宜养马 [1]

代君就把很多好马献给襄子

等到把代地的马几乎送光的时候

襄子告请代君而醇酒款待

事先命令跳舞的人

把兵器藏在舞具之中

约莫有数百人做好准备

还准备好喝酒用的大金斗 [2]

代君到，酒至正酣

金斗翻过来打在代君头上

只一下，代君就脑浆涂地

跳舞的人拿起兵器搏斗

杀死了代君的全部随从

于是就用代君的车子去迎接他的妻子

代君的妻子遥闻代君死亡的情形

把簪子磨尖自刺而死

所以，赵国至今

有"刺笄山"和"反斗"的名号

这三位君主 [3]

注释：

[1] 马郡：代地产马，所以人称"马郡"。

[2] 斗：古酒器。

[3] 指上文提到的越王勾践、楚文王、赵襄子。

各自都有办法得到所需要的东西

并未完全按照常理行事

然而，后世无不称赞他们

这是因为他们都颇有功业

如果拥有这些功绩而又没有其他过失

即使称王天下，也是可以的

慎 人 一作顺人

六曰：

建立赫赫功名，靠的是上天

因为这个缘故

就不认真看待人自身的努力

绝对不可以

那舜得到尧的知遇，全凭天意

舜耕种于历山 [1]

制作陶器于黄河之滨

垂钓于雷泽 [2]

天下的人都很喜欢他

优秀的人都愿意跟随他

这就是他自己个人努力的成果

注释：

[1] 历山：山名。名历山者，多被附会位舜耕作之处。此处似指今山东省历城县南的历山，又名舜耕山、千佛山。

[2] 雷泽：古泽名，即雷夏，在今山东省荷泽市东北。

那禹得到舜的知遇，全凭天意

禹天下周游

为的是访求贤德之人

做于百姓有利的事情

河流、沼泽、湖泊

凡是有淤积阻塞而可以疏通的

禹都尽力疏通

这就是尽人之力

那汤遇上桀，武王遇上纣，全凭天意

汤、武修养自身品德，积善行义

为了百姓忧虑辛苦

这就是尽人之力

舜种地捕鱼的时候

他的贤与不肖

与做天子时的相同

尚未得遇之时

他和徒属们一起耕种五谷

捕鱼鳖，编蒲苇，结罘网[1]

手掌和脚底磨起茧子都不休息

然后才能免于冻饿之苦

待他得遇之时，即位当了天子

贤士归附，万民赞誉

男女欢悦，无不爱戴

注释：

[1] 罘：捕兽的网。

舜亲自作诗道

"普天之下，莫非王土

率土之滨，莫非王臣" [1]

用以表明尽有天下

尽有天下

他的贤德并无丝毫增加

尚未尽有天下时

他的贤德并无任何减损

时代成就了这一切

百里奚未遇之时

从虢国 [2] 出逃，又被晋国俘虏

在秦国喂牛，以五张羊皮的价格被转卖

公孙枝 [3] 得到百里奚后很喜欢他

把他荐献给缪公 [4]

三天后就请求委任百里奚以官职

缪公说："用五张羊皮买来

而任官属事

恐怕要被天下笑话"

公孙枝回答说

"信任贤人而加以任用

这是君主的英明

让贤而甘居贤人之下

这是臣子的忠诚

注释：

[1] 见于《诗经·小雅·北山》。
这里言舜所作，或为假托。

[2] 依高诱说，当为从虞国出逃。
按此来自《孟子·万章上》说，
百里奚"知虞公之将亡而先去
之"。

[3] 公孙枝：春秋时秦国大夫。

[4] 缪公：即秦穆公。

君是英明之君

臣是忠诚之臣

他百里奚若确是贤德

必让国内顺服，敌国畏惧

谁还会有闲工夫耻笑"

缪公于是任用百里奚

百里奚从此谋无不当，举必有攻

但这并不是他的贤德有增

百里奚即使再有贤德

如果不为缪公所用

必无如此功名

其实，焉知当今世上

就没有百里奚这样的人才

所以，为人之主

若是真心渴望得到能人贤士

不可不四处访求

孔子曾在陈、蔡之间处于困境

七天没吃粮食

煮的藜菜里也无米和羹 [1]

宰予疲饿交加 [2]

孔子却在屋里弹琴高歌

颜回则在外采摘野菜

子路和子贡相互说起

注释:

[1] 藜：一种野菜，嫩叶可食。

[2] 宰予：字子我，孔子的学生。

"先生被鲁国放逐

隐居于卫国

在宋国大树下与弟子习礼 [1]

竟被人把树砍倒

在陈国、蔡国已走投无路

要杀先生的人没有获罪

凌辱先生的人不受禁止

而先生的弦歌鼓舞不绝

有像这样毫无羞耻的君子吗"

颜回无言以对 [2]

只好进屋告诉孔子

孔子生气地推开琴，喟然长叹

说："仲由和端木赐是小人

叫他们来，我对他们说"

子路和子贡进来

子贡说："像现在这样

可谓穷途末路"

孔子说："这是什么话

君子深明道义可谓通达

道义不明才叫困穷

现在，丘坚守仁义大道 [3]

却遭受乱世之患，也是适得其所

哪有什么穷途末路之说

所以，内省而不愧对原则

注释：

[1] 按《史记·孔子世家》："孔
子去曹，适宋，与弟子习礼大
树下。宋司马桓魋欲杀孔子，
拔其树，孔子去。"

[2] 颜回：字子渊，孔子的学生。

[3] 丘：孔子，子姓，孔氏，名丘。
这里是孔子的自称。

临难而不丧失品德

大寒既至，霜雪已降

我们才得以了解松柏的品性

从前，桓公出奔莒国 [1]

文公出亡曹国 [2]

越王栖于会稽山 [3]

目前受困于陈、蔡

岂不一样正是丘的大幸"

于是，孔子面色威严

拿起瑟重新弹起

子路也威武地执盾而舞

子贡说："吾不知孔子圣德

如天之高远，如地之广大"

那古代得道之人

困窘也快乐，显达也快乐

但他们所快乐的并非困窘或显达

如此这般得道

困窘和显达都没什么不同

一如寒暑风雨之相互交替

所以，许由在颍阳自得其乐 [4]

共伯在共首逍遥自得 [5]

注释：

[1] 指齐桓公遭无知之难，出奔莒而萌生复国称霸之心。

[2] 指晋文公遭骊姬之谗言，出亡过曹而萌生复国称霸之心。

[3] 指越王勾践被吴王夫差打败，栖于会稽山而萌生复国称霸之心。

[4] 许由：尧时的贤人。相传尧要把君位让给他，他逃至箕山之下农耕而食。尧又请他任九州之长，他到颍水边洗耳，表示不愿再听到这样的话。颍阳：颍水之北。箕山在颍水之北，许由耕于箕山，自得其乐。

[5] 共伯：即共伯和，西周时共国的君主，名卫和。周厉王被国人逐出，共伯摄行王事，号共和元年。十四年后，周宣王即位，共伯归共国，逍遥自得于共首山。共首：即共首山，本书《诚廉》篇作"共头"，在今河南省封丘县西。

遇 合

七曰：

凡是得到君主赏识，必是合于时机

若时机尚不合宜，就一定要等待

等待时机合宜再作行动

所以，形影不离的比翼之鸟[1]

会一起死在树上

形影不离的比目之鱼[2]

会一起死在海里

孔子周游天下

一而再地向当道君主谋求官职

赴齐至卫，前前后后

谒见过八十多个君主

见面献礼愿给孔子当学生的就有三千人

其中，成绩卓著的有七十人

这七十人之中，任何一位

都足以作万乘之主的老师

不能说孔子身边没有人才

带领着这些人才周游列国

注释：

[1] 比翼之鸟：鸟名。《尔雅·释地》："南方有比翼鸟焉，不比不飞。"

[2] 比目之鱼：鱼名。《尔雅·释地》："东方有比目鱼焉，不比不行。"

孔子所做到的最大官职

也仅仅是鲁国的司寇 [1]

（圣人得不到任用）

所以，周天子会应时而灭

所以，天下会有诸侯大乱

天下大乱

愚蠢的人就会颇多侥幸

既是侥幸就必定不胜其任

任久而仍无法胜任

那么这种侥幸反而成为祸害

有多大的侥幸，就有多大的祸害

而且祸害的绝不仅仅是他自己

所以，君子应心不侥幸，行不苟且

一定慎重考虑自己的能力

然后才去获取任命

获任后再有所行动

凡是能够做到倾听的人

一定是深谙论说议评的人

当今世上的君主

很少有能够面对纷纭众说

做出准确判断的

为他们所知遇的，哪个不是苟且求荣

凡是能欣赏音乐的人，一定通晓五音

注释:

[1] 司寇：古代官职名，掌刑法。

其实真正通晓五音的人很少

多数人所喜欢的，哪个不是鄙俗之音

有个宾客凭着会吹籁[1]得以谒见越王

他吹的羽、角、宫、徵、商五音

雅正和谐，一丝不苟

越王却并不喜欢

一旦奏起鄙俗野调

越王反而认为好听

论说之道也是这样

有位即将出嫁为人妻者

有个人告诉她的父母说

"出嫁以后不一定会生育

衣服器具等物

可以先拿到外边藏起来

以防备因为没有生育而被休弃"[2]

她的父母认为这人说得对

于是就让女儿经常在外藏些财物

公婆知道了这事

说："做我家的媳妇

却有外心，不可容留"

于是就予以休弃

她的父母把女儿被休的事

告诉那个出主意的人

注释：

[1]　籁：古代一种管乐器。

[2]　古代妇人无子即可被休弃。

认为这可是个忠诚无私的人

终生与他交好

却始终都不明白

女儿究竟为什么会被休弃

毁灭宗庙，丧失天下

也是一如这般

所以说，知遇本无常

相悦多是偶然

就像人们对于美色

没人不喜欢相貌漂亮

可是自己未必能遇得上

所以嫫母为黄帝所亲厚 [1]

黄帝说："厉女德而弗忘

与女正而弗衰，虽恶奚伤" [2]

就像人们对于滋味

没人不喜欢又甜又脆

可是有了又甜又脆的东西

未必真能受用

周文王爱吃腌制的菖蒲根

孔子听说也去吃

皱眉缩鼻才吃得下去

过了三年，才吃得习惯

有个有大狐臭的人

他的父母、兄弟、妻子、朋友

没有人能忍受与他一起居住

他自己感到很痛苦

独自住在海边

而在海边居住的人中

正有人喜欢他的狐臭

竟然日夜相随而不离开

人对人的喜欢也是这样

陈国有位相貌丑陋的人

叫敦洽雠麋

额尖眉宽，面色黑红

眼睛下垂，接近鼻子

两肘很长，两腿歪向两旁

陈侯见了十分喜欢

外事用他治理国家

内事自己的饮食起居也让他管理

楚国盟会诸侯

陈侯有病，不能前往

就派敦洽雠麋出使，去向楚国致歉

楚王对他的名字感到奇怪

就先接见了他

敦洽雠麋作为贵客进去

相貌丑陋，说话粗野

楚王大怒，召来大夫

说："陈侯不懂得

这个人不可以作为使者

就是不够明智

如果陈侯明知不可，却还派他出使

这就是对我们的轻慢侮辱

既不明智又如此轻慢侮辱我们

不能不予以讨伐"

于是兴师发兵攻打陈国

三个月后灭掉陈国

敦洽雠麋的

丑陋足以骇人，谬言足以丧国

陈侯对他的喜爱就是无以复加

直到亡国都喜爱不衰

那不该受到赏识却大受赏识的

一定会被废弃

本该得遇君主，却没有机会受到赏识重用

就会导致国家混乱，世道衰微

天下的百姓

他们的愁苦劳碌由此而生

大凡举荐人才的根本

最上等的看他的道德志向

其次是看他的能力

再次是看他的功劳业绩

这三种人才，如果不能举荐上来

国家必定残破灭亡

各种灾祸纷纷来沓至

君王自己必定死殃

能活到七十岁、九十岁实属侥幸

像陈侯这样的

本为圣贤之后 [1]，反而祸害人民

以此残害自身

备受伤害的岂止他自己

必　己　一作本知，一作不遇

八曰：

外力不可仗恃，外物不可依凭

所以，才有龙逢被诛

比干遭戮，箕子佯狂

恶来死 [2]，桀纣亡

为人之主无不希望臣下忠诚

然而，忠诚未必能得到君主信任

注释：

[1]　圣贤之后：指的是陈国。陈国
之君为舜之苗裔，所以这样说。

[2]　恶来：纣之谀臣，被武王杀死。

所以，伍员的尸体会顺江浮流 [1]

苌弘被杀 [2]，死后三年

所藏之血化为碧玉

父母无不希望孩子孝顺

可是孝子未必为父母喜爱

所以孝已被后母怀疑 [3]

曾子悲泣不已 [4]

庄子在山中行走

看到一棵树

美而高大，枝叶盛茂

伐树的人停在树旁却不伐取

庄子问他是什么缘故

伐木者说："没有什么可用之处" [5]

庄子说："这棵树因不成材

而得以终其天年"

从山里出来，到了村子

住在老友之家

老友高兴，准备酒肉

让童仆杀鹅备酒款待

童仆请示："一只鹅能叫

一只鹅不能叫，请问杀哪一只"

主人的父亲说："杀那只不能叫的"

第二天，弟子向庄子请教

注释：

[1] 指伍子胥因劝谏吴王拒绝越国求和而被赐死后，吴王用皮口袋装上他的尸体投入江中，使其顺江而浮流。

[2] 苌弘：又称"苌叔"，周敬王的大夫，在晋卿内讧中帮助范氏，后被周人杀死。传说苌弘的血三年化为碧玉。

[3] 孝己：殷王高宗之子，遭后母之难，忧苦而死。

[4] 曾子：曾参，对父母孝顺却常遭父母打骂，几近于死，时常悲泣。

[5] 或即《庄子·人间世》所说的曲辕栎树，"以为舟则沉，以为棺椁则速腐，以为器则速毁，以为门户则液樠，以为柱则蠹"，是一种不材之木，所以能长得甚美长大。

说："昨天的山中之树

因不成材而得以终其天年

主人的鹅却因不成材而死

对于这成材与不成材

先生您将处于哪一方"

庄子笑着说："我庄周

宁愿处于成材与不成材之间

成材与不成材之间

这似是而非的所在

其实也不能免于灾祸

如果把握道德、明了大道就不会这样

无惊无辱

时而为龙，时而为蛇

与时俱化，绝不专为

时而上，时而下

以和同为量，以顺应自然为度

遨游于万物之上、虚无之境

主宰外物而不为外物所主宰

谁还能祸害得了

这就是神农、黄帝所取法的处世准则

至于万物之情，人伦相传之道 [1]

就与此大不相同

有成功就会有毁败

有强大就会有衰微

注释：

[1] 人伦相传之道：即流传下来的
人与人之间的准则。

有锋利就会有缺损

有尊崇就会有亏欠

有直正就会有弯曲

有聚合就会有离散

有宠爱就会有废弃

智谋多就会受算计

不够贤德就被欺悔

这些如何能成为绝对依凭"

牛缺居住在上地 [1]

是位知识渊博的大儒

要下行到邯郸去 [2]

在藕沙一带遇上盗贼 [3]

盗贼要他口袋里的财物，他给了他们

要他的车马，他给了他们

要他的衣服被子，他给了他们

牛缺只能徒步而去

盗贼们相互说道

"这是天下少有的杰出之人

我们现在这样欺辱他

他一定要把我们告到万乘之主那里

万乘之主一定会以倾国之力诛杀我们

我们肯定不能活命

不如索性一起赶上去杀了他

注释:

[1] 牛缺：秦国人。上地：今陕西省绥德县一带。

[2] 下：指从高处到低处。秦地高，邯郸低，所以说"下"。

[3] 藕沙：又称"沙河"，源出太行山，今河北省境内。

灭掉任何踪迹"

于是就一起追赶，追了三十里

追上牛缺后把他杀死

这是因为牛缺让盗贼知道

自己是个贤人的缘故

孟贲坐船渡黄河 [1]

不按次序排队抢着上船

船工生气，用船桨敲他的头

只是因为不知道他是孟贲

船到河的中间，孟贲瞪眼怒视船工

头发竖起，眼眶瞪裂，鬓发直立

船上的人都骚动着躲开，掉到了河里

假使船工知道他是孟贲

连正眼都不敢看

也没有人敢在他之前上船

更无人敢去侮辱

这是因为孟贲没有让船工知道

自己是孟贲的缘故

别人的了解与不了解，都不足为凭

只有和睦谐调才可能免除患难

但也不绝对可靠

这是因为还是有人搞不清

注释:

[1] 孟贲：古代勇士。

到底什么是和睦谐调

所以，即使努力谐调，仍然不免于难

宋桓司马有颗宝珠[1]

他犯了罪出逃在外

王派人问他宝珠在哪里[2]

说："把宝珠扔到了池塘里"

于是弄干池塘来寻找宝珠

宝珠没有找到，池塘中的鱼都死掉

这说明的是祸福相互依存又如影相随

纣在商一朝干尽坏事，祸害充塞天地

再搞和睦谐调又有何益

张毅一向处世恭敬[3]

但凡经过门闾

帐幔垂帘以及众人聚集之处

无不快步走过，以示恭敬

无论见到的是奴隶或差役，姻亲或童仆

没有不客气、不尊敬

目的就是为了保自身平安

但其寿不长，内热相攻而死

单豹喜欢道术[4]

离俗弃尘，不食五谷，不着丝棉

住在山林岩窟之中，以保全自己的生命

未能终其天年，却被老虎吃掉

注释:

[1] 宋桓司马：指桓魋。《左传·哀公十一年》："太叔疾臣向魋纳美珠焉，与之城鉏。宋公求珠，魋不与，由是得罪。"当是传闻不同。

[2] 王：指宋景公。春秋时宋国君未称王，这里可能是误记。

[3] 张毅：鲁国好礼之人。《淮南子·人间训》亦载此事。

[4] 单豹：鲁国隐士，居于山林，不争名利，虽到老年仍有童子之色。后遭饿虎，被吃掉。

孔子出行，休息的时候

马跑了，吃了人家的庄稼

种田人牵走他的马

子贡要求去和种田人讲说道理

子贡把能说的话说完

种田人也不听从

有个来自边远地区的人

刚刚开始侍奉孔子

说："让我去说说吧"

于是，他对那个种田人说

"您耕种的土地广大

从东海一直到西海

我们的马怎么能不吃您的庄稼"

那个种田人听了十分高兴

对他说："话要都这样说就有了道理

哪有像那个人刚才那样说的"

于是解下马交给了他

这样毫无规矩地辩说都行得通

哪还会有什么一定之规可以依凭

君子有自己的行为准则

尊敬别人，但不要求一定被别人尊敬

关爱别人，但不要求一定被别人关爱

尊敬关爱他人，是自己所能为

被别人尊敬关爱，在于别人

君子所依恃的只能是自己

用不着依恃任何其他

坚定地依靠自己，就无所不通

做好你自己

就不会没人赏识你

慎大览第三

慎　大

一曰：

贤明的君主

国土越广大，就越有所惧惮

国力越强盛，就越有所恐忧

凡国土广大的，都是侵削邻国的成果

国力强盛的，都是战胜敌国的结果

战胜敌国，会招致很多怨恨

侵削邻国，会导致很多灾难

怨多恨多，灾多难多

国家虽然强大

哪能不恐惧，哪能不害怕

所以，贤明之主会

于安思危，于达思穷，于得思丧

《周书》[1]上说："若临深渊，若履薄冰"

以此说明，做事要慎而又慎

夏桀无道，暴虐贪婪

注释：

[1]　《周书》：古逸书。

天下到处是惊恐和忧虑

不同的人们各有看法

议论纷纷，满腹怨恨

难以准确把握实情

干辛盛气凌人 [1]，肆意放纵

欺压诸侯，压迫百姓

贤人良士怨恨郁结

夏桀杀死敢于犯颜直谏的龙逢

以此压服诤谏不已的群臣

社会纷乱，人人都有远走的打算

没有谁再敢直言

大家都生活在惶恐之中

大臣忧患同心

不去攀附，有心离叛

夏桀却矜过善非，愈加自以为是

正道被重重阻塞，国家社会分崩离析

汤心存恐惧

为了天下不宁而忧心忡忡

想让伊尹去大夏观察动静

又担心大夏不信任伊尹

于是扬言自己亲自射杀伊尹 [2]

伊尹戴罪逃亡到夏

三年之后，伊尹回到亳 [3]

禀报说："桀为末嬉所迷惑 [4]

注释:

[1] 干辛：桀之谀臣。

[2] 这句意思是，汤为使夏信任伊尹，所以扬言亲自射伊尹，伊尹获罪而出亡。

[3] 亳：古邑名，商汤的都城。在今河南省洛阳市偃师区。

[4] 末嬉：有施氏之女，嫁给桀，很得宠爱。它书或作"妹喜"。

又喜爱琬和琰 [1]，不体恤众民

民众已经不堪忍受

民心积怨，上下相互痛恨

都说：'上天弗恤，夏命其卒'" [2]

汤对伊尹说："你所告诉我的大夏国

与诗中所说完全一样" [3]

汤与伊尹向天立誓

表明坚定灭夏的决心

伊尹再去夏国探视

深得末嬉信任

末嬉说道："昨天夜里天子做梦

梦见西方有个太阳，东方有个太阳

两个太阳互相争斗

西方的太阳胜利，东方的太阳没胜"

伊尹把这话报告了汤

这时正值商遭遇旱灾

汤还是照样发兵出征

以信守与伊尹之盟

为了应验"西方日胜"之梦

特意命令，军队从东方之地亳出发 [4]

绕到桀的国都之西，然后发起进攻

兵未接刃，桀就逃跑

一直追到大沙 [5]

桀身首离散，被天下耻笑

注释：

[1] 琬、琰：桀的宠妾。

[2] 此处引文大意为：上天不佑，夏国将完。

[3] 诗：指有韵之文，即上文"上天弗恤，夏命其卒"所言。

[4] 东方：指汤所用之地亳。亳在夏桀的东方，所以这样称呼。这里的大意是，为了应验"西方日胜"之梦，汤从而从亳发兵到夏桀国都（今河南省洛阳市一带）之西，然后从西方向桀进攻。

[5] 大沙：即南巢，位于当时华夏各族所居地区的南方。应在今安徽省巢湖市西南。

当初不听劝谏，虽然后来后悔

又能怎么样

汤登位作为天子

夏的百姓兴高采烈，仿佛得到慈父

朝中职官不动

农民不离开田亩

商贾仍旧云集商肆

人民安居乐业

拥护殷商如同当年拥护大夏

此之谓至公

此之谓至安

此之谓至信

完全履行与伊尹之盟，不因旱灾而失信

以伊尹为祖，从此世世代代

在商享受祭祀

武王战胜了殷商

进入殷都，未下车舆，就颁布命令

把黄帝的后代封到铸 [1]

把帝尧的后代封到黎 [2]

把帝舜的后代封到陈

下车之后，颁布命令

把夏君大禹的后代封到杞 [3]

立汤之后为宋的国君

注释：

[1] 铸：古国名。《史记》作"祝"。
《礼记·乐记》："封帝尧之
后于祝。"盖传说不同。

[2] 黎：古国名。《史记》作"蓟"。
《礼记·乐记》："封黄帝之
后于蓟。"属传闻不同。

[3] 事见《史记·夏本纪》。杞：
古国名。

以继续奉祀桑林 [1]

此时，武王仍然心存恐惧

叹息，流泪

命周公旦领来殷商遗老

向他们请教殷商灭亡的原因

询问民众喜欢什么，人民希望怎样

殷商的遗老回答说

"人民希望恢复盘庚时代的政治" [2]

武王于是就恢复了盘庚时代的政治

散发巨桥粮仓的米粟 [3]

施舍鹿台钱库的钱财 [4]

向人民宣示自己的无私

释放被拘禁的人，挽救犯罪的人

分发钱财，免除债务赈济贫困

把忠臣比干的坟墓修葺得高高大大

把不肯出山的箕子宫室整修得显赫彰明

在贤人商容的闾里竖起标志 [5]

路过此地的行人要加快脚步

乘车的人要下车致敬

三天之内，参与谋划伐商的被封为诸侯

赏予诸位大夫书社 [6]

普通的士人减免赋税

然后，武王才渡过黄河

西归丰镐，到文王祖庙中报功

注释：

[1] 桑林：汤祈祷之所。

[2] 盘庚：商汤的第九代孙，是商的中兴君主。

[3] 巨桥：粮仓名，纣储粮于此。故址在今河北省曲周县东北。

[4] 鹿台：钱库名，纣藏钱财于此。

[5] 商容：商代贤人，相传被纣废黜。

[6] 书社：古代二十五家为一社，在册籍上书写社人姓名，称为"书社"。这里借指一定数量的土地（包括附于土地的人口）。

于是，马放华山 [1]，牛放桃林 [2]

马牛不必驾车服役

把战鼓、军旗、铠甲、兵器涂上牲血

藏进府库，终身不再使用

这就是武王的仁德

所以，周天子理政的明堂大门从不关闭

这是向天下人表明没有私藏

只有没有私藏

才能保持最完美的品德

武王战胜殷商

抓到两个俘虏，问他们说

"你们国家是否有怪异的事情"

一个俘虏回答说

"我们国家有怪异的事情

白天出现星星，天上降下血雨

这就是我们国家的怪异之事"

另一个俘虏回答说

"这当然很是怪异，虽说如此

还算不上多大的怪异

我们国家特大的怪异是

儿子不听从父亲

弟弟不服从兄长

君主的命令无法实行

注释：

[1] 华山：阳华山，今陕西省商洛市西南。

[2] 桃林：古地域名，其地约相当于今天河南省灵宝市以西、陕西省潼关县以东地区。

这才算是怪异之中最大的事情"

武王听了急忙离开座席，向他再拜行礼

这倒不是俘虏多么尊贵

而是他的言论可贵

所以，《周易》上说

"愬愬履虎尾，终吉"[1]

赵襄子派人攻打翟国[2]

攻下老人、中人两座城[3]

前方派使者回来报告

正在吃抟饭[4]的襄子，面露忧色

身边的人说："一朝而两城下

这是人应该高兴的事啊

今君有忧色，为什么"

襄子说："长江、黄河涨水，不过三天

疾风暴雨，也就那么一小会儿

现在，我们赵氏的德行

并没有特别丰厚的蓄积

一朝而攻下两座城

灭亡恐怕是要让我赶上"

孔子听了这个

说："赵氏大概是要昌盛了"

有所忧患，才能创造昌盛

注释：

[1] 愬愬：恐惧的样子。引文大意为：一举一动，战战兢兢，如踩虎尾，终必吉祥。引用这两句，是告诫君主行事应小心谨慎。今本《周易·履》作"履虎尾愬愬，终吉"。

[2] 翟：国名。

[3] 老：当作"左人"（依毕沅说）。左人、中人：都邑名。

[4] 抟饭：弄成团的饭。

只知喜乐，就会导致灭亡

取得胜利并不困难

保持胜利才是难中之难

贤明之主拥有忧患意识

保住胜利果实

所以他的福分能传及子孙后代

齐、楚、吴、越都曾胜利

又最终自取灭亡

因为不懂得如何保持胜利

只有有道之主才能保持胜利

孔子坚强有力

能举起国都城门的门闩

却不肯以力大闻名天下

墨子长于攻守，折服过公输般

却不愿让人知道他善于用兵

善于保持胜利的人

总有办法由弱而强

权 勋

二曰：

利不可两得，忠不可兼备

不去小利，就拿不到大利

不弃小忠，就得不到大忠

小利是大利的祸害

小忠是大忠的敌人

圣人最懂得去小取大

从前，荆龚王与晋厉公在鄢陵作战 [1]

荆军失败，龚王受伤

临战斗开始之际

司马子反口渴要水喝 [2]

童仆阳谷捧着黍子酒送上 [3]

子反喝斥道："訾！退下！这是酒"

童仆阳谷回答说，"这不是酒"

子反说："赶快拿下去"

童仆阳谷又说："这不是酒"

子反接过来喝了

注释：

[1] 荆龚王：即楚共王，楚庄王之子，公元前 590 年—前 560 年在位。晋厉公：晋景公之子，公元前 580 年—前 573 年在位。鄢陵：地名，在今河南省鄢陵县西北。

[2] 司马：官名，掌管军政。子反：楚公子侧之子。司马子反是这次战斗的楚军主帅。

[3] 阳谷：人名。他书或作"谷阳"。

子反平时就嗜酒

酒味甘美竟喝起来不能住口

因此醉了

战斗结束之后

龚王想为了再战而商量对策

派人召见司马子反

子反借口心痛没去

龚王乘驾去看望他

一进帐就闻到酒味

龚王只好回去

说："今日之战，我也受伤

所依仗的只有司马

可是司马竟然这样

这是忘记了荆国的社稷江山

毫不体恤我们大家

我不会与晋人再战"

于是收兵离去

斩司马子反并陈尸示众

童仆阳谷战场进酒

并不是要把子反灌醉

他心里认为这是忠于子反

这个忠心正好杀了子反

所以说：小忠是大忠之敌

从前，晋献公派荀息向虞国借路 [1]

以便攻打虢国 [2]

荀息说："请拿出垂棘之璧

和屈地的四匹骏马 [3]

送给虞公作为贿赂

向他要求借路，一定可以得允"

献公说："那垂棘之璧是我先君的宝贝

屈地的四匹骏马是我自己的骏马

如果虞国接受我们的礼物

又不让给我们借路，可怎么好"

荀息说："不会这样

如果不让我们借路

就一定不会接受我们的礼物

如果接受了礼物，借给我们道路

这就如同我们把东西

从内府拿出又收藏到外府

把骏马从宫内的马槽牵出

放到宫外的马槽

君哪有什么可以忧虑"

献公答应荀息

把屈地的四匹骏马作为庭实 [4]

加上垂棘之璧

向虞国借路攻伐虢国

虞公贪图宝玉和骏马，准备答应

注释：

[1] 晋献公：晋武公之子，公元前676年—前651年在位。荀息：晋大夫。虞国：姬姓，在今山西省平陆县北。

[2] 虢国：又名北虢，姬姓，在今山西省平陆县。

[3] 垂棘之璧：垂棘出产的美玉。垂棘，地名，产美玉。璧，圆形中间有孔的玉器。屈：晋地名，出骏马。

[4] 庭实：诸侯间相互聘问，把礼物陈于中庭，叫庭实。

宫之奇 [1] 劝谏说："绝不可以

虞国之与虢国，一如齿床与颊骨

齿床依于颊骨，颊骨依于齿床

虞国和虢国的形势就是这样

先人曾说：'唇竭而齿寒'

那虢国没有灭亡，就是仗恃着虞国

虞国没有灭亡，也是仗恃着虢国

如果借路给晋国

那就会是虢国早晨灭亡

虞国晚上随着一起灭亡

哪里还能给晋国借路"

虞公不听劝谏，借路给晋国

荀息攻打虢国，战而胜之

还返路上又攻打虞国，战而胜之

荀息捧着玉璧、牵着骏马回来禀报

献公高兴地说："玉璧还是这样子

只是马齿稍长"

所以说：小利是大利之祸

中山国内有个凡繇国 [2]

智伯想攻打它却无路可通

就给它铸造了一个大钟

放在并排着的两辆车上送去

厹繇国的君主特地削平水边的高地

注释：

[2]　宫之奇：虞国大夫。

[1]　凡繇：春秋时国名，在今山西
省盂县一带。他书或作"仇
酋""厹由""仇犹"等。

填平沟谷以迎接这个大钟

赤章蔓枝 [1] 劝谏说

"诗中说：'唯则定国' [2]

我们凭什么

会从智伯那里得到这个东西 [3]

那位智伯，为人贪婪而没有信用

一定是想攻打我们而没有道路

所以铸造了大钟

用两辆车并排装载着来送给您

您还削平水边高地

填平沟谷，来迎接大钟

智伯的军队一定随之而来"

卂繇国的君主并不听从

过了一会儿，赤章蔓枝再次劝谏

卂繇的君主说："大国交好，你却拒绝

这不吉祥，你住嘴吧"

赤章蔓枝说

"当臣子的不忠贞，这是罪过

忠贞而不被信用

脱身远去总是可以"

于是，断毂而去 [4]

赤章蔓枝到了卫国七天之后

卂繇国灭亡

卂繇国的君主那么渴望得到那口钟

注释：

[1] 赤章蔓枝：卂繇国大臣。

[2] 此处为古逸诗。则：法，法则。

[3] 智伯：指智襄子，晋大夫。

[4] 断毂：砍掉车轴两头长出的部分。毂，车轮中心圆木，中间有孔用来穿轴。这里指车轴的两端。断毂而行是因为山路狭窄。

希望得到大钟的心情那么强烈

从而阻塞了卨繇国得保平安的主张

由此看来，凡是听到

劝说自己行为过分的意见，就不可不慎重

所以，私欲不可太盛

昌国君率领五国军队攻打齐国 [1]

齐国派触子为将 [2]

在济水边迎击诸侯之军

齐王希望开战，就派人到触子那里

羞辱并且斥责他

说："不开战，我就灭掉你们这些家伙

挖掉你的祖坟"

触子痛苦不堪，只想让齐军战败

于是跟诸侯军队开战

刚一交战，触子就鸣金撤退

齐军败逃，诸侯军乘机追击

触子于是乘一辆兵车离开

没有人知道他去了哪里

也再没有听说过他

达子又率领余兵驻扎在秦周 [3]

但没有东西赏赐士卒以鼓舞士气

就派人向齐王请求赏金

齐王发怒说："你等残存小子

注释：

[1] 昌国君：燕昭王亚卿乐毅，因
功封于昌国，号昌国君。五国：
指秦、楚、韩、赵、魏。

[2] 触子：齐国的将领。他书或作
"蜀子""向子"。

[3] 达子：齐国人。秦周：齐地名。

哪能把金子给了你们"

齐军与燕军交战，被打得大败

达子战死，齐王逃到莒国

燕国人追赶败逃的齐兵

进入齐国都城

在美唐[1]为了金子你争我抢

齐王这就是贪图小利而失去了大利

下　贤

三曰：

有道之士，从来就傲视君主

君主中的不肖之人

也瞧不起有道之士

他们天天这样互相傲视

哪还有机会相得相投

一如儒墨两家互相非议

齐荆两国彼此不服

贤明的君主就不是这样

士即使傲视自己

注释:

[1]　美唐：齐国藏金的地方。

自己越发以礼相待

这样一来，士贤哪能不去归附

士归附，天下从之

天下归服，帝业可成

所谓帝，就是天下归服

所谓王，就是天下趋附

深明大道的人

贵为天子而不傲视天下

富有天下而不放纵自大

地位卑微为布衣百姓

不会失意屈辱

贫穷困窘到无衣无食

不会恐惧忧愁

至诚至真啊

他们实实在在地大道在握

大彻大悟啊

他们当然是不疑不惑

卓尔不群啊

他们从不会变来变去

顺应天道啊

他们与天地阴阳俱化

如此清晰明确啊他们意志坚定牢固

如此诚实真挚啊他们毫无做作虚伪

如此宏阔高远啊他们志向远大

如此玄妙幽深啊他们思想深不可测

如此刚强坚毅啊他们节操高尚不卑不亢

如此谨慎谦逊啊他们从不自以为是

如此光明坦荡啊他们耻于阴谋算计

如此豁达辽阔啊他们淡泊于世间诽谤与赞誉

以天为法，以德为行，以道为宗

随万物变化而无穷无尽

精神充满天地而不竭

思想覆盖宇宙而无边

莫知其始，莫知其终

莫知其端，莫知其源

道大无所不包

道微微小至极

堪称珍贵无比

士但凡有这样的境界

五帝未必和他交得上朋友

三王难得以他为师

只有丢得开帝王的尊贵

大概才有机会接近

尧会见善绻的时候 [1]

不会摆出帝王的架势

而是恭敬地面北请教

注释：

[1] 善绻：尧时的有道之士。

尧，是天子

善绻，是平民

尧对他何故如此过分礼遇

善绻，是得道之人

对待得道之人，不可傲骄

说起德行智谋

尧认为自己样样不如善绻

所以要恭敬地面北向他请教

堪称公正至极

没有无比公正的态度

就谈不上对贤士的礼遇

周公旦，文王之子

武王之弟，成王之叔

拜访过住在穷巷中的七十个人

他们的家贫困简陋

遮蔽窗户的就是个破瓮

文王最早想去造访而没有实现

武王去过但没有做完

周公旦带领少主一一拜访

这不正好表明

成王躬身力行礼贤下士

齐桓公造访小臣稷 [1]

注释：

[1] 小臣稷：春秋时齐国隐士，复姓小臣，名稷。

一日之内去了三次都没见到

随从说："万乘之主

访见一个布衣百姓

一日之内去了三次都没见到

似乎可以就此打住"

桓公说："那可不行

傲视俸禄爵位的士人

本来就会轻视他的君主

轻视王霸之业的君主

也轻视士人

纵使夫子轻视俸禄爵位

我哪敢轻视王霸之业"

随从没能阻止住

桓公终于见到小臣稷

世人对桓公的私生活多有指责

桓公虽然私下不检

但足够成就霸业

若真能力行他自己的那些说法

同时又注意内在修行

其功业恐怕称王都不止

子产在郑国为相 [1]

去见壶丘子林 [2]

跟他的学生们坐在一起

注释：

[1]　子产：郑国相公孙侨，字子产。

[2]　壶丘子林：郑国的高士，复姓
　　壶丘，名子林。

还一定要按年龄长幼就座

这是把相的尊贵放在门外

而不凭此居于上座

身居万乘之国的相位

能丢掉相的架子

真心实意地与人探讨求索

谋知人之志，论辩人之行

也只有子产能够如此

做了郑国十八年的相 [1]

处罚三人，处死两人

结满果实的桃李长在路边

也没有谁去采摘

锥刀丢在道上

也没有谁去拾取

魏文侯去见段干木 [2]

站得疲倦却不敢休息

回来以后见到翟黄 [3]

箕踞于堂 [4]，极不恭敬地与翟黄谈话

翟黄很不高兴

文侯说："段干木

请他做官他不肯

给他俸禄他不要

现在你想当官，就身居相位

注释：

[1] 《左传》谓子产相郑二十二年，《史记·循吏列传》作二十六年。

[2] 魏文侯：战国时，魏国始立之侯，公元前 446 年—前 396 年在位。段干木：战国时魏国隐士。

[3] 翟黄：魏文侯的上卿。

[4] 踞：非正规的"坐"（古人坐时两膝着地，臀部靠在脚后跟上），坐时，臀部和两足底着地，状似簸箕，故又称"箕踞"。这是一种不恭敬的姿势。

想得俸禄，就有上卿的俸禄

既接受我给你的官职俸禄

还要求我以礼相待

岂不是强人所难"

所以，贤明之主待人

不肯接受官职俸禄的就以礼相待

礼贤下士，莫过于节制己欲

欲望得到节制，就会令行禁止

魏文侯可谓善于礼贤下士

正因为他善于礼贤下士

所以，向南进攻

可以在连堤战胜楚军[1]

向东进攻

可以在长城战胜齐国[2]

俘虏齐侯

把他献给周天子

周天子奖赏文侯

名字得以上闻于天子

注释：

[1]　连堤：楚地名。

[2]　这里的长城是指齐国境内的长城。

报　更

四曰：

再小的国家

它的粮食足以供养天下的贤士

它的车辆足以乘载天下的贤士

它的钱财足以礼遇天下的贤士

与天下的贤士相遇相知

文王才得以成就王业

现在，我们虽然尚未称王

以此来安定国家

还是容易做到

能够与贤士为伍

赵宣孟得免于难 [1]

周昭文君得以位居荣尊 [2]

孟尝君得以大退荆军 [3]

古来建功至伟者

安邦立国自身免灾者

他们都别无他途

必定是由此而来

注释：

[1] 赵宣孟：即赵宣子赵盾，春秋时晋国正卿。

[2] 周昭文君：战国东周国国君。

[3] 孟尝君：战国时齐国公子田文，封于薛，封号为孟尝君。

乐爱贤士

而不以傲骄屈致

从前，赵宣孟去高地上的绛 [1]

路上看见一棵盘曲的桑树下

有一个因饥饿而病倒不起的人

宣孟叫住车，让人准备食物

把食物弄干净给这个人吃

他咽下两口后才睁开眼睛

宣孟问他："你为什么会饿成这样"

他回答说："我在绛给人做仆隶

回家的路上断粮

羞于乞讨又不愿私自拿取别人的东西

所以才饿到这个地步"

宣孟给了他一块干肉

他拜而接受却不吃，问他为什么

他说："我家有老母

想把这些干肉送给她"

宣孟说："这个都吃了

我另外再给你"

于是又赠给他两捆干肉和一百枚钱

这才离开

过了两年，晋灵公想杀死宣孟

在房中埋伏兵士，就等宣孟来了动手

注释:

[1] 绛：即故绛，晋国当时的都城，在今山西省翼城县东南。

先请宣孟喝酒，宣孟察知灵公的意图

酒局一半的时候就往外走

灵公命令房中的士兵赶快出去追杀

有一个追得最快的人

先追到赵宣孟跟前

背向着宣孟说："嘻！您上车快走

我愿为您回去拼命"

宣孟说："你叫什么名字"

那人恭敬地退开几步

说："名字能有什么用处

我就是盘曲桑树下那个饥饿的人"

然后，他返身回去

与灵公的追兵搏斗至死

宣孟于是得以活命

这就是《书》上所说的"德几无小"[1]

宣孟仅施恩德于一人

就能保证自身活命

何况若能施恩德于万人

所以，《诗》上说

"赳赳武夫，公侯干城"[2]

"济济多士，文王以宁"[3]

为人之主

怎么可以不以爱惜贤士为务

贤士难遇难知

注释:

[1] 德几无小：大意是，恩德再微也无所谓小。此句当是逸《书》文。

[2] 引诗大意为：雄赳赳的武士，公侯的护卫屏障。此句见于《诗·周南·兔罝》。

[3] 意为：人才济济，文王得以安康。此句见于《诗·大雅·文王》。

只有四方寻找才有可能

只要四处寻找

就不会找不着

张仪，魏国大夫的庶子

将要西行游说秦国

正好路过东周

宾客中有人告诉昭文君

"魏国人张仪是个有才贤士

将要西去游说秦国

请您对他以礼相待"

昭文君会见了张仪并对他说

"听说贵客要去秦国

寡人的国家小

固然不足以留住贵客

但您去游说秦国

难道一定就会受到赏识

贵客倘或无所知遇

请看寡人的面子再回来

国家虽小，愿与您共享"

张仪返身而走，向北拜了两拜

张仪临行，昭文君送行并资助钱财

张仪到了秦国

待了一段时间后

惠王很喜欢他并让他为相

张仪感激昭文君

胜过感激天下任何人

周，不过是千乘小国

张仪却待它比万乘大国还重

让秦惠王以昭文君为师

秦国在逢泽盟会诸侯 [1]

魏王给昭文君驾车

韩王给昭文君当车右

昭文君之名至今不忘

都得益于张仪之力

孟尝君以前在薛地时，荆国人攻打薛

淳于髡作为齐使到楚国 [2]

返回的时候经过薛

孟尝君让人以礼相待

并亲自送到郊外

对他说："荆国人攻打薛

先生要是不帮着想想办法

我就再也侍奉不了您"

淳于髡说："谨遵指示"

到了齐国，禀报完毕

齐王说："去过荆国有何见解"

淳于髡回答说："荆国贪婪

注释:

[1] 逢泽：泽薮名，故址在今河南
省开封市东南。

[2] 淳于髡：齐国大夫，有博学之
名。

薛也不自量力"

齐王说:"什么意思"

淳于髡回答说:"薛不自量力

给先王立了宗庙

荆国贪婪而攻打薛,薛的宗庙必然危险

所以说薛不自量力,荆国也过于贪婪"

齐王勃然变色

说:"嘻!先王的宗庙在那里"

于是立即发兵去救薛,薛因此得以保全

有人匍匐请求,跪拜诉说

即使能有所得也是所得甚少

所以,善说之人

铺陈形势,讲述主张

说起别人的危急

就像自己处于危难之中

这样,哪里用得着勉强

勉强劝说就有些浅薄低下

劝说,而不被听从

责任并不仅在于被劝的人

问题也在于劝说者自己

顺　说

五曰：

善于言说的人

仿佛那种灵活机巧之人

借他人之力来加强自己的力量

顺着他人的来势与之俱来

顺着他人的去势顺势而行

不露丝毫形迹

与之共生，与之共长

一如声音与回声

随之兴盛，随之衰微

因势利导，达成目标

他人的势力再大，能力再强

也都能把握他人的命运

正如顺风而呼

声音不大远处仍能听到

登高而望

眼睛并未更亮却可望远

这都是因为所凭借的东西有利

惠盎谒见宋康王 [1]

康王边跺脚边咳嗽

大声说："我喜欢勇武有力的人

不喜欢推行仁义的人

贵客对寡人将有何见教"

惠盎回答说："臣这里有一种道术

使人虽然勇武，却刺不进您的身体

虽然有力，却击不中您

大王对这种道术难道不感兴趣"

康王说："好！寡人想听听这个"

惠盎说："虽然刺不进、击不中

但这对您还是有所不敬

臣这里有这样一种道法

可以使人虽勇武却不敢行刺

虽然有力却不敢出击

大王对这种道法难道不感兴趣"

康王说："好！寡人想知道这个"

惠盎说："不行刺，不袭击

并不意味着他们缺乏意志

臣这里有这样一种方法

可以使人根本就没有这样的想法

大王对这种方法难道不感兴趣"

康王说："好！这正是寡人所希望的"

注释：

[1] 惠盎：战国时期宋国人。宋康
王：名偃，即宋君偃，公元前
328 年—前 286 年在位，为齐
所灭。

惠盎说："那些人虽然没有这样的想法

却也没有对您爱戴有利的意愿

我这里有这样的大道

可以使天下的男人女人

都高高兴兴地爱戴您襄助您

这要胜于勇武有力

远远高于那四种有害行为之上

大王对这种大道难道不感兴趣"

康王说："这正是寡人想要得到的"

惠盎回答说："这就是孔、墨之道

孔丘、墨翟，他们没有君主的领土

却得到君主一样的尊荣

他们没有官职

却可以作为天下人的师长

天下的男人女人

无不引颈举踵期盼他们

希望他们平安顺利

大王如今，已是万乘之主

如果真的有这样的志向

那么境内四方百姓就都能得益于您

您的贤能更会远远超过孔、墨"

宋王无言以对，惠盎快步而出

宋王对身边左右的人

"能言善辩啊！这位客人说服了寡人"

宋王本是个平庸的君主

他的心居然可以被说服

这是因为惠盎善于因势利导

善于因势利导

贫贱者可以胜过富贵者

弱小者可以制服强大者

田赞身着破衣旧服去见楚王 [1]

楚王说："先生的衣服怎么这么破烂"

田赞回答说："还有比这更烂的衣服"

楚王说："可说来让我听听"

田赞答说："铠甲就比这更糟"

楚王说："这是什么意思"

田赞回答说："冬天穿上冷，夏天穿上热

就没有比铠甲更糟的衣服

我田赞很穷，所以穿的都是破衣服

现在大王您，是万乘之主，富贵无比

却偏好让老百姓身披甲胄

臣下可不赞成这样

抑或这是为了推行仁义

甲胄之事，事关战争

砍断脖颈，剖挖肚腹

摧毁城郭，杀人父子

这样的名声又很不荣耀

注释：

[1] 田赞：齐国人。

或许这是为了争得实利

如果存心阴谋害人

别人也定会存心阴谋害你

如果筹谋置人于危险

别人也定会筹谋置你于危险

这样实际上人人都不安全

对于这两种情况

臣以为大王您都不要择取"

荆王无话以应

自己的建议虽然没有得以推行

田赞仍可谓颇能宣扬自己主张

至于像段干木那样隐居不仕

而能保魏国平安

那田赞还没到这种地步

管仲在鲁国被逮捕

鲁国捆起他装入囚笼

派差役用车载着送到齐国

差役们都一边拉车一边唱歌

管仲担心鲁国会转念

留下并杀死自己

只想尽快赶到齐国

于是，就对差役们说

"我为你们唱歌，你们应和我"

他所唱的节拍正好适合快走

差役们也就不觉疲倦

因而路上走得很快

管仲真可谓善于因势利导

差役们得其所欲

管仲也达到了目的

这等谋略

用于万乘之国

成就霸业尚且不止

只不过正好遇到齐桓公

难以辅佐他成就王业而已

不　广

六曰：

智者做事一定顺应时势

时机不一定总有

但人的努力绝不可废弃

得到时机，或时机未到

都要以己所能承托所不能

就像船与车相互承续补充

北方有一种野兽，名叫蹶[1]

前腿像老鼠的一样短

后腿像兔子的一样长

走快就绊脚，一跑就跌倒

它常常为蛩蛩距虚[2]采摘甘草

蹶有危险的时候

蛩蛩距虚一定背着蹶逃走

这就是用自己能够做到的

来弥补自己不能做到的

鲍叔、管仲、召忽[3]

三个人彼此相好

想一齐用心安定齐国

又都一致认为

公子纠一定能立为齐国之君

召忽说："对于齐国来说

我们三个人就如同鼎之三足

少了一个也不成

况且公子小白是肯定不会继位

不如我们三人共佐公子纠"

管仲说："不可以

齐国人对公子纠之母相当憎恶

甚至累及公子纠

公子小白没有了母亲

注释:

[1] 蹶：通"蟨"。兽名。

[2] 蛩蛩距虚：古代传说中的兽
名，前足高，善走而不善求食。
与蹶互相依赖生存。也有说，
蛩蛩距虚，为二兽名。

[3] 鲍叔：即鲍叔牙，春秋时齐国
大夫，以善知人著称。管仲：
名夷吾，字仲，由鲍叔牙举荐，
为齐桓公相。召忽：周召公之
后，仕于齐，遭齐之乱，与管
仲傅公子纠奔鲁，后公子纠被
杀，召忽殉难。

齐国人反而对他十分同情

事未可知。不如有一个人侍奉公子小白

反正将来享有齐国的人

一定出自这两位公子之中"

于是，让鲍叔做公子小白的老师

管仲、召忽留在公子纠那里

公子纠人在外边

还不能说一定会成为齐国之君

如此这般安排，管仲的考虑几近完备

如果这样安排还不全面

那也是天意难成

人事上的努力已是用尽

齐国攻打廪丘 [1]

赵国派出孔青率领誓死的勇士去援救

跟齐国人作战，把齐国人打得大败

打死齐国将军，俘获战车两千辆

敌人尸体就有三万具

收集这些敌尸，封土而成两个高丘

宁越 [2] 对孔青说："太可惜了

不如归还敌人尸体

这样可以从齐国内部予以攻击

我听说，古代善战之人

该坚守就坚守，当进退就进退

注释：

[1] 廪丘：原为齐邑，后来"齐乌余以廪丘奔晋"，三家分晋后属赵。在今河南省范县一带。

[2] 宁越：赵国中牟人，曾为周威公师。

我军可以后退三十里

给敌军以收纳尸体的机会

战车铠甲尽失于战争

府库里的钱财用尽于安葬

这就叫作从内部攻击它"

孔青说："如果敌国齐人不来收尸

那该怎么办"

宁越说："战而不胜

这是他们的第一状罪

率军出征而不能带军归来

这是他们的第二状罪

给他们尸体却不收纳

这是他们的第三状罪

因这三项，齐人必然对位居上位者怨恨

居上者无法再驱使下民

下民不再听事居上者

这就叫作对它的双重攻击"

宁越可谓深谙文武之道的运用

用武就凭武力取胜

用文就凭仁德取胜

文武尽胜

什么样的敌人能不归服

晋文公计划盟会诸侯

咎犯说:"不可以

天下人还没有认识到

君的主张合乎道义"

文公说:"那该怎么做"

咎犯说:"天子躲避叔带之难 [1]

出奔到郑国

您何不把天子护送回国

以此宣示正义,借此树立声誉"

文公说:"我真能做到吗"

咎犯说:"事若能成

那么,继承文侯的事业

稳固武公的功绩 [2]

开拓土地,安定边疆

全在此一举

事若不成

弥补周王室的过失

心忧天子之难

成就教化,垂名青史

在此一举可得

君不要犹豫"

文公听从这个建议

于是就跟草中的戎人、骊土的翟人一起 [3]

把周天子安置在成周 [4]

天子将南阳之地赐给他 [5]

注释:

[1]　叔带之难:周襄王同母弟叔带在周作乱,襄王出奔郑,这在历史上称为叔带之难。

[2]　文侯:指晋文侯,曾辅佐周平王东迁。武公:指曲沃武公,公子重耳的祖父,灭晋侯湣,统一晋国。

[3]　戎、翟:古代部族名。草中、骊土:二邑名,在晋东(依韦昭《国语》注)。

[4]　成周:即洛邑,今河南省洛阳市一带。

[5]　南阳:古地域名,相当于现在河南省济源市至获嘉县一带。

文公得以称霸诸侯

治理国事符合道义又利于百姓

因而立了大功

文公可谓明智

这都是咎犯的谋略

文公出亡十七年

回晋国四年就能称霸诸侯

他所听信的，应该都是咎犯那样的人

管子、鲍叔辅佐齐桓公治理国事

齐国东方边境地区

有人经常向上反映百姓疾苦

管子死了，竖刀、易牙掌权 [1]

国中的人经常上报假相

而不敢反映困苦的实情

管子终于成为齐国的杰出人物 [2]

他的恩德泽及子孙后人

因为，他懂得大礼 [3]

只要懂得大礼

即使不懂国事

也是可以

注释:

[1] 竖刀、易牙：齐桓公臣，管仲死后专权，桓公死后作乱。

[2] 此句以下原文也不甚明了，似当指管仲而言。

[3] 大礼：意为世间最大的道理。

贵　因

七曰：

三代最宝贵的经验 [1]

莫过于懂得依凭与顺应

把握时势事态

因势利导，顺势而为

就可以所向无敌

禹疏通三江五湖

凿伊阙 [2]，通沟道

让水流入东海

就是顺应水的势力

舜得到人民的归附

为人民所拥戴

迁移一次就形成城邑

迁移两次就形成都城

迁移三次就形成国家

所以，尧将帝王之位禅让给他

正是对民心的顺应

汤、武凭着千乘之国制服夏、商

注释：

[1]　三代：一般指夏、商、周。

[2]　伊阙：山名，又名"塞阙山""龙
　　　门山"。因两山相对如阙，伊
　　　水流经其间，故名"伊阙"。

正是对民愿的顺应

到秦国去的人

站着就能到达，是因为有车

到越国去的人

坐着就能到达，是因为有船

到秦国、越国去，路途遥远

安静地或站或坐就能到达

依凭的是车船等交通工具

周武王派人刺探殷商的情况

那人回到岐周禀报："殷商乱了"

武王说："乱到什么地步"

回答："谗慝邪恶胜于良善忠诚"

武王说："尚未达到极点"

再探，回来禀报："混乱加重"

武王说："达到什么地步"

回答："贤德之人出逃"

武王说："尚未达到极点"

又探，回来禀报："乱得厉害"

武王说："乱到什么地步"

回答："百姓再不敢怨恨责备"

武王说："嘻"

赶快告诉太公望

太公望回答说

"谗慝邪恶胜过良善忠诚，叫作暴乱

贤德之人出逃，叫作崩溃

百姓不敢怨恨责备，叫作刑法过苛

社会已经混乱至极

无以复加，难以驾驭"

于是精心挑选战车三百，勇士三千

以甲子日为期

兵至牧野，纣王被擒

其实，武王本来就知道

纣王已经无法与自己为敌

善于利用对方的不足

哪里还会有什么对手

武王经过鲔水 [1]

殷派胶鬲打探周国军情 [2]

武王会见了他

胶鬲说："西伯将要去哪里 [3]

请不要欺骗我"

武王说："不骗你，我要到殷去"

胶鬲说："哪天到"

武王说："将在甲子日到达殷都郊外

你可以拿这话去禀报"

胶鬲走了

天下起雨来，日夜不停

注释：

[1] 鲔水：水名，今河南省巩义市北。武王伐纣时经过此处。

[2] 胶鬲：原隐居为商，后经文王推举而为纣臣。

[3] 西伯：本指周文王，这里的"西伯"指周武王。

武王仍下令加速行军，不许停止前进

军师们都来劝谏

说："士兵疲惫，请休息一下"

武王说："我已经让胶鬲

把甲子日到达殷都郊外

禀报给他的君主

如果甲子日不能到达

就是让胶鬲失去信用

胶鬲失去信用

他的君主一定会杀死他

我加速行军，是为了救胶鬲一命"

武王果然在甲子日到达了殷都郊外

殷军已经先摆好阵势

武王一到，就开始交战

把殷商打得大败

这就是武王的仁义

武王所为，人人皆愿

纣王所为，人人厌恶

事先摆好阵势又有什么用处

正好让武王不战而胜 [1]

武王进入殷都

听说有德高望重的人

武王就赶去会见

注释：

[1] 按《史记·周本纪》："纣师虽众，皆无战之心，心欲武王亟入，纣师皆倒兵以战，以开武王。武王驰之，纣兵皆崩，畔纣。"

询问殷商灭亡的原因

殷商德高望重的人答道

"王如果想要知道

就请定于明天日中之时相约"

武王和周公旦第二天提前如约而到

却没有见到那个人

武王感到奇怪

周公说："我已经明白他的意思

这人是个君子

他本就采取的是

不亲近自己君主的态度

现在又要把自己君主的不足告诉王

他不忍心做这样的事情

至于他不履约而来

正好说明的是

言而无信就是殷灭亡之因

他用这种方式

已经把殷商灭亡的原因告诉给王"

那些观测天象的人

观察众星运行就能了知四季

是因为有所依凭

推算历法的人

观看月亮运行就能了知晦朔

是因为有所依凭

禹到了裸国 [1]

也是裸体进去，出来后再穿上衣服

这是为了顺应那里的习俗

墨子见楚王

衣着华丽而吹笙

是为了迎合楚王所好

孔子通过弥子瑕去见釐夫人 [2]

是为了借此宣扬自己的主张

汤、武王遭遇乱世

面对苦难人民

发扬道义，成就功业

是因为顺应民心民意

所以，懂得依凭与顺应

就会功业有成

仅靠个人拙力就会失败

善于因势利导、顺势而为者

必然所向无敌

在这样的人面前

再大的国土，再多的民众

又有什么用

注释:

[1] 裸国：指不知道穿衣服的部族。

[2] 弥子瑕：卫灵公的宠臣。釐夫人：当指卫灵公夫人南子。

察 今

八曰：

君上为什么不能效法先王的法度

并不是先王的法度不够好

而是因为不可能被效法

先王的法度，历经前世流传而来

有人增补，有人删削

怎么可能再被效法

即使没有人进行过增补、删削

还是不可能被效法

东夷与华夏 [1]，对事物各有名称

古代和现代的法令

表述各异，典制不同

古代概念与当代言辞多不相通

今法与古法多不相合

正如习俗不同的人在一起

不合不通与此类似

就是有着同样的想法

他们的所作所为也各不相同

注释：

[1] 东夷：指东方少数民族。华夏：指中原各国。

各地方言本就各有差别又难以改变

就像船车衣帽美味音乐色彩各不一样

人们却总是自以为是，反来互相责难

天下学者偏好辩论

言辞锋利，却是非颠倒，不求符合实际

只是致力于互相诋毁

以彼此争胜为能事

置身于此，先王之法

怎么可能被效法

即使有了可能

还是不可以效法

凡是先王的法度

必与其时代要求相符

时代从不会与法度一并流传

法度虽然流传至今

但仍然是不可以效法

所以，对先王的成法要有选有弃

根本上是效法其制定法度的原则和方法

先王制定法度，到底依何为据

先王制定法度的依据，是人

而制定法度的先王自己，也是人

所以，考察自己就可以了解别人

考察当下就可以知晓古代

古今一脉，人我相同

有道之人

贵在由近知远，以今知古

以所见推知所不见

所以，观察堂屋下的日影

可知日月运行，阴阳变化

看到瓶里的水结冰

可知天下之寒，鱼鳖潜藏

品尝一块肉

可知一锅之味，一鼎之调

荆国人准备攻打宋国

事先派人在澭水中设置渡河标志 [1]

澭水突然暴涨

荆国人还不知道

仍然按照标志夜里渡河

淹死一千多人

军队惊乱得就像城里房屋倒塌

当初他们事先设置标志的时候

本是可以顺着标志渡过去

现在河水已经发生变化上涨许多

荆国人还按照原来的标志渡河

这就是他们失败的原因

当代的君主如果效法先王法度就有似于此

注释：

[1] 澭水：古水名，当在今河南省
境内。其故道为黄河淤塞，已
无遗迹可寻。

当今时代与先王之法的时代迥异

却还说，这是先王之法，务必效法

以此来治理国政

岂不可悲

治理国家，无法则乱

守法而不知变法，则更是荒谬

不可以荒谬混乱来把持国政

社会变化，时代发展，变法正当其时

正如高明的医生

病万变，药也随之万变

如果病变而药不变

本来可以长寿的人

现在只好短命早亡

所以，但凡治理国家

一定要依法而行

变法的人更要随着时代而变化

懂得这个道理，就不会犯什么错误

那些对国法不敢评议的，是普通百姓

那些死守法度的，是各级官吏

能顺应时代实施变法的

才是贤明君主

因此，享有天下的古代七十一位圣贤君主

他们的法度都有不同

并非他们刻意要彼此反对

而是因为各自所处的时代和形势不同

所以说，对于好剑的期待

是能砍断东西

但不一定要有镆铘那样的美名 [1]

对于好马的期许

是能远行千里

但不一定要有骥骜那样的美称 [2]

只要能有助于君王成就功名大业

就是先王所愿的千里之行

楚国有个渡江的人

他带的剑从船上掉到水里

急忙在船边划上记号

说："这里是我的剑掉下去的地方"

船停的时候

他从刻记号的地方下水找剑

船已经行走

可是剑并没有走

像这样找剑，岂不是糊涂

以陈旧法度治理自己的国家

就是与这个人的行为相同

时代已经前进，法度却不随之改变

以此治国理政

注释：

[1] 镆铘：宝剑名。

[2] 骥骜：千里马名。

岂不是困难重重

有个从长江江边经过的人

看见一个人

抱着小孩想把他扔到江水中

小孩大哭，人们问这人这是为什么

回答说："这孩子的父亲善于游泳"

孩子的父亲虽然善于游泳，

他的儿子难道就一定也善于游泳

用这种方式来处理事情

也是绝对荒谬

荆国的理政

差不多就是这样

先识览第四

先　识

一曰：

凡是国之将亡

有道之人定会提前离开

古往今来都是一样

土地的归属取决于城邑的归属

城邑的归属取决于民众的归属

民众的归属取决于贤人的归属

所以，贤明之主得到贤人辅佐

就会得到人民的拥护

得到人民，也就得到了城邑

得到城邑，也就得到了土地

获得土地，难道一定要亲自足行其地

难道一定要亲自劝说那里的人民

只要把握要务就已足够

夏太史令终古拿出图录和法典 [1]

抱着为之哭泣

注释：

[1] 太史令：官职名，掌典册、祭
　　祀、天文历算等。终古：人名。

夏桀却仍然执迷不悟

暴虐荒淫愈加厉害

太史令终古于是出逃到商

汤高兴地告诉诸侯说

"夏王无道，残害百姓

逼迫父兄，侮辱功臣

轻慢贤良，抛弃礼义

听信谗言，众庶怨恨

他掌管法典的大臣

已来到商自行归顺"

殷商的内史向挚 [1]

眼见着纣王越来越淫乱昏惑

于是用车载着殷商图录法典出逃到周

武王大悦，把这事告诉诸侯说

"商王昏乱至极

沉湎于酒，以酗酒为德

躲避疏远箕子，亲近宠妃和男宠

妲己参政，赏罚无方，行事不依法度

残杀三位无辜 [2]，人民早已不服

掌管法典之臣，已经出逃到周"

晋国的太史屠黍 [3]，看到晋国混乱

晋公骄横而不讲德义

注释：

[1] 内史：官职名。掌著作简册、策名官爵。向挚：人名。

[2] 这里指剖比干之心，折材士之股，刳孕妇而观其胞胎。

[3] 屠黍：晋幽公的太史。

就带着晋国图录法典归顺于周

周威公接见他时问道 [1]

"天下诸侯国之中哪个先亡"

回答说:"晋国先亡"

威公询问原因

回答说:"臣前一段在晋国

不敢直言劝谏

为启示晋公,只好报告天象不祥

日月星辰的运行多不合度次

他说:'这能怎么样'

又启示以人或事的处理多不符道义

百姓郁闷怨恨

他说:'这有什么妨碍'

又启示以邻国不服,贤良不举

他说:'这能有什么危害'

像这样,就是对亡国之因一无所知

所以我说晋国首先灭亡"

过了三年,晋国果然灭亡 [2]

威公又接见屠黍

问他说:"哪一国接着灭亡"

屠黍回答说:"下一个灭亡的是中山国"

威公问其原因

回答说:"上天生人而让人相互有别

相互有别,人伦为大

注释:

[1] 周威公:战国时西周国君。

[2] 这里指晋幽公遇乱而死。

人因此不同于禽兽麋鹿

君臣上下因此得以确立

中山国的习俗

以日为夜，夜以继日

男男女女，耳鬓厮磨

互相偎依亲昵不停

纵情安逸享乐，歌谣偏好悲声

中山国的君主对此不知好歹

其实这就是亡国之风

臣因此说下一个灭亡的是中山国"

过了两年，中山国果然亡国

威公又接见屠黍而问

"哪一国接着灭亡"

屠黍不回答，威公坚持问他

回答说："接着要灭亡的是君"

威公心生恐惧

访求国中德高望重的人

得到义莳、田邑 [1]，以礼相待

得到史骈、赵骈 [2]，请他们作为谏官

废除三十九条苛刻法令

并把这些情况告诉屠黍

回答说："这大概可以保君一生平安"

又说："我听说，国之将兴

上天会为它

注释：

[1] 义莳、田邑：当时的贤人。

[2] 史骈、赵骈：当时的正直的人。

降下贤人和敢于直言相谏的人

国之将亡

上天会给它

降下乱臣贼子和善于阿谀谄媚的人"

威公归天，暂殡九个月未得安葬

周国于是一分为二 [1]

所以，有道之人的话

不可不倚重

周鼎上铸刻着恶兽饕餮 [2]

有头无身，刚吃了人

未及下咽，身已残亡

这是表明，残害别人

会立刻得到报应

做不善的事情也是这样

白圭到中山国 [3]

中山国王想要挽留他

白圭坚决谢绝，乘车而去

又到了齐国

齐王留他做官 [4]

又谢绝，离开齐国

有人问他为什么

他说："这两个国家都即将灭亡

注释：

[1] 周威公死后，周分裂为西周、东周两个小国。

[2] 饕餮：古代传说中的一种贪食的恶兽。钟鼎彝器常铸刻其头部形状。

[3] 白圭：魏人。这里的中山，指赵武灵王所灭的中山国，与前文所说中山应属两国。

[4] 这里的齐王指齐湣王。

我听闻过'五尽'的说法

什么叫'五尽'，就是说

无人信任，信义丧尽

无人赞誉，名声丧尽

无人喜爱，亲情丧尽

行路无粮，居家无食，财物丧尽

不能用人，又不能自用，功业丧尽

国家一旦出现这五种情况

必定灭亡，无可幸存

中山、齐国都正相符合"

假如让中山国王和齐主闻知"五尽"

改正自己的恶行，那就一定不致灭亡

他们的灾难在于，根本没有听到这些话

即使听到又不肯相信

所以，君主的要务

不过在于善于听取意见

中山国五次割地给赵国

齐湣王率齐国全军在济水

抵御燕军为首的五国军队

都是无用之举

因为他们已抛弃存国立身之本

自己为自己准备好条件

直至亡国殒身

观　世

二曰：

天下虽然有有道之士

却是本来就少

方圆千里之内有那么一位

就可以说得上是肩并肩

如果连续几代出一个圣人

就可以说是接踵而来

士和圣人的出现，竟是这样的困难

可是要想实现国家治平

还是必须依靠他们

国家治平的局面从何而来

即使幸或有了贤人，也未必为人所知

贤人不为人所知和没有贤人都是一样

因此，安定的世道才会那么短

混乱的世道才会那么长

所以自古成就王业的没有出现四位

称霸诸侯的没有出现六位[1]

亡国相望，囚主相及

注释：

[1] 这里的"四"与"六"是分别
相对"三王"与"五霸"而言。

如果能得到贤士

就不会有这样的祸患

因此周朝分封的四百多个诸侯

归服的八百多个国家，至今于世无存

即使尚存在世，也是都曾经灭亡

贤明的君主知道这种情况

所以日慎一日，以保一世平安

好比说登山，登山的人

已经置身高处

左看右看，上面尚有更高的山

贤人和人相处也是这样

自己已经相当贤明，品行高尚

左看右看，还尽是比自己强的人

所以周公旦说："不如我的

我不和他在一起，那是牵累我的人

和我一样水平的，我不和他在一起

那是对我没有益处的人"

只有贤人才会这样

一定要和超过自己的人在一起

所以，要想能够和贤人共处

就只能是以礼相待

君主贤明，社会治平

那么，贤人必在上位

君主不肖，世道混乱

那么，贤人必居于下

现在，周王室已经灭亡

天子已经废黜

世道混乱莫过于没有天子

没有天子

就必有恃强凌弱、恃众暴寡

以军队互相残杀，不得止息

如今的世道正是这样

所以，想要访求有道之士

就要去江海之滨，山谷之中

僻远幽静之处

那里幸或能访得贤人

太公曾在滋泉边钓鱼 [1]

是因为遭逢纣王当政

所以周文王得到太公

文王，一个千乘之主

纣，一位天子

天子失去，诸侯得到

在于对太公的知与不知

对于平民百姓

无须了解就可以役使他们

无须礼遇就可以命令他们

若是那有道之士

注释：

[1] 滋泉：疑即今陕西渭水。

一定要予以礼遇

一定要沟通交流

然后，才可以使他们尽心竭智

晏子到晋国去 [1]

看见一个反穿皮衣背着草的人在路边休息

认为这人是位君子，就派人向他询问

"你怎么到了这里"

回答说："给齐人为奴，名叫越石父 [2]"

晏子说："嘻"

立刻解下车左边的马

把这个人赎了出来

跟他一起乘车回去

到了馆舍，晏子不向他告辞就自己进去

越石父大怒，请求与晏子绝交

晏子派人回答他说

"婴 [3] 并不曾与你交友

现在我救你于难中

我对你还有什么不可以"

越石父说："我听说

君子在不了解自己的人面前可以忍屈受辱

在了解自己的人面前就要挺胸做人

我因此要与您绝交"

晏子于是出来见他

注释：

[1] 晏子：名婴，字平仲，春秋时齐国大夫，后继任齐卿，历仕灵公、庄公、景公三世。

[2] 越石父：人名。

[3] 婴：晏子之名。这里为晏子自称。

说："刚才仅仅是看到客人的容貌

现在才看到客人的心志

婴听说想真正了解一个人

不必在意这个人的名声

观察一个人的行为

不会查问这个人的言辞

婴可否向您谢罪而不被拒绝"

越石父说："先生以礼待我，敢不敬从"

晏子于是把他待为上宾

世俗之人但凡有些功劳

就会自以为于人有恩就是有德

自以为有德就分外骄傲

现在晏子有救人于困厄之功

反而对被救的人相当谦卑

这已经远远超出世俗之见

这才是保全功德的大道

子列子相当贫穷 [1]，面有饥色

有个宾客告诉了子阳 [2]

说："列御寇，是个有道之士

居住在君的国家却很贫困

君恐怕是不喜欢士"

子阳于是派遣官吏

给列子送去数十秉粮食 [3]

注释：

[1] 子列子：即列御寇，列子，战国时郑人，道家人物。子，"夫子"之意，冠于列子之前，是对列子的尊称。

[2] 子阳：郑相。

[3] 秉：古量名，十六斛为一秉。

列子出来会见使者

拜了又拜，然后谢绝

使者离开，列子进了家门

他的妻子手拍胸膛气愤地说

"听说有道之人的妻子儿女

都生活得舒适安乐

现在你的妻子儿女已面有饥色

相国派人探望并给先生送来吃食

先生又不接受

我们难道就要命中如此困穷"

列子笑着对她说

"相国自己并不了解我

那是因为别人的话才送给我粮食

过不了多久

同样又会因为别人的话治我的罪

这就是我不接受的原因"

后来，果然百姓发难杀死子阳

如果接受过人家的供养

却不为他遭难而赴死

就是不义

为他遭难而赴死

则是为无道之人而死

为无道之人而死，就是悖逆

列子免于不义，避开悖逆

岂不是很有远见

况且正当饥寒困苦之时

都不肯随便地接受馈赠

这是因为对于事情的发展变化

早有先见之明

对事物的发展变化有所预见

然后采取相应的行动

这就是通晓性命真谛

知　接

三曰：

人的眼睛

看见了东西

是因为明光注照

没看见东西

是因为闭上眼睛或失明

无论是看见或是没有看见

一样的都还是那对眼睛

眼明者与失明者却是大不相同

失明者的眼睛不再明亮

所以看不到什么

失明者的眼睛接触不到外物

无法与外物接触却说看见

这就是欺骗

人的智力也是这样

聪明还是不聪明

所凭借的都是头脑

一旦接触外物

聪明还是愚笨就会有所不同

聪明的人，他们的智力所及很远

愚笨的人，他们的智力所及有限

对于智力有限的人

告诉他智力所不及的长远变化

他怎么能够理解

对于理解不了的人

再善辩的说者也无法使之明晓

一个戎人看到

有一个人在阳光下曝晒麻布

就问："什么可以织得如此长大"

那个人把麻指给戎人看

戎人大怒

说："谁能把这样乱纷纷的东西

织得这样长大"

所以，亡国之中并非没有聪智之士

并非没有贤德之人

而是因为亡国之主没有接触到他们

接触不到智者与贤人

所带来的祸患就是自以为聪明

而他们的智力一定有限

如果智力不及又自以为聪明

就是糊涂与混乱

如果是这样

国家就无法保存

国君就无有安宁

如果君主智力确实不够

却能自知智力有限

那样就不会有灭亡的国家

就不会有处于险境的国君

管仲生了重病，桓公前去探望

说："仲父的病相当严重

还有什么话来教导寡人"

管仲说："齐国的鄙野之人有句谚语

'居者无载，行者无埋'[1]

我将远行，哪还有什么值得一问"

桓公说："望仲父不要推辞"

管仲回答说："望君能远离

易牙、竖刀、常之巫、卫公子启方"[2]

注释：

[1] 此处引文大意是：家居的人不用准备外出时车上装载的东西，行路的人不用准备家居时需要埋藏的东西。

[2] 常之巫：巫者。他书或作"堂巫"。启方：卫国的公子，在齐国做官，齐桓公的宠臣之一。他书或作"开方"。

桓公说："为满足寡人的口味

易牙烹煮了自己的儿子

对这样的人难道还需要怀疑"

管仲回答说："人之常情

不会不爱自己的儿子

他能狠心烹煮自己的儿子

将来又会怎样对君"

桓公又说："为了能够近侍寡人

竖刀实行自宫

对这样的人难道还需要怀疑"

管仲回答说："人之常情

不会不爱惜自己的身体

他能狠心自宫，将来又会怎样对君"

桓公又说："常之巫明察死生

能驱除鬼降给人的疾病

对这样的人难道还需要怀疑"

管仲回答说："死生，命中注定

鬼降给人的疾病

是由于精神失守所引起

君不听凭天命，不守住根本

却倚仗常之巫，他将借此无所不为"

桓公又说："卫公子启方

十五年来侍奉寡人

他的父亲死了都不回去哭丧

对这样的人难道还需要怀疑"

管仲回答说:"人之常情

不会不爱自己父亲

他能那样狠心对待自己的父亲

将来又会怎样对君"

桓公说:"诺"

管仲死,桓公全部驱逐了易牙等人

从此,桓公吃饭不香,后宫不安

鬼病四起,朝纲混乱

这样过了三年

桓公说:"仲父岂不有些过分

谁说仲父的话都得听从"

于是又都召回易牙等人

第二年,桓公生病

常之巫从宫里出来说

"公将以某日薨"

易牙、竖刀、常之巫一起作乱

堵塞宫门,筑起高墙,不让人进来

并假称这是桓公的命令

有一个妇人翻墙入宫,到了桓公那里

桓公说:"我想吃饭"

妇人说:"我没有办法弄到"

桓公又说:"我想喝水"

妇人说:"我没有办法弄到"

桓公说："这是为什么"

回答说："常之巫从宫内出来说

'公将以某日薨'

易牙、竖刀、常之巫一起作乱

堵塞宫门，筑起高墙，不让人进来

所以没有办法能够弄到什么

卫公子启方带着四十书社投降了卫国"[1]

桓公慨然叹息

流着泪说："嗟乎！圣人所预见岂不很远

如果死者有知，我将以何面目去见仲父"

于是，用衣袖蒙住脸

气绝身亡于宫中寝室

尸虫已爬出门外

尸体上还盖着杨门的门扇[2]

停枢三月，未能下葬

这都是因为对管仲的话没能始终听从

桓公并不轻视灾难、厌恶管仲

而是智所不及，无力判断

所以没有采纳管仲的忠言

反而只亲近自己宠信的那几个小人

注释：

[1] 书社：古代二十五家为社，把社内人名登录在册，称之为书社。

[2] 杨门：当是门名（依高诱说）。

悔 过

四曰：

洞深八尺，人的手臂就探不到底
这是因为什么，因为手臂达不到
智力也有达不到的地方
对于智力不够的人
游说的人虽然善辩
阐发的道理虽然精微
也不能使他有所体会
所以，箕子在商只有穷途末路[1]
范蠡漂泊于三江五湖[2]

从前，秦缪公发兵偷袭郑国[3]
蹇叔劝阻说[4]："不可以
臣曾听说，偷袭他国城邑
用战车不能超过百里
用步军不能超过三十里
都是凭着士兵
士气旺盛和力量强大时到达

注释：

[1] 箕子：商纣王的叔伯父，封国于箕。商纣暴虐，箕子谏而不听，于是披发佯狂为奴，被纣囚禁。

[2] 据《国语·越语下》记载，范蠡辅佐越王勾践灭吴后，"乘轻舟以浮于五湖"。

[3] 秦缪公：即秦穆公。

[4] 蹇叔：秦穆公时任上大夫。

进攻敌人，消灭敌人

然后迅速撤离战场

这次要行军几千里

横穿几位诸侯的领土，去袭击他国

臣不知这是否可行

请君深谋慎思"

缪公并不听从

蹇叔送军队出征，送到城门外时哭着说

"将士们啊！我能看到你们出去

却看不到你们回来"

蹇叔有两个儿子申和视

正和军队一起出征

蹇叔对他的儿子们说

"晋国如果阻击我军，一定在崤山 [1]

你们如果战死，不要死在南山边

一定要死在北山边

为的是我给你们收尸时容易识别"

缪公听说这件事，派人责备蹇叔

说："寡人派大军出征，未知胜负

现在你却哭着送行

这是在给我军哭丧"

蹇叔回答说："臣

不敢给大军哭丧

但臣已年老，有两个儿子

注释：

[1] 崤山：在今河南省洛宁县西北。

和大军一道出征

等大军回来的时候

不是他们战死，就一定是臣死

所以才会哭"

秦军行军经过周的都城 [1]

王孙满关好王城大门 [2]

上了门闩，从门缝里观看秦军

说："哎呀！这是必败之师

如果它不遭挫败

我就再不讲论那个'道'

秦国非他国可比

是周王室分封而建的诸侯国

秦军经过天子都城

应该把铠甲兵器都收入袋中

战车上驭者左右的甲士下车 [3]

表示向天子行礼致敬

可眼前的这支军队

服装上下一色，兵车纪律混乱

驭者左边的将士不知凭轼敬礼

右边的骖乘跃身上车

如此随意的战车就有五百乘

这些军士的确力大无比，然而缺少礼仪

这样的军队怎能不遭败绩"

注释：

[1] 这里指西周的东都，即王城，故址在今河南省洛阳市王城公园一带。

[2] 王孙满：周大夫。

[3] 春秋时作战，一般兵车乘甲士三人，驭者居中，左右各有一名甲士。居右者，称为骖乘。

秦军就这样过了周的都城

继续向东行进

郑国的商人弦高、奚施

本来要西行到周的都城去做生意

在路上遇到秦军

弦高说："嘻！大军远道而来

这一定是去袭击郑国"

于是，立即让奚施回郑国报告

自己假托受郑国国君之命劳军

弦高说："我们国君早就听说贵国大军将至

贵军却一直没来

我们国君和士兵私下为贵军担忧

每天都为此而心情不快

惟恐贵军士兵羸弱疲困，糗粮匮乏 [1]

怎么这么久才到啊

国君派我以玉璧犒劳贵军

还有十二头牛作为膳食"

秦军三个主帅回答说

"我们的国君没有可派遣的使者

只好派了他的三个臣子丙、术、视 [2]

到东方察看去晋国的道路

走过了头，迷了路

才误入贵国"

注释：

[1] 糗粮：干粮。糗，炒熟的米麦
等谷物。

[2] 丙、术、视：即白乙丙、西乞
术、孟明视，这次战争中的秦
军主帅。

秦帅不好执意不收

就拜而又拜，稽首而受 [1]

秦军的三个主帅因此担心

商议说："我们行军数千里

多次穿越其他诸侯国的土地

为的是偷袭

结果我们还没到

人家就已经事先知道

这意味着他们一定作了充分准备"

于是班师回去

正当这时，适逢晋文公去世

尚未安葬，先轸对襄公说 [2]

"对秦军不可不打

臣请允许对秦军实行攻击"

襄公说："先君刚刚去世，尸体尚在堂上

看到有利可图就去攻击秦军

这恐怕不是为子之道"

先轸说："我国大丧

秦国却不行凭吊，不来慰问

对我们的哀痛不表示忧伤

这是对先君的背弃

这是对先君后人的欺侮

像这样的无情无义

注释：

[1] 稽首：古时的一种礼节。跪下，
拱手至地，头也至地。整个过
程较缓慢。

[2] 先轸：晋国的执政大臣，食邑
在原，今河南省济源市西北，
故又称"原轸"。襄公：晋襄公，
晋文公之子，名欢，公元前 627
年—前 621 年在位。

我们对它进行打击

正可以使晋国大大强盛

臣请允许对秦军进行攻击"

襄公不得已同意

先轸在崤山截住并攻击秦军

把它打得大败

俘获秦军三个主帅而还

缪公听到这个消息

身穿丧服，到宗庙里哭告祖先

向众人说："上天没有帮助秦国

才让寡人没有听从蹇叔的劝谏

以至遭到这样的祸患"

这并不是缪公想在崤山被打败

而是因为他智有不及

智有不及，就不会相信蹇叔之言

言之不信，结果导致秦军全军覆没

所以，智力不及为害甚大

乐 成

五曰：

大智不形

大器晚成

大音希声

禹当年疏导江水

老百姓会堆积瓦砾加以阻挡

待到治水事成，功业建立

造福的正是子孙万代

禹的目光远大

老百姓一无所知

所以，不要与普通百姓

商讨改变现状、创业开拓的大事

却可以让他们享受成功的快乐

孔子在鲁国任用伊始

鲁国人怨谤而讽诵

"麛裘而鞸，投之无戾

鞟而麛裘，投之无邮"[1]

任用孔子三年之后

鲁国男子在道路右边行走

女子在道路左边行走

财物丢失，无人拾取

这大智慧的运用

本来就难以知晓

子产开始治理郑国时

使田地以沟渠为界

使城邑、鄙野各有规定的服色

老百姓一起怨恨地唱道

"我有田畴，而子产赋之

我有衣冠，而子产贮之

孰杀子产，吾其与之"[2]

三年之后，老百姓又歌颂子产

"我有田畴，而子产殖之

我有子弟，而子产诲之

子产若死，其使谁嗣之"[3]

面对老百姓的毁谤和非议

假使郑简、鲁哀不再任用子产、孔子[4]

那么，他们的国家一定无所成就

子产、孔子也一定无法施展才能

注释：

[1] 此处引文大意为：那个穿着小鹿皮裘衣又穿着蔽膝的家伙，抛弃他不会有错；那个穿着蔽膝又穿着小鹿皮裘衣的家伙，抛弃他肯定没罪。

[2] 此处引文大意为：我们有土地，子产要征税。我们有衣冠，子产要征税。谁来杀子产，我们出手相助。

[3] 此处引文大意为：我们有土地，子产让土地增收。我们有子弟，子产对他们实施教育。子产要是死了，有谁能来承继。

[4] 郑简公：名嘉，春秋时郑国国君。鲁哀公：名蒋，春秋时鲁国国君。这两位君主分别是子产、孔子的国君。

不仅无法施展才能

即使被治罪，老百姓也会赞同

如今，世上都称颂简公、哀公贤明

称赞子产、孔子才能过人

其实，是这两位君主

深谙知人善任

舟车，从刚刚出现到过了三代人

人们才感到习惯

想办成任何大好事

哪有一开始就能轻而易举

听信愚民之言，就办不好任何事情

事成治立，在于人主贤明

魏国攻打中山国，乐羊为将 [1]

攻下中山国以后

乐羊回国向魏文侯汇报

颇有夸功倨傲的神色

文侯察觉到这点，就给主书 [2] 下令

说："群臣宾客呈献的书信都拿来进上"

主书搬着两箱书信进呈

文侯让乐将军看看这些书信

书信中都是对攻打中山国的责难

乐将军转身退下几步

向北再拜说："攻下中山国

注释：

[1] 乐羊：魏人，为魏文侯将。

[2] 主书：主管文书的官吏。

不是臣的力量，实是君的大功"

在攻打中山国的时候

对其危害的议论日甚一日

假使文侯决定不取中山国

哪里还用得着两个箱子

只需只言片语

就足以让乐羊无功而返

文侯，是位贤明君主

臣下尚且如此

更何况那些一般的君主

那些资质一般君主的问题是

不能不让他去做

又不能让他中途不改

任何事情，只要君主

力主推行，不会中途有变

思想意志、视听行动无不认为正确

臣下哪个还敢非议怀疑

君臣同心，上下专一，

就无事不成，绝无败事

所以，（封地不过方圆百里的）汤、武

能在灭亡夏、商中大立功业

所以，（臣事吴王夫差的）勾践能够报仇雪恨

只要君臣同心，上下专一

小弱之国尚且大有作为

何况强大之国

魏襄王与群臣畅饮 [1]

酒酣之际，王为群臣祝酒

祝臣子们都能志得意满

史起站起来说 [2]

"臣子中有的贤明、有的不肖

贤明的人得志可以

不肖的人得志就不好"

魏王说："为人臣当如西门豹" [3]

史起回答说："魏国分配土地给人耕种

每户一百亩

邺地偏偏给二百亩

这说明那里的土地不好

漳水在它的旁边

可西门豹却不知利用

这说明他很愚蠢

明明知道却不报告

这说明他不忠诚

愚蠢且不忠，就不能效仿"

魏王无话以对

第二天，召来史起询问

说："漳水还可用以灌溉邺的田地"

史起回答说："可以"

注释:

[1] 魏襄王：名嗣，战国时魏国国君。

[2] 史起：魏襄王之臣。

[3] 西门豹：复姓西门，名豹。魏文侯时曾为邺令，让人民开水渠，引漳水灌溉农田。

王说："你何不替寡人去做这件事"

史起说："臣担心王做不成这个"

魏王说："你如果真能为寡人去做成这件事

我就都听你的"

史超恭恭敬敬地答应

并对魏王说："我去做这件事

那里的百姓一定会非常怨恨我

严重了会弄死我

其次也会欺辱我

如果我被弄死或被凌辱

希望您再派其他人

继续完成这件事"

魏王说："诺"

就派史起去当邺令

史起于是赴邺搞起引漳工程

邺地的百姓十分怨恨

想要凌辱史起

搞得他为了躲避都不敢出门

魏王就派别人去完成这一工程

水流到田里的时候

人民大大受益，又一齐歌颂史起

"邺地有贤令，此人是史公

引漳水，灌邺田

古来盐碱地，生长稻和谷"

如果百姓都知道

什么可做，什么不可做

那就没有任用贤人的必要

贤主忠臣，如果不能导愚教陋

就利不及当世、名不传后世

史起不是不知道事态发展趋势

明知要遭到民众的怨恨

却还要坚决治理漳水

因为，他忠于主君

魏襄王可谓能决善断

如果真能对好事做出准确决断

那么再有众说喧哗

也不会有所改变

功业之所以难于建立

一定是由于众说喧闹

国家的残破灭亡

也是由于这个原因

所以，在众人的吵吵闹闹之中

不可不深加体味思考

一般的君主会因为有人吵闹

就停止正确的有利决策

贤明的君主却正是在众说纷纭中

立业建功

察　微

六曰：

假如治与乱、存与亡之间

仿佛高山与深谷，仿佛黑漆与白土

相互区别如此分明

那就根本没有必要运用智慧

即使蠢人也可一目了然

然而，治乱存亡之间并不是这样

好像可知，又好像不可知

好像可见，又好像不可见

所以，智士贤人处心积虑

用尽心思去探求治乱存亡的征兆

就是这样，还是会有管叔、蔡叔的叛乱

和东夷八国不听王命的阴谋 [1]

所以，治乱存亡

刚刚出现的时候，就仿佛

鸟兽在秋天新长出的细毛

只有明察秋毫

大事上才不会出现过失

注释：

[1] 管叔、蔡叔为周武王之弟。武王灭商后，分封于管（今河南省郑州市）和蔡（今河南省上蔡县西南）。武王死，成王幼，周公摄政，管叔、蔡叔不服，和武庚（纣王之子）一起叛乱，东夷八国附从，不听王命。

按照鲁国的法令，鲁国人中

有在其他诸侯国给人当男女奴仆

能赎出来的，可以从国库中支取金钱

子贡从其他诸侯国

赎出几个做奴仆的鲁国人

回来却坚决推辞

不从国库支取款项

孔子说："赐此举有失 [1]

从今以后，鲁国人不会再有赎人"

依规从国库支取金钱

对品行并无损害

不从国库支取金钱

就不会再有人赎人

子路救了一个溺水的人

那个人用牛来酬谢他

子路收下了牛，孔子说

"此后，鲁国人一定会拯救溺水者"

孔子能从细小处入手明察

从而对事物的发展变化有所远见

楚国有个边境城邑叫卑梁 [2]

卑梁邑的姑娘与吴国边境城邑的姑娘

一起在边境上采桑，嬉戏时

注释：

[1] 赐，指端木赐：即子贡，姓端
    木，名赐，字子贡。

[2] 卑梁：《史记》称是吴边邑，
    与本文记载不同。

吴国的姑娘伤了卑梁的姑娘

卑梁人带着受伤的姑娘去责备吴国人

吴国人应答得很不恭敬

卑梁人大怒，把那个吴国人杀死

吴国人过去进行报复

杀死了那个楚国人全家老少

卑梁的守邑大夫大怒

说："吴国人竟敢攻打我的城邑"

就发兵反攻

把那吴国人一家老少全都杀死

吴王夷昧听说[1]，大怒

派人率兵侵入楚国的边境城邑

攻克后将之夷为平地，然后才离开

吴国和楚国因此展开争斗

吴公子光又率军在鸡父跟楚军交战[2]

把楚军打得大败

俘虏楚军统帅潘子臣、小帷子

和陈国的夏啮[3]

又接着攻打楚国都城郢

掳获了楚平王的夫人[4]，把她带回吴国

这实际上还是鸡父之战的继续

但凡要保全国家

最重要的是洞悉事态的开局

其次要对事态的结局有所预见

注释：

[1] 夷昧：春秋时吴国国君，吴王寿梦之子，公元前530年—前527年在位。

[2] 公子光：据《史记》《吴越春秋》，为吴王诸樊之子。鸡父：古地名，在今河南省固始县东南。

[3] 鸡父之战，陈助楚，故陈大夫夏啮为吴所擒。据《左传》记载，鸡父之战，吴获陈夏啮在鲁昭公二十三年；吴太子终累获潘子臣、小惟（又作"帷"）子在鲁定公六年。与本文所记不同。

[4] 本文所言，与《左传·昭公二十三年》记载有所不同。

再次是准确把握事态进程

如果这三样都做不到

国家必处危境，自身必定途穷

《孝经》上说

"高而不危，所以长守贵也

满而不溢，所以长守富也

富贵不离其身

然后能保其社稷

而和其民人"[1]

楚国就没能做到这点

郑公子归生率军攻打宋国[2]

宋国的华元率领军队在大棘迎敌[3]

羊斟给华元作驭手[4]

第二天将要作战

华元头天杀羊宴享军士

羊斟却不在宴享的人中

第二天开战的时候

羊斟愤怒地对华元说

"昨天的宴享由你掌握

今天的驾车由我控制"

于是把车一直赶进郑军那里

宋军大败，华元被俘

弩牙相差一个米粒，弩机都无法发射

注释：

[1] 引文见《孝经·诸侯章》。

[2] 归生：春秋时郑国大夫，字子家。

[3] 华元：春秋时宋国大夫，历事文公、共公、平公三君。大棘：宋邑。故址在今河南省柘城县西北。

[4] 羊斟：宋人，华元的驭手，后奔鲁。

作战，正像一个大大的弩机

宴享军士却忘了自己的驭手

将帅因此战败被俘

难道不是理所应当

所以，但凡作战

就一定要熟悉全部情况

做好全面准备，知彼知己

然后，才可以开战

鲁国的季氏与郈氏斗鸡 [1]

郈氏给自己的鸡披上甲

季氏给自己的鸡套上金属爪

季氏的鸡没有斗胜

季平子大怒

于是侵占郈氏的房屋

扩大自己的住宅

郈昭伯非常恼怒

就在昭公面前诋毁季氏

说："在襄公之庙举行禘祭的时候 [2]

舞蹈的人仅有二佾十六人 [3]

其余的都到季氏家跳舞

季氏举止无礼不讲规矩

长久以来目无君上

不杀掉他，一定会危害国家"

注释：

[1] 季氏：季孙氏，鲁国最有权势的贵族。此处指季平子。郈氏：鲁国公室。此处指郈昭伯。

[2] 禘：古代祭祀名。襄公，是昭公之父。

[3] 古代舞制，舞蹈时八人一行，谓之一佾，天子八佾，诸侯六佾，大夫四佾。鲁本诸侯，礼当用四佾。

昭公大怒，不加详察

就派郈昭伯率领军队去攻打季氏

攻入季氏的庭院

仲孙氏、叔孙氏彼此商量说 [1]

"季氏完了，我们的家族

离灭亡也就没有几天"

于是带领甲士前往救助

攻破院墙的西北角进入庭院

三家合兵一处

郈昭伯无法取胜而被杀死

昭公恐惧，于是逃奔齐国

后来死在干侯 [2]

鲁昭公听信对季氏的诋毁

却不分辨是否合乎道理

他只害怕凭着鲁国不能胜过季氏

却不知道仲孙氏、叔孙氏也很恐惧

他们与季孙氏患难与共

这就是由于不了解人心

不了解人心，地位即便尊贵

对自身安全又能有什么益处

凭借鲁国尚且担心不能胜过一个季氏

更何况这下有了三个季氏

他们都厌恶昭公

本来就会互相救助

注释:

[1] 仲孙氏、叔孙氏：都是鲁国的贵族，与季孙氏同族。

[2] 干侯：晋邑，在今河北省成安县东南。

昭公权衡事态错误至此

不只是仲孙氏、叔孙氏

整个鲁国都会感到惶恐

让整个鲁国都感到惶恐

这就是与整个国家为敌

昭公与整个国家为敌

在国内就早该被杀

这次死在干侯，死得够远算是有幸

去　宥

七曰：

东方墨家学派的谢子

将西行去见秦惠王 [1]

惠王向秦国墨家学派的唐姑果

打听谢子的情况

唐姑果担心，秦王亲近谢子

会认为谢子胜过自己

就回答说："谢子是东方的辩士

为人阴险狡诈

这次来将竭力游说，以图取悦太子"

注释：

[1] 秦惠王：即秦惠文王，战国时
　　秦国国君，名驷，公元前337
　　年—前311年在位。

秦王于是心怀愤怒等待谢子

谢子到了，劝说秦王

秦王并不听从他的建议

谢子很不高兴，告辞而去

但凡倾听他人意见

是为了听取有益的建议

谢子所说的建议如果有益

即便是竭力取悦太子

又有什么损害

所说的建议如果不好

即便不是要竭力取悦太子

又有什么益处

不以他的意见有益与否

来判断他是否诚实忠厚

而只是因为他想取悦太子

就断定他行事悖逆

惠王忘失察纳雅言的本来用意

像这样动用心机

会见宾客即使再辛苦

耳目即使再疲惫

还是得不到宾客的言谈要旨

所以，史定得以大行邪僻 [1]

用人扮鬼，罪杀无辜

以致群臣扰乱，国家几近危亡

注释：

[1] 史定：秦史官，名定。

人至老年，身体日益衰弱

而智慧应该越来越旺盛

现在，惠王已到老年

难道身体和智慧都一并衰竭

荆威王向沈尹华学习文献典籍 [1]

昭釐 [2] 对沈尹华一向忌恨

威王喜好法制

中谢 [3] 是佐协威王制定法令的近臣

了解昭釐的心思，为了昭釐

对威王说："国人都说

'王是沈尹华的弟子'"

威王很不高兴，于是就疏远了沈尹华

中谢，本就地位卑贱

小人的一句话

就能让威王不听先王的治国之道

使研习精通古代文献典籍的人不得重用

让昭釐得以实现自己的阴谋

所以，对小人所说的话不可不明察

他们多次激怒人主

以此为奸人扫清仕进之路

奸人仕进已经一路畅通

再去抱怨什么贤人仕进之路被阻

岂不是难上加难

注释:

[1] 荆威王：即楚威王，名熊商，公元前339年—前329年在位。沈尹华：威王之臣。

[2] 昭釐：当为威王之臣。

[3] 中谢：官职名，侍奉帝王的近臣。

奋力发箭，箭就射得更远

阻遏水流，水势就会更猛

激怒君主，君主就会悖谬

君主悖谬，身旁就会没有君子

不会被激怒的

只有那心中早有定见的君主

有个与人为邻的老头

家中有棵枯死的梧桐树

他邻居家的一位老者说这棵梧桐不好

他立刻就把它砍掉

邻家老者于是要那棵梧桐树拿去当柴烧

他却不高兴地说

"这个邻居这般阴险

怎么可以与他为邻"

这就是主观偏见

无论是要或不要那棵梧桐来当柴烧

都不能作为证据

来怀疑梧桐树的好或不好

齐国有个人一心想得到金子

清晨，穿上衣服，戴好帽子

到了卖金人那里，看见有人拿着金子

抓住那金子就夺了过来

吏役抓住他并捆起来

问他说："人都在这里

你就抢人家的金子

这是怎么回事"

他回答说："我根本没有看见人

只看见了金子"

这真是自以为是到了极点

有主观偏见的人

会坚持把昼当成夜

把白当成黑，把尧当成桀

主观偏见的害处也是太大

亡国之主，应该都是主观偏见过甚

所以，但凡人一定要去除主观偏见

然后才能正确认识事物

去掉了主观偏见

就能保全身家性命

正 名

八曰：

名分正宜，国家治平

名分不正，国家混乱

使名分不正的，是浮夸失实的言辞

言辞浮夸失实，就是把不可说成可

把不是这样说成是这样

把不对说成对，把不错说成错

所以，君子的论说

足以说明贤人的贤明

和不肖之人的不肖，就可以了

足以讲明治世之所以兴盛

和乱世由何而乱，就可以了

足以令人知晓事物本质

和人之所以生存的原因，就可以了

混乱，都来自名实不符

再不肖的君主

还是知道应该任用贤人

还是知道应该听从善言

还是知道应做可行之事

他们的问题在于

他们所认为的贤人

只不过正好是不肖之人

他们所认为的善言

只不过正好是邪僻之言

他们所认为的可行之事

只不过正是悖逆之事

这就是形名异实、名实不符

如果认不肖为贤明

把邪僻当善良，以悖逆为可行

那么，国家不乱，自身不危

还等待什么

齐湣王就是这样

知道应该喜欢士

却不知道所谓士到底是个什么样

所以，尹文问他什么是士 [1]

湣王无话以对

所以，公玉丹会被宠信 [2]

所以，卓齿会被重用 [3]

任用卓齿，宠信公玉丹

难道不正是自己给自己安排仇人

[1] 尹文：战国时齐人，其学说与黄、老、申、韩之学相近。今本《尹文子》为后人依托之作。

[2] 公玉丹：齐湣王之臣。

[3] 卓齿：楚人，在齐国做官，齐湣王之臣。

尹文谒见齐王

齐王对尹文说："我非常喜欢士"

尹文说："希望听您说说

什么样的人可以叫作士"

齐王没有答话

尹文说："假如有这样一个人

侍奉父母很孝顺

侍奉君主很忠诚

结交朋友很守信用

住在乡里敬爱兄长

有这四种品行的人

可以叫作士吗"

齐王说："这真是所说的士"

尹文说："王若得到这样的人

肯用他为臣吗"

齐王说："这正是我的希望

但不能得到"

尹文说："假如在大庭广众之中

这个人受到莫大侮辱却不争斗

王会用他为臣吗"

齐王说："不会

士受到侮辱却不争斗，这就是耻辱

甘心受辱的人，寡人不会用他为臣"

尹文说："虽然受到侮辱而不争斗

但他并没有丧失上述四种品行

没有丧失上述四种品行

就是说没有丧失成为士的任何一个条件

没有失去成为士的任何一个条件

可是王却不用他为臣

那么，王先前所认为的士还是士吗"

王无言以对

尹文说："假如有这样一个人

将要治理他的国家

百姓一有错误，就责备他们

百姓没有错误，也责备他们

百姓有了罪，就惩罚他们

百姓没有罪，也惩罚他们

然后，埋怨百姓难以治理

能这样吗"

王说："不可"

尹文说："我私下观察

王的吏属治理齐国正像是这样"

王说："假如寡人治理国家真的是这样

那么人民即使治理不好

寡人也不会抱怨

或许还没有到这个地步"

尹文说："我既然这样说

就不会没有理由

请允许我说一说理由

王的法令说：'杀人者死，伤人者刑'

有敬畏王令的百姓

受到莫大侮辱而不敢争斗

这是为了顾全王令

可是王却说

'受侮辱而不敢争斗，这就是耻辱'

其实，真正叫作耻辱的

说的并不是这个

本应成为王臣，王却不用他为臣

这就是惩罚

这就是没有罪过

而王却对他予以惩罚"

王无话以对

能说出这样的言论

所以，湣王会国破身危

逃到谷邑，又逃到卫国

齐国，本是周分封的诸侯之长

太公在这里得以安享终老

桓公曾凭此称霸诸侯

那是因为管仲辨察名实

非常详明

审分览第五

审 分

一曰：

为人之主，一定要明察君臣职分

然后才可以实现国家的安定治平

堵塞住奸诈邪僻的渠道

浊气恶疫无从自行出现

修养自身与治理国家

是道理相同的方法

如果用许多人耕种土地

共同耕作，就进程缓慢

那是因为有人在藏匿自己的力气

分开耕作，就速度提高

那是因为人无法藏匿自己的力气

君主治理国家，就像种地

臣子和君主一起种地

臣子就有办法藏起自己的邪私

君主反而无法避开负累

但凡自己去做好事就困难

任用别人做好事就会容易

怎么知道会是这样

人与千里马一起跑

人当然不可能胜过千里马

人若是坐在车上驾驭千里马

那么，千里马就无法胜人

君主如果喜欢处理官吏分内的事

就好比是与千里马一齐去跑

一定在很多方面都赶不上马

那君主也应像驾车的人一样

坐在车上，不要离开车子

那么，所有做好事的人都会尽心竭力

阿谀奉承、邪僻奸佞之人

他的奸邪就无法藏匿

刚强睿智、忠诚淳朴的人

就会竞相竭力效劳

君主的车子，就是用于承载

明白了以车载物的道理

四方边远之地可以尽占

不懂得以车载物的道理

仅仅仗恃自己的能力

矜持自己的才智

颁下很多诏令

好凭自己的主观意图行事

照这样理政，百官会惶恐混乱

长幼失序，诸邪并起

权力威望分散下移

难以善终，不可施教

这就是亡国之风

王良驭马的方法 [1]

是明确驾驭的诸般要领

据此牢牢把控马的缰绳

驾车的四马哪还敢不用尽全力

有道之主，驾驭群臣也自有"缰绳"

那个"缰绳"是什么

端正名位，明察责任

这就是治理臣子们的"缰绳"

严格按照实际业绩审察臣子的名位

以了解真实情况

要听他说什么，更要考察他做什么

不要让他放纵悖逆

那所言称的多有与实绩不符

所做的多有不切实用

所以，君主不可不一一辨明

不辨明臣子的名位与相应的职责

注释:

[1] 王良：春秋时晋国善于驾马的
人。

就是厌恶壅闭反而会更加壅塞

壅塞的责任，不在于臣下

正在于君主

尧、舜的臣子并不都那么仁义

汤、禹的臣子并不都那么忠诚

他们能够称王天下

是因为驾驭得法

桀、纣的臣子并不都那么鄙陋

幽、厉的臣子并不全是邪僻

他们亡国丧身

是因为驾驭臣子不得其法

假如有这样一个人

想要牛，却说出马的名字

想要马，却说出牛的名字

那么一定得不到他说想要的

而他却因此生气发威

有司主管必有腹诽埋怨

牛马定会受到扰乱

百官，就如同众多有司主管

万物，如同众多牛马

不辨正他们的名位和职务

不厘清他们的责任与义务

却频繁地使用刑罚

就没有比这更大的祸乱

说一个人明智通达

实际上这人却愚蠢糊涂

称誉一个人高尚贤德

实际上这人卑鄙下贱

赞美一个人廉洁清白

紧跟着的却是这人败德秽行

委任一个人掌公执法

这人一上位就贪赃枉法

因为看起来勇敢就予以任用

其实这个人的内心疲弱怯懦

这五种情况，都是以牛为马或以马为牛

都是名分不正

所以，臣子名分不正

君主就只好忧愁劳苦

百官就混乱悖逆

国家灭亡，名声受损，由此而生

本想愈白，反倒更黑

越想得到，却越发不能

大概就是这个道理

所以，国家大治的关键

在于辨正名分

名分辨正，君主就不必忧愁劳苦

不受忧愁劳苦，就不会损伤耳目天性

多询问，而不是专断地下指示

明知怎样做，并不亲自去做

调和万物，从不自夸

成就诸事，绝不居功

本身静止的东西，不要让它运动

本身运动的东西，不要让它静止

依照事物本身的特质予以运用

不受制于外物

不为外物所利用

清澈宁静而公正

精神通达天地四方

品德照耀四海之外

思想认识无穷无尽

美名佳誉流传不止

可谓定性于大湫般的深邃幽微

可以称之为无有无形

所以，得至道则能无为，无为则能忘人

无为而能治，人皆仰慕，则能大得人

那怎么能不算有道呢

明知自己有德

又不在意让别人知道，人皆仰慕

这样就更能为人所知

那怎么能不算有德呢

有德的至知之人表面上并不机敏

安然相处，才会机敏显露

那怎么能不算聪明呢

最贤明的君主，不做小事

有大事才会去做

那怎么能不算作伟大

修真得道的人，并非事事皆能

但人们全都归附于他

于是，就无所不能

那怎么能不算完美之人呢

因此，有了众人尽力，就不必无所不能

着力于大事，就无须事必躬亲

为世所知，用不着时时处处伶俐机敏

这样，才可以把握那精深微妙之处

像这样，就可以顺应天道

意志神气得以遨游于空廓寂静的宇宙

身心可以安适于自然之境

如果能做到

包容万物，却不刻意主宰掌控

泽被天下，却无人知晓由来始终

前述这五种德性即使不全具备

也可谓好之者的孜孜以求

君 守

二曰：

得道者，一定超然恬静

平静得好像什么都不知道

真正的智慧，仿佛没有智慧

这样的人，可以讲论为君之道

内心欲望不露不显谓之扃 [1]

外界欲望不进不入谓之闭

既扃又闭，天性得以密藏

有水准仪也用不着来测平

有墨绳也用不着来测正

天性因此非常清静

既清静又安宁

可以为天下之主

身体盛装着心

心里盛装着智慧

智慧被深深保藏着

真正的智慧难得一窥

注释：

[1] 扃：意为关锁、关闭。

《鸿范》上说："惟天阴骘下民"[1]

庇护人民，是为了让人民繁衍生息

所以说，在家不出门就能了解天下

不从窗户窥看就能知晓天道

那些出去越远的人，他们的智慧就越少

所以，越是博闻强记的人

他们的智慧就越有欠缺亏损

致力于耳聪目明、深思熟虑

只会败坏智慧

"坚白"之察，"无厚"之辩[2]

更是对智慧的抛弃

不显于外，所以超出常人

行无为事，所以所为皆成

此之谓以阳召阴、以阴召阳

极至东海，水流而返

夏热至极，化而为寒

所以说，元气博大，上天无形

万物赖之以生成

元气精微，无象无为

万物赖之以育化

圣君道德完善、智能超绝、通晓万物

不做任何具体事情

却会让百千官吏竭尽所能

此之谓不教之教，无言之诏

注释:

[1] "惟天阴骘下民"意为：只有上天默默地庇护人民，让人民安定。

[2] "坚白"之察，"无厚"之辩：春秋战国时期名家名辩的论题。

所以，有办法知道君主狂妄

就是根据他说话得当

有办法知道君主昏惑

就是根据他说话得体

身为君主，本就是

以无当为当、以无得为得

得当与得体

不属于君主的作为

而是对臣子的要求

所以，善作君主

从不轻易发表什么见识

其次是不做任何具体事务

发表见解，就会有见识不到之处

做具体事情，就会有不完善的情况

君主见识不到、做事不周

官吏就会因此产生疑惑

邪僻就会因此而出现

如果是制造车子

都是要几个不同部门相互合作才能完成

治理国家岂止像制造车子

国家，要依靠众人的智慧和能力

来共同维护

不是用哪一个人、哪一种方法

才得以安定

能以一应万，以不变应万变

没有具体方法却能做成事情

只有有道之人能够这样

有个鲁国边远地区的人

送给宋元王一个连环结 [1]

元王在国内传下号令

让灵巧的人都来想办法解开绳结

却没有人能解开

兒说的弟子请求去解绳结 [2]

只能解开其中的一个，却解不开另一个

于是说："不是可以解开而我不能解开

而是这个绳结本来就解不开"

再问那个鲁国边远地区的人

他说："是的，这个绳结本来就解不开

我打的这连环结，知道它不能解开

现在这人没有打开这连环结

却知道它不能解开

这是比我还巧"

所以，像兒说的弟子这样

就是用"不可以解"的回答

解决了连环结的问题

注释：

[1] 宋元王：即宋元公，名佐，公元前 531 年—前 517 年在位。

[2] 兒说：宋国的善辩之人。

郑国的太师文鼓瑟一整天 [1]

然后，站起来，站在瑟前

向着瑟拜了两拜，说："我向你学习

学习你音律变化无穷"

像太师文这样的人

先让自己像兽类一样冥然无知

顺应瑟的自然规律

然后，才能掌握鼓瑟音律

所以，过度思虑，伤害自己

智巧巧诈，自取灭亡

自夸逞能，自己遭殃

当官任职，自我狂妄

所以，神妙至极就能

逍遥自得，转瞬即逝

谁也看不到他的容颜

圣明至极，就能移风易俗

却不知从何而变

超群出世，没有丝毫违和

治理人民，称孤道寡

而不受障阻壅闭

这样，就能洞察奸邪之实

阴险邪佞、毁谤挑拨、迎阿诌谀、

机巧虚诈之人，就无由靠近

注释：

[1] 太师：古代乐官官职名。

凡是奸邪险恶的人，一定要有所凭借

凭借的是什么？就是凭借君主的亲力亲为

君主一旦喜欢亲力亲为

职守者就会放弃自己的职责

去逢迎曲从君主的作为

只要曲从君主，即使有了过错

君主也就不会责备

这样，君主天天受损

而人臣日益得志

这就是应该动起来的反而安静

应该安静的却动了起来

尊贵者卑下，卑下者尊贵

由此而生

国家因此衰弱

敌国所以敢于进攻

奚仲创造车子[1]

仓颉创作文字[2]

后稷发明种庄稼[3]

皋陶制定刑法[4]

昆吾制作陶器[5]

夏鲧发明筑城[6]

这六个人的创造恰当其时

却不是为君之道

注释：

[1] 奚仲：任姓，黄帝之后，为夏朝车正即掌管车的官员，传说中车的创造者。

[2] 仓颉：旧传为黄帝的史官，汉字的创造者。

[3] 后稷：名弃，周的始祖。"后"是"君"的意思，"稷"本是主管农业的官职。尧任命弃为稷，周人称之为"后稷"。

[4] 皋陶：相传为东夷族首领，曾被舜任命为掌管刑法的官。

[5] 昆吾：己姓，善于制造陶器。

[6] 夏鲧：传说中远古部落首领，禹之父，曾奉尧命治水，采用筑堤的方法，九年未治平，被舜杀死。这里说他筑城，当是古代传闻。

所以说，创造者忙乱，因应者平静

只有掌握为君之道，了明性命真谛

才能驾驭天下而不勉强

此之谓全人 [1]

任　数

三曰：

凡是为官

治平为胜任，动乱则有罪

对于治理混乱者不予追责

只会越来越助长混乱

君主好以炫耀来显示才能

好以倡导宣扬来自我矜夸

臣下以不行劝谏来保持官位

以曲意听从来取悦君主，求得容身

这样，就是君主代替有司主管官吏

自行有司主管官吏之职

这样，就使臣子得以继续保位和曲意求容

君臣的正常关系不能确立

耳朵虽然能听但听不清楚

注释：

[1] 全人：全德之人。

眼睛虽然能看但看不明白

虽有心智却无法举贤任能

这都是情势使然

耳朵能够听见是因为安静

眼睛能够看见是因为光亮

有心能知是依凭义理

君臣如果彼此职守交换

上面所说的三种器官的功用就被废弃

亡国之主，他的耳朵不是不可以听

他的眼睛不是不可以看

他的心智不是不可用以了解

但君臣职分混乱，上下不加分别

即使听了，又能真正听到什么

即使看了，又能真正看到什么

即使知道，又能真正知道什么

随心所欲，无拘无束，无所不至

要想达到这样的境界，必得有所凭借

这是愚者所无法达到

达不到这样的境界就会无知

不知则不信

无骨之虫，春生夏死

没法让它知道还有冰雪

拥有疆土的君主啊

如果能够明察这些言论

灾祸就无从产生

况且耳目智巧本来就不足以依靠

只有讲求方法、依理行事才是正道

韩昭釐侯去察看祭祀宗庙的牺牲 [1]

那猪很小，昭釐侯令职官立即更换

那职官还是拿来了那头猪

昭釐侯说："这不就是刚才那头猪吗"

那职官无言以对

昭釐侯命令官吏治罪

昭釐侯的侍从说："君王是由何而知"

昭釐侯说："我是根据猪耳"

申不害听到了这件事 [2]

说："根据什么知道他耳聋

因为他的听觉好

根据什么知道他眼瞎

因为他的视力好

根据什么知道他举止轻狂

因为他的言语得当

所以，去掉听觉

没有办法去听就会耳聪

去掉视觉

没有办法看见就会目明

注释:

[1] 韩昭釐侯：《史记》作"韩昭侯"，公元前 362 年—前 333 年在位。

[2] 申不害：战国时郑国人，曾任韩昭釐侯相，主张法治，尤其注重"术"，注重君主监督考核臣下，加强专制。

去掉智慧

没有办法知晓就会公正

去掉这三者而不去使用

君主就会实现治平

使用这三者的功能

就会混乱丛生"

以此来说明耳目心智不足依靠

借助耳目心智

所能了解认知的相当贫乏

所能听到见到的相当肤浅

凭着贫乏肤浅的知识据有广阔天下

安定习俗迥异的地区

治理全国人民

这样的方式肯定行不通

十里之间，耳朵就听不到

帷幕墙壁之外，眼睛就看不见

方圆三亩的宫室里的情况

心智就已经无法全都了解

还要向东到东极之国开梧

向南安抚南极之国多颗

向西归服西极之国寿靡

向北降顺北极之国儋耳

要怎么办才成

所以，君临天下者

不可不明察这些言论

治乱安危存亡

本来就没有另外的道理

所以，最大的聪明就是抛掉聪明

最大的仁爱就是忘却仁爱

最高的道德就是不要道德

不说话，不思考

安静地等待时机，时机到来再行动

内心悠闲从容的人会取胜

但凡行为，都有根本原则

清静无为，公正质朴，端正始终

这样来整顿纲纪，就能做到

无人倡导但人人应和

无人带头却人人相从

古之王者，做事很少

多在凭借和顺势而为

善于凭借和顺势而为，是为君之术

亲力亲为，是为臣之道

亲力亲为会有忙乱

善于凭借顺应就会清静

顺应冬天而适应寒冷

顺应夏天而适应炎热

君主哪有什么事可做

所以说，为君之道就是无知无为

却胜过有知有为

懂得这个就是收获

主管官吏向齐桓公请示某事

桓公说："把这事告诉仲父"

主管官吏又有请示

桓公说："告诉仲父"

这种情况共有三次

桓公的近臣说："第一次让找仲父

第二次还让去找仲父

当君主也太过容易"

桓公说："吾没有得到仲父时很难

既然已经得到仲父，何不做得容易简单"

桓公仅仅得到管仲

国事处理起来就非常容易

更何况如果得到大道方术

孔子被困在陈、蔡两国之间 [1]

只能吃没有米的带汤野菜

七天里粒米皆无

一天，孔子白天睡觉

颜回要得米回来，烧火做饭

饭快熟的时候，孔子不远处看见

注释：

[1] 陈、蔡：都是春秋时代的诸侯
国。

颜回抓取甑里的饭吃

一会儿，饭熟

颜回谒见孔子并且献上饭食

孔于假装没有看见颜回抓饭吃

起身说："今天我梦见先君

要把饭食弄干净，然后去祭祀先君"

颜回回答说："不行

刚才烟尘掉到甑里

扔掉沾着烟尘的食物不祥

我就抓出来吃了"

孔子慨叹道："以为眼睛总是可信

可是眼睛看到的还是不能相信

心智可以依靠

可是心中的揣度并不可靠

弟子们记住：了解人从来都不容易"

所以，有所知并不太难

困难在于以此了解别人

勿 躬

四曰：

人如果意念良善

即使智慧不及，也足以为人君长

所以，李子说 [1]："没有狗，捕不得兔

兔如果变成狗，那就无兔可捕"

为人君主

如果好做人臣官事

就与此极为相似

那臣子蒙蔽君主

还有人能不断予以制止

君主自己蒙蔽自己

那就没有人敢于制止

君主自己做起人臣官事

简直就是自己蒙蔽自己至极

被篲每天都用 [2]

就不会收藏在箱子里

注释：

[1] 李子：李悝，战国初期法家代表人物，曾任魏文侯相，主持变法，使魏国成为当时的强国之一。

[2] 被篲：扫帚。

君主如果常思虑人臣职内之事

心志就会衰竭

君主如果亲力人臣职内之事

就难免因蒙蔽而昏昧

君主如果亲自去做臣子应做之事

只会疲惫不堪

衰竭、昏昧、疲惫

三者均非为君之道

大桡始作六十甲子记日 [1]

黔如始作蔀首计算法 [2]

容成始作历法 [3]

羲和始作计算日子的方法 [4]

尚仪始作计算月份的方法 [5]

后益始作计算年份的方法 [6]

胡曹始作衣服 [7]

夷羿始作弓箭 [8]

祝融始作市肆 [9]

仪狄始作醴酒 [10]

高元始作屋室 [11]

虞姁始作舟船 [12]

伯益始作水井 [13]

赤冀始作杵臼 [14]

乘雅始作马车 [15]

注释:

[1] 大桡：传说中黄帝的臣子。

[2] 黔如：他书未见，当为传说中人。蔀，古代历法，七十六年为一蔀，起算点为冬至日，即为"蔀首"。古代历法规定，十九年设置七个闰月，叫作"章"，四"章"为一"蔀"。

[3] 容成：传说中黄帝的臣子。

[4] 羲和：传说中黄帝臣子，执掌天文历法。《史记·历书》司马贞《索引》引《世本》："黄帝命羲和占日。"

[5] 尚仪：相传为帝喾妃，善于占月之晦、朔、弦、望。

[6] 后益：相传为舜的臣子，后佐禹有功。

[7] 胡曹：传说中黄帝的臣子。

[8] 夷羿：相传为夏代东夷族首领，名羿，以善射著称。

[9] 祝融：颛顼氏之后，曾做高辛氏火官，死后被尊为火神。

[10] 仪狄：传说中夏禹时期酒的始作者。

[11] 高元：传说中房屋的创造者。

[12] 虞姁：传说中舟船的创造者。

[13] 伯益：相传为舜时东夷族首领，善于畜牧、狩猎，被舜任命为"虞"，即掌管狩猎的官员。

[14] 赤冀：相传为神农氏的臣子，始作杵、臼，又作鉏耨钱镈釜甑井灶等。

[15] 乘雅：名杜，传说发明用马驾车，所以又称之为"乘杜"。

寒哀始作驾驭之术 [1]

王亥始作驭牛之法 [2]

史皇始作图画 [3]

巫彭始作医术 [4]

巫咸始作占卜 [5]

有这二十位官员

圣人用以治理天下

但这二十位官员的具体职事

圣王自己未必能做

而能让这二十位官员

竭尽慧巧，尽献才能

那又是因为有圣王高高在上

圣王有所不能

才能使臣子人尽其能

圣王有所不知

才能使臣子人尽其智

圣王但需

休养自己的精神

修养自己的德行

自有天地运行、万物生息

何必非要搞得身心烦乱、耳目疲惫

那圣王之德啊

融懿明亮如月华初上

遍照六合四方，无所不至

注释:

[1] 寒哀:《世本》作"韩哀"，人名。

[2] 王亥: 汤的七世祖，相传他开始从事畜牧业。

[3] 史皇: 相传为黄帝史官。《世本》:"史皇作图，仓颉作书。"

[4] 巫彭: 古代传说的神医。《山海经·海内西经》:"开明东有巫彭、巫抵、巫阳……皆操不死之药以距之。"注:"皆神医也。"

[5] 巫咸: 商王太戊的大臣，相传他发明了用蓍草占卜。

光明璀璨如日之光芒

化育万事万物，无所不行

神与太一相合 [1]

生生不息，无所屈从

意念坚定，不可障阻

精与鬼神相通

深奥微妙，玄之又玄

不见其体，不见其形

君主一旦面南而治

诸多邪曲自然匡正

天下人复归本真

老百姓心满意足

安养自身德性

何为不成，何事不成

所以，善于为人之君

只要能慎重保持性命之情

懂得顺其自然

那么百官已然顺服

百姓已然亲附

君王声名已然天下彰明

管子向桓公回禀

"开垦荒地，扩大城邑

开辟土地，种植谷物

注释:

[1] 太一："道"的别名。"太"
是至高至极，"一"是绝对唯
一。"太一"指创造天地万物
的元气。

充分利用土地肥力

臣不如宁速 [1]，请任命他为大田 [2]

高低上下，恭敬谦逊

进退揖让，礼仪熟习

臣不如隰朋 [3]，请任命他为大行 [4]

上朝早早，退朝晚晚

国君已经怒形于色

仍然一片忠心谏诤

不惧避死亡，不以富贵为重

臣不如东郭牙 [5]，请任命他为大谏臣 [6]

原野起伏而广阔

战车行进有条不紊

士兵不会旋踵退缩

击鼓而进，三军将士视死如归

臣不如王子城父 [7]，请任命他为大司马 [8]

狱决断案，恰当适中

不杀无辜，不诬无罪

臣不如弦章 [9]，请任命他为大理 [10]

君若想治国强兵

那么有这五位已经足够

君若想成就王霸大业

那么在这里有我夷吾"

桓公说："善"

任命了这五位大臣，听命于管子

注释：

[1] 宁速：即宁戚，春秋时卫国人。为人挽牛至齐，于车下饭牛而歌，齐桓公拜为大夫。

[2] 大田：官名，田官之长。

[3] 隰朋：齐大夫，帮助管仲辅佐齐桓公成就霸业。

[4] 大行：官名，执掌宾客接待。

[5] 东郭牙：齐桓公大臣。

[6] 大谏臣：谏官。

[7] 王子城父：当为齐襄公旧臣，后为齐桓公臣。

[8] 大司马：官名，执掌攻伐征战。

[9] 弦章：即宾胥无，字子旗。

[10] 大理：官名，执掌治狱。

十年之间，九合诸侯，一匡天下

都有赖于夷吾和五位臣子的才能

管子，为人之臣

己所不能，并不充任

而让五位臣子各尽其能

何况对于人之君主

为人君主只需要知道

什么能做，什么不能做

就可以为人之君，治理人民

识破那些幽隐、伪诈、愚蠢、危险的言行

百官有司自会毕力竭智

五帝三王治理天下人民

臣下本来就是竭智尽力

治理百姓啊，只要懂得

不可一味依仗自己的能、勇、力、诚、信

那就能与真正的君道相近

但凡为人之君

自己应始终处于平静

以德教化天下

从根本入手治理国政

这样，从外表到内心

都会饱满充盈，而且耳聪目明

百官就都会谨慎职守

莫敢苟且懈怠

人人各尽其事，以实符名

名实相符，这就叫通晓大道

知　度

五曰：

所谓贤明之君

不是非要遍察万事万物

而是要深明为人之主的坚执根本

讲究方式方法的君王

不会凡事一概亲力亲为

而是谙熟驾驭百官的关键

谙熟驾驭百官的关键

自然事务减省而举国治平

深明为人之主的坚执根本

就会大权专集并制止奸佞

奸佞止禁则妄说者不来

自会晓谕实情

实情无遮则是非分明

此可谓至治

至治之世

民众不好空话虚辞，不好邪说流言

贤与不肖各返本性

行必出于真情实感

朴素无华，敦厚纯朴

以此来侍奉自己的君主

这样，对于任何

灵巧、拙笨、愚蠢、聪明、勇敢、怯懦者

都可以根据其自身特点而调换官职

官职调换正好各胜其任

所以，对于有职者

要求他们安于职守

而不再听他们的议论

对于无职者

就要责令他们展开实际行动

以验证他们的言辞承诺

明察了这两种情况

那么，无用之言就再进入不了朝廷

君王遵行性命之情

去掉爱憎分别之心

以虚无为本，听取有用之言

此之谓听朝

但凡听朝之时，君臣同在朝廷

相与昭明公理正义

相与确立法度规则

君王遵行性命之情

公理与正义之士就会到来

法度规则的效用就会确立

乖僻邪曲之人就会退去

贪婪诈伪之徒就会远离

所以，治理天下的关键

在于去除奸佞

去除奸佞的关键，在于驾驭臣僚

驾驭臣僚的关键

在于明确治理的方针大道

治理方针的核心，在于了知性命

所以，子华子说

"厚而不博，敬守一事，正性是喜

群众不周，而务成一能

尽能既成，四夷乃平

唯彼天符，不周而周

此神农之所以长

而尧舜之所以章也" [1]

为人之主，如果

自以为聪明而认为他人愚蠢

自以为智巧而认为他人拙笨

那么，愚蠢笨拙的人就会凡事请示

注释：

[1] 此处引文大意为：厚积不必广博，认真持守专一，喜好纯正秉性。不必附应众人，致力自成一能。竭尽所能方成，四方之国平定。唯与天道相符，行不同而归同。神农所以兴盛，尧舜所以彰明。

智巧聪明的人就要发布指示

发布的指示越多，请求指示的就越多

请示越多，就将无事不请

主上虽然智巧聪慧，却未必无所不知

以做不到无所不知应对无所不请

早晚会术尽道穷

为人之主在臣下那里数度术尽道穷

将何以治理天下之人

穷尽所能还不自知

又会犯自高自大的错误

是之谓"重塞之主"[1]

君王受到双重阻塞

国家也就无以保存

所以，有道之主

懂得放手让臣下做事

自己并不亲力亲为

责令臣下做事有成

自己并不过多教导

不去多想，不去臆测

恬静平和地等待

不代臣子发话，不替臣子决策

审察名分，考核实绩

官府之事让官吏自己管理

以不求知为根本

注释:

[1] 重塞：意为双重阻塞。术穷道
　　尽为一塞，自高自大为又一塞。

以询问臣下如何为宝

尧就说过："若何而为及日月之所烛"[1]

舜则说过："若何而服四荒之外"[2]

禹也说过："若何而治青丘

化九阳、奇肱之所际"[3]

赵襄子当政时用任登当中牟令[4]

年终考核上呈税赋收入时

任登向襄子推荐

"中牟有位士叫胆胥己[5]，请召见他"

襄子召见胆胥己，然后任用为中大夫

相国对赵襄子说

"大概君对这个人只是耳闻

未必亲见其为人如何

像这样就能任命为中大夫

也过于轻易

这不是晋国的规矩"

襄子说："我举荐任登时

已经有耳闻目睹

对于任登所举荐的人

我如果还要亲自去耳闻目睹地考察

那耳闻目睹可就没完没了"

于是，就不再询问

任命胆胥己当了中大夫

注释：

[1] 此处引文大意为：怎样做才能像日月一样普照世间？

[2] 此处引文大意为：怎样做才能使四方边远之外的都来归服？

[3] 此处引文大意为：怎样做才能治服青丘，能令九阳、奇肱的边人得到教化？青丘：传说中的东方之国。九阳：传说中的南方山名。奇肱：传说中的西方国名。

[4] 任登：赵襄子之臣。中牟：古邑名，在今河南省汤阴县西。

[5] 胆胥己：人名。《韩非子·外储说左上》作"中章、胥己"，以为二人。

襄子哪还需要再做什么

只要能做到知人善任

贤人志士就会竭尽全力

人主的问题

必在于对于有能力的人

委任官职却没能用其所长

让他做事却与不了解他的人相互议论

横渡长江靠的是船

到达远方靠的是千里马

成就王霸之业靠的是贤人

伊尹、吕尚、管夷吾、百里奚

就是成王成霸者的船和千里马

不任用父兄与子弟

并非疏远他们

任用厨师、钓者与仇人、仆虏 [1]

并不是偏私于他们

保社稷、立功名的原则

要求君主不得不如此

一如技艺高超的工匠建筑官室

测量宫室尺寸，就知道木材用量

估量工程大小，就知道用工人数

所以小臣 [2]、吕尚被重用

天下就知道殷、周王业将成

注释：

[1] 这里各有所指，伊尹曾为庖厨之臣；吕尚曾钓于兹水；管夷吾曾箭射公子小白，可称为仇人；百里奚曾被俘虏当过陪嫁之臣。

[2] 小臣：官名，指伊尹，被汤任命为小臣。

管夷吾、百里奚被重用

天下就知道齐、秦霸业将成

他们岂止是船或千里马啊

成王成霸当然需要人才

亡国也要有人

桀重用干辛 [1]

纣重用恶来 [2]

宋国重用唐鞅 [3]

齐国重用苏秦 [4]

就天下皆知他们将要灭亡

不任用贤人还要成就功业

就好像在夏至这天

却想让夜晚更长

冲天射鱼竟想射中

这会让舜、禹都一筹莫展

更何况平庸之主

注释：

[1] 干辛：桀之邪臣。

[2] 恶来：纣之谀臣。

[3] 唐鞅：宋康王之臣。

[4] 苏秦：战国时东周人，字季子。

慎　势

六曰：

运数已去

就是想求助于指天发誓

也绝无可能

权势尽失

还想对国人发号施令

就只有危险

能吞得下舟船的大鱼

一旦上了陆地

胜不过蝼蛄蚂蚁

权力相同就不能相互令使

势力相等就难以相互兼并

治乱相同就不必相互指责

所以，对于大小、轻重、多少、治乱

不可不审察清楚

这可是通向祸福的要路门径

凡是文明开化的冠带之国 [1]

注释:

[1] 冠带：戴帽子束带子，指代服制，引申为文明之称。

车船四通八达之地，不必借助于

通译四方夷族语言的象、译、狄鞮 [1]

拥有方圆三千里

古代的王者

择天下之正中建立王畿

择王畿之正中建立宫廷

择宫廷之正中建立祖庙

偌大的天下之地

只选方圆千里为王畿

是为了更好地治理国政

不是说王畿之地不能扩大

但是大不如小，多不如少

分封众多诸侯

不是因为偏爱贤德

而是以此有利于权势，保全尊威

以此博施道义

道义广施，利益天下

就不会有敌人

没有敌人才是真正的安全

所以，观瞻历代先王

分封诸侯国众多的

他的福分长久，他的声名赫赫

神农享有天下十七世之久 [2]

在于能够与天下共享

注释：

[1] 象、译、狄鞮：古代通译四方
民族语言的官。通南方之语者
曰"象"，通北方之语者曰"译"，
通西方之语者曰"狄鞮"。

[2] 一世：30 年为一世。神农有
十七世应为传说。

王者分封诸侯

越近的越大，越远的越小

四海之上，边远之处

甚至有仅方圆十里的诸侯国

以大国支使小国

以权势重的支使权势轻的

以人口多的支使人口少的

王者正是以此保全天下

所以说，以滕、费支使他国就费力 [1]

以邹、鲁支使他国就省事 [2]

以宋、郑支使他国 [3]

就轻松迅速得如日夜兼驰

如果用最大的齐、楚支使他国

简直就等于直接以纲纪发号施令

所用的诸侯国越大，实现起来就越容易

汤如果没有郼 [4]

武王如果没有岐 [5]

他们的贤德即使十全十美

也不能成就功业

凭着汤、武王那样的贤德

尚且要借助于权与势

何况那些赶不上汤、武王的人呢

所以，诸侯国中

注释：

[1] 滕：小国，在今山东省滕县西南。费：鲁国季氏的私邑，在今山东省费县西北。

[2] 邹：古国名，在今山东省邹城市、济宁、金乡一带。邹、鲁比滕、费大。

[3] 宋、郑比邹、鲁要大。

[4] 郼：汤为天子之前的封地。

[5] 岐：古地名。武王以此为基地灭商。

以大国役使小国者吉祥

以小国役使大国者灭亡

以权势重的役使权势轻者顺从

以权势轻的役使权势重者大凶

由此看来，若想平定一世保百姓平安

功名刻于槃盂 [1]，铭篆铸于壶鉴 [2]

这样的人

不会自满于权势之尊

不会自满于实力之雄

实力庞大，权势尊贵

又有贤德之人相佐

凭着这些，生逢乱世

至少能够成就王业

天下人民又穷又苦

人民越是贫苦

成就王业就越容易

凡是称王者

必应拯救人民于穷苦

驶水用船，行陆用车，泥路用辁 [3]

沙路用鸠 [4]，登山用樏 [5]

都是为了顺应不同的地势地形

做得到因势利导，就能实现令行禁止

高位享尊，则教化能受

注释：

[1] 槃盂：古代盛水的器皿，以青铜制成。

[2] 铭篆：铭文。鉴：古代照形的器具，青铜制成。周代铜器所铸铭文，内容多是记功的。

[3] 辁：古代用于泥泞路上的交通工具。

[4] 鸠：用于沙路的一种小车。

[5] 樏：又作欙，登山的用具。

威严树立，则奸邪当止

这就是驭人之道

所以，万乘之国

可以轻易对千乘之国发号施令

千乘之国

可以轻易对大夫的采地食邑发号施令

大夫的采地食邑

可以轻易对某个人发号施令

如果认识不到这点

即使尧、舜也会无所作为

诸侯从来都不想向他人称臣

却又不得不如此

缺乏足够势力

哪就能改变得了臣属的地位

权衡轻重，审视大小，多封诸侯

就是为了利于自己权势壮大

能够称王，凭借的是权势

能够称王，必是权势无敌

若有人能与之相抗衡

那么称王的人就被废弃

若明了如何以小超大、以少胜多

就会知道怎样才能无人与之抗衡

懂得怎样才能无人与之抗衡

就会令僭越攀比之道远离

所以，先王之法是

立天子，不让诸侯僭越

立诸侯，不让大夫僭越

立嫡子，不让庶子僭越

僭越导致争夺，争夺必生混乱

因此，诸侯失位，天下必乱

大夫无等，朝廷必乱

妻妾不分，家庭必乱

嫡庶无别，宗族必乱

慎子[1]说："一只兔子跑

有上百人追赶，不是因为

一只兔子足以分上百份

而是因为兔子归属未定

归属未定，即使是尧也会尽力追赶

更何况一般人

市场摆满了兔子

路过的人却头都不回

并不是不想要

而是因为兔子的归属明确

归属确定，再鄙陋的人

也不会去争夺"

所以，天下及诸侯之国的治理

关键在于确定等级职分

注释:

[1] 慎子：慎到，战国时期赵国人，
    法家代表人物，强调"势治"。

庄王围困宋国九个月 [1]

康王围困宋国五个月 [2]

声王围困宋国十个月 [3]

楚国三次围困宋国

却没能灭掉宋国

并不是宋国不可灭亡

而是一个和宋国一样无德的国家

去攻打无德的宋国

哪还会有结束的时候

凡是建功立业，都是因为

贤能与不肖

强大与弱小

治平与混乱

根本不同

齐简公有位臣子叫诸御鞅 [4]

他向简公进谏

说："陈常与宰予 [5]

这两位大臣彼此仇恨

我担心他们会互相攻击

他们一味地相互攻击，必会危及君王

望君罢免其中一位"

简公说 "这不是尔等小人所能明白"

过了不久，陈常果然在朝堂上攻打宰予

注释:

[1] 庄王：楚庄王，公元前 613 年—前 591 年在位。楚庄王围宋事在鲁宣公十四年（前 595 年）。

[2] 康王：楚康王，公元前 559 年—前 545 年在位。楚康王围宋事不载于史书。

[3] 声王：楚声王，公元前 407 年—前 402 年在位。楚声王围宋事不载于史书。

[4] 齐简公：公元前 484 年—前 481 年在位。诸御鞅：齐简公臣。

[5] 陈常：即陈成子，名恒（又作"常"），春秋时齐国大臣。简公四年，他杀死简公，拥立齐平公，专齐国政。宰予：字子我，孔子的学生。

在宗庙里追逐简公

简公喟然长叹

说:"我没有采纳诸御鞅的意见

以至于遭到这样的祸患"

驾驭臣下不当,就会丧失君主权威

虽然后悔没有听从诸御鞅

结果与不后悔还是一样

这就是不知道本应该依靠可依靠的

却依靠了不可依靠的

周鼎上刻铸人与物的图像

关键在于纹理贯通

通达事理

才是为君之道

不 二

七曰:

治理国政

若是靠听从众人纷纭议论

没几天国家就会危亡濒临

从何而知这是必然而然

老聃贵柔[1]，孔子贵仁[2]

墨翟贵廉[3]，关尹贵清[4]

列子贵虚[5]，陈骈贵齐[6]

阳生贵己[7]，孙膑贵势[8]

王廖贵先[9]，兒良贵后[10]

……

行军作战必有金鼓

为的是让将士统一听令

法规律令务必一致

为的是让大家心向一处

让聪明人不自作灵巧

让愚人不再笨拙无措

才能统一众人

让勇猛的人不能抢先

让胆怯的人也不落后

才能聚力一处

所以，统一才有大治，分裂则混乱

统一才有安定，分裂则危险

能使纷杂众多整齐划一

能使愚蠢、聪明、灵巧、笨拙者竭尽所能

如同出自同一个起点

那就只有圣人

没有驭下之术的智谋

注释:

[1] 老聃：即老子。他曾提出"以柔克刚"的主张。

[2] 孔子贵仁：孔子把"仁"看成最高品德。

[3] 墨翟贵廉：墨子主张"非乐""节用""节葬"等，并身体力行，一生过着清苦的生活。廉，节俭。

[4] 关尹：相传为春秋末期道家人物，曾为函谷关尹，故名"关尹"（一说姓尹名喜）。他主张"在己无居""其动若水，其静若镜"。

[5] 列子：战国时期道家人物。他说过，"莫如静，莫如虚。静也虚也，得其居矣"。

[6] 陈骈：即田骈，战国时齐国人，主张"齐万物以为首"，认为"万物皆有所可，皆有所不可"。

[7] 阳生：即阳朱，战国时魏国人。主张"贵生""重己""全性葆真，不以物累形"。孟子说他"拔一毛而利天下，不为也"。

[8] 孙膑：战国时期兵家代表人物，齐国人，孙武的后代。认为"战胜而强立，故天下服矣"。

[9] 王廖：当为战国时期的兵家，善于战前仔细谋划。

[10] 兒良：当为战国时期的兵家，善兵家权谋之学，注重战后认真总结。

没有经过教化而具有的能力

仅凭着强力与机敏、贯注与熟习

并不足以成就这些

执 一

八曰：

天地阴阳运行不变

生成万物各不相同

眼睛不失视力

能分辨黑白之别

耳朵不失听力

能听清宫商之音

王者执守根本

方为天下万物之主

军队一定要有将帅

才能行动一致

国家一定要有君主

才能上下一统

天下一定要有天子

才能统一天下

天子一定要执守根本

才能大权集中

统一，才有天下治平

两立，天下必乱

譬如并驾四马

若让四个人每人拿一根马鞭

那会连街巷之门都出不去

因为行动不一

楚王向詹子询问如何治国 [1]

詹子回答说："我只听说过如何修身

没有听说过如何治国"

难道詹子会认为国家可以不用治理

其实，他是认为

治国之本在于修身

自身修养好了家庭就好

家庭管理好了国家就能治理好

能治理好国家就能治理好天下

所以说，要通过加强自身修养来管理家庭

家庭管理得当才能治国

治国得当才能治理好天下

这四种情况

所处地位不同，根本意义却是一样

所以，圣人所作所为

注释：

[1] 詹子：名何，当时的隐者。

广大言之，可以遍及宇宙、穷尽日月

简要言之，只在于修养自身

慈父慈母的德行未必能传给儿子

忠臣的意见不肯定能被君主听取

只有修养深厚的人

才能接近于有所作为

田骈以道术到齐国游说

齐王回答他说

"寡人所拥有的，只是齐国

很想听听相关齐国的政事"

田骈回答说："臣所说的

虽然没有相关政事

却可以由此推知一切政事

好像林中之树，本身不是木材

却可以由此得到木材

愿王从中选取齐国政事的道理"

这里田骈还是就浅显的方面所说

若是就广博的方面而言

岂止于齐国政事

万事变化应和自有章法可循

依据本性任用万物才无不适当

彭祖因此而长寿

三代因此而繁荣

五帝因此而昭著

神农因此而昌盛

吴起对商文说[1]

"侍奉君主果然是得有命才成"

商文说："为什么这么说"

吴起说："治理四境之内

完成训教，移风易俗

使君臣之有义，父子有序

您和我之间谁略胜一筹"

商文说："我不如您"

吴起说："一旦献身君主为臣

就能使主上尊贵

一旦弃印辞官

主上的分量也随之轻微

在这方面您和我谁更重要"

商文说："我不如您"

吴起说："兵士战马排成阵列

马与人相对，人在马前

拿起鼓槌击鼓一次

就能让三军兵士乐死若生

在这方面您和我谁更厉害"

商文说："我不如您"

吴起说："这三样您都不如我

注释：

[1] 商文：魏臣。《史记·孙子吴
起列传》作"田文"，与孟尝
君同姓名。

却位居我上

真是命中注定的才能侍奉君主"

商文说："善。您问了我，我也问问您

世事有变，君主年少

群臣相疑，百姓不安

遇到这种情况

是把大权托付给您

还是托付给我呢"

吴起沉默不语，过了一会儿

说："托付给您"

商文说："这就是为什么我能位居于您上"

吴起只看到自己的长处

却看不到自己的短处

知道自己的优点

却不知道自己的缺点

所以吴起能在西河取胜 [1]，却为王错所困 [2]

不久遭遇大难，自身不得善终 [3]

吴国战胜了齐国 [4]，却不能取胜越国 [5]

齐国战胜了宋国 [6]，却不能取胜燕国 [8]

所以，凡是能做到全国完身的

一定洞悉长短伸屈的相互转化

注释：

[1] 西河：在今陕西省东部黄河西岸一带。吴起当年曾带兵为魏夺取西河之地。

[2] 王错：文侯死后，王错向武王讲吴起的坏话，吴起因此被迫逃往楚国。

[3] 这里指的是吴起在楚国被旧贵族射死事。

[4] 这里指吴王夫差在艾陵打败了齐国。

[5] 这里指吴王夫差被越王勾践打败。

[6] 这里指齐湣王灭宋。

[7] 这里指齐湣王被乐毅率六国兵打败。

审应览第六

审 应

一曰：

为人之主

出声应对，言语表情，务必慎重

凡是有见识的君主

交谈中都不会轻易先开口

而是让对方先说，自己应和

让对方先做，自己随应

根据对方的外在表现

观察他的心思

根据对方的言语

考察他的名头

根据他的实际行为

推证他是否名实相符

这样，说话的人就不敢胡言乱语

人主由此把控大局

孔思请求远行离开鲁国[1]

鲁君说："天下的君主

也都像寡人一样

你是要到哪里去"

孔思答道："听说君子就像鸟一样

受到惊吓就飞走"

鲁君说："君主不贤

到处都是这样

你离开不贤德的君主

就会到另一个不贤德的君主那里去

你以为这样就能了解天下的君主

但凡鸟起身飞走

是离开惊吓它的地方

到不那么惊吓的地方去

哪个地方有所惊吓必须离开

哪个地方没有惊吓可以飞去

都未可知

如果离开的是惊吓它的地方

去的也是惊吓它的地方

那鸟到底为什么还要飞走"

孔思这样回答鲁君也是不对

魏惠王派人对韩昭侯说 [1]

"郑国是被韩国灭亡的 [2]

希望君册封郑国君主的后人

注释：

[1] 魏惠王：公元前 369 年—前 319 年在位。韩昭侯：《任数》篇作"韩昭釐侯"。

[2] 郑国是被韩哀侯（韩昭侯的祖父）灭亡的。

这是所谓存亡继绝的义举

若君能册封郑国君主的后人

一定会声名赫耀天下"

昭侯对此颇有忧虑

公子食我说[1]:"臣请求去应对他"

公子食我到了魏国,见到魏王后

说:"贵国命鄙邑册封郑君的后人[2]

鄙邑不敢承应

鄙邑一向被贵国视为祸患

以前晋出公的后人声氏当过晋公[3]

后来被囚禁在铜鞮[4]

贵国没有怜悯他

却让我国来存亡继绝

我国可不敢承应"

魏王惭愧地说:"这本来不是我的意思

请客人不要再说"

公子食我这番话

其实是以他国的不义行为

来为自己不义之举作辩解

魏王虽然无话以应

韩国的不义之举愈加过分

公子食我的辩词

正好足以文过饰非

注释:

[1] 公子食我:人名。

[2] 鄙邑:对别国谦称自己的国家。

[3] 晋出公:公元前474年—前452年在位,为智伯及韩、赵、魏四卿所攻,出奔齐,死于途中。声氏:(据孙诒让说)疑为晋静公。静公名俱酒,为出公五世孙。

[4] 铜鞮:在今山西省沁县南。

魏昭王问田诎说:"寡人在东宫的时候 [1]

听先生议论'当圣贤很容易'

有这样的话吗"

田诎答道:"是臣所说"

昭王说:"那么先生是圣贤吗"

田诎答道:"在人尚未建功时

就能知道这人是圣贤

这一如尧对舜的了解

等到这人有所建功之后

才知道他是圣贤

这就是市井流俗之人对舜的了解水平

现在诎未有寸功

王却问诎说'你是圣贤吗'

敢问王也是尧吗"

昭王无言以对

对于田诎所说,昭王的本意

并不是说"我了解圣贤"

而是问"先生您是圣贤吗"

田诎竟以昭王了解圣贤作答

因此赋予昭王享有了本不具有的

如尧于舜有所知遇的那般声誉

而田诎在对答时并未详察昭王之意

偷换概念,曲意为之

注释:

[1] **魏昭王**:公元前 295 年—前 277 年在位。**田诎**:魏昭王之臣

赵惠王对公孙龙说 [1]

"寡人十余年来致力于消止战争

却一无所成，难道战争不可制止"

公孙龙回答说："止息战争的本意，

体现的是兼爱天下之心

兼爱天下

虚张声势不可能实现

一定要落在实处

现在蔺、离石二县入归秦国 [2]

王就束发布总，穿上丧服 [3]

向东攻打齐国取邑夺城

王就大摆酒筵加膳庆贺

秦国得地而王布总缟素

齐国失地而王举宴大庆

这都与兼爱之心不符

以此止息战争，肯定不能成功"

假如有这样一个人

轻慢无礼却想受到众人尊敬

结党营私，处事不公，却想博得善名

号令烦难屡变却想求得平静

残暴乖戾贪婪却想获得安定

即使是黄帝本人

也是一样地束手被困

注释：

[1] 赵惠王：《史记·赵世家》《战
国策·赵策》俱作"赵惠文王"，
公元前298年—前266年在位。
公孙龙：战国时赵国人，属名
家。

[2] 蔺、离石：二县名，原属赵，
后被秦夺去。其地在今山西省
西部。

[3] 布总：用布束起头发，是古人
服丧时的一种装束。

卫嗣君想征收重税以囤积粮食

老百姓颇为不安

他告诉薄疑说："人民过于愚昧[1]

我聚积粮食，就是为人民着想

他们自己留藏粮食，与保存于官府

能有什么区别"

薄疑说："不是这样

粮食保存在人民手里而君不知

这就不如保存在官府那里

粮食保存在官府里

而人民不能得到

这就不如保存在人民手里"

凡是听到意见，一定要反躬自省

只要考虑全面，上下详察

那么命令就没有不被听从

立国长久，当然稳固

国家稳固，就难以灭亡

如今虞、夏、商、周已无存于世

都是因为他们不懂得反躬自省

公子沓做周国的相[2]

申向与他说话时战栗不止[3]

公子沓予以斥责

说："申子与我说话时战栗恐惧

注释：

[1] 薄疑：卫嗣君之臣。

[2] 公子沓：人名。

[3] 申向：周人。

是因为我是相吧"

申向说："我确有失当。虽然如此

公子您年方二十就成为相

会见年老的人，却让老人战栗不止

请问到底谁有过错"

公子沓无话以应

战栗恐惧

是因为不习惯于面见尊者

使人战栗恐惧

则是因为自身严厉骄横

试想若能待人谦虚恭敬有节

即使别人还是战栗恐惧

责任也就不在尊者

所以，别人尽管时有过失

自己还能不改谦恭有节以待人

对有所过失者未必足以责难

总以严厉骄横待人

才应该予以责难

重　言

二曰：

为人之主，说话不可不慎重
高宗[1]，贵为天子
即位之后，居丧守孝，三年不语
卿大夫们为此恐惧而且忧心忡忡
高宗这才开口
说："以余一人匡正四方[2]
实在是唯恐言语不周
因此不言"
古代的天子
他们对于说话是如此慎重
所以，言出无失

成王与唐叔虞退朝闲聊[3]
摘下一片梧桐叶子，仿佛珪的样子[4]
授予唐叔虞说："我以这个封赐于你"
叔虞大喜，把这事报告给了周公
周公于是向成王请示

注释：

[1]　高宗：殷王小乙（盘庚之弟）之子武丁，德义高厚，殷人尊之为"高宗"。

[2]　余一人：古代天子自称。

[3]　成王：即周成王，周武王之子。唐叔虞：成王之弟，封于唐（即后来的晋），故称"唐叔虞"。

[4]　珪：也作"圭"，古玉名，诸侯用为守邑符信。

"天子封赐叔虞了吧"

成王说："余一人跟叔虞开个玩笑"

周公答道："臣听说，天子无戏言

天子一开口

史官就要记录

乐工就要唱诵

士人就要颂扬"

于是，就把叔虞封在晋

周公旦可谓能言善语

他的一句应对

就使成王更加重视言诺

既爱护弟弟，彰明道义

又正好封叔虞于晋

藩屏国都，巩固王室

荆庄王即位三年[1]

不去听政，只好隐语

成公贾入朝劝谏[2]

庄王说："不榖已经禁止劝谏[3]

现在你却来劝谏，为了什么"

成公贾回答："臣不敢劝谏

只想跟君王讲讲隐语"

庄王说："何不对不榖讲讲隐语"

成公贾答道："有只鸟停在南方的土山上

注释：

[1] 荆庄王：即楚庄王，公元前613年—前591年在位。

[2] 成公贾：楚庄王之臣。

[3] 不榖：先秦诸侯之长的谦称，本为周天子所用，后来周王室衰落，诸侯霸主也用了。

三年不动不飞不鸣

这是什么鸟"

庄王猜测说："有只鸟停在南方的土山上

它三年不动，是为了借此安定意志

它所以不飞，是为了借此生长羽翼

它所以不鸣，是为了借此考察治民方法

这鸟虽然不飞，一飞即将冲天

虽然不鸣，一鸣即将惊人

贾出去吧，不穀明白"

第二天，庄王就上了朝

提拔五人，罢免十人

群臣大悦，楚国人相互庆贺

所以《诗》上说

"何其久也，必有以也

何其处也，必有与也"[1]

这大概说的就是庄王

成公贾讲的隐喻，胜过太宰嚭的游说

太宰嚭所说被夫差所听

吴国因此成为废墟[2]

成公贾讲的隐喻，为荆庄王所理解

荆国因此称霸诸侯

齐桓公与管仲谋划攻伐莒国[3]

谋划的事并未公布就各国皆知

注释：

[1] 所引诗句见于《诗经·邶风·旄丘》，原文为"何其久也，必有与也。何其处也，必有以也。"大意为：为什么这么久呢，一定是有原因的。为什么安处不动呢，一定是有缘故的。

[2] 这里指吴国为越国所灭。

[3] 莒：西周时分封的诸侯国，战国初期为楚国所灭，后属齐国，在今山东省莒县一带。

桓公颇感奇怪

说："与仲父谋划攻伐莒国

谋划的事并未公布而各国皆知

这是怎么回事"

管仲说："国中定有圣人"

桓公说："嘻！那天服役的人中

有一个拿着蹠枱的，向上张望[1]

想来应该就是这个人"

于是命令那个人再来服役，不得替代

过了一会儿，东郭牙到了

管仲说："一定是这个人"

于是让傧相领他上来

在左右台阶上分宾主站定

管仲说："你是那个胡说要攻打莒国的人"

东郭牙回答说："对"

管仲说："我没有说过要攻打莒国

你为什么说要攻打莒国"

东郭牙答道："我听说

君子长于谋略，小人善于揣摩

我是自己私下揣摩出来的"

管仲说："我根本没有说过要攻打莒国的话

你是根据什么揣摩摸出来"

东郭牙回答说："我听说

君子有三种神色

注释：

[1] 蹠枱：应是可以用脚踏的耒。

面露欢乐喜悦之色

是欣赏钟鼓之乐时的神色

面有清冷安静之色

这是丧服在身时的神色

怒容满面，手足挥动

这是要用兵打仗的神色

那天，臣望见君在台上

怒气冲冲，手足挥动

这就是要用兵打仗的神色

君张开了口，没有闭上

这表明君所说的是'莒'

君举起胳膊指指点点

所指的正是莒国

臣私下考虑

诸侯当中不肯归服齐国的

大概只有莒国

因此臣才那么说"

大凡耳朵能听到，是因为有声音

如果没有听到声音

却能根据别人的面部表情与手臂动作

了解别人的意图

这个东郭牙，能够不靠耳朵就听懂别人的话

桓公、管仲虽然善于保守秘密

也还是不能完全隐盖

所以，圣人

能听于无声，视于无形

詹何、田子方、老聃 [1]

就是这样的圣人

精　谕

三曰：

圣人相知，不须多言

思想总是行于语言之先

海边有个喜欢青鸟的人

每当他来到海边

就有青鸟一起嬉戏

来来往往的青鸟

数以百计都不止

前后左右尽是青鸟

整日赏玩，青鸟不去

他的父亲对他说："听说，青鸟

都愿意跟你在一起

把它们带来，我也要赏玩"

注释：

[1] 詹何：道家人物。《韩非子·解老》说他在室内闻牛鸣而知牛的颜色。田子方：战国人，学于子贡，崇尚礼义。

第二天，来到海边

竟没有一个青鸟飞来

胜书劝说周公旦说[1]

"朝上廷堂小而人众多

轻声细语的话，您听不到

高声大气地快说，别人就会知道

是轻声细语呢

还是高声大气地快说呢"

周公旦说："轻声说"

胜书说："假如有件事情

隐微地说说不明白

不说就办不成

是隐微地说呢

还是不说呢"

周公旦说："那就不说"

所以，谏说周公旦

胜书可以不发一言

即使对方一言不发

周公旦也可以明白其中的意思

这就叫作不言之听

尽是不言之谋，不闻之事

殷商即使恶意向周

却也挑不出什么毛病

注释：

[1] 胜书：人名。应为周公旦的谋
士。

周嘴巴不讲话

只通过神情告诉对方

纣即使再多心

也无法掌握周的计谋

眼睛看过去的都无影无形

耳朵听到的都是无声无息

商派来探听消息的人再多

也窥探不到周的秘密

听者与说者看起来

好恶相同，志欲一样

即使贵为天子

也难以离析隔断

孔子去见温伯雪子 [1]

一言未发就出来

子贡说："先生想见到温伯雪子已经很久

现在见到他却不说话，这是为什么"

孔子说："像那样的人

眼睛一看，就知道是有道之人

用不着多说什么"

所以，未见其人即知其志

一旦见面，相互心志皆明

彼此都与天道相合

圣人之间的相知

注释：

[1] 温伯雪子：当时的贤者。

哪里需要等什么言语交流

白公向孔子询问 [1]

"与人交流是否可以

仅以暗喻示意"

孔子不予回答

白公说 "以暗喻示意

仿佛投石入水一般，会怎么样"

孔子说："潜行水中的人能得到它"

白公说："仿佛把水倒入水中一般

会怎么样"

孔子说："淄水、渑水汇合 [2]

易牙尝尝味道就能知道" [3]

白公说："那么

不可与人暗喻示意了吗"

孔子说："为什么不可以

对那些明晓言语真实含义的人就可以

也只有对他们才能这样"

白公不懂得这番道理

如果懂得了这番道理

也就不用有所言语

因为，语言本就是思想的属民

捕鱼者湿衣，争兽者奔跑

并不是他们用意在湿衣和奔跑

注释：

[1] 白公：楚大夫，名胜，楚平王之孙，太子建之子。太子建因受陷害而出奔郑，后被郑人杀死。为报父仇，白公谋划杀死楚国领兵救郑的令尹子西、司马子期。

[2] 淄水、渑水：齐国境内的两条河水。

[3] 易牙：齐桓公近臣，善于区别滋味。

至言去言，至为无为

人若才智浅薄

所争多是舍本求末

正因如此白公会死于刑室 [1]

齐桓公盟会诸侯，卫国人来得最晚

桓公上朝即与管仲谋划伐卫

退朝后进入内室

卫姬远远望见君 [2]

下堂拜了两拜，为卫君请罪

桓公说："我无意攻打卫国

你请个什么罪"

卫姬回答说："妾远远看见君进门

大步流星，怒气冲冲

有攻打别国之志

而且一见到我就勃然变色

这应该就是要攻打卫国"

第二天，桓公上朝

向管仲作揖请他进来

管仲说："君不打卫国了吧"

桓公说："仲父从何而知"

管仲说："君升朝时恭敬作揖

见到臣面有愧色，臣以此而知"

桓公说："善。仲父治外，夫人治内

注释：

[1] 据《左传》，白公于楚惠王十年（前 479 年）起兵杀死尹子西、司马子期，控制楚都，后被叶公子高打败，"白公奔山而缢"。此处说法与《左传》有别。

[2] 卫姬：齐桓公夫人，娶于卫，故称"卫姬"。

寡人相信

自己终将不会为诸侯所耻笑"

桓公未发一言以藏匿心事

结果管子凭着容貌声音

夫人凭着行步神态

都察觉到了

即使桓公不发一言，他的意图

就像暗夜中的烛火一般

清清楚楚

晋襄公派人向周天子请示 [1]

"敝国寡君卧病 [2]，以龟甲占卜

说：'三涂山山神降下神祸' [3]

敝国寡君派下臣来，希望能借个路

去向三涂山山神祈福"

周天子答应了这个要求

于是升朝，按照礼节接待使者

礼毕客出，苌弘对刘康公说 [4]

"向三涂山山神祈福

受到天子礼遇

这是多么温和嘉美之事

可是这位客人却有勇武之色

恐怕有意外之事，请康公有所防备"

刘康公就下令警示战车士卒

注释：

[1] 晋襄公：晋文公之子，公元前 627 年—前 621 年在位。

[2] 寡君：臣子对别国谦称自己的国君。

[3] 三涂山：古山名，在今河南省嵩县西南、伊河北岸。

[4] 苌弘：周景王、敬王大臣刘文公所属大夫。刘康公：周定王之子（一说为周匡王之子），食邑在刘，谥"康公"。刘在今河南省偃师区南。

做好战备准备

晋国果然先行祭祀

趁机派杨子[1]

率领十二万士兵相随其后

渡过黄河棘津渡口[2]

袭击聊、阮、梁等蛮族城邑

灭掉这三个小国

这就是实际与声称不相符的时候

为圣人所明察

苌弘堪称明白就里

所以，决策不可以仅凭只言片语

只有透析言语背后的思想意图

才能做出准确判断

离　谓

四曰：

语言用来表达思想

言语与思想相离相悖

必有凶险

造成国家混乱的习俗

注释：

[1] 杨子：晋国的将帅。《左传·昭公十七年》中有"晋荀吴帅师涉自棘津"的记载与此不同。

[2] 棘津：当指孟津，古黄河渡口，在今河南省孟县南。

就是流言四起，罔顾事实

人或致力于相互诋毁

或致力于相互吹捧

各自结成朋党

众口喧嚣，气焰冲天

贤与不肖无法分辨

以此来治理国政

贤君尚且疑惑丛生

更何况不那么贤明的君主

头脑混乱之人的问题

正在于他自己从未自觉困惑

然而，昏昏然之中有明白

冥冥之中有光明

那些亡国之君，自己既然从无困惑

所以就与桀、纣、幽、厉诸王

一样地携手并进

那些灭亡之国

也一样地并无其他途径

郑国多地有人

把新法令《竹书》悬出示人 [1]

子产下令禁止 [2]

邓析就对新法加以修改 [3]

子产下令不许修改

注释：

[1] 《竹书》当指《竹刑》，为郑国大夫邓析所编。《竹刑》较子产所铸刑书为优，故人多悬之。

[2] 子产：公孙侨，名侨，字子产，春秋时郑国执政大臣，实行过一系列政治改革。

[3] 邓析：春秋末期郑国人，做过大夫，曾作《竹刑》，宣传法制。他"操两可之说，设无穷之辞"，是名家的代表人物。

邓析就把新法弄得偏颇极端

子产的命令一个接着一个

邓析应对的办法也无穷无尽

可行与不可行无有定别

却又要施加赏罚

那么，赏罚越猛烈，混乱也就越厉害

这是治国的禁忌

所以，与法纪不符的能言善辩

就是伪装

与法纪相悖的聪明

就是欺骗

这种诈伪之人

正是先王所诛杀的

理法，才是判断是非的根本

洧水水大河深[1]

一个郑国富人溺死河中

有个人得到了逝者的尸体

富人的家人请求赎买尸体

得到富人尸体的那个人

要求支付很多钱

富人的家人上告给邓析

邓析说："安心等待

那人一定无处去卖"

注释：

[1] 洧水：今双洎河，在河南省境内。

得到尸体的人也在忧心忡忡

向邓析作了报告

邓析回答说："安心等待

那家一定没别的地方再去买"

那些诋毁忠臣的人的手段

正是与此相仿

没有功业就得不到民心

就以其尚无功业未得民心来诋毁

一旦建功立业得到人民拥护

就又以其有功而得到人民拥护来诋毁

那些本来心中就毫无原则的君主

又无从了解具体情况

这样的一切岂不是非常可悲

比干，苌弘

就是因君主不辨忠奸而死

箕子 [1]，商容 [2]

就是因君主不辨忠奸而饱受猜忌

范蠡 [3]，伍子胥 [4]

就是因君主不辨忠奸

或泛舟五湖，或流尸于江

忠臣的生死、存亡、安危

都是由君主能否明辨忠奸而来

子产治郑的时候，邓析对他极力刁难

注释：

[1] 箕子：纣之诸父，因劝谏纣而被囚禁。

[2] 商容：商代贵族，相传被纣废黜。

[3] 范蠡：范蠡辅佐越王勾践灭吴后，泛舟五湖。

[4] 伍子胥因劝谏吴王夫差拒越求和，被赐死。伍子胥的尸体被装在口袋内流于江。

与官司在身的罪人都有约定

身犯大罪的需要送上一件衣服

身犯小罪的需要送上短衣或裤子

献上衣服、短衣或裤子

以便学会在法庭上争辩是非的人不可胜数

以错为对，以对为错

是非对错没有标准

允许的与不允许的天天在变

想让谁胜诉谁就能因此胜诉

想让谁获罪谁就能因此获罪

郑国因此大乱，民声鼎沸

子产以此为患

于是杀死邓析并陈尸示众

民心顺服，是非确定，法律实行

当今世上的人

大都希望自己的国家安定太平

却杀不掉邓析这类小人

所以，越想国家治平

反而是国家愈加混乱

齐国有个侍奉人的人

所侍之主遇难而他却没殉死

在路上遇到故人

故人说："你果真不为主殉死"

这个人回答说："当然

凡是侍奉人的，目的是为了谋取利益

殉死，没有任何利益

所以不会殉死"

故人说："你要是这样，还是否可以见人"

这个人回答说

"你以为殉死以后就可以见人"

类似这样的话他传述多次

不为自己的君主上司殉死

已属大不义，他还振振有词谁也不服

所以，仅凭言辞不足以决断事情

这个道理应该十分清楚

言辞，用来表达人的本意

因为欣赏表达却弃失本意

这就是糊涂

所以，古时的先人

着重掌握人的本意

而不在意他说了什么

就是听人家说话

也是要借他所说来揣摩他的本意

如果只听人言语

却没能搞清他的本意

那说来说去的

与乖戾之言也并无差异

齐国有个淳于髡 [1]

他说服魏王支持合纵六国联合拒秦

魏王很欣赏他的辩才 [2]

套车十乘，让他出使楚国

待到告辞出行他又说出连横之术

即以六国分别事秦来劝说魏王

魏王于是制止他出行

既让合纵落空又让连横不成

这个淳于髡

才大多能，真不如才小少能

颇有辩才，真不如没有辩才

周鼎上刻铸着倕的像

那个像却是倕在咬断自己巧手的手指

先王是以此表明

过于机巧实不可取

注释:

[1]　淳于髡：战国时齐国人，以博
　　　学著称，曾被齐威王任为大夫。

[2]　即魏惠王。

淫　辞

五曰：

没有言语交流

就无法交往

只听信言辞

就会发生混乱

即使是胡言乱语

其中也还会有所表示

这就是本心

说的话如不违心

表达出来的就会接近

凡是说出来的话

都应该是在表达自己的心念

如果说出的话和心中所念相悖离

居上位者又无从考察检验

那么居下位者就多会

所言与所行不符

所行与所言不符

言行相违

这可是莫大的不祥

空雒盟会，秦国与赵国相互订立盟约

盟约说："从今以后

秦国想做的，赵国予以帮助

赵国想做的，秦国予以帮助"

过了不久，秦国兴兵攻打魏国

赵国想援救魏国

秦王很不高兴[1]，派使臣去责备赵王

说："盟约上说

'秦国想做的，赵国予以帮助

赵国想做的，秦国予以帮助'

现在秦国想攻打魏国

而赵国却想援救它

这不是我们的相互约定"

赵王告诉了平原君[2]

平原君告诉了公孙龙

公孙龙说："赵王也可以派使臣

去责备秦王

说：'赵国想援救魏国

现在秦国偏偏不帮助赵国

这不是我们的相互约定"

在平原君那里

注释：

[1] 这里的秦王当为秦昭王。

[2] 平原君：即赵胜，战国时期赵国贵族，惠文王之弟，封于东武城，号"平原君"，为赵相，有门客数千人。

孔穿和公孙龙展开辩论 [1]

双方的言辞精深雄辩

论及藏三耳命题 [2]

公孙龙把藏三耳辩得头头是道

孔穿未做回答

一会儿，就告辞走了

第二天，孔穿上朝

平原君对孔穿说

"昨天公孙龙的话非常雄辩"

孔穿说，"是的

几乎能让母羊有了三只耳朵

尽管这论点难以成立

很想请问君

论证母羊有三耳

难以成立而且并非事实

说明母羊有两耳

论说容易而且事实如此

不知君是赞同容易而正确的说法

还是赞同难以成立且错误的说法呢"

平原君没有回答

第二天，平原君对公孙龙说

"你就不要和孔穿辩论了"

楚国的柱国庄伯 [4]

注释：

[1] 孔穿：字子高，孔子的后代。

[2] 藏三耳：《孔丛子·公孙龙》篇有"藏三耳"语。这里的"藏"即"臧"之借字。"臧"通"牂"，母羊。所谓羊三耳：羊有耳，是一个集合概念；羊又有两耳，加起来是三个概念，所以说"羊三耳"。这都属当时名家诡辩的概念命题。

[4] 柱国：也称"上柱国"，战国时期楚国官名，原为保卫国都之官，后为最高武官，地位仅次于令尹。庄伯，人名。

让父亲去看看时间

父亲说，太阳"在天上"

让看看时间早晚

却说"正圆"

让看看是什么具体时辰

却说"正是现在"

庄伯让谒者传令驾车 [1]

谒者说"无马"

让涓人去取冠 [2]

涓人说"已呈进"

问马的年齿

圉人说"齿十二，加上牙共三十" [3]

有人担保奴仆不会逃跑

奴仆逃跑了

庄伯的判决竟是

担保者无罪

宋国有个人叫澄子

丢了一件黑色的朝服

他到路上去寻找

看见一个穿着黑色衣服的妇女

就抓住她不放手，要脱掉她的衣服

说："今天我丢了件黑衣服"

妇人说："您是丢了件黑衣服

注释：

[1] 谒者：官名，负责为国君传达指令。

[2] 涓人：在君主左右掌管洒扫的人。冠：本意是帽子。古代的冠是一种装饰，用来束发。戴冠表示礼貌。

[3] 圉人：官名，掌养马刍牧之事。

不过这件黑衣服确实是我自己做的"

澄子说："你不如赶快把衣服给我

昨天我丢的是纺帛黑衣

现在你的是单面无里的黑衣

用单面无里的抵偿纺帛衣服

你这难道不是占了大便宜"

宋王对他的相唐鞅说 [1]

"寡人杀戮甚多

群臣却越发无所畏惧

这是什么原因"

唐鞅回答说："王所治罪的

都是不好的人

对不好的人治罪，所以好人无所畏惧

王想让群臣畏惧

不如对臣下不分好赖

就是不断地治罪

这样，则群臣畏惧"

过了不久，宋君杀死唐鞅

唐鞅这么回答

还真不如不回答

惠子奉魏惠王之命制定法令 [2]

法令制成，给民众公示

注释：

[1] 这里的宋王，是指宋康王。唐
　　鞅：宋康王的相。

[2] 惠子：即惠施。

民众都认为这部法令很好

将之呈献惠王，得到惠王肯定

拿来让翟翦看 [1]

翟翦说："善也"

惠王说："可以推行吗"

翟翦说："不可以"

惠王说："好却不可以推行

这是为什么"

翟翦回答说："现在有人抬着大木头

前面的唱着号子

后面的也相互应和

对于抬大木头的来说

这号子就是最适合的

难道就没有郑卫之音可唱

只是唱那个不如唱这个适宜

至于治理国家

也像抬大木头一样

自有其宜用之法"

注释：

[1] 翟翦：魏国人，翟黄（又作"翟璜"）之后。

不 屈

六曰：

明察善辩之士

常常自以为得道

其实未必

即使未能得道

他的待人接物

还是会言辞滔滔无尽

即使穷尽言辞

是祸是福尚未可知

能以明察善辩而达理明义

那么，明察善辩就是福气

若以明察善辩饰非惑愚

那么，明察善辩就是祸端

古人之所以高看善于驾车的人

因为可以借以驱暴止邪

魏惠王对惠子说

"前代享有国家的

一定是贤德之人

现在寡人确实不如先生

希望能把国家传与您"

惠子谢绝了

魏王又坚决地请求

"假如寡人不享有这个国家

而是传与贤德之人

就可以制止人们贪婪相争之心

希望先生因此听从寡人"

惠子说："若如王所说

那惠施就更不能听从

王本就是万乘之主

把国家传让给别人

尚且可以制止人们贪婪相争之心

如今惠施一介布衣

可以据有大国却谢绝

这样，就能更有力地

制止人们贪婪相争之心"

惠王对惠子说

古代拥有国家的，一定是贤德之人

接受别人传与的国家

而且自身贤德的，是舜

我这样做

就是希望惠子成为舜那样的人

谢绝别人传与国家

而且自己贤德的，是许由

这是惠子希望成为许由那样的人

把国家传给别人

而且自己贤德的，是尧

这是惠王想成为尧那样的人

尧、舜、许由能有那么大的影响

不只是因为尧传位于舜而舜接受

传给许由而许由谢绝

他们其他的行为也与此相称

惠王现在其他相称行为都没有做到

却想成为尧、舜、许由那样的人

后来惠王穿着丧国之服自拘于鄄 [1]

请求归服齐国

齐威王并不接受 [2]

惠子于是换衣变帽，乘车逃走

还没逃出魏国国境，就几乎遇难

凡是自己的所作所为

不可心存侥幸

而是一定要诚恳

在惠王面前，匡章对惠子说 [3]

"蝗虫，农夫捉住就弄死它

为什么？因为它损害庄稼

注释:

[1] 鄄：魏邑名，在今山东省鄄城县北。

[2] 齐威王：田姓，战国时齐国君主，公元前 356 年—前 320 年在位。

[3] 匡章：战国时齐将，齐威王、宣王、湣王时均有战功。

现在您一行动

随行的，多者数百辆车

几百个步行的人

少的时候，也有几十辆车

几十个步行的人

都是不耕而食的人

他们损害起庄稼来更厉害"

惠王说："惠子很难用言辞回答您

虽然如此，还是请先生谈谈自己的想法"

惠子说："现在那些修筑城墙的人

有的拿着大杵在城上捣土

有的背着畚箕在城下来来往往运土

有的拿着表掇观测方位 [1]

像我惠施这样的

就是拿着表掇观测方位斜正的人

让善于织丝的女子变成丝，就织不成丝了

让巧匠变成木料，就不能处置木材

让圣人变成农夫，就无人管理农夫

我惠施就是能管理农夫的人

您为什么把我比做害虫"

惠子以治理魏国为本

他的治理却等于不治

在惠王的时代

作战五十次失败二十次

注释：

[1] 表掇：他书或作"表缀"，本指用来表示分界的挂有毛皮的直木，引申有仪范、楷模、标志等意义。

被杀死的人不可胜数

惠王的大将、爱子都有被俘 [1]

惠子自以为是的理政之术

愚蠢至极，为天下耻笑

人人都说得出他的错误

惠王这才请求周天子的太史

去掉惠子仲父的名号

魏军包围邯郸三年，无法攻取

士卒人民疲惫羸弱，国家空虚

天下诸侯欲解邯郸之围

从四面发兵而来

百姓责难，诸侯无赞

惠王向翟翦道歉

再次采取翟翦的谋略

国家社稷得以保存

名贵宝物散到国外

国土被四邻割去

魏国从此衰落

仲父之名，多么显赫尊贵

让国与贤，多么高尚实诚

惠子以不可听不可信之言谏说惠王

惠王这般言听计从

不能叫作善于听取意见

不善于听取意见，却来治理国政

注释:

[1] 据《史记·秦本纪》载，魏惠王九年，魏相公孙痤为秦所虏。《史记·六国年表》载，魏惠王九年，与秦战于少梁，魏太子被虏。《史记·魏世家》载，魏惠王三十年，太子申与齐人战，败于马陵，太子申被擒，将军庞涓死。惠王三十一年，卫将军公子卬为秦所虏。

天下就没有比这更大的危害

万幸的是，惠子之言只是被魏国听从

以危害天下为实，却以治理国政为名

匡章对惠子的非难

岂不应该可行

白圭刚与惠子相见

惠子就大讲强国之术

白圭无话以对

惠子出去。白圭告诉别人

说："有个刚娶媳妇的人

媳妇来了，应该安稳持重，微视慢行

童仆拿的小火把烧得有些大

新媳妇说：'火把太旺'

进了门，门内有坑坎

新媳妇说：'填上它！会伤人腿脚'

这并非于夫家不利

然而有些太过分

现在惠子与我刚刚会面

对我说的话也是太过分"

惠子听闻这个说："不对。《诗》上说

'恺悌君子，民之父母'[1]

恺者，大也

悌者，长也

注释：

[1] 见《诗经·大雅·泂酌》。"恺悌"作"岂弟"。引文意为：恺悌之君子，人民之父母。

君子的品德，持久而高尚盛大

可以成为人民的父母

父母教育孩子，哪里要等那么久

为什么把我比作新媳妇

《诗》中难道说过'恺悌新妇'"

靠污秽责难污秽，以邪僻责难邪僻

这是将责难者等同于被责难者

白圭说，惠子刚刚见到我

对我说的那些话都那么过分

惠子一听说这个就责难白圭

因此自以为可以当白圭的父母

这惠子的错误

比白圭说的惠子的过分还要大得多

应　言

七曰

白圭对魏王说

"用市丘大鼎烹鸡 [1]

汤汁多了味淡得没法吃

汤汁少了则焦而不熟

注释：

[1]　市丘：魏邑名，所在不详。

大鼎看起来高大漂亮

实际没有什么用处

那惠子的话就好似这大鼎"

惠子听闻这话，说："不是这样

假使饥饿的三军士卒

驻留在鼎旁

恰好有蒸饭的大甑

和甑搭配起来蒸饭

就没有比这鼎更合适的了"

白圭听到这话以后

说："没有用处的东西

想再加上个甑又能怎样"

白圭之论自相矛盾

他过于轻视魏王

认为惠子只是话说得漂亮

却没有什么用处

这样就等于是说魏王

以言之无用的人为仲父

视言之无用的人最完美

公孙龙谏说燕昭王休兵罢战

昭王说："很好

寡人会与大家谋划一下"

公孙龙说："我私下估摸大王不会休兵"

昭王说:"为什么"

公孙龙说:"从前大王想打败齐国

天下那些想打败齐国的人

大王全都收养起来

了解齐国险阻要塞和君臣关系的人

大王全都收养起来

了解情况却不想打齐国的人

大王还是不肯收养

最后果然打败齐国,功勋显赫

现在,大王说

我很赞成休兵罢战

可是在大王朝廷里的

各诸侯国的人士

都是些长于用兵之人

臣以此得知

大王不会罢战休兵"

昭王未做回答

在中山国王面前

司马喜就"非攻"主张 [1]

向墨者师发难 [2]

说:"先生信奉'非攻'"

墨者师说:"是的"

司马喜说:"假如王发兵攻打燕国

注释:

[1] 司马喜:中山国相。

[2] 墨者师:意为墨家学派名叫师的人。

先生将会批评王吗"

墨者师回答说

"那么相国赞成攻打燕国吗"

司马喜说:"是的"

墨者师说:"假如赵国发兵攻打中山国

相国也将赞成吗"

司马喜无以作答

路说对周颇说 [1]

"您如果不爱赵国

天下人一定会跟从您"

周颇说:"本来希望让天下人跟从我

天下人跟从我

那就有利于秦国"

路说应答道

"那么您是想有利于秦国"

周颇说:"惟愿如此"

路说说:"您既有此愿

何不让天下人跟从您" [2]

魏王下令孟卯 [3]

割让绛、汾、安邑等地给秦王 [4]

秦王很高兴,令起贾去见魏王 [5]

为孟卯请求司徒一职 [6]

注释:

[1] 路说、周颇:皆人名。其事未详。

[2] 上面这段话所指不详。此处姑且根据字面意思译出。

[3] 孟卯:齐人,仕于魏。

[4] 绛:古邑名,战国魏地,在今山西省新绛县。汾:古邑名。安邑:古邑名,战国时初为魏都,在今山西省夏县西北。

[5] 起贾:人名,其事迹不详。

[6] 司徒:古代官名,掌管国家的土地和人民。

魏王很不高兴

回答起贾说："卯

是寡人的臣子

寡人宁用贱奴当司徒

也不会任用卯

希望大王另以他人诏示"

起贾出来

在庭院里遇到孟卯

孟卯说："您说的事情怎么样了"

超贾说："您为您的主公所轻贱

您的主公说：宁用贱奴做司徒

也不会用您"

孟卯入见，对魏王说

"秦国客人说了些什么"

魏王说："请求用你当司徒"

孟卯说："您怎样回答"

魏王说："宁用贱奴，不会用卯"

孟卯长叹道："所以王就该为秦国所制

秦国善待臣下，王何必对此多疑

让牛驮着绛、汾、安邑的地图

献给秦国

秦国尚且会好好地待牛

卯虽然不肖，难道还不如牛

况且王令三位将军

先臣一步去秦国致意

说：'视卯如我'

这是重视臣下

现在，您轻视臣下

以后再让我去责求秦国践约 [1]

卯再有贤能，还能做得到吗"

过了三天，魏王才答应了起贾

但凡人主予人高官

必出于国家有益

现在仅割让国家锱锤之地 [2]

就能得到高位

以后哪有那么多土地供他割让

高官，人臣人人所望

孟卯让秦国得到了想要的土地

秦国也让孟卯得到了想要的官位

债约已经偿还

哪还有什么可索取

魏国即使强大

也不能向没欠债的索债

何况它本身弱小

魏王下令孟卯当了司徒

却失掉了向秦国责求践约的机会

这实在是愚笨

注释：

[1] 据《战国策·魏策》，秦欲得魏地，芒卯对秦王说："王能使臣为魏司徒，则臣能使魏献之。"之后则说魏王献地，以求得秦出兵东击齐。后地入秦数月而秦兵不出，芒卯对魏王说："臣为王责约于秦。"

[2] 锱锤：古代重量单位，六铢等于一锱，八铢等于一锤（二十四铢为一两）。这里比喻小块土地。

秦王自立为帝 [1]

宜阳令许绾欺骗魏王 [2]

魏王要去秦国朝拜

魏敬对魏王说 [3]

"就河内和大梁而言哪个重要" [4]

魏王说："大梁重要"

魏敬又说："大梁跟您自身比哪个重要"

魏王说："自身重要"

魏敬又说："假如秦国索求河内

那么王会给吗"

魏王说："不给"

魏敬说："上述三者之中

河内最下，您自身最上

秦国索取最下等的您不答应

索取最上等的您却答应

臣心里对此很不赞成"

魏王说："很好"

于是停止出行

秦国虽然在长平大胜 [5]

但仗打了三年之后

才决出的胜负

士卒和人民疲惫不堪，粮食匮乏

正当此时，东周、西周尚在

大梁以北的地区未失

注释：

[1] 指秦昭襄王立为西帝事。《史记·秦本纪》："昭襄王十七年，王之宜阳。十九年，王为西帝，复去之。"

[2] 宜阳：战国时韩邑，后归秦。许绾：秦臣（依高诱说）。魏王：指魏昭王。

[3] 魏敬：魏臣。

[4] 河内：古地名，这里指魏国境内黄河以北地区。大梁：魏惠王自安邑迁都于此，在今河南省开封市西北。

[5] 长平：战国时赵邑，今山西省高平市西北。

魏国攻陶伐卫 [1]

土地有方圆六百里

拥有这样的形势

却要入秦朝拜，那确实是太早

其实，何必要等魏敬劝说之后

魏王才不入秦朝拜

在不必去的时候去

其祸患与将来该去的时候不去

完全一样

入或不入的时机

不可不深思熟虑

具　备

八曰：

即使有羿、蠭蒙这样的善射之人 [2]

和繁弱这样的良弓

如果没有弓弦，也肯定不能射中

射中不会仅靠弓弦

弓弦却是射中的必备条件

建立功名也需要具备条件

注释：

[1] 陶：齐邑名，在今山东省定陶区西北。魏军攻取陶事史书无考。又据《史记·魏世家》，魏哀王八年，"伐卫，拔列城二"。《竹书纪年》："八年，翟章伐卫。"

[2] 羿：即后羿，传说中夏代东夷族的首领，以善射箭著称。蠭蒙：传说中夏代善于射箭的人，曾向后羿学习射箭。

条件不具备

即使贤德超越汤、武

也会劳而无功

汤曾穷困于郼、薄[1]

武王曾困窘于毕、郢[2]

伊尹曾为庖厨之臣

太公望曾隐居垂钓

不是他们的贤德衰微

不是他们的才具愚蠢

都是因为条件尚未具备

所以，但凡建立功名

即使贤德过人

也一定要条件具备

然后才可以成功

宓子贱受命去治理亶父[3]

担心鲁君听信谗人谗言

会使自己不能实行自己的主张

临行准备告辞

请求鲁君派两个近臣一起去

到了亶父

亶父官吏都来朝见

宓子贱让那两个近臣书写记述

二吏正在书写

注释：

[1] 薄：通"亳"。汤时的都城，今河南省商丘市北。

[2] 毕：即毕原，今陕西省咸阳市北。郢：也作"程"，古邑名，周文王曾迁居于此。故址在今陕西省咸阳市东。

[3] 宓子贱：孔子弟子宓不齐，字子贱。亶父：春秋时鲁邑，在今山东省单县。

一旁的宓子贱不时拉扯他们的胳膊

二吏写不好字

宓子贱还为此发怒

二吏很厌烦，告辞请回

宓子贱说："你们写得很不好

你们赶快回去"

二吏回去，向鲁君禀报

说："根本没法给宓子做记录"

鲁君说："为什么"

吏回答说："宓子让我们书写记录

却不时地拉扯我们的胳膊

写的不好他又大发脾气

亶父的官吏都笑话宓子

所以，臣告辞离开"

鲁国君主长叹道

"宓子是用这种方式劝谏寡人

寡人扰乱宓子

使宓子不能实行他的主张

这样的事一定很多次了

假如没有这两个人

寡人几乎要犯错误"

于是，就派了所喜欢的人去亶父

告诉宓子说："从今以后

亶父不归寡人所有，归你所有

只要是对亶父有利

你自己决断去做

五年以后报告施政要点"

宓子恭敬承诺

得以在亶父实行自己的主张

过了三年

巫马旗身着平民童仆的粗毛衣和破旧皮衣[1]

去亶父观察教化情况

看到夜里捕鱼的人

得到了鱼就扔回水里

巫马旗就问他说

"捕鱼是为了得到鱼

现在你捕到鱼又把它扔回水里

这是为什么"

那人回答说

"宓子不让人捕取小鱼

扔回水里的都是小鱼"

巫马旗回去,告诉孔子

说:"宓子德政至极

能让老百姓即使暗中独自做事

也犹如严格法律在旁

请问宓子如何做到这个"

孔子说:"丘曾经和他说过

'诚乎此者刑乎彼'[2]

注释:

[1] 巫马旗:通作"巫马期",孔子的弟子。

[2] 大意为:诚于心而形于外。

宓子在亶父一定是实行了这个"

宓子得以实行这个主张

是因为鲁君后来有所领悟

鲁君之所以后来能有所领悟

因为宓子事先有所准备

事先有了准备

难道就一定能让君主有所领悟

而这就是鲁君的贤明之处

三个月大的婴儿

轩冕在前 [1]，不知羡慕

斧钺在后，不知恐怖

慈母之爱，心领神会

赤子之心，赤诚精诚

所以说，诚而又诚才合乎真情

精而又精方与天性相通

与天性相通

水、木、石的本性都会有变

更何况有血气之人

所以，但凡言说理政之务

没有比真诚更重

听人说起悲哀

不如看到他的哭泣

听人说起愤怒

注释：

[1] 轩冕：古代卿大夫的车服。

不如看到他的搏斗

不以赤诚言说理政

肯定无法感化人的心神

离俗览第七

离　俗

一曰：

世上所不足的

是理义

世上所有余的

是妄作苟为、违背理义

人之常情是

以不足者为贵

以有余者为贱

所以，平民、人臣的品行

应该洁白清廉、合规中矩

愈穷困，愈光荣

即使死去

普天之下愈加尊崇

因为这正是世所不足

然而，若以理义的标准来衡量

非但舜、汤

神农、黄帝尚有可非之处

飞兔、要褭 [1]，这些古代的骏马

尚且有力气用尽的短处

如果坚持以墨绳严格量取木材

那么宫室房屋也会无法建成

舜曾想把帝位

让给自己的朋友石户之农 [2]

石户之农说："君为人做事

如此不知疲倦

不过只是个勤劳任力之士"

认为舜的品德未达至境

于是丈夫背着、妻子顶着家当

领着孩子去海上隐居

离开当地后终生不回

舜又曾想把帝位

让给自己的朋友北人无择 [3]

北人无择说："迥异常人啊

君的做事为人

本居于田间乡野

却游走入尧的门庭

不过如此也就罢了

又想以自己耻辱的行为玷污我

我对此羞愧难当"

于是纵身投入苍领之渊 [4]

注释：

[1] 飞兔、要褭：骏马名。

[2] 石户：古地名。石户之农：在
  石户种田的农夫

[3] 北人无择：姓北人，名无择。

[4] 苍领：他书或作"清泠"，古
  代传说中的大泽名，《山海经》
  谓在江南。

汤准备讨伐桀

就此去找卞随谋划 [1]

卞随辞谢说："这不是我的事"

汤说："谁可以"

卞随说："我不知道"

汤又去找务光谋划 [2]

务光说："这不是我的事"

汤说："谁可以"

务光说："我不知道"

汤说："伊尹怎么样"

务光说："为人奋力忍辱

其他的我不清楚"

汤于是与伊尹谋划讨夏伐桀

战胜了夏桀

汤想把王位让给卞随

卞随辞谢说："君讨伐桀之时

要与我谋划

一定是认为我本性残忍

战胜桀后要把王位让给我

一定是认为我本性贪婪

我生于乱世

无道之人两次来污辱我 [3]

我不忍屡次听这样的话"

注释:

[1] 卞随：传说中夏时的高士。

[2] 务光：传说中夏时的高士。

[3] 无道之人：指汤而言。卞随认为汤作为一个诸侯不应伐天子（桀），所以称他为"无道之人"。

于是就自己跳入颍水而死

汤又要把王位让给务光

说："智者筹谋，武者成就，仁者拥有

是自古以来的原则

您何不居天子之位

我愿成为您的辅佐"

务光辞谢说："废弃君上，不义

杀死人民，不仁

别人身冒战争危难

我却享有战争之利

这绝非清白廉洁

我听说过

与义不符，不受其利

无道之世，不践其土

何况我这样的以理义为尊的人

总是看到这些情况

我实在难以忍受"

于是就背负石头沉于募水 [1]

所以，象石户之农、北人无择、卞随、务
光这样的

他们看待天下，如同居于六合之外 [2]

这是一般人所不能理解

他们面对富贵，即使随手可得

注释：

[1] 募水：水名。《庄子·让王》
作"庐水"。

[2] 六合：指天、地、四方。

也一定不以为是多么有利

他们节操高尚，品行坚贞

坚守自己的理想，孤独而快乐着

因而没有什么可以伤害他们

不为利益所玷污

不为权势所牵制

以居于浊世为耻

能具有这样的节操

只有这四位贤士

至于舜、汤

则可包容天下万物

身不由己而不得不动

顺应时势而有所作为

以爱利为根本，以为万民为义

譬如那钓鱼之人

鱼有小有大，鱼饵要与之相适

浮漂有动有静，然后相机而行

齐国、晋国相互作战

齐国平阿邑的余子丢戟得矛 [1]

撤退时，自己很不高兴

对路上的人说

"我丢戟得矛，是否可以回去"

注释：

[1] 平阿：齐邑名。余子：周代兵
制规定，每户以一人为正卒，
余者为羡卒，即"余子"。

路上的人说

"戟也是兵器，矛也是兵器

丢失了兵器又得到了兵器

为什么不可以回去"

余子于是往回走

心里还是不高兴

遇到高唐的守邑大夫叔无孙 [1]

就在他的马前

说："今天作战，我丢戟得矛

是否可以回去"

叔无孙说："矛不是戟，戟不是矛

丢戟得矛，哪能相抵"

平阿的余子说："嘻"

就返回去作战

跑到战场，还赶上了作战

于是战斗而死

叔无孙说："我听说

君子让人蒙难，必患难与共"

急忙策马去追

也死在战场上没回

假使让这两个人统率军队

就必定不会败逃

令他们置身君主身旁

也必定会尽忠死义

注释:

[1] 高唐：齐邑名，故城在今山东省禹城市西南。叔无孙：人名，高唐邑守邑大夫。

现在他们死了

也没有什么大功劳

因为他们职任低小

职任低小的人，往往不明大事

焉知现在天下

没有平阿余子与叔无孙那样的人

所以，人主若希望得到廉正之士

对这样的人，一定要努力寻求

齐庄公时 [1]，有位士名叫宾卑聚

梦见有个强壮的男子

戴着白缟之冠 [2]

系着红麻线的帽带

穿着熟绢衣服

穿着白色的新鞋

佩带着黑鞘宝剑

走上前来叱责他

用唾沫吐他的脸

他梦里害怕得吓醒

原来只是一个梦

他坐了整整一夜

自己很不高兴

第三天，招来朋友告诉说

"我年轻时爱好勇力

注释：

[1] 齐庄公：春秋时齐国国君，前
553年—前548年在位。

[2] 缟：即未经染色的绢。

今年六十了，从未受过挫折侮辱

现在夜里受到屈辱

我将寻找这个人的形迹

如期找到还好

如果找不到我将为此而死"

此后，每天早晨，跟他的朋友

一起站在四通八达的街口上

过了三天，没有找到

回去后自刎而死

说起来，这未必是

一定要尽力去做的事

但是这个人绝不受辱的决心

确实是无以复加

高　义

二曰：

君子自身所作所为

动必以义为尊，行必忠诚于义

即使世人都以为行不通

君子也会认为通行无碍

行不忠于义，动不遵循义

世人都会认为可行

君子会认为不可行

君子的可行与不可行

确与世人迥异

所以，只接受与功劳相称的奖赏

只接受与罪责相称的惩罚

不相称的奖赏，即使有赏必辞

如果应受相应惩罚

虽有赦免也概莫能外

国家以此为度，必定利在长久

若想长久利于人主

君子一定应反省于心

心中无愧

然后再有所行动

孔子谒见齐景公 [1]

景公给与廪丘作为食邑 [2]

孔子辞谢不受

出来后对学生们说

"我听说君子有功而受禄

现在我劝说景公

景公尚未实行就赐予廪丘

他太不了解丘这个人了"

注释：

[1] 齐景公：春秋时齐国君主，前
547 年—前 409 年在位。

[2] 廪丘：齐邑名，在今山东省郓
城县西北。

令弟子赶快套车

告辞而去

孔子,这时是一介布衣

曾官至鲁国司寇

万乘之君难与并论

三王之佐不比显赫

因为,孔子从不苟且于取舍

子墨子让公上过赴越国游说 [1]

公上过讲述了墨子主张

越王很喜欢,对公上过说

"如果您的老师肯来越国

我愿把故吴国的土地

阴江沿岸三百书社的地方 [2]

封给他老先生"

公上过回去报告给子墨子

子墨子说:"据你观察

越王能否听从我的话、采纳我的主张"

公上过说:"恐怕不能"

墨子说:"不只越王不明白翟的意愿 [3]

就是你也不明白翟的意愿

如果越王听从我的话、采纳我的主张

翟度身穿衣,量腹吃饭

自居为客居之民,不求为官

注释:

[1] 公上过:人名,《墨子·鲁问》作"公尚过",墨子的弟子。

[2] 阴江:江名。书社:古代二十五家为一社,书写社人姓名于册籍,称"书社"。

[3] 翟:墨子自称。

假如越王不听从我的话、不采纳我的主张

即使把整个越国给我

我也无处可用

越王不听从我的话、不采纳我的主张

我却受封他的土地人口

这就是以义做交易

若是以义做交易

何必到越国去做

到中原诸国也是正好"

大凡对于人不可不详加考察评议

如秦国的鄙野之人

因为小利之故

弟兄之间可以打官司

亲戚之间可以相互残害

现在，子墨子

可以得到越国的土地人民

却因担心道义亏损而谢绝

真可谓能坚守操行

子墨子与秦国鄙野之人

相距也是太远

荆国人与吴国人将要作战

荆军人少，吴军人众

荆国将军子囊说 [1]

注释:

[1] 子囊：春秋时楚庄王之子。

"我与吴作战，必定失败

王师若败，必辱坏王名，损失国土

此为忠臣所不忍"

于是，未向荆王禀告而悄悄逃回

到了郊外，才派人向荆王禀告

"臣请求处死"

荆王说："将军悄悄回来

是因为这样做是有利之举

现在确实有利，将军何必要死"

子囊说："临阵脱逃的人若不治罪

那么后代作为王的臣子

都会以作战不利为名

而效法臣的逃遁

如果这样，荆国终将为天下诸侯所败"

于是自己伏剑而死

楚王说："愿意成全将军之义"

于是给他做了三寸厚的桐棺 [1]

上置斧锧以示刑罚 [2]

为人之主的问题在于

保存住国家却不知何以保存

国家灭亡掉却不知何以灭亡

所以，天下国家存亡屡现

郼、岐 [3] 扩大，万国归顺，由此而生

荆立国已经四十二代

注释：

[1] 原文为"桐棺三寸"，指刑人之棺。棺木只有三寸厚，以此表明是受刑而死。

[2] 斧，古代杀人时用作刑具。锧，古代杀人时垫的砧板。

[3] 郼：汤灭桀前的封国。岐：武王灭纣前所居之地。

曾有干谿、白公之乱 [1]

曾有郑袖、州侯助行邪僻之事 [2]

如今仍是万乘车大国

就是因为常有如子囊之臣辈出

子囊的气节

不只是磨砺了一代人臣

荆昭王时 [3]

有个名叫石渚 [4] 的贤士

他的为人，公直无私

昭王让他治理政事

有个人在道上杀人

石渚去追赶，原来就是他父亲

他掉转车子返回，站立于朝廷之上

说："杀人者，是仆的父亲 [5]

对父亲实施刑法，于心不忍

偏阿有罪之人，废弃国刑

绝对不可以

执法有失，必须伏罪

这是人臣应有之义"

于是，伏身斧锧

向昭王请求受死

王说："追罪犯，没有追上

哪里就一定要伏罪

注释：

[1] 干谿之乱：据《左传·昭公十三年》载，楚灵王无道，公子弃疾为司马，"先除王宫"，后派人去干谿瓦解灵王的军队，夏五月，灵王于干谿自缢而死。白公之乱：白公指白公胜，楚平王太子建之子。太子建为郑人所杀，白公胜为报父仇，杀死领兵救郑的楚令尹子西、司马子旗，并占据了楚都。

[2] 郑袖，指郑袖，楚怀王幸姬。州侯：楚襄王宠臣。

[3] 荆昭王：即楚昭王，前515年—489年在位。

[4] 石渚：他书或作"石奢"。

[5] 仆：自称谦辞。

你可以继续工作"

石渚辞谢说

"不爱父亲，不可谓孝子

事君枉法，不可谓忠臣

君下令赦免，这是主上的恩惠

不敢废弃国法，这是臣的操行"

石渚不让去掉斧锧

在昭王的朝廷上刎颈而死

为了私利歪曲或破坏法律的执法者

按照正法必定处死

父亲犯法而不忍心处死

君主赦免却不肯接受

作为人主之臣

石渚可谓又孝又忠

上　德

三曰：

治理天下，治理国家

莫如以德，莫如行义

以德以义

不用封赏而人民自会努力向善

不用刑罚而邪恶自行消止

这就是神农、黄帝的政治

以德以义

四海之大，江河之水，不能抵御

太华之高，会稽之险 [1]，不能阻挡

阖庐之教 [2]，孙吴之兵 [3]，不能抵挡

所以，古代的王者

德满天地，充溢四海

东西南北，极至日月所照耀

像苍天一样覆盖万物

像大地一般承载万物

任何爱憎都无力隐匿

他们处虚服素，恬淡质朴，处事公正

百姓小民无不随行仿效

却不知为何如此

此之谓顺应天性

受教的百姓面貌风俗已变

却不知从何所受

此之谓适从本质

所以，那些古人

身隐世外而功绩卓著

形息影去而功名彰显

他们的学说畅通天下

注释:

[1] 太华：即西岳华山。会稽：即会稽山，在今浙江省中部。

[2] 阖庐：通作"阖闾"，春秋末期吴国君主，前 514 年—前 496 年在位。本书《用民》云："阖庐试其民于五湖，剑皆加于肩，地流血几不可止。"所谓"阖庐之教"大意指此。

[3] 孙：指孙武，字长卿，春秋时齐国人，著名兵家，著有《孙子兵法》。吴：指吴起，战国时卫国人，善用兵。初为鲁将，继为魏将，后至楚，为令尹，实行变法。楚悼王死后，被旧贵族射死。

他们的思想发扬光大

他们给普天下人带来利益

可是百姓并无觉察

哪里一定要用严罚厚赏

那严刑厚赏

本就是衰世之政

三苗不服[1]，禹请求攻伐

舜说："可以实施德政"

德政实行三年，三苗归服

孔子闻后说："通晓了德教实质

那么孟门、太行要塞都不再险峻[2]

所以说德教的速度

快于驿车传令"

周代的朝堂，总是

把金属乐器和器具陈列于后

以此表明德教先行、军武其后

舜大概就是这样做的

他轻易不动武的精神流传至周

为了丽姬

晋献公疏远太子[3]

太子申生驻守曲沃[4]

公子重耳驻守蒲城[5]

注释：

[1] 三苗：也称"有苗"，古部族名，居住在江、淮、荆州一带。传说舜时被迁到三危（今甘肃省敦煌一带）。

[2] 孟门：古山名，在山西、陕西交界处，绵亘黄河两岸。太行：山名，在山西、河北交界处，多横谷，故有"太行八径"之称。

[3] 晋献公：春秋时晋国国君，前676年—651年在位。丽姬：即骊姬。晋献公伐骊戎，获骊姬。有宠，生奚齐，欲立之，故陷害太子申生。

[4] 曲沃：古邑名，晋的别都，在今山西省曲沃县。

[5] 公子重耳：即后来的晋文公。蒲：晋邑名，在今山西省隰县西北。

公子夷吾驻守屈邑 [1]

丽姬对太子说:"前几天夜里

君王梦见姜氏 [2]"

太子于是祭祀姜氏

并向献公进献膳食

丽姬更换太子所献膳食

献公正要吃的时候

丽姬说:"膳食来自远处

请让人先尝尝"

人尝,人死

狗吃,狗死

所以,要诛杀太子

太子不愿为自己申辩

说:"国君如无丽姬

睡不安,吃不香"

于是,用剑自杀

公子夷吾从屈邑逃到梁国 [3]

公子重耳从蒲邑逃到翟 [4]

离开翟经过卫国

卫文公颇为无礼 [5]

经过五鹿 [6],到了齐国

正赶上齐桓公之死

离开齐国到曹国

曹共公 [7] 要求看看

注释:

[1] 公子夷吾:晋献公之子。屈:晋邑名,在今山西省吉县北。

[2] 姜氏:太子申生的生母,其时已亡。

[3] 梁:春秋时国名,嬴姓,后为秦穆公所灭。

[4] 翟:也作"狄",古部族名。

[5] 卫文公:春秋时卫国君主,前659—前635年在位。

[6] 五鹿:卫邑名,在今河南省濮阳县东北。

[7] 曹:春秋时国名。曹共公:曹国君主,前652年—前618年在位。

他紧密相连的畸形肋骨

竟让他脱了衣服，去池塘里捕鱼

离开曹国，经过宋国

宋襄公以礼相待 [1]

到了郑国，郑文公并不尊敬 [2]

被瞻谏说 [3]："臣听说

贤主不会总是困厄

现在看晋公子的随从，都是贤德之人

君既不以礼相待

那就不如把他杀了"

郑君没有听从

公子重耳一行离开郑国

到了荆国，荆成王较为怠慢 [4]

离开荆国去秦国

秦缪公送公子重耳入晋国为君

重耳即位，晋国安定

即兴师攻打郑国，索取被瞻

被瞻对郑君说

"不如把臣交给晋国"

郑君说："这是孤的过错"

被瞻说："杀臣而能使国家免灾

臣心甘情愿"

被瞻进入晋军

晋文公要把他烹杀

注释:

[1] 宋襄公：春秋时宋国君主，前
650—前 637 年在位

[2] 郑文公：春秋时郑国国君，前
672—628 年在位。

[3] 被瞻：郑大夫。《左传·僖公
二十三年》"叔詹"。

[4] 荆成王：楚成王，春秋时楚国
君主，前 671—前 626 年在位。

被瞻抓住镬大喊 [1]

"三军将士都听瞻说说

从今以后，不要再忠于自己的君主

忠于自己君主的人终将被烹"

文公向他道歉，然后撤兵

把被瞻归还郑国

被瞻忠于自己的君主

使郑君免于晋国之祸

他在郑国行事以义

而为晋文公所欢喜

所以，行义而来的好处

实在太大

墨家学派的钜子孟胜 [2]

与荆国的阳城君交好 [3]

阳城君让他守卫自己的食邑

剖璜作为兵符 [4]，约定说

"合符以后才能听从命令"

荆王死 [5]，群臣攻击吴起

停丧之地动起兵器 [6]

阳城君也一并参与

荆国治罪这些大臣 [7]

阳城君逃走。荆国要收回他的食邑

孟胜说："受人之食邑，与人有符为凭

注释：

[1] 镬：无足之鼎，形似大锅。

[2] 钜子：也作"巨子"，战国时期墨家学派称其学派有重大成就的人为"钜子"。钜子之职是由前任钜子认可并传给的。

[3] 阳城君：楚人。

[4] 璜：古玉器名，形状像璧的一半。符：古代传达命令或调兵将用的凭证，以铜、玉、竹、木等制成，中间剖分开、双方各执一半，合之以验真伪。

[5] 此处应为楚悼王。

[6] 楚悼王死后，旧贵族们箭射吴起，吴起伏于王尸而死。

[7] 楚肃王即位后，因旧贵族们箭射吴起时射中楚悼王尸身，所以对这些人治罪。

现在未见符信，自己又力不能禁

不为此而死，看来是不行"

他的弟子徐弱劝阻孟胜

说："死，如果于阳城君有益

那么可以为此而死

如果于阳城君无益

却使墨家传承断绝于世

绝不可以"

孟胜说："不对

我对于阳城君来说

非师即友，非友即臣

如果不为此而死，从今以后

寻求严师的

一定不会从墨家中寻求

寻求贤友的

一定不会从墨家中寻求

寻求良臣的

一定不会从墨家中寻求

为此而死，正是为了践行墨家之义

使墨家的大业得以继续

我将把钜子之责

托付给宋国的田襄子 [1]

田襄子，贤德之人

哪里还用担心墨家传承绝世"

注释:

[1] 田襄子：事迹无考，当为墨家
    首领。

徐弱说："既然先生这样说

弱请求先死以为您清除道路"

转身刎颈而死于孟胜面前

孟胜于是派出两个人

把钜子一职传给田襄子

孟胜死后，弟子们一起死的有一百八十人

那两个人把孟胜的指令传达给田襄子

准备返回荆国为孟胜殉死

田襄子制止他们

说："孟子已传钜子于我

你们应当听从于我"

两个人返回后还是为孟胜殉死

因为，墨家以为，不听从钜子

就是不明墨家之义

其实，实行严刑厚赏

并不足以达到这般地步

现在世人一谈治政

多以为要实行严刑厚赏

其实都是不明就里

用 民

四曰：

凡是运用人民

最最上等的是道义

其次才是赏罚

如果声扬的道义

不足以让人民效死

如果规定的赏罚

不足以让人民去恶就善

像这样还能发动起自己的人民

无论古今都是没有

人民不会总是被利用

也不会永远不被动用

只有掌握了大道

人民才会被发动起来

阖庐用兵，不过三万

吴起用兵，不过五万

万乘之国，用起兵来

都要多于这三万五万

可是如今对外无以御敌

对内无以守国

不是自己的国民不能动用

而是不知道如何发动人民

国家虽大，形势有利

士兵虽多，又能有什么益处

古代有很多这样的

享有天下却照样亡国

因为他的人民并不为他所用

运用人民的道理

不可不详熟于胸

剑，不能凭空将东西砍断

车，从不无故自己行走

都是由于人的使用而来

种麦得麦，种稷得稷 [1]

无人对此奇怪

动用人民，一如播种

对播下的种子不做审视

却指望动用人民力量的结果

这真是莫大的糊涂

正当禹的时代

天下的诸侯国上万

注释：

[1] 稷：谷物名，不粘的黍子，即糜子。

到了汤的时代

还有诸侯国三千多个

现在已经于世无存

都是因为不懂得

如何运用自己的人民

人民没有被发动起来

是因为赏罚不明、无法兑现

汤、武王依凭的是夏、商之民

这是因为他们掌握了正确方法

用以发动人民、运用人民

管仲、商鞅依凭的也是齐、秦之民

这是因为他们掌握了正确方法

用以发动人民、运用人民

人民能够被发动、被运用

当然有其原因

把握其中的根本

人民就会听凭动用

动用人民，有纪有纲 [1]

一提其纪，万目皆起 [2]

一提其纲，万目皆张

什么是能够动用人民的纪和纲

这就是人民的喜欢与厌恶

那么，什么是人民的喜欢

什么是人民的厌恶

注释：

[1] 纪：本指丝缕的头绪，又可指网上的绳，引申而有法纪、法度义。纲：提网的绳，引申而有纲纪义。

[2] 目：网上的孔眼，引申为有细目义。

人民喜欢的是荣耀和利益

人民厌恶的是耻辱和祸害

耻辱祸害足以兑现惩罚

荣耀利益足以兑现恩赏

赏罚都得以充分落实

那么，人民就无不可用

阖庐在五湖演练他的子民

剑加于肩头，血流遍地

仍然不止地继续前进

勾践在寝宫着火时考验他的子民

众民争着赴汤蹈火

死人千余，赶紧鸣金才有后退 [1]

这是因为赏罚分明，都能兑现

镆铘那样的良剑

不会因为人的勇敢与怯懦有别

而改变自身的锋利

勇者在手会愈加锋利

懦夫拿了会愈加笨拙

原因只在于自身

是善用还是不善用

夙沙的人民 [2]

自己杀死自己的国君来归附神农

密须 [3] 的人民

注释：

[1] 《墨子·兼爱》和《韩非子·内储说上》中对此有详载。

[2] 夙沙：他书或作"宿沙"，传说上古部族名。

[3] 密须：古国名，姞姓，后为周文王所灭。故址在今甘肃省灵台县西南。

自己捆上自己的国君来向文王归附

汤、武王不仅能动用自己的子民

还能动用不属于自己的人民

能动用不属于自己的人民

国家即使小，士兵即使少

仍然可以建功立名

古代就有很多人

出身平民而平定天下

因为，他们都能动用起

不属于自己的人民

对于动用不属于自己的人民的理念

不可不考察清楚其由来根本

夏、商、周三代之道本一无二

就是以诚信为枢要

宋国有个人赶路，他的马不肯前进

就杀死马把它扔入溪水，又重新赶路

他的马不肯前进

又杀死马把它扔入溪水

这样反复了三次

即使造父对马立威[1]，也不过如此

没有学到造父驭马的方法

仅仅知道如何立威

这无益于对马的驾驭

注释:

[1] 造父：古代善于驾马的人，曾
为周穆王的御者。

君主之中的不肖者，与此相似

不知为君之道，徒多君主之威

君威愈多，人民愈不被使用

亡国之君，多是凭着君威役用人民

所以，君威不可以没有

却不足以专门凭恃

譬如用盐之于味道

凡是用盐，一定要有所托凭

用量不适，就会破坏所托凭而不可食用

权威也是这样，一定要有所托凭

然后，才可以施以权威

托凭什么

要托凭博爱和利民

爱利之心晓喻于世

才可施行权威

权威太过，爱利之心就会消失

爱利之心消失，却只是厉行权威

自身必定遭殃

这就是夏、商灭亡的原因

君主有利有势，能决定官吏等级

处于决定官吏等级的地位

掌执着利益和权势

君王对此不可不深思熟虑

不须威罚就能禁止人为非作歹

能做到这点的

大概都是深悟此道

适　威

五曰：

先王差使自己的百姓

就好比驾驭良马

车载轻便，执鞭而行

控马不可尽情乱跑

所以能致千里

善于差使百姓的也是这样

百姓日夜祈求能为君上所用

却未能得用

一旦侥幸为君上所用

百姓奔忙而走，仿佛积水

自万丈深溪冲决而出

谁能阻挡得住这个

《周书》上说："民

善之则畜也，不善则雠也"[1]

注释：

[1]　《周书》：古逸书。此处引文
大意为：百姓，善待，就会眷
爱君主；不善待，就会成为君
主的仇人。

有仇且众，不如无仇

厉王[1]，天子也

有仇且众，所以流放到彘[2]

灾难祸及子孙

如果没有召公虎[3]

厉王就会后嗣断绝

当今世上的君主

大多希望自己百姓众多

却不懂得如何善待百姓

这样增多的只能是仇人

不善待百姓

就得不到百姓拥护

百姓的拥护必来自百姓的内心

这才称得上真正的爱戴

对于百姓，表面上的占有

可不是真正地拥有民心

舜以布衣占有天下

桀本天子，却不得安居其位

都在于民心得失

得失民心的道理

不可不熟谙审察

汤、武王精通个中道理

所以功成名就

注释：

[1] 厉王：即周厉王，周朝有名的
暴君。后被国人逐出，逃到彘，
十四年后死在那里。

[2] 彘：古地名，在今山西省霍州
市东北。

[3] 召公虎：厉王被逐后，太子靖
藏在召公虎家，国人包围了召
公虎家。召公虎以自己的儿子
代替太子靖，太子靖才免于死。
召公虎，即召伯虎，召公奭之
后。厉王死后，召公虎拥立太
子靖即位。

古代为民之君者

以仁与义治理百姓

以博爱和利益安定百姓

以忠诚和信念引导百姓

致力于为民除害去灾

一心为民造福

所以，对于古代的君主来说

古代的百姓就像印玺之于封泥

以方形按压则成为方形

以圆形按压则成为圆形

又如在地上播种五谷之种

果实必与谷种同类

而且繁衍生息百倍

正是凭此，五帝三王天下无敌

虽然自身已然离世

仍如神明一般教化后世

因为他们了知世间人事，事事洞悉

魏武侯当中山君的时候 [1]

向李克问道 [2]

说："吴国灭亡的原因是什么"

李克回答说："屡战并且屡胜"

武侯说："屡战屡胜

这正是国家之福

注释：

[1] 魏武侯：名击，魏文侯之子，前 395 年—前 370 年在位。文侯攻灭中山国后，封太子为中山君。

[2] 李克：战国初期政治家，子夏的学生。太子击为中山君时，李克任中山相。

它却偏偏因此灭亡，是什么原因"

李克回答说："屡战则百姓疲惫

屡胜则君主骄傲

以骄傲之君役使疲惫百姓

这样的国家却不灭亡，天下少有

骄傲就会恣纵

恣纵就会用尽物力

疲惫会产生怨恨

怨恨就会尽用巧诈

君王百姓，上上下下

无所不至其极

吴国的灭亡还算晚的

所以，夫差只好自刎于干隧 [1]

东野稷在庄公面前 [2]

展示自己的驾车技术

前进后退，左转右转

完全合规中矩

庄公说："善"

以为造父也不过如此

让他绕一百个圈之后再回

适逢颜阖谒见庄公 [3]

庄公说："先生遇到了东野稷吗"

注释：

[1] 干隧：也作"干遂"，吴地名，在今江苏省苏州市西北。夫差被勾践打败后，在干隧自刎而死。

[2] 东野稷：复姓东野，名稷。庄公：指卫庄公。

[3] 颜阖：战国时期鲁国人。

颜阖回答说:"是的,臣遇到了他

他的马一定要累坏"

庄公说:"怎么会累坏呢"

过了一会儿,东野稷的马累坏而回

庄公召来颜阖问他说

"先生怎么知道他的马要累坏"

颜阖回答说:"前进后退,左转右转

都合规中矩,以至于

连造父驾车也不过如此

刚才臣遇见他的时候

他却还在苛求自己的马

臣因此知道,他的马肯定要累坏"

所以,乱国役使起百姓

不关心人的本性

不反求人之常情

而是不胜其烦地颁教施命

责罚无知的人们

屡次下达命令

非难那些没有听从的人们

制造出巨大的危难

对不敢迎难而上的人们予以治罪

把任务弄得十分繁重

对不堪重任的人们加以惩罚

百姓前进本是希望得到赏赐

百姓后退是害怕受到惩处

一旦知道自己力不足以完成

就会以虚假伪装应付

君上一旦知道

有人以虚假伪装来应付

接着就会加以惩处

这就是因畏罪而招罪

上下之间相互仇恨，由此而生

所以，礼仪烦琐未必庄重

事情繁杂不易成功

法令苛酷则难以遵奉

禁令越多越行不通

桀、纣的禁令不可胜数

结果百姓背叛

桀、纣自己也丢了性命

这就是物极必反，不懂得君威有度

子阳一向待下严苛[1]

有个失手弄断了弓的人

担心自己必死无疑

就乘追赶疯狗之机杀死子阳

这就是物极必反

周鼎上铸有窃曲

注释：

[1] 子阳：郑相，驷氏之后。《史记》称"驷子阳"。

花纹很长，上下弯曲

显示的就是至极则败的道理

为　欲

六曰：

假使百姓没有需求

君主即使贤明

还是无从动用

那些没有需求的人啊

他们视当天子如同作奴隶

他们视享有天下如无立锥之地

他们视长寿彭祖如同短命殇子

天子，天下至贵

天下，世间最富

彭祖，长寿至极

如果真的无欲无求

那么这三者都不足以形成鼓励

奴隶，至低至贱

无立锥之地，至贫至穷

殇子，短命至极

如果真的无欲无求

那么这三者都不足以形成禁忌

如果哪怕正好有其中一种需求

那么北到大夏 [1]，南到北户 [2]

西到三危 [3]，东到扶木 [4]

百姓就不敢作乱，而会

迎着闪光的刀，冒着飞来的箭

赴汤蹈火，不敢退却

清晨睡醒就起

致力耕种，受人雇佣

再繁杂劳苦，也不敢休息

所以，需求欲望多的人

可以使用的方面也多

需求欲望少的人

可以使用的方面也少

无欲无求的人，就没得可用

百姓的需求即使很多

如果君主没有指令

即使需求得到了满足

还是无从动用百姓

满足百姓需求之道

不可不详察了解

善于居上为君的

都有本事让百姓的需求

可以无穷无尽地得到满足

所以，用起百姓

也可以用得无穷无尽

语言、风俗、习惯相异的蛮夷之国

他们的衣服、帽子、衣带

房屋、住处，船、车、器物

声音、颜色、饮食

与我们都有所不同

他们与我们一样的是

都会为欲望所驱

对此，三王未能加以变革

不做变革却能功业成就

在于顺应人的自然天性

桀、纣不能背离这种情况

不能背离这种情况而国家灭亡

因为他们的作为与人的天性相悖

违背人性而不自知

因为沉溺其中习以为俗

沉溺日久不能自拔

就几乎变成他自己的习性

人之本性与非本性的习性根本不同

对此不可不认真辨清

不懂得大道

怎么能去得掉非本性

如果非本性无法去掉

那么欲念就不会正当

欲念不正

以此治身，身会夭折

以此治国，国会灭亡

所以，古代的圣王

会把握并顺应人的天性

以满足百姓的需求

那么，百姓无不听令，王业无不成就

圣王把握根本，四方远来归服

应该说的就是这个

执守根本者至尊至贵

至尊至贵者无敌

圣王能托身自立于无敌之境

百姓才会委命依附

群狗相居一处，本来安静无争

一旦扔只烤鸡，就会相互争斗

有的折了骨头，有的断了筋脉

这是因为互有所争

既有所争，所以相争

如无所争，就不相争

如无所争而又互相争夺

万国之中没有这样的一国

凡是太平安定之国

都会让百姓多行义举

凡是动乱不安之国

只会让百姓竞行不义

强盛之国

会让百姓争着乐于为君主所用

弱小之国

会让百姓争着不为君主所用

多行义举、争着乐为君主所用

与竞行不义、争着不为君主所用

这不同情势下所带来的祸福

天不能覆，地不能载

晋文公攻打原国 [1]

与军兵相约七天为期

七天之后仍未攻下原国

文公下令撤离

谋士说："原国这就会拿下"

将士们都请求稍等

文公说："诚信，国之大宝

得到原国而失国宝

吾不会这样做"

注释：

[1] 原：古国，在今山西省沁水县，周文王之子始封于此。后东迁，在今河南省济源市西北。重耳（即晋文公）回晋国即位，原不服，故伐之。

于是，撤军离开

第二年，又攻打原国，与将士约定

一定要得到原国后才班师还军

原国人听到这个，立即投降

卫国人听说，认为文公真是诚信至极

于是归附文公

人们所说的"攻原得卫"指的就是这个

文公并不是不想占领原国

但若以不守诚信而得到原国

不如不得

一切都一定要以坚守诚信而得

这样前来归顺的也不会仅仅是卫国

对于如何实现自己的愿望

文公可谓深谙此道

贵　信

七曰：

但凡为人之主务必诚信

诚信而又诚信，谁人不亲

所以《周书》上说

"允哉！允哉！"[1]

这是说，如果不诚信

那么任何事情都不会成功

因此，讲求诚信功用巨大

诚信立，则虚言假语当下可鉴

六合之内，普天之下

都可成为自己的府库

诚信所及，尽在管控之中

能够管控若不利用

仍然是他人所有

能够控制而又加以利用

才是为己所有

为己所有

那么，天地万物就会为己所用

为人之主，明晓这个道理

不久后就会称王

为人之臣，明晓这个道理

可以为王者之佐

天的运行，若不循规守信

就会岁时不成

地的运行，若不循规守信

就会草木不长

春天的征候是风

注释：

[1] "允哉！允哉！"即"诚信啊！
诚信啊！"

风若没有依时守信而来

就不会有花朵盛开

花朵没能盛开，就会果实不生

夏日的征候是暑热

暑热若没有依时守信而来

那土地就不够肥沃

土地不够肥沃

那么生长成熟就不会完美

秋天的征候是雨

雨若没有依时守信而来

那谷粒就不会坚实饱满

谷粒不够坚实饱满

那么五谷就不能成熟

冬天的特征是寒冷

寒冷若没有依时守信而来

那么大地冻得就不够坚硬

大地冻得不够坚硬

那么土地就会闭锁而不能冻开裂缝

天地之大，四时运化

尚不能不依时守信而生成万物

更何况人事

君臣不讲诚信

百姓就会批评、议论、指责

国家社稷不得安宁

居官不讲诚信

年轻人就会不畏重年长者

尊贵者与地位低下者互相轻视

赏罚不讲诚信

百姓就会轻易触犯法律

不可以行令役使

朋友相交不讲诚信

就会相互离散，怨恨郁结

不能互相亲近

工匠不讲诚信

器物制造就会粗劣作假

丹漆红黑等染色不纯不正

可相与一同启程的

可相与一起终止的

可相与一道尊贵显达的

可相与一并卑微穷困的

那就只有诚信，诚信而又诚信

坚持诚信，修身严谨

就能与天意相通

以此治理世人

就会普降膏雨甘露

寒暑四季应时得当

齐桓公攻打鲁国

鲁国人不敢轻率应战

在距离鲁国都城五十里处

封土为界，请求作为齐国的附属国

愿像封邑大臣一样服从齐国

桓公予以准许

曹翙对鲁庄公说 [1]

"君上是宁愿死而又死

还是愿意生而又生"

庄公说："什么意思"

曹翙说："听臣之言

国必广大，身必安乐

这就是生而又生

不听臣之言，国必灭亡

您自身也必遭遇危险耻辱

这就是死而又死"

庄公说："愿意听从"

于是，第二天将要会盟时

庄公与曹翙都怀揣着剑

到了会盟的积土坛上

庄公左手抓住桓公

右手抽出剑来指着自己

说："鲁国都城本来距边境几百里

现在距边境只有五十里

注释：

[1] 曹翙：他书或作"曹列""曹
沫"。鲁庄公：春秋时鲁国君
主，前693年—前662年在位。

反正也是无法生存

削减领土尚不能生

与你拼命同样是死

让我死在君的面前"

管仲、鲍叔正要上前

曹翙手按着剑

站在会盟土坛的两阶之上

说："两位君主将另作谋划

谁也不要上去"

庄公说："在汶封土为界就好[1]

不然，就请求一死"

管仲对桓公说

"领土，是用以保卫君主

不能用君主保卫领土

请君上应允"

于是，桓公封鲁于汶水之南

并与鲁订立盟约

桓公回国后，又不想给鲁国土地

管仲说："不可

人家只是要劫持君

而不是要订立盟约

君对此一无所知

这不能说是智慧

面对危难却不得不接受胁迫

注释：

[1] 汶：水名，泰山一带水皆名汶，
靠近齐国。

这不能说是勇敢

已经答应人家却不给土地

这不能说是诚信

不智、不勇、不信

有此三者，不可能建立功名

按照盟约给鲁国土地

虽然失去部分土地

也还能得到诚信的名声

用四百里土地

就能向天下显示诚信

君还是颇有所得"

庄公，是仇人；曹翙，是外敌

对仇人、外敌都能讲求诚信

更何况对于非仇非敌之人

桓公九合诸侯而能成功

一匡天下而天下听从

就是由此而来

管仲可谓擅长因势利导

把耻辱变成光荣，把绝地变成坦途

虽然此前有失，此后却可谓有得

而十全十美的事物

本来就没有可能

举 难

八曰：

用十全十美

作为举荐人才的标准确实很难

这是事情的实际情况

有人以于子不慈之名来诋毁尧

以于父不孝之号来诋毁舜

以贪图帝位之心来诋毁禹

以放逐、弑君之谋来诋毁汤、武二王

以侵略掠夺别国之事来诋毁五伯

由此观之，凡事岂有十全十美

所以，君子会以一般人的标准要求别人

却会以义的标准来要求自己

按照一般人的标准要求别人

这标准就容易实现

要求别人的标准既容易实现

自己就会大得人心

按照义的标准要求自己

自己就很难做错什么事情

既然难做错事，自己就会行为严整

即使承担起天地间的大任

仍然是游刃有余

不肖之人就不是这样

他们按照义的标准来要求别人

按照一般人的标准来要求自己

按照义的标准要求别人

任谁都难以达到

别人达不到义的标准

自己的要求无法得到满足

还要失去最亲近的人

按照一般的标准要求自己

自己做起来会比较容易

容易做到，就会行为苟且

天下如此之大，行为苟且者

仍是无处容身

给自身召取危险，给国家招致灭亡

这就是桀、纣、幽、厉的行为

一尺长的树木必有节目[1]

一寸大的玉石必有瑕璃

先王明晓

事物从来不可能十全十美

所以，面对事务抉择

只会取其长处

注释：

[1] 节目：树木枝干交接之处为节，
纹理纠结不顺的部分为目。

季孙氏把持着鲁国公室政权 [1]

孔子想晓之以理，又担心或被疏远

于是就主动接受他的衣食供养

以便从中劝说进言

鲁国人因此对孔子颇多非议

孔子说："龙进食于清澈的水里

并且游于清澈的水里

螭进食于清澈的水里

却游于浑浊的水里

鱼进食于浑浊的水里

并游于浑浊的水里

现在，我孔丘

上不及龙，下不若鱼

我孔丘大概像螭"

那些志在建立功业的

哪能处处都合规中矩

援救溺水之人的，要沾湿衣服

追赶逃跑之人的，也要一起奔跑

魏文侯的弟弟名叫季成

朋友名叫翟璜

文侯想立其中一人为相

却不能决断，就问李克 [2]

注释：

[1] 季孙氏：春秋时鲁国最有权势的贵族。

[2] 李克：战国初期人，子夏的学生，仕于魏。

李克回答说："君上若想立相

可以比较一下乐腾与王孙苟端 [1]

哪一位更为贤德"

文侯说："善"

文侯认为王孙苟端不肖

而他是由翟璜举荐

认为乐腾贤德

而他是由季成举荐

于是就让季成为相

凡是能为君主听信的人

讲论起别人来不可不慎

季成，是文侯的弟弟

翟璜，是文侯的朋友

文侯尚且不完全了解

又从何了解乐腾与王孙苟端

对疏远低贱的人很了解

对亲近熟悉的人却不了解

这样的道理从来就没有

毫无道理却要凭此决断相位

这就大错特错

李克对文侯的回答也是错的

虽然他们都错

此错彼错，仿佛金之与木

金再软，还是比木坚硬

注释：

[1] 乐腾与王孙苟端：都是魏文侯
之臣。

孟尝君向白圭询问

说："魏文侯名声大于齐桓公

功业却不及五霸，为什么"

白圭回答说："文侯以子夏为师

以田子方为友，敬重段干木

所以，他的名声超过桓公

选择立相的时候，文侯说过

'季成与翟璜哪个可以'

所以他的功业比不上五霸

相，是百官之长

立相，应从尽量多的人才中择选

而文侯的选择却离不开那两个人

这与桓公任用仇人管仲为相

相差太远

况且，以师长、朋友为相

是为了公利

以近亲、宠爱的人为相

则是为了私利

以私胜公，正是衰国之政

文侯仍能名号显荣

那是来自三位贤士的如羽之辅

宁戚想向齐桓公谋取官职[1]

注释:

[1] 宁戚：即宁速。

但贫穷困窘，无从得到举荐

于是通过给商人驾驭货车才到了齐国

傍晚，住在外城门之外

正好遇到桓公郊外迎客

夜里，城门打开

要让装载货物的车子避开

小火把到处明晃晃的

桓公的从者众多

宁戚正在车下喂牛

远远看见桓公，不觉心中悲苦

就敲着牛角大声唱歌

桓公听到歌声，抚摸着自己仆从的手

说："真是与众不同

这个歌者不是一般人"

命令后面的侍从之车搭载宁戚

桓公返回，到了朝廷

侍从请示如何安置

桓公于是赐给宁戚衣冠，准备召见

宁戚进见桓公

劝说以如何治理国家

第二天又进见桓公

劝说以如何治理天下

桓公大悦，准备任用宁戚

群臣纷纷劝谏

"这位说客，是卫国人。卫距齐不远

君上何不派人去了解一下

如果确实是贤德之人

再予以重用也不晚"

桓公说："不必如此

一去询问，就担心他有小毛病

以人之小恶，亡人之大美

所以，君主会失去天下的杰出之士"

凡是能听取别人的主张

一定是有所依据和判断

现在桓公听取宁戚的主张

而不再去追究宁戚的为人

应该是宁戚的主张符合桓公心中所想

况且人本来就难以十全十美

权衡比较后而用其所长

人才的选用，这种举措较为得当

桓公把握住了这个原则

恃君览第八

恃 君

一曰：

人之本性

爪牙不足以保卫自身

肌肤不足以抵御寒暑

筋骨不足以趋利避害

勇敢不足以击退凶悍

然而，人还是能够主宰万物

制服毒虫猛兽，不为寒暑燥湿所伤

这不仅是因为

人能够做到凡事事先有所准备

而且众多人等能够以群相聚

众人能够集聚在一起

彼此相与互利

为了来自群众的需求而谋取利益

为君之道由此确立

所以，一旦君道确立

那么，利益就是出自群众所需

而人事的准备可以齐备

从前的远古时期，曾经没有君主

那时的百姓过着群居的生活

知道母亲而不知道父亲

没有父母、兄弟、夫妻、男女的区别

没有上下长幼的准则

没有进退揖让的礼节

没有衣服、鞋子、衣带、房屋、积蓄

这些便利之物

不具备器械、车船、城郭、险隘

这都是因为没有君主而产生的问题

所以，君臣之义，不可不明

自上古以来，天下亡国很多

而君道不废，因为于天下有利

所以，废黜的，是不行君道的

立得住的，是力行君道之君

到底何为君道

君道就是为人民谋求利益

而绝不谋取私利

以此，作为原则根本

北滨之东[1]，夷人所居的秽国[2]

大解、陵鱼、其、鹿野

摇山、扬岛、大人等部族所居 [1]

大多没有君主

扬州、汉水之南，百越一带 [2]

敝凯诸、夫风、余靡之地 [3]

缚娄、阳禺、驩兜之国 [4]

大多没有君主

氐、羌、呼唐、离水之西 [5]

僰人、野人、篇笮之川 [6]

舟人、送龙、突人之乡 [7]

大多没有君主

雁门之北 [8]，鹰隼、所鸷、须窥等国 [9]

饕餮、穷奇之地 [10]

叔逆所在 [11]，儋耳所居 [12]

大多没有君主

这是四方没有君主的地方

那里的百姓如麋鹿禽兽

年轻人会役使老年人

老年人会畏惧壮年人

有力气的人被称贤德

残暴骄横的人备受尊重

人们日夜相互残害

时刻不停，进而灭绝自己的同类

圣人深刻地认识到这样的危害

注释：

[1] 大解、陵鱼、其、鹿野、摇山、扬岛、大人：未详。疑皆为部族名。

[2] 百越："越"是古代部族名，居于长江中下游以南，部族众多，故称"百越"。

[3] 敝凯诸、夫风、余靡：未详。疑皆为部族或国名。

[4] 缚娄、阳禺：未详。疑皆为古国名。驩兜之国：疑即"驩头之国"，传说中的南方国名。

[5] 氐、羌：都是我国古代西北方部族名。呼唐：未详。疑为水名。离水：古水名，黄河支流，在西方。

[6] 僰：古部族名，居住在川南及滇东一带。野人：未开化之人。篇笮：当为水名。

[7] 舟人、送龙、突人：未详。疑皆为古部族名。

[8] 雁门：雁门山，即句注山，在今山西省代县西北。

[9] 鹰隼、所鸷、须窥：未详。疑皆为古国名。

[10] 饕餮、穷奇：未详。疑皆为古部族名。

[11] 叔逆：未详。疑为古部族名。

[12] 儋耳：古部族名，在北部边远地区。

所以，为天下之长远考虑

没有什么比得上置立天子

为一国之长远的考虑

没有什么比得上置立国君

置立国君，本不是为了让国君谋取私利

置立天子，本不是为了让天子谋取私利

置立官长，本不是为了让官长谋取私利

到了道德衰微世道混乱的时代

然后，天子凭借天下谋取私利

国君凭借国家谋取私利

官长凭借官职谋取私利

这就是国家一个接一个地兴起

一个接一个灭亡的原因

这就是混乱和灾难时时发生的原因

所以，忠臣与廉正之士

居内对于国君的过错要敢于劝谏

对外要坚守人臣之义，勇于献身

豫让要刺杀赵襄子 [1]

剃掉胡须去掉眉毛

自己毁容以改变相貌

装扮成乞丐，去妻子那里乞讨

他的妻子说

"这个人的状貌不像我的丈夫

注释：

[1] 豫让：晋国人，智伯的家臣。赵、韩、魏三家共灭智氏后，为给智伯报仇，豫让几次谋刺赵襄子，被俘后，求得襄子之衣，拔剑刺衣后自杀。

他的声音却怎么这样像我的丈夫"

又吞炭改变自己的声音

他的朋友对他说

"您所选取的道路很艰难

而且不会有什么功效

要说您有决心，是对的

要说您聪明，就不是了

凭着您的才干，去请求为襄子做事

襄子一定会对您热情相待

您能近身后再做想做的事

这样就会更容易而且定能成功"

豫让笑着回答他

说："你说的这种做法

是为了先有知遇之恩的人

去报复后有知遇之恩的人

是为了旧主而杀害新主

大乱君臣之义者莫过如此

这就失去了我之所以要这样做的本意

我现在这样做，其实为的正是

大大彰明君臣之义

绝不会为了方便而走捷径"

柱厉叔侍奉莒敖公 [1]

自以为不被莒敖公所知遇

注释：

[1] 柱厉叔：人名，他书或作"朱厉附"。莒敖公：他书或做"莒穆公"，春秋时莒国君主。莒，古国名，在今山东省莒县。

就自己离开去海边居住

夏天，吃水生的菱角、芡实

冬天，吃橡树的果实

莒敖公有难，柱厉叔与朋友辞别

要去为敖公死殉

朋友说："您自认为不被知遇

所以才离开他

现在又要为他去死

这知遇与不被知遇

就没有什么区别"

柱厉叔说："不是这样

我自以为不被知遇所以离开

如今他死了而我若不为他去死

这表明他果真知道

我是个不忠不义之臣

我若为他而死

就可以使后世君主

因不了解自己臣子而感到羞耻

以此激奋君主力行知人善任

并进而磨砺君主的节操

君主得以品行激励、节操磨砺

忠臣就有可能为君所知

忠臣若能为君所知

那么，君道就会牢固坚实"

长 利

二曰：

天下的杰出人士

殚精竭虑的是天下的长远利益

而且必定要身体力行

即使比眼下有加倍的利益

若是于后世不利

就绝不去做

即使再长久的安宁

若仅私惠于自己的子孙

就绝不去做

由此看来，陈无宇的贪婪过于可耻 [1]

他与伯成子高、周公旦、戎夷相比 [2]

虽然同具人形，取舍却大不一样

岂不是相差太远

尧治理天下时，伯成子高立为诸侯

尧把帝位交给舜，舜把帝位交给禹

伯成子高辞去诸侯而去耕种

注释：

[1] 陈无宇：齐国大夫，谥"桓子"。陈无宇与鲍文子攻打栾氏、高氏，栾、高出奔，陈、鲍分其土地财产。

[2] 伯成子高：相传为尧、舜时的诸侯。戎夷：当作"式夷"（依梁玉绳说），齐国的仁人。《汉书古今人表》作"视夷"，颜师古谓即"式夷"，见《吕氏春秋》。

禹前去见他时，他正在田里

禹谦逊地快步走到下风头

问道："尧治理天下时，您立为诸侯

现在传到我这里，您却辞去诸侯

是什么缘故"

伯成子高说："当尧在的时候

不用奖赏而百姓勉力向善

不施惩罚而百姓懂得敬畏

百姓不知怨恨，不知喜悦

心情舒畅和顺和悦如赤子

现在赏罚繁多

百姓互相争利，而且并不顺服

道德从此日衰，利争从此而起

后世的混乱以此为始

先生您何不走开

不要打扰我的农事"

一边说着，面色和悦

一边用土盖上播种了的种子

再不回头去看

当个诸侯啊，名声赫耀显荣

实实在在地安逸快乐

后代子孙得被恩泽

伯成子高不须问就知道这些

然而却坚辞不当诸侯

就是为了制止后世的混乱

辛宽见到鲁缪公说："臣从今以后 [1]

知道在受封的问题上

我们先君周公不如太公望聪明

从前太公望被封到营丘的滨海之地 [2]

那里海阻山高，险要坚固

所以，辖地日益广大

子孙越来越昌盛

我们先君周公被封到鲁国

这里没有山林溪谷之险

诸侯可从四面八方而来

所以，国土日见削减

子孙越来越衰弱"

辛宽出去，南宫括入见

缪公说："刚才辛宽非难周公

他的话如此如此"

南宫括回答说："辛宽

年幼无知，没有见识

君难道没听说过

成王营建成周时所说 [3]

他的话是：'惟余一人 [4]

营建并居住于成周

惟余一人

注释:

[1] 辛宽：他书或作"辛栎"，鲁穆公臣。鲁缪公：即鲁穆公，战国时期鲁国君主，前 407 年—前 376 年在位。

[2] 营丘：古邑名，齐国国都，在今山东省临淄北。

[3] 成周：古邑名，在今河南省洛阳东北。周初成王时，为防止殷民作乱，周工营建成周，迁殷民于此。

[4] 余一人：古代帝王自称。

有善行容易实现并被看到

有不善之举容易实现而备受谴责'

所以说，善者得之，不善者失之

这是自古以来的大道

那贤德之人难道会想

让自己的子孙凭借山林之险

来长久地干无道之事

小人啊！辛宽"

如果让目光短浅的燕雀

为志向远大的鸿鹄、凤凰出谋划策

那一定不会令他满意

燕雀所谋求的

不过是瓦之间隙、屋之遮蔽

哪里堪与鸿鹄、凤凰相比

冲天一举就志在千里

对那些德行不盛、义行不大的君主

都不会飞到他的都城近郊

愚蠢卑下之人啊

他们为贤德之人的多虑

也好像和这一样

固陋狂妄，横加诽谤

难道不很是可悲

戎夷离开齐国到鲁国去

当时天气大寒，城门关闭后才到

就跟一个弟子露宿城外

天愈加寒冷，他对他的弟子说

"你把衣服给我，我就能活命

我把衣服给你，你就能活命

我，一位国家最杰出的人

为了天下还舍不得死

你，一个不肖之人，不值得爱惜

你把你的衣服给我"

学生说："那不肖之人

又怎么能给国家最杰出之人衣服"

戎夷长叹一声说："嗟乎！大道难行啊"

脱下自己的衣服给了弟子

半夜时死了。弟子终得活命

要说戎夷有才能

一定可以让整个社会安定

那还真不知道

但他那利人之心，无以复加

通达死生之分，拥有诚挚仁爱之心

所以，他能以必死的行为

来彰显自己的道义

知　分

三曰：

通晓事理的达士

对于死生大义明智达理

既通达死生大义

那么利害存亡就不会使之迷惑

所以，晏子虽与崔杼盟誓[1]

仍不改自己的原则立场

延陵季子[2]

吴国人民诚心请他为王而他不肯

孙叔敖[3]

三做令尹而不喜

三不做令尹也不忧虑

他们都早已明智通达

既已明智通达

那就没有什么外物让他迷惑

荆国有个人叫次非

在干遂得到一把宝剑[4]

注释：

[1]　晏子：名婴，字平仲，齐国大夫。历任齐灵公、齐庄公、齐景公三朝。崔杼：齐国大夫。他与庆封杀庄公，立景公，劫持齐国将军大夫等盟誓。

[2]　延陵季子：季札，吴王寿梦少子，受封于延陵，故号"延陵季子"。季札贤，寿梦欲立之，季札不受。后吴人固立季札，季札于是弃其室而耕。

[3]　孙叔敖：春秋时楚国人，名敖，字叔孙，官令尹。

[4]　干遂：又作"干隧"，吴邑名，在今苏州市西北。

回返时渡江，船到江心

被两条蛟龙从两边夹住缠绕

次非对船工说

"你们见过两条蛟龙夹绕住船

而蛟龙和船上的人都能活命的吗"

船工说："没有见过这个"

次非神情振奋，捋袖出臂

撩起衣服，拔出宝剑

说："以死相拼，大不了

成为江中腐肉朽骨

若丢掉宝剑才能保命

我自己又有什么可以顾惜"

于是，跳到江里去刺杀蛟龙

杀死蛟龙后又上了船

船里的人都得以活命

荆王听说此事，赐封次非为执圭 [1]

孔子听说此事说："真好啊

不因将成腐肉朽骨而丢弃宝剑

大概说的就是次非"

禹巡视南方，正渡长江

一条黄龙来承载起舟船

船上的人神色不定

禹仰面看天而叹息

注释:

[1] 执圭：春秋时诸侯国爵位名。
以圭赐给功臣，使持圭朝见，
因称"执圭"。

"吾受命于天

尽心竭力养育人民

生，性也；死，命也

我对于龙有什么可以担心"

龙伏下耳朵放低尾巴而游走

对于死生之义、利害之道

禹的确通达明晓

凡是人和万物，都是阴阳所化

所谓阴阳，造就于天而自然形成

天本来就有衰减、亏缺、毁废、伏藏

有兴盛、丰盈、积聚、生息

人也有困窘、穷苦、竭尽、匮乏

有充足、富实、显达、成功

这些都是天的表象、万物的纹理

由不得不如此的命数所定

对于命中注定的

古圣从不因自身而感念伤神

只会安然以待

晏子与崔杼盟誓

崔杼的誓词说

"不亲附崔氏而亲附公孙氏[1]

必遭不详之祸"

注释:

[1] 公孙氏：齐群公子之子。这里指齐公室而言。

晏子低头口含牲血

仰头呼告上天说

"不亲附公孙氏而亲附崔氏

必遭不详之祸"

崔杼很不高兴

用矛顶着晏子胸部

用戟勾住晏子脖颈

对晏子说:"你改变你说的话

我就与你共有齐国

你不改变你的话

现在就这样了结"

晏子说:"崔子

你难道没有学过《诗》

《诗》中说:'繁密茂盛之葛藤

绵延于树干枝头

和易近人之君子

从不以邪道祈福'[1]

婴难道就能够以邪道求福

请您三思"

崔杼说:"这是位贤德之人,不可杀他"

于是撤兵而去

晏子拉着扶绳上了车

车夫正要赶马快跑

晏子摸着车夫的手

注释:

[1] 原句见《诗经·大雅·旱麓》:
"莫莫葛藟,延于条枚。凯弟
君子,求福不回。"

说："稳住！不要失礼

快，不一定就能得生

慢，不一定就会死

鹿生于山，而命悬于厨师之手

现在婴的命也悬于他人之手"

晏子可谓知命

所谓命，就是不知所以然而然

耍聪明乖巧以求安的人

就不能领会这些

所以，命啊

凑近它，未必能得到

离开它，未必就失去

国士深知命本若此

所以，面对命运

一切决之以义

因而处之安然

白圭向邹公子夏后启问道 [1]

说："践绳之节 [2]，四上之志 [3]，三晋之事 [4]

此皆天下豪杰英雄

因为住在晋国

所以听过很多晋国的事情

却不曾听说践绳之节、四上之志

希望能听您讲一讲"

注释：

[1] 邹公子夏后启：夏后启是邹公子的名字。邹：古国名，本作"邾"，在今山东省邹平市东南。

[2] 践绳之节：未详。高诱注为"正直"。践，踏，履行。绳，墨绳，木工用以取直。如此，意似指正直人士之节操。

[3] 四上：未详。俞樾谓当作"匹士"，指普通士人。四上之志：意似指普通平民士人的志向。

[4] 三晋之事：指战国初期，韩、魏、赵三家专晋国政，后分晋而自立为侯。

夏后启说:"我是鄙陋之人

哪里值得一问"

白圭说;"愿公子莫要谦虚"

夏后启说:"认为可做,所以就做

去做,天下无人可当

认为不可做,所以释然不做

释然不做,天下也无人能强迫"

白圭说:"难道利益不能驱使

难道威权不能禁止"

夏后启说:"生命尚不足以驱使

利益又怎么足以驱使

死亡尚不足以阻禁

祸害又怎么足以阻禁"

白圭无话以应

夏后启告辞而出

对于贤德和不肖之人

使用的方法应有所不同

使用不肖之人要用赏罚

使用贤德之人要用道义

所以,贤明之主使用自己的臣属

一定要以道义为本,慎施赏罚

然后,贤德与不肖之人

就都能为己所用

召 类

四曰：

同类相召，同味则合，音近则和

所以，击宫而有宫音共鸣

击角而有角音共振 [1]

以龙致雨，以形逐影

祸福自来，众人以为是命

哪里知道祸福的由来

所以，国家混乱绝不仅是内乱

又定会招来外敌入侵

仅仅国家内乱未必灭亡

招来外敌入侵就无以存续

凡用兵动武

师出为利，师出为义

攻伐乱国，就能使之顺服

敌国顺服，则进攻者获得实利

攻伐乱国，就符合道义

符合道义，则攻伐者获得荣誉

注释：

[1] 宫、角：这里指乐器的宫音和角音。

光荣而有实利

中才之主尚且能做

何况对于贤明之主

所以，割让土地

献出宝器，奉上戈剑

言辞卑微，屈从顺服

都不足以阻止他国的侵略进攻

惟有良治善政能够止攻

治理好自己的国家

谋利者就不敢前来攻掠

图名者就不敢前来讨伐

那些发动攻伐的人

不为实利就一定是为名誉

名誉与实利若都无所得

自己的国家再强大

也不会去进攻他国

战争的由来相当久远

尧曾战于丹水之滨 [1]，以归服南蛮

舜曾击退苗民 [2]，改变他们风俗习惯

禹曾攻打曹、魏、屈骜、有扈 [3]

以大行教化

三王往上，本来都会用兵动武

乱才用，治则止

注释：

[1] 丹水：又称"丹江"，在今河南、陕西两省之间。

[2] 苗民：即"有苗""三苗"，古部族名。

[3] 曹、魏、屈骜、有扈：都是远古时期的国名。

对治理好的，却去攻打

没有比这更不吉利

对混乱不堪的，不去讨伐

对人民的残害莫过于此

这就是治乱不同而应对策略的变化

文治武功由此而来

用文是友爱的象征

用武是憎恶的表现

友爱或憎恶依循义理

行文或用武都有常规

这是圣人的根本

一如寒暑有序，时令到了就要应时而作

圣人不能改变时令

却能做应时之事以适应时令

适应时令做应时之事

这样功效才大

士尹池为荆国出使宋国 [1]

司城子罕设家宴招待并敬酒 [2]

看到子罕南边邻家的墙向前突出

却没有拆墙取直

西边邻家的积水流过子罕的庭院

却没有予以塞止

士尹池问其缘故

注释：

[1] 士尹池：复姓士尹，名池，楚国人。

[2] 司城：即司空，官名，掌管工程。宋国因武公名"司空"，所以改官名司空为司城。子罕：乐喜，字子罕。

司城子罕说:"南边邻家是工人

是做鞋的工匠

我让他搬家,他的父亲说

'我家依靠做鞋谋生已经三代

现在如果搬家

宋国那些要买鞋的

就不知道我在哪里

我也将会没有饭吃

诚愿相国因我要谋生而怜悯我'

因为这个缘故,我没有让他搬家

西边邻家院子地势高,我家院子地势低

积水流过我家院子也还便利

所以未加禁止"

士尹池回到荆国,荆王正要兴兵攻宋

士尹池劝楚王,说:"不可攻打宋国

其主贤明,其相仁慈

贤主能得民心,仁者会用人力

荆国攻宋,大概无功

而且会为天下所耻笑"

因此,荆国舍弃宋国而攻打郑国

孔子听到此事

说:"在朝廷上讲究品德修为

又能制敌于千里之外

大概说的就是司城子罕"

宋国处于三个万乘大国之间 [1]

子罕当政的时候

宋国一直未受侵犯

四方边境安宁而获益良多

子罕为相，能够终其一生

辅佐平公、元公、景公 [2]

正是因为他仁慈又节俭

所以，仁慈和节俭的实效最大

因此，天子理事的朝堂

用茅草覆盖屋顶

用蒿杆做柱子 [3]

土做的台阶三级

以此表示节俭

赵简子要攻打卫国

派史默前去观察情况 [4]

以一个月为期，六个月后史默才返回

赵简子说："怎么去了这么久"

史默说："本为谋利却反受其害

还是因为没能深入了解情况

如今卫国蘧伯玉为相 [5]

史鳅辅佐卫君 [6]，孔子为座上宾

子贡在君前供差

卫君对他们言听计从

注释：

[1] 宋国南有楚国，北有晋国，东有齐国，所以这样说。

[2] 平公（前 575 年—前 532 年在位）、元公（前 531 年—前 517 年在位）、景公（前 516 年—前 451 年在位）：都是宋国君主。

[3] 见《大戴礼记·明堂》："周时德泽洽和，蒿茂大，以为宫柱，名蒿宫也。"

[4] 史默：晋史官。《应同》篇作"史墨"。

[5] 蘧伯玉：名瑗，字伯玉，卫大夫。

[6] 史鳅：字子鱼，也称"史鱼"，卫大夫。

《周易》中说：'涣其群，元吉'[1]

涣，贤德之意

群，众多之意

元，吉祥之始

'涣其群元吉'

言其辅佐者贤德之人众多"

赵简子于是按兵不动

凡是需要进行谋划的

都是因为有所疑惑

既有疑惑，决断就要依从义的原则

依从义的原则作出决断

那么谋划就不会失当有亏

谋划不失不亏，名利就会相随而来

贤君明主做事，难道非要旗倒将死

然后才知道胜败

明察事理规律就可确定荣辱得失

所以，三代所尊崇的

莫过于贤德之人

注释：

[1] 见《周易·涣》。

达　郁

五曰：

凡人都有三百六十个骨节

有九窍、五脏、六腑

肌肤应该让它紧致细密

血脉应该让它通畅无阻

筋骨应该让它结实牢固

心志应该让它和谐平和

精气应该让它流动运行

像这样，疾病就无所滞留

恶疾就无处产生

疾病的滞留，恶疾的产生

都是因为精气郁积不通

所以，水郁积不通就会污浊

树木郁积不通就生蛀虫

花草郁积不通就要枯死

国家也有郁积不通的现象

主上德政未能贯彻

百姓愿望不能实现

这就是国是之郁塞

若国是郁塞日久

必然百恶并起，万灾丛至

上下官民相互残害，由此而来

所以，圣王推重豪杰与忠臣

正是因为他们敢于直言劝谏

从而一决国是郁塞

周厉王残害百姓，国人无不指责

召公把这情况禀告周厉王 [1]

说："百姓们已经不堪王命"

厉王就派卫国的巫去监视 [2]

那些敢于指责的人，只要抓到就杀掉

都城内几乎无人再敢讲话

彼此在大道小路上相遇，只是以目示意

厉王显然很是高兴

把这种情况告诉了召公

说："我完全能够消除诽谤怨言"

召公说："这只是对于民怨的障遏

并不是在消除民怨

防民之口，甚于防川

河水壅塞，一旦决口，伤人必多

那民众也是一样

因此，治水者会决开水口以便疏导

注释:

[1] 召公: 指召穆公，名虎，为周厉王卿士。

[2] 巫: 古代所谓能以舞降神的人。主管奉祀天地鬼神、为人祈福禳灾，兼事占卜、星历之术。

治民者会让百姓讲话以尽情宣泄

所以，天子听言理政

会鼓励公卿列士直言劝谏

好学博闻者进献采风而来的民歌

盲人乐官进呈劝诫箴言

乐师吟诵讽谏之诗

庶民百姓表达各种意见

近臣说尽规劝的话语

同宗亲戚弥补监察

然后，供由天子斟酌取舍

因此，属下没有遗漏的善言

主上没有错误的行动

现在，王堵住下边人的嘴

而遂成主上的过错

恐怕要成为国家的忧患"

厉王不听劝告

三年后，国人把厉王放逐到彘

这就是国是郁塞的危害

郁者，阳气不升，正气阻碍

周鼎上刻铸着鼠形

而且让马踩着鼠

就是因为鼠属阴不属阳

阳气不升，这是亡国之俗

管仲宴请齐桓公

直至傍晚，暮色四合

桓公正在兴头

命令点上灯烛继续宴饮

管仲说："臣占卜过白天

却没有占卜晚上，君可以离开了"

桓公不太高兴

说："仲父已经年纪老大

寡人和仲父一起作乐还能多久

希望宴会夜晚继续"

管仲说："君上不对

贪图美味会品德鄙薄

沉湎享乐反致忧患

身当壮年而懈怠，就会失去时机

身当老年而懈怠，就会丧失功名

臣如今正要劝勉君上

君上哪能还沉湎于酒"

管仲可谓善于建德修行

但凡品行堕落，都来自沉湎享乐

现在君臣宴乐却益加严正

但凡品行败坏，多见位高人贵

现在主上想留下宴乐，而管仲不许

申明意志，按原则行事

不因尊贵享乐而有变

以此侍奉自己的君主

这就是桓公之所以成就霸业的原因

列精子高德行高正 [1]

颇得齐湣王敬重

一次，身着练帛衣

戴白绢帽子，穿粗劣鞋子

特意在天刚亮的时候

撩起衣服在堂下走来走去

对自己的侍者说："我的样子怎么样"

侍者说："大人体态健美

而且衣着华丽"

列精子高于是走到井边

仔细照看，形象分明是个丑陋男子

不禁喟然慨叹道

"因为我的德行为齐王所敬

侍者就会这样曲意迎合我

更何况对于敬重我的齐王"

如果是万乘之主

人们对他的阿谀奉迎只有更甚

而他自己如果无从照镜察觉

他的国破身亡也就没得几天

究竟谁能帮他镜照反思？大概只有贤士

人人皆知以镜照容令人欢喜

注释：

[1] 列精子高：战国时期的贤人。

却又厌恶贤士看透自己

镜子虽能照出自己的形象

其实功用细小

贤士确能指明自己的缺点

其实功绩很大

得其小，失其大

因为不懂得类比

赵简子说："厥^[1]，是爱我的

铎^[2]，不爱我

厥劝谏我的时候

一定要在无人之处

铎劝谏我的时候

喜欢当众向我质正

一定要让我出丑"

尹铎回答说："厥

爱惜的是不让君上出丑

却不在意君上是否会有过错

铎，在意的是不让君上有过错

却没有顾惜君上是否会当众出丑

臣曾从老师那里听过

如何观察人的相貌

以判断贵贱安危

相貌敦厚而且面色土黄的

注释：

[1] 厥：人名，依高诱注为"赵
　　厥"。赵简子家臣。
[2] 铎：尹铎，赵简子家臣。

就能够承受得住出丑

不在众人面前质正君上

担心的是君上并不有所改正"

这就是简子的贤明之处

为人之主贤明

那么，为人之臣的谏言就会严苛刻薄

若简子不贤

铎就根本不会居于赵地

更何况会待在简子身边

行　论

六曰：

为人之主，所作所为

与布衣平民当然不同

形势不便，时机不利

可侍奉仇雠以求生存

君主执掌着百姓命运

执掌百姓命运，责任重大

不能以恣意随性为能事

平民如果在本国内如此行事

甚至不能为乡里所容

尧把天下让给舜

鲧为诸侯 [1]，对尧大怒

说："符合天之道者为帝王

符合地之道者为三公

如今我符合地之道

却不让我做三公"

认为尧做事已经丧失原则

鲧很想得到三公之位

愤怒得甚于猛兽，准备发动叛乱

像猛兽一样并起兽角，固城自守

像猛兽一样举起尾巴，立旗为号

舜下召也不来

鲧游荡无定于四野，令舜很不放心

舜于是诛杀鲧于羽山 [2]

用锋利的吴刀予以肢解 [3]

对此，禹不敢有怨

反而对舜更认真地侍奉

官任司空 [4]，专职浚通洪水

晒得面色黧黑，疲劳得步履艰难

七窍不通，这才符合了舜帝心愿

从前，纣王行为暴虐无道

注释：

[1] 鲧：禹之父。

[2] 羽山：古地名，在今山东省郯城县东北（一说在今山东省蓬莱市东南）。

[3] 吴刀：吴地制造的快刀。

[4] 司空：古官名，掌营建、治理水土等。

杀死梅伯做成肉酱 [1]

杀死鬼侯做成肉干 [2]

用以在宗庙中宴请诸侯

文王涕泗横流而叹息不止

纣王担心文王反叛

想要杀死文王灭掉周国

文王说："父亲即使无道

儿子哪敢不侍奉父亲

君主虽然不惠

臣下哪敢不侍奉君主

君主怎么可以背叛"

纣王于是赦免文王

天下人听到这件事，认为

文王不过是畏惧君上而哀悯下人

所以《诗》中说

"惟此文王，小心翼翼。

昭事上帝，聿怀多福。" [3]

齐国攻打宋国

燕王派张魁率燕军相从

齐王却杀死张魁

燕王闻说，泪下数行

召来有关官员告诉他说

"我出兵助齐

注释：

[1] 梅伯：纣时的诸侯。

[2] 鬼侯：纣时的诸侯。

[3] 见《诗经·大雅·大明》，意
为：惟此文王，小心翼翼。光
明坦荡，侍奉上帝，笃念多福。

齐国却杀死我的使臣

现在要立即发兵攻打齐国"

官员接受王命

凡繇进见 [1]，争谏道

"因为王是位贤主

所以心甘情愿做您臣子

现在看来王不是位贤主

所以我想辞官不再做您臣子"

昭王说："这是为什么"

凡繇回答说："松下之难 [2]

先君不得安宁而离弃群臣

王对此深感痛苦，却仍侍奉齐国

是因为实力不足

现在张魁被杀死

王却要立即攻打齐国

这样是视张魁胜于先君"

燕王说："诺"

凡繇请燕王停止出兵

燕王说："然后应该怎么办"

凡繇回答说："请王身着缟素

离开官室，住到郊外 [3]

派遣使臣去齐国

以客人的身份致歉

说：'这都是寡人的罪过

注释：

[1] 凡繇：燕昭王臣。

[2] 松下之难：齐伐燕，燕王子哙（燕昭王之父）与之战于松下（地名），被齐俘获。

[3] 原文为"缟素辟舍"，表示自责之意。

大王是贤明之主，岂会尽杀诸侯使臣

然而，燕国使臣独被杀死

这是敝国之择人不谨

希望允许改换使臣以请罪'"

燕国使臣到了齐国

齐王正在宴会上放量痛饮

身旁左右官属侍从众多

于是让燕国使臣进门禀报

使臣禀报，说是燕王非常恐惧

因而特来请罪

说完，又让他重复一遍

以此来向左右官属侍从炫耀

于是，齐王派出地位低微的使臣

去燕国，让燕王返回宫室

这就是后来齐国为燕国所败的原因[1]

齐国从此虚弱。七十多座城邑

如果没有田单，收复几无可能[2]

湣王凭仗齐国强大而骄横

而致国家残毁

田单凭借即墨一城立下大功

古诗说："将欲毁之，必重累之

将欲踣之，必高举之"[3]

大概说的就是这个

累累堆积却能不毁，高高举起不被仆倒

注释：

[1] 这里是指，燕昭王后来派乐毅伐齐，大败齐于济水边，下七十余城。齐国由此虚弱。

[2] 燕昭王死后，子惠王与乐毅有隙，派骑劫取代乐毅为将。齐田单率即墨（齐邑名，在今山东省平度市东南）军民以火牛阵大败燕军，收复七十余城全部失地。

[3] 此为逸诗。大意为：将欲毁之，必先重重堆高；将使仆倒，必先举之高高。

大概只有有道之人能够做到

楚庄王派文无畏出使齐国 [1]

途经宋国，没有事先通报借道

待他返回的时候，华元对宋昭公说 [2]

"出去不通报借道，回来不通报借道

这是把宋国当成他自己的边邑

楚王从前与您会猎时

曾在孟诸故意鞭打君的仆从 [3]

请杀掉文无畏"

于是，杀死文无畏于扬梁之堤 [4]

庄王正悠闲地双手揣进衣袖

听到了这个消息说"嘻"

然后甩开袖子起身疾出

奉履的侍从追到了庭院

奉剑的侍从追到庭院外的寝门

驭者驾车追到蒲疏街市上

接着就住在郊外，兴师围困宋国九个月

宋国人易子而食

劈开尸骨来烧火做饭

宋公脱去衣服，露出臂膀

牵着祭祀所用纯色牺牲

表示屈服，陈述苦状

说："贵国若能赦免

注释：

[1] 楚庄王：春秋时期楚国君主，前 613 年—前 591 年在位。文无畏：文是其姓氏，名无畏，字舟。申是其食邑，称申舟（也作"申周"）。楚大夫。

[2] 华元：宋大夫。宋昭公：宋国君主，前 619 年—前 611 年在位。

[3] 孟诸：古泽名，在今河南省商丘东北、虞城西北。

[4] 扬梁：他书或作"杨梁"，宋地名，在今河南省商丘东南三十里。地近涣水，故有堤防。

我将唯命是听"

庄王说:"宋公之言可谓诚恳"

于是后退四十里,驻扎于宋城的卢门

两国媾和以后即大军归返

凡事之关键在于人主

人主的问题在于重事而轻人

对人轻慢则事业难免穷尽

现在,臣子死得不当

庄公就亲率士卒加以讨伐

可谓对人并不轻慢

宋公一屈服并述说困苦

即决定班师还国

可谓不会置身困境

那在汉水之北盟会诸侯

归国后以饮至之礼[1]祭告祖先

进退之间,无不持守义的原则

单凭强大

尚不足以达到这个境界

注释:

[1] 饮至:国君外出归国后祭告祖庙并宴饮群臣以慰劳从者,这种仪式叫"饮至"。

骄 恣

七曰：

亡国之主

必是骄傲自满

必是自以为聪明

必是轻视他人，目空一切

骄傲自满就会简慢贤士

自以为聪明就会独断专行

轻视他人就会缺乏准备

没有准备必然招致祸患

独断专行难免君位危险

简慢贤士就会闭目塞听

要想毫不闭塞，务必礼贤下士

要想君位无危，须得众人辅佐

要想祸患不来，必须准备完备

这三条，是人君的治国大道

晋厉公奢侈放纵[1]，好听谗人之言

想去尽他的大臣，只提拔他身边的人

注释:

[1] 晋厉公：春秋时期晋国君主，前 580 年—前 573 年在位。

胥童对厉公说[1]："一定要先杀三郤[2]

家族庞大，怨恨多多

除去大家族，就没有谁能威逼公室"

厉公说："诺"

于是，让长鱼矫在朝廷之上[3]

杀死郤犫、郤锜、郤至并陈尸示众

然后，厉公到匠丽氏那里游乐[4]

栾书、中行偃劫持厉公并予以囚禁[5]

诸侯们没有来援救他

百姓中没有人哀怜他

三个月后就把他杀了

人主的问题

在于只知道自己能害别人

却不知害人不当反会殃及自己

为什么会这样？是因为目光短浅

目光短浅，就不懂事物变化

不明白事物变化规律

举动之间都会危及自身

魏武侯谋事一向妥当

（一次）在庭院中捋袖伸臂

大声说："大夫们的谋略

没有能与寡人的相比"

站了一会儿，就说了好几遍

注释：

[1] 胥童：他书或作"胥之昧"，晋大夫，厉公用为卿，后被栾书、中行偃所杀。

[2] 三郤：即下文所说的郤犫、郤锜、郤至。郤氏是晋国的大族。

[3] 长鱼矫：晋厉公嬖臣。

[4] 匠丽氏：《史记·晋世家》作"匠骊氏"，裴骃《集解》引贾逵曰："匠骊氏：晋外嬖大夫在翼者。"（翼，晋旧都，在今山西省翼城县东南。）

[5] 栾书：即栾武子，晋大夫。中行偃：即荀偃，字伯游。

李悝快步走上前 [1]

说："从前楚庄王谋事得当

成就很大功业

退朝后却面有忧色

身边的侍从说

'王成就伟业大功

退朝后却面有忧色

请问这是什么原因'

庄王说：'仲虺的话 [2]，不穀喜欢' [3]

他说：'诸侯之德

能为自己选取老师的，称王天下

能为自己选取朋友的，保存自身

所选取的人不如自己的，灭亡'

现在，以不穀这般不肖

群臣之谋又都比不上我

我大概是快要灭亡"

李悝接着又说："这才是

成就霸王之业的人所忧虑的

而君却偏偏自我夸耀

难道可以这样吗"

武侯说："善"

人主的弊病，不在过于自谦

而在于自高自大

自高自大，会拒绝本该接受的意见

注释：

[1] 李悝：战国时期法家代表人物，曾为魏文侯相。

[2] 仲虺：相传为汤的左相，奚仲的后代。

[3] 不穀：不善，诸侯的谦称。

拒绝了本该接受的意见

就会堵塞各方进言之路

思想的源泉就会日渐枯竭

李悝可谓善于劝谏自己的君主

他这一说，就让武侯

更加明了为君之道

齐宣王修建庞大宫室[1]

规模之大超过百亩

堂上设置三百座门

凭着齐国这样的大国，修建三年未成

群臣中没有一个敢于劝谏

春居问宣王说[2]

"荆王抛弃了先王的礼乐

音乐因此变得轻浮

请问荆国算是有没有明主"

王说："没有明主"

春居说："贤臣数以千计

却没有人敢劝谏

请问荆国算有没有贤臣"

王说："没有贤臣"

春居说："现在王修建偌大宫室

宫室之大超过百亩

堂上设置三百座门

注释:

[1] 齐宣王：战国时期齐国君主，前 319 年—前 301 年在位。

[2] 春居：齐宣王臣。王应麟《困学纪闻》以为即《尚书大传》之"春子"，名卫。

凭着齐国这样的大国修建三年未成

群臣中竟没有人敢于劝谏

请问王算是有还是没有贤臣"

王说："没有贤臣"

春居说："臣请求离开"

说完，就快步走出

王说："春子！ 春子！回来

为什么这么晚才劝谏寡人

寡人愿意现在就停止修建"

赶紧召来记事主管

说："写上！寡人不肖

喜好修建大官室。春子谏止寡人"

对于规诫劝谏，不可不深思熟虑

不敢劝谏的，并非不想劝谏

春居所想做的与别人想做的一样

所不同的是他的劝谏颇能入耳

宣王如果没有春居

几乎要被天下人耻笑

由此而论，失国之主大多一如宣王

但他们的问题在于没有春居

所以，劝谏的忠臣们啊

也应善于顺势而入

对此不可不慎

这是得失成败的关键

赵简子把鸾徼沉于黄河 [1]

说："我曾喜好声色

而鸾徼就为我搞到

我曾喜好宫室台榭

而鸾徼就为我修建

我曾经喜好良马和善御者

而鸾徼就为我找来

如今我爱好贤士已经六年

可鸾徼不曾举荐一位贤人

这是在助长我的过错

而废黜我的善行"

所以，像简子这样的，能够

严格地依照原则审察责求自己的臣子

对自己的臣子依照原则予以审察责求

那么，这样的人主

就可以相与一起为善

而不可相与一起为非

可以相与一起为直 [2]

而不可相与一起为枉 [3]

这正是夏商周三代的美好教化

注释:

[1] 鸾徼：他书作"鸾激"，赵简子臣。

[2] 为直：做正直的事。

[3] 为枉：做邪曲的事。

观 表

八曰：

凡是评判人心、观察事物

不可不仔细，不可不深入

天是很高的了

而日月星辰云气雨露不曾休止

地是很大的了

而水泉草木飞禽走兽不曾灭绝

凡处于天地之间、六合之内

本应致力于相安互利

可那尽力相互危害的，不可胜数

人与事皆是如此

事随心，心随欲

欲望无度的，其心也无度

心无度的，其所作所为也不可知

人的心思隐匿难见，仿佛渊深难测

故圣人临事

必先观察行事之人的心志

圣人所以过于常人，就在于先知先觉

要想先知先觉，务必详察内外征表

没有任何征兆表象却想先知先觉

就是尧、舜也和大家一样做不到

与内心相一致的征兆

虽然易于观察

与内心相违的虚假表象

虽然难于考查

不论对哪种情况

圣人都不会匆忙定论

一般人达不到圣人的地步

无法做到先知先觉

就以为是依靠神力

以为是依靠侥幸

其实，非神非幸

而是根据所有的征兆表象

看到事理不得不如此

郄成子 [1]、吴起就能够做到

几近于圣人的先知先觉

郄成子为鲁国出使晋国通问修好

途经卫国，右宰谷臣留下并宴请 [2]

铺陈乐器，所奏乐曲却不欢乐

酒酣之际还相赠玉璧

郄成子从晋国出使回来

注释：

[1]　郄成子：鲁国大夫。

[2]　右宰谷臣：卫大夫。右宰本是官名，此处以官为姓。

再过卫国，却不去向右宰谷臣辞别

他的仆人说："先前

右宰谷臣宴请您，你们相处欢洽

现在再次经过，为何不去辞别"

郈成子说："他留下我并宴请我

本应与我一道尽欢

铺陈乐器，所奏乐曲却不欢乐

是向我表示他的忧愁

酒酣之际送我玉璧

是把玉璧托付给我

若是由此观之，卫国大概要有祸乱"

郈成子离开卫国三十里

就听说发生了宁喜之难[1]

右宰谷臣死于其中

就掉转车子还至卫国，去哭悼死者

举哀三次才归返

到了鲁国，又派人去

接来右宰谷臣的妻子孩子

把自己的宅院隔出让他们居住

分出自己的俸禄来养活他们

右宰谷臣的儿子长大

郈成子就把玉璧还给了他

孔子听说这件事

说："论智慧，可以隐微相谋

注释：

[1] 宁喜之难：宁喜，即宁悼子，卫大夫宁惠子之子。卫献公被逐，他杀死卫侯剽而迎立献公。后宁喜与右宰谷臣皆为公孙免余所杀。

论仁德，可以财物相托

大概说的就是郈成子吧"

郈成子对右宰谷臣的观察

真是深入精妙

不看他做的事情，就察觉到他的意志

可谓善于观人甚深

吴起治理西河之外 [1]

王错向魏武侯诬陷吴起 [2]

武侯派人召吴起回来

吴起到了岸门 [3]，停车休息

眼望西河，流下行行泪水

他的仆从对他说："私下观公之志

视舍天下如弃屣

如今离开西河却要哭泣，为什么"

吴起擦掉眼泪回答他

说："你不知道啊！君如果真的了解我

而让我把自己的才能都发挥出来

一定可以灭掉秦国

魏凭着西河就可以成就王业

现在君听信谗人之言而不信任我

西河不久就会成为秦国属地

魏国从此削弱"

吴起果然离开魏国到了楚国

注释：

[1] 西河：魏地名，吴起曾为西河守，辖今陕西东部黄河西岸地区。

[2] 据《史记·孙子吴起列传》载，诬陷吴起者为公叔及其仆，与此异。

[3] 岸门：地名，在今山西省西河津市南。

而西河全部归入秦国

从此魏国日渐削弱，秦国日益强大

吴起就是因有此先见而哭泣

古代有人善于相马

寒风善于相马的口齿 [1]

麻朝善于相马的面颊

子女厉善于相马的眼睛

卫忌善于相马的须髭

许鄙善于相马的臀部

投伐褐善于相马的胸胁

管青善于相马的唇吻

陈悲善于相马的大腿小腿

秦牙善于相马的前部

赞君善于相马的后部

所有这十个人

都是天下最优秀的能员良工

他们用来相马的方法各不相同

只看马的一处征象，就能知道

马的骨节高低，腿脚快慢

体质强弱，才能长短

不仅相马是这样

人也一样有征兆

事物和国家都有征兆

注释:

[1] 寒风：即"韩风氏"，与下文的"麻朝""子女厉""卫忌""许鄙""投伐褐""管青""陈悲""秦牙""赞君"都是古代善相马者。

圣人上知千年，下知千年

并不是靠臆测猜想

而是有凭有据

绿图幡薄 [1]

帝王圣者受命之祥瑞

就是从此而生

注释：

[1] 绿图幡薄：对此解释不一，难以详考。绿图，似指"河图"。据古代传说，江河所出图箓皆为绿色，故别称"绿图"（《墨子·非攻下》有"河出绿图"语）。"幡薄"，当即簿册。

开春论第一

开　春

一曰：

开春之时 [1]，惊蛰始雷

藏在泥土中冬眠的虫子苏醒

应时之雨降下，就有草木滋生

饮食居处适宜，人体九窍百节千脉通利

王者厚植美德，积聚众多善行

凤凰与圣人就都会来到身旁

共伯和自修德行

喜好贤士仁人，而海内都来归附

周厉之难 [2]，天子废缺

天下诸侯都来请谒 [3]

把共伯和作为天子一般朝见

这些事情说明

事物之间因因相应，说有行必有果

善于论说的人，也是这样

把道理说透，则得失利害即定

岂会是为了某一个人

注释:

[1] 开春: 当指夏历二月。《仲春》:
"日夜分，雷乃发生，始电，
蛰虫咸动苏。"

[2] 周厉之难: 指周厉王末年的国
内动乱。周厉王，西周第十代
国君，名胡，由于暴虐无道，
被国人驱逐，逃亡在外十四年
而死。

[3] 请谒: 即把共伯和作为天子来
朝见。

随意而发

魏惠王死，安葬日期临近

天降大雪，雪深至埋住牛眼

很多臣子劝谏太子

说："雪大如此还要举行葬礼

百姓们对此一定感到困苦

国家的费用又恐怕不足

请宽限时间以改日安葬"

太子说："为人子女

如果因为百姓劳苦和国家费用不足

就不举行先王的葬礼，这是不义

你们不要再说"

群臣就都不敢再去劝谏

而是把这件事告诉了犀首 [1]

犀首说："我也没有办法去劝说

能做这件事的只有惠公 [2]

请让我告诉惠公"

惠公听了说："诺"

就乘车来见太子

说："安葬的日期临近了吗"

太子说："是的"

惠公说："从前王季历葬在涡山脚下 [3]

渗漏下来的水流浸渍他的坟墓

注释：

[1] 犀首：即公孙衍，战国时魏人，纵横家，曾在魏、秦等国为相。

[2] 惠公：指惠施。"公"是对人的尊称。

[3] 王季历：周文王之父，名季历，武王灭商后追尊为"王季"。涡山：山名。《战国策·魏策》作"楚山"，姚宏注引皇甫谧说，认为即陕西省西安市鄠邑区的南山。

露出棺木的前脸

文王说：'嘻！先君一定是

想看一看百姓群臣

所以才让渗水露出棺木'

于是，就把棺木挖出

设置帷幕，举行朝会

百姓都得以谒见

三天以后才予以改葬

这就是文王之义

现在安葬的日期临近

而雪越来越大

几乎埋到牛的眼睛

路上难以行走

太子坚持按照既定日期下葬

莫不是有急于安葬了事之嫌

希望太子改个日子

先王一定是想稍作停留

以安抚国家和百姓

所以才让雪下得这么大

因此推迟时间而另择葬期

这正是文王之义

像目前这种情况还不改日下葬

想来是耻于效法文王"

太子说："说得很对

敬请缓期，择日安葬"

惠子不仅能实现有说即行

又使魏太子未葬其先君

却因此喜好文王之义

喜好文王之义并以此宣示天下

这个功劳岂能说小

韩国修筑新城城墙 [1]

规定十五天完成。段乔为司空 [2]

有一个县延迟两天

段乔逮捕并囚禁该县官长

被囚官员的儿子跑去告求封人子高 [3]

说："只有先生能救活臣父于死罪

愿拜托先生"

封人子高说："诺"，就去见段乔

自己攀缘而上城墙后

封人子高左右张望

说："美哉此城！好大一功

您一定能有重赏

自古到今，功劳像这般大

又能没有罪罚杀戮

从来不曾有过"

封人子高离开以后，夜里

段乔派人解开那官员的束缚放了他走

注释：

[1] 新城：地名，即阳翟，故址在
    今河南省禹州市。

[2] 段乔：战国时韩国大臣。司空：
    官名，掌土木工程。

[3] 封人：管理疆界的官。子高：
    当时的贤者。

所以说，封人子高的话

说了，又让人认为不是自己说的

段乔听从并实行

做了，又不让人看出是自己做的

说服别人能像这样，也真是精妙

封人子高可谓善于说服别人

叔向的弟弟羊舌虎与栾盈交好 [1]

栾盈在晋国犯罪，晋国诛杀羊舌虎

叔向因此连坐为奴 [2]

祈奚说："我听说

小人升官得位，不谏争不祥

君子身处忧患，不帮助不祥"

于是，就去拜见范宣子进行劝说 [3]

说："听说善于治国的

赏不过度而刑不轻忽

行赏过度，则恐赏及奸邪

施刑轻忽，则恐罚到君子

如果不得已而做得过分

宁可行赏过度赏及奸人

也不要施刑过度处罚君子

所以尧施刑杀死鲧

在舜那里还是启用了禹

周施刑诛杀管、蔡，而仍以周公为相

注释:

[1] 叔向：春秋晋大夫，姓羊舌，名肸，字叔向，以贤能著称。
羊舌虎：叔向异母弟，晋大夫。
栾盈：晋大夫。

[2] 当时法律规定，父兄犯罪，子弟要连坐。

[3] 范宣子：即范匄，又名士匄，晋平公时为正卿，主持晋国军政。

这都是因为不轻慢施刑"

宣子于是命令官吏放出叔向

救人于危难者，甘冒危苦，不避繁缛

尚未必能使人能免除灾患

现在祈奚论说先王之德而叔向得免

由此可知，学习岂有止境

人生之事，大多若此

察　贤

二曰：

假如有这样一位良医

给十人治病能治愈九人

找他治病的肯定会成千上万

所以，贤人能助益君主招致功名

好比良医治病

可是，为人之君者

却不知去尽快寻找贤人

岂不是大错特错

现在，那些下塞棋的人[1]

不用勇力、时机、占卜、祭祷

注释：

[1] 塞：又作"簺"，古代一种棋类游戏，又名"格五"。

技巧高的一定获胜

建立功名也是这样，关键在于得到贤人

魏文侯以卜子夏为师

与田子方交友，礼敬段干木

从而国家得治，自身安逸

天下的贤主

哪里一定要劳身费神

掌握治理国政的关键就好

雪霜雨露应时而来

就会万物生长，人民安乐

疾病和怪异灾害尽去

所以，说起尧的仪容

仿佛是衣裳下垂

其实是说他

无为而治，政务较少

宓子贱掌政单父 [1]

只是弹弹琴，甚至身不下堂

而单父得治

巫马期早上披星而出 [2]

晚上星伴而归

昼夜无休，凡事亲力亲为

而单父也治理得很好

巫马期向宓子询问个中缘故

注释：

[1] 宓子贱：春秋末期鲁国人，名不齐，字子贱，孔子弟子。单父：春秋时鲁邑，在今山东省单县南。

[2] 巫马期：姓巫马，名施，字子期，孔子弟子。他书或作"巫马旗"。

宓子说："我的方式可谓任人

您的方式可谓任力

任力者本来辛苦，任人者当然安逸"

宓子的确是位君子

四肢安逸，耳目保全，心气平和

各方官吏将各种事务处理得井井有条

这一切本应如此

而他不过是方法得当，遵循规律

巫马期却不是这样

损害身体，耗费精气

手足辛劳，教诏繁多

虽也治平，却未达至境

期　贤

三曰：

如今那些以火照蝉的人

只须弄亮火光、摇动树木

树上受惊的蝉就会飞向火光

火光不亮

即使摇动树木，能有何用

火光明亮

不仅在火本身，还在于黑暗映衬

当今时代，世道黑暗至甚

人主但有能昭明自己德行

天下之士，往来归附

一如蝉之奔赴火之光明

但凡国家安定

从来不会无缘无故

君王名声显耀

从来不会无缘无故

一定要得到贤士相辅

赵简子白日闲坐

慨然长叹，说："奇怪啊

我想征伐卫国已有十年

可就是伐不成卫国"

侍从说："以赵国之大

而伐卫那样的小国

君若是不想也就罢了

君要是真想这样，请立即出兵讨伐"

赵简子说："事情不像你说的那样

卫国有十位士人在我这里

我确实在想讨伐卫国

可是这十个人都说伐卫不义

如果我还坚持伐卫

那就是我在实行不义之举"

所以，赵简子的时候

卫国用十个人

就能让赵国按兵不动，直到简子去世

卫国可谓深谙用人之道

让十位士出游赵国而本土无虞

简子可谓善于听从劝谏

听受十位士的意见

从而避免侵小夺弱的恶名

魏文侯路过段干木所居里巷

手扶车轼表示敬意

他的车夫说："君为什么要扶轼致敬"

魏文侯说："这不是段干木所住里巷吗

段干木乃是位贤者

我怎么敢不扶轼致敬

而且我听说，段干木

绝不肯以他的操守与寡人的君位相换

我安敢对他骄慢无礼

段干木德行充盈

寡人只是位高权重

段干木富有道义

寡人只是富于财物"

他的车夫说："既然如此

那么君何不用他为相"

于是魏文侯就请段干木做相

段干木不肯接受

魏君于是给予禄米百万

并时常去家中探望

于是国人都很高兴，相与诵咏道

"吾君好正，段干木之敬

吾君好忠，段干木之敬"[1]

没过多久，秦国要兴兵攻魏

司马唐劝谏秦君[2]

说："段干木是位贤者

所以魏国以礼相待

天下无人不知

恐怕不宜对魏国动兵"

秦君认为确实如此

于是，按兵不动，不去攻魏

魏文侯可谓善于用兵

曾听说君子之用兵

未见其动，大功已成

大概说的就是这种情况

鄙陋无知的人用兵

则是鼓声如雷，号呼动地

尘土满天，飞箭如雨

注释:

[1] 这段引文大意为：我们国君赞
    赏廉正，把段干木来敬重；我
    们国君赞赏忠诚，把段干木来
    推崇。

[2] 司马唐：战国秦大夫，他书或
    作"司马庚"。

扶救伤兵，抬运死尸

踩踏尸体，跋涉血泊

百姓无辜，死者盈泽

而国家存亡、君主生死尚不可知

这种做法相距仁义也是太远

审 为

四曰：

对于君主而言

自己的生命，是一切行为的目的

所谓天下，是为了实现目的而存在

明白目的与手段不同

二者的轻重立判

假如有这样一个人

断头以换帽子，杀身以换衣服

世人一定认为他糊涂

这是为什么呢？因为

帽子，是用来饰扮头部

衣服，是用来饰扮身体

毁杀所饰扮的头颅和身体

以使用来饰扮的帽子和衣服完好

这就是不知道这么做的目的是什么

世人趋利正与此相似

不惜危身伤生、刎颈断头以求利

也是一样不知道这么做的目的是什么

太王亶父居于邠地^[1]。狄人攻打他

事奉以皮毛丝帛，而狄人不受

事奉以珍珠美玉，而狄人不允

狄人所要的，是土地

太王亶父说："与人的兄长在一起

却使他的弟弟被杀

与人的父亲在一起，却使他的儿子被杀

我不忍心这样做

你们都好好在这里住下去

做我的臣民和做狄人臣民

能有什么不同

而且，我听说过这个道理

不可因养育人民的土地

危害所养育的人民"

于是，拄着手杖而去

百姓彼此相连地跟着

终于立国于岐山之下

太王亶父可谓尊崇生命

注释：

[1] 太王亶父：即古公亶父，周人祖先，文王祖父。自邠迁居岐山之下，领导周人开发周原，周部族势力从此日渐强盛。武王灭商后追尊为太王。邠：地名，在今陕西省旬邑县西。又作"豳"。

能够以生命为尊

虽然尊贵富有

不会因供养丰足而伤害生命

即使贫穷低贱

不会因追求财利而拖累自身

假如人们继承了先人官爵俸禄

就一定看得很重，舍不得失去

其实，生命所由来更为长久

人们却对失去生命淡然视之

岂不是太糊涂

韩魏相互争夺侵占来的土地

子华子拜见昭釐侯 [1]

昭釐侯面有忧色

子华子说："假使现在天下人

在君前写下铭文，写的是

'左手抓取就砍掉右手

右手抓取就砍掉左手

然而一旦拿住则必有天下'

君是伸手抓取，还是不抓"

昭釐侯说："寡人不抓取"

子华子说："甚善

自此看来，两臂比天下重要

身体又比两臂重要

注释:

[1] 昭釐侯：韩昭釐侯，战国韩国君，谥昭釐。

韩国远轻于天下

现在所争土地又远轻于韩国

君为获天下尚不愿失去双臂

反而为这些几乎得不到的土地愁神伤身

这恐怕不妥"

昭釐侯说："善！教诲寡人的已有很多

却未曾听过这样的话"

子华子可谓颇知轻重

知轻重，故议论得当

中山公子牟对詹子说 [1]

"身在江海之上

心居魏阙之下 [2]，怎么办"

詹子说："以生命为重

看重生命则轻视名利"

中山公子牟说："虽然明知这个道理

还是不能自我克制"

詹子说："不能自我克制

那么索性就不去约束

那样无害于精神

不能自我克制又强制不放

这叫作伤而再伤

反复受到伤害的人，那是没有长寿的"

注释：

[1] 中山公子牟：战国魏公子，名牟，又名魏牟，封于中山。詹子：即詹何，魏人，道家人物。

[2] 魏阙：宫门两侧高大的楼观，其下两旁为悬布法令，这里代指朝廷。此句意为，向往荣华富贵。

爱 类

五曰：

对其他物类仁爱

对人却不仁爱

不得为仁

对其他物类不施仁爱

独独仁爱于人

犹若为仁

所谓仁，就是对于自己同类仁爱

所以仁德的人服务于人民

只要可以有利于百姓

就无所不行

神农的教令说[1]

"男子有正当壮年却不耕种的

那么天下就会有人因此挨饿

女子有正当成年却不绩麻的[2]

那么天下就会有人因此受冻"

所以，神农自己亲身耕种

注释：

[1] 以下引语当为古代农家学说而假托于神农的。

[2] 绩麻：把麻纤维析成缕连接起来搓成麻线。

神农之妻亲手缉麻

以此表明要实现人民的利益

贤人不以海内之路途为远

而时时往来于王公朝廷

不是以此谋求私利

而是把为百姓谋利作为要务

人主若能以为百姓谋利为要务

天下就会归从于他

统一天下

不一定非要坚甲利兵，拣练猛士

不一定非要毁人城郭，杀人士民

上古世代统一天下的很多

业绩都不相同，相同的是

拯救社会急难

关心人民利益

去除百姓危害

公输般为楚国制作高大云梯 [1]

准备用以攻打宋国

墨子听说此事，即从鲁国疾行去楚国

路上撕了衣裳裹脚，日夜不停

十天十夜才到达郢都

谒见楚王说："我是北方鄙野之人

听说大王将进攻宋国，确有此事吗"

注释:

[1] 公输般：古代著名工匠，春秋
时鲁国人，世称鲁班。

楚王说："是的"

墨子说："对于宋势在必得

所以要进攻？还是

即使得不到宋国且会落下不义之名

仍然要对它发起进攻"

王说："如果肯定得不到宋国

而且又有不义之名

那为什么还要进攻"

墨子说："甚善

臣认为您一定得不到宋国"

王说："公输般，天下闻名的巧匠

已经制作出攻宋器械"

墨子说："请让公输般试着攻一攻

臣愿试着防守"

于是，公输般装设好攻宋器械

墨子安排好守宋设备

公输般进攻九次，墨子拒却九次

公输般不能攻入

因此楚国罢兵不去攻宋

所谓墨子设法抵御楚国，救免宋国危难

说的就是这件事

圣王与通士[1]，无一不是为民谋利

以前上古时代

注释：

[1] 通士：知识渊博、通达事理的
　　　读书人。

龙门未开 [1]，吕梁未发 [2]

黄河高过孟门 [3]，大水泛滥横流

不论丘陵沃野、平原高山

全都淹没，名曰"鸿水"

禹于是疏通黄河，疏导长江

筑起彭蠡堤防 [4]，使东方水退土干

拯救了千八百个国家

这是禹的功绩

勤劳为民

没人像禹那样竭尽全力

匡章对惠子说："您的学说

主张废弃尊位

现在却尊奉齐王为王

为什么言行如此相反"

惠子说："假如有这样一个人

一定得击打自己爱子之头

而爱子之头又可以石代替——"

匡章说："公是拿石头代替

还是不这样做呢"

惠子说："施是要取而代之的 [5]

爱子之头，是重要的

石头，是轻贱的

击打轻贱之物使重要之物得免

[1] 龙门：山名，在山西省河津市，位于黄河河道，传说禹曾凿龙门以通河水。

[2] 吕梁：山名，即《尚书·禹贡》"治梁山及岐"的梁山，在陕西省韩城市。梁山也正当黄河河道，传说为大禹所开凿。一说，即今吕梁山，在山西省吕梁市离石区。

[3] 孟门：山名，在山西省吉县西，绵亘黄河两岸，位于龙门、梁山之北。

[4] 彭蠡：泽名，即鄱阳湖。

[5] 施：惠子自称其名。

为什么不可以"

匡章又问："齐王用兵不休，攻战不止

是什么缘故"

惠子说："大而言之可以称王天下

其次可以称霸诸侯

现在可以尊齐王为王

而使百姓得以寿终，人民免于死亡

这正是以石头代替爱子之头

为什么不这样做"

百姓感到寒冷，就希望得到火

感到炎热，就希望得到冰

感到干燥，就希望潮湿

感到潮湿，就希望干燥

寒暑燥湿各自相反

但在有利于人民的方面相一致

为民谋利岂止一途一径

不过要适其所需而已

贵　卒

六曰：

用力，贵在出其不意

用智，贵在敏捷迅疾

获得同样的东西，速度快者为上

战胜一样的对手，迟滞者为下

人们看重骐骥，因为它日行千里

如果十天才到，就与劣马一样

人们看重利箭

因为它总是应声而至

如果整整一天才射中目的

就跟没中一样

吴起对荆王说[1]

"荆国有余的是土地

所不足的是百姓

现在，君王以不足益有余

臣无法办到"

于是下令贵族们迁居

注释：

[1] 荆王：指楚悼王，战国楚国
君，名熊疑，公元前 401 年—
前 381 年在位。

去充实广袤虚旷之地

贵族们都深以为苦

荆王死，贵族们都奔丧回来

荆王停尸堂上。贵族们共射吴起

吴起高呼："我会展示给你们

我如何用兵"

于是拔箭就跑，趴在荆王尸身上

把箭插于王尸，并大声说道

"群臣作乱对王不敬"

吴起已死，而据荆国之法

凡附着武器于王尸者

都要处以重罪，连及三族 [1]

吴起之智可谓敏捷

齐襄公即位 [2]

厌恶公孙无知 [3]，收回他的禄位

无知很不高兴，杀死襄公

公子纠出走鲁国

公子小白逃奔莒国

不久，国内杀死无知

齐国无君

公子纠与公子小白都动身回国

二人同时到达国内，争先入主朝廷

管仲满弓箭射公子小白

注释：

[1] 三族：说法不一，一般认为是指父族、母族、妻族。据《史记·孙子吴起列传》记载，楚宗室大臣为此事被灭族的有七十余家。

[2] 齐襄公：春秋齐国君，名诸儿，公元前697年—前686年在位。

[3] 公孙无知：齐庄公之孙，僖公之侄，与襄公为堂兄弟，僖公在位时宠爱无知，使其衣服礼遇与太子诸儿同等，所以襄公厌恶他。

射中公子小白的衣带钩

鲍叔让公子小白仰面而倒

管子以为小白已死

告公子纠说："不用在意

公子小白已死"

鲍叔乘机疾驱先入

所以，公子小白得以为君

面对管仲射来的箭

鲍叔机智地让公子小白仰面倒下

鲍叔之智快如镞矢

周武君派人刺杀伶悝于东周 [1]

伶悝仰面倒下

让他的儿子赶快大哭说

"这是谁刺杀了我的父亲"

行刺的人听到哭声，以为伶悝已死

周武君认为刺客说谎

治以重罪

赵国进攻中山国

中山国有个力士叫吾丘鸠 [2]

穿着铁甲，拿着铁杖作战

所击无不破碎，所冲无不陷落

举起战车来投击战车

注释：

[1] 周武君：战国时西周国君。伶
　　悝：东周之臣。

[2] 吾丘鸠：姓吾丘，名鸠，据文
　　意应为中山国力士。

举起人来投击敌人

几乎打到赵军主帅所在

力量虽大，终归不免战死

慎行论第二

慎　行

一曰：

行动，不可不深思熟虑

不深思熟虑的行动

一如直奔深谷，虽悔不及

君子计划行动必谋思道义

小人谋划行动则期求私利

结果反而不利

有懂得不谋私利的利益的

方可与之讲论道义

荆平王有个臣子叫费无忌 [1]

嫉恨太子建，想除掉他

平王为太子建从秦国娶了个美貌妻子

无忌就鼓动平王夺为己有

平王既夺占此女，也就疏远了太子

无忌劝说平王说："晋国称霸

因其接近华夏诸国

注释：

[1] 荆平王：即楚平王，春秋时楚国君，名熊居，公元前 528 年—前 516 年在位。费无忌：平王臣，姓费，名无忌。

荆地偏僻，故不能与晋争霸

不如扩建城父 [1]，在那里安置太子

以求得北方的拥戴与尊奉 [2]

王去收取南方 [3]，这样可得天下"

王很高兴，让太子住守城父

过了一年，费无忌诋毁太子建

说："建和连尹将据以方城之外作乱" [4]

王说："已经成为我的太子，尚有何求"

费无忌回答说："因为娶妻事有所怨恨

而且自视宋国一般地独立

齐晋二国又在帮助他

将要以此危害荆国，已经诸事齐备"

王相信了费无忌所说

派人逮捕连尹，太子建出逃国外

左尹郄宛 [5]，颇得国人爱戴

无忌又想杀掉郄宛

对令尹子常 [6] 说："郄宛想请令尹喝酒"

又对郄宛说："令尹想到你家来喝酒"

郄宛说："我地位卑贱之人

不足以请令尹屈尊光临

若令尹一定屈尊光临

我该以何招待"

无忌说："令尹喜好铠甲兵器

你搬出来放在门口

注释：

[1] 城父：楚北方边邑，在今河南省宝丰市东四十里。

[2] 北方：指北方宋、郑、鲁、卫等中原诸国。

[3] 南方：指吴越等国。

[4] 连尹：楚官名。这里指伍奢。
方城：山名，在今河南省叶县南，春秋时为楚国北部要塞。
外：城父在方城之北，故称"外"。

[5] 左尹：楚官名，位在令尹之下。
郄宛：楚大夫，字子恶。

[6] 令尹：楚官名，百官之长。

令尹到了，一定观赏它们

正好顺势作为礼物进献"

待到宴享之日

郤宛大门两旁设置帷幕

铠甲兵器摆放其中

无忌于是对令尹说

"我差一点害了令尹

郤宛想杀令尹，甲兵埋伏在门口"

令尹派人去察看，果然如此

于是派兵进攻郤宛，杀死郤宛

国中民怨大起，卿大夫无不指责令尹

沈尹戍对令尹说 [1]

"那无忌是荆国谗谀小人

使太子建出亡，连尹伍奢被杀

让国君闭目塞听

现在令尹又听信他的话，杀害众多无辜

招致各种非难，很快就会祸及令尹"

令尹子常说："这是我的罪过

岂敢再有不良之图"

于是杀死费无忌，尽灭其族

以此取悦国人

做事情不讲道义，只知道害别人

却不知道别人也会害自己

致使宗族尽灭

注释：

[1] 沈尹戍：楚国沈县之尹（官长），名戍。高诱注谓楚庄王之孙。

说的应该就是费无忌

崔杼和庆封合谋杀害齐庄公 [1]

庄公死，更立景公为君 [2]

崔杼为相，庆封又想杀掉崔杼

自己取而代之为相

于是挑拨崔杼诸子

让他们为得立后嗣而相互争斗

崔杼的儿子们私下里兴兵争斗

崔杼去见庆封，告诉他这件事

庆封对崔杼说："您先留在这里

我要派兵去杀掉他们"

于是派卢满嫳起兵诛杀 [3]

卢满嫳杀光崔杼的妻儿老小宗族亲属

烧毁崔杼的房屋住宅

回报崔杼说："我已经把他们都杀死"

崔杼回家，已经无家可归，自缢而死

庆封做了齐景公的相，景公深以为苦

庆封外出打猎，景公乘机

与陈无宇、公孙灶、公孙蛋起兵讨伐庆封 [4]

庆封率其部属对战

不胜，逃到鲁国

齐国以接纳庆封事责备鲁国

庆封又离开鲁国去吴国

注释：

[1] 崔杼：春秋齐大夫，谥武子。
庆封：春秋齐大夫，字子家。
齐庄公：春秋齐国君，名光，
公元前553年—前548年在位。

[2] 景公：齐景公，齐庄公弟，名
杵臼，公元前547年—前490
年在位。

[3] 卢满嫳：齐大夫，庆封之党。

[4] 陈无宇：齐大夫，谥桓子。公
孙灶：齐大夫，字子雅。公孙蛋：
齐大夫，字子尾。灶、蛋二人
都是齐国宗室，于公为伯叔。

吴王把朱方邑封给庆封 [1]

荆灵王听说，就率领诸侯进攻吴国

包围朱方，攻占朱方

俘获庆封，让他背负斧锧

在诸侯军中巡行示众

命令他大声呼喊

"万万不可像齐国庆封

杀害他的国君

欺凌幼而无父之新君

逼迫大夫盟誓服从"

然后，才杀死庆封

尊贵如黄帝者，会死

贤圣如尧舜者，会死

勇武如孟贲者，会死

人本来都要死亡

像庆封这样的被戮而死，死前受辱

可谓死而又死

自己被杀，宗族亲属无法保全

这都是因为嫉恨别人

大凡邪恶小人做事

开始的时候互相帮忙

而到后来一定互相憎恶

坚守道义的人就不是这样

注释:

[1] 朱方：春秋吴邑，在今江苏省
镇江市丹徒区南。

他们开始时互相帮助

时间越久越互相信任

最后更是相亲相近

后世以此作为法度

无　义

二曰：

先王对于道理的论述透彻至极

所以，义

是百事之始，万利之本

中等才智者认识有所不及

认识不及就不明义理

不明义理则只会追逐私利

追逐私利从来就是难以为继

公孙鞅、郑平、续经、公孙竭就是这样[1]

根据道义去作为必无旷废

人臣与人臣相谋为奸

尚且有人参与支持

何况人主与自己的臣子

一起谋划施行道义

注释：

[1]　公孙鞅：即商鞅。郑平：秦将，
　　　后降赵。续经：赵人。公孙竭：
　　　秦臣。

难道会有谁不赞同

不只是他的臣子

天下的人都会对此支持

公孙鞅之于秦

不是王室宗亲，没有旧交故谊

凭其出众才能而被任用

要对秦国尽职尽责

除了攻击他国别无他途

于是，为秦统兵进攻魏国

魏国派公子卬率兵抵御 [1]

公孙鞅当年居于魏国

原本与公子卬交好

他派人对公子卬说

"所以出外游说并追求显贵

都是因为公子的缘故

现在秦令鞅统兵，魏令公子相拒

相互交战，哪里忍心

请公子向公子之主报告

鞅也向我主报告，让双方都罢兵"

双方各自准备回师

公孙鞅又派人对公子卬说

"归后将无时相见，愿同公子聚聚再别"

公子说："诺"

注释:

[1] 公子卬：战国魏人，魏惠王时
  为将。

魏吏争议说："不可这样"

公子不听，于是两人会面相坐

公孙鞅乘机埋伏下步卒车骑

将公子卬虏获

秦孝公死后，惠王即位

因为此事怀疑公孙鞅的品行

想加罪于公孙鞅

公孙鞅带着家众与母亲回归魏国

襄疵拒不接纳 [1]

说："因为你对公子卬背信弃义

我无从了解你的为人"

所以，士对自己的行为

不可不审慎

对秦王来说 [2]，郑平是臣下

对应侯来说 [3]，郑平是至交

郑平欺交反主，为的是追求私利 [4]

当他作为秦将

天下显贵之事无一不为

那是因为他位尊权重

凭位尊权重之所得

权去身轻时定会丧失

离开秦将之位，进入赵、魏

天下轻贱之事无一不为

注释：

[1] 襄疵：魏人，魏惠王时曾为邺令。

[2] 秦王：指秦昭王。

[3] 应侯：即范雎，魏人，入秦为昭王相，封于应（今山西省临猗县），所以称为应侯。

[4] 欺交反主：指郑平兵败降赵。郑平为秦将是范雎保举的。按当时的法律规定，被保举的人犯了罪，保举者要连坐，所以说郑平欺交。

天下可耻之事无一不为

行为堪比可贱可耻一类

又没有了秦将的重权尊位

不穷困潦倒，还等什么

赵国紧急搜捕李欬 [1]

李言、续经跟他一起去卫国 [2]

投奔公孙与 [3]

公孙与会见并同意接纳他们

续经乘机向卫国官员告发

让他们逮捕李欬

续经因此在赵国做了五大夫 [4]

从此没有人愿意跟续经同朝

就连他的子孙也交不到朋友

公孙竭参与阴君之事 [5]

却又反过来向樗里相国告发 [6]

靠这个在秦做了五大夫

他的功劳不是不够大

但被人鄙视，不得进入三国国都 [7]

公孙竭告密立功尚且如此

又何况没有这种功劳

却有他那样行为的人

注释:

[1] 李欬：事未详。

[2] 李言：事未详。

[3] 公孙与：卫人，事未详。

[4] 五大夫：官名。

[5] 阴君之事：未详。

[6] 樗里相国：即樗里疾，又称樗里子，战国时秦惠王异母弟，秦武王、昭王时为相。

[7] 三国国都：依高诱注，为赵、卫、魏三国国都。

疑　似

三曰：

能使人大为迷惑的，必是相似之物

玉工有所忧虑的

是遇到像玉一样的石头

相剑者有所忧虑的

是遇到像吴干一样的剑 [1]

贤主有所忧虑的

是遇到博闻善辩、貌似通达事理的人

亡国之主貌有智慧

亡国之臣好似大忠

相似之物，正是愚人所深感迷惑

而圣人对此也要多加思索

所以，墨子一见歧路

就为之哭泣 [2]

周建都丰、镐 [3]，靠近戎人

与诸侯相约：建高堡于王路 [4]

上面设置大鼓，远近相闻

注释：

[1]　吴干：宝剑名，传为春秋时吴人干将所铸，故称"吴干"，又名"干将"。

[2]　《淮南子·说林训》说，哭歧路的是杨朱。

[3]　丰：周文王时周的都城，在今陕西省西安市鄠邑区东。镐：周武王时周的国都，又名镐京，在今陕西省西安市西南，沣水东岸。

[4]　王路：即大路。

如果戎寇入侵，就击鼓传告

诸侯之军都来援救天子

戎寇曾兵临城下

幽王一击鼓，诸侯之军都赶来

褒姒大为高兴 [1]，非常欢喜

幽王希望多看到褒姒的笑靥

于是，数次击鼓

诸侯之军来了多次，却没有敌兵

以至于后来戎寇真的来了

幽王击鼓，诸侯之军却没有来

幽王于是被杀死在丽山之下 [2]

为天下人所耻笑

这是因为无寇击鼓

而误失了真来的敌寇

贤者也会因小过招致大祸

褒姒之败坏国事

就是让幽王因小小取悦

而招致巨大灭亡

因此，幽王身首分离，三公九卿出逃

这是褒姒身死而平王东迁的原因 [3]

也是秦襄、晋文起兵勤王

而被赐以土地的原因 [4]

梁国北部有个黎丘乡 [5]

注释：

[1] 褒姒：周幽王宠妃，本为褒国女子，姒姓，周幽王伐褒时所得。

[2] 丽山：陕西省临潼市东南，又作"骊山"。

[3] 平王：周平王，名宜臼，幽王子，公元前 770 年—前 720 年在位。幽王死，平王为避戎人，迁都于洛邑（今洛阳），是为东周。

[4] 秦襄：秦襄公，公元前 777 年—前 766 年在位。晋文：晋文侯，名仇，公元前 780 年—前 746 年在位。秦襄公、晋文侯都曾护卫平王东迁，有功于周王朝。

[5] 梁：周时诸侯国，后为秦所灭。

那里有个奇鬼

善于仿效人家子孙兄弟的样子

乡中有个老者

到集市上喝醉了往家走

黎丘之鬼就仿效他儿子的样子

搀扶着他，在回家路上折磨他

老者回到家，酒醒后责问他的儿子

说："我作为你的父亲，难道不够慈爱

我醉了，你却在路上折磨我，为什么"

他的儿子哭着以头碰地

说："那是鬼怪造孽！没有这事

那时我去了东邑讨债，谁都可以问的"

那位父亲相信了儿子

说："嘻！这必是那个奇鬼

我本来就听说过它"

明天故意再到集市去喝酒

要遇见奇鬼就把它杀死

第二天天刚亮，就去集市上喝醉

他的真儿子担心父亲回不了家

就出去迎接父亲

老者望见真儿子，拔剑就刺

老者的心念被仿效其子的奇鬼所惑

而把自己的真儿子杀死

那些被貌似士者所迷惑却错过真士的

他们的智慧一如黎丘老者

对于疑似迹象，不可不详察清楚

要进行详尽考察

就一定要找到了解和熟悉情况的人

即使舜来驾车

尧为尊居左，禹居车右 [1]

进入草泽，就要向牧童问路

到了水边，就要请教有经验的渔夫

为什么？因为牧童、渔夫对情况最清楚

那孪生子长得再相似

母亲总能辨认

因为母亲对他们了解得最清楚

壹　行

四曰：

先王所憎恶的

莫过于言行无信、变化无常

人若言行无信、变化无常

那么君臣、父子、兄弟、朋友、夫妻之间

注释：

[1]　古时乘车，尊者居左。车右，职责是保卫尊者。

礼法规范就要败坏

这十者之间的礼法规范遭到破坏

那么祸乱之大莫过于此

大凡人伦

都是凭借这十者之间的礼法规范保持安定

舍弃这十者之间的礼法规范

人和麋鹿虎狼就无以区别

勇悍多力的人就会控制一切

人若言行无信、变化无常

就会没有人能让国君安适

没有人会取悦父母

没有人会敬重兄长

没有人会亲近朋友

没有人会尊敬丈夫

强大，未必能够一统天下

但统一天下的必然强大

王者凭借什么得以成功

是凭借他的威势和能够给人以利益

不够强大，则其威势不令人敬畏

他所给予的利益就不足以利益他人

不令人敬畏，就不足以禁人行恶

不能满足他人利益，就不足以劝人向善

所以，贤主务必使自己的威势和利益都无

可匹敌

用以禁止，则人必止恶

用以劝勉，则人必行善

双方威势、利益相当

而心忧苦难百姓、言行诚信可知的一方

会一统天下

威势、利益无可匹敌

但言行无信、变化无常的一方

就会灭亡

国家小弱又言行无信、变化无常

就会有强大之国对它猜疑

人之常情

谁也不会喜爱自己所猜疑不信的人

国家小弱又不为大国喜爱

就会难以保存

所以，言行无信、变化无常

王者行之，必废

强大之国行之，必危

小弱之国行之，必亡

如果行路的人看见大树

会脱下衣服，挂上帽子

把宝剑靠在树上，躺在树下休息

大树并非人的至亲深交

但人们对它安之若素

是因为大树可信

丘陵上的巨树

还常被用以为约会之处

因为容易看到的缘故

又何况对于士

士行义如果诚信可知

那么他的成就必是日后可期

又何况那强大之国

强大之国如果确实诚信可知

那么它称王天下就不会困难

人之所以乘船

因为船能浮在水上而不沉

世间之所以敬重君子

因他能行信义而不行邪僻

孔子占卜，占卜得贲 [1]

孔子说："不吉"

子贡说："那贲卦也是很好

为什么说不吉利" [2]

孔子说："那白就是白，黑就是黑

贲斑驳不纯，又能好在哪里"

所以，贤者对于事物的憎恶

莫过于该事物无法辨察审度

注释：

[1] 贲：卦名，六十四卦之一。贲，是文饰之一，其色斑驳不纯。孔子说贲卦"不吉"，表示贵在纯粹专一。

[2] 《周易》贲卦卦辞说："小利有攸往"，所以子贡会这么说。

那普天下所憎恶的

莫过于言行无信、变化无常

一个人如果言行无信、变化无常

强盗都不会与他结伙

窃贼也不会与他谋议

强盗窃贼都是大奸之人

尚且要找适合的伙伴

又何况志在成就伟业的人

志在成就伟业

让普天下都竞相来帮助自己

就一定要依赖于士的诚信可知

求　人

五曰：

自身安定，国家安宁，天下治平

一定要依靠贤人

古代治理天下的共有七十一位圣王 [1]

从《春秋》来看

自鲁隐公到哀公就有十二代

注释：

[1]　七十一圣：具体所指不详。

所以获得君位，所以失去君位

道理都是一样

得到贤人

国无不安，名无不显

失去贤人

国无不危，名无不辱

先王为了寻求贤人，无所不用

可以自身极为谦卑

可以举用卑贱至极

可以身赴极远

可以辛劳至极

假如虞君、吴君

能够采用宫之奇、伍子胥的意见 [1]

这两个国家，仍可存在到今天

如此而言，国家本可以长长久久

如果有能让人延年益寿的

那么，没有人不愿意接受

现在有使国运长久的办法

如果为人君者却不去努力寻求

那就是过错

尧把天下传给舜

在诸侯面前礼敬他

注释：

[1] 春秋时期，虞国国君没有听从宫之奇的劝谏，吴国国君没有听从伍子胥的劝谏，最终都亡了。

把两个女儿与他为妻

让自己的十个儿子与他为臣

自己愿意面北朝拜他

简直卑微至极

伊尹，本是厨房中的奴隶

傅说，本是殷的刑徒

都得以上位天子之相

他们原本都低贱至极

禹东行到达榑木之地 [1]

太阳升起的九津之山 [2]

青羌之野 [3]，林木丛生之处

㩉天之山，鸟谷、青丘之乡 [4]，黑齿之国 [5]

南行到达交阯、孙朴续樠之国 [6]

丹砂漆树、温泉喷涌的九阳之山 [7]

羽人、裸民之处 [8]，不死之乡 [9]

西行到达三危之国 [10]

巫山之下 [11]，饮露吸气之民所居 [12]

积金之山 [13]，奇肱、一臂、三面之乡 [14]

北行到达人正之国 [15]

夏海尽头 [16]，衡山之上 [17]，犬戎之国 [18]

夸父之野，禹强之所 [19]

积水、积石之山 [20]

不曾懈怠，一心为了百姓

面色黧黑，九窍五脏不通

注释：

[1]　榑木：传说中的地名，即扶桑，太阳升起的地方，是东方的尽头。

[2]　九津：当为传说中的山名，日出之处。津：崖（依高诱注）。

[3]　青羌之野：东方的原野。

[4]　鸟谷：未详。

[5]　黑齿之国：传说中东方国名，其民皆黑齿。

[6]　交阯：古地名，指五岭以南，今广东、广西一带。孙朴续樠：未详，疑为二地名。

[7]　九阳之山：南方山名。依五行说，南方积阳，阳数终于九，故称"九阳之山"。

[8]　羽人、裸民：神话传说中的两个国家，据说羽人国的人长着翅膀，裸民国的人不穿衣服。

[9]　不死之乡：不死国，传说中的国家。

[10]　三危：神话中的西方山名，传说山上住着西王母的三只青鸟。

[11]　巫山：山名，在重庆市巫山县东，属巴山山脉。

[12]　饮露吸气之民：以清虚之道养生全性的仙人。

[13]　积金之山：西方山名。西方属金，所以称为"积金之山"。

[14]　奇肱、一臂、三面：都是神话传说中的西方国家。奇肱国的人"一臂三目"，一臂国的人"一臂一目一鼻孔"，三面国的人则生着三张脸。

[15]　人正：地名，据说在北海。

[16]　夏海：大海，指传说中的北海。

[17]　衡山：传说中最北的山。

[18]　犬戎：神话传说中的北方之国。

[19]　禹强：北海之神，传说人面鸟身。

[20]　积水：当为山名。积石：山名，大积石山在今青海南部，小积石山在今甘肃临夏西北，传说禹疏导河水曾至此二山。

步履疲惫，走路后脚迈不过前脚

就是为了访求贤人

以充分发挥土地生产效益

这是辛劳至极

得到了陶、化益、真窥、横革、之交五人[1]

作为禹的辅佐

所以，功绩铭刻于金石，书于盘盂[2]

从前，尧到水草丰盛的大泽之中拜见许由

说："十个太阳出来而火把不熄

不是徒劳无益

夫子来做天子[3]

天下一定能够大治

愿把天下托付给夫子"

许由予以推辞

说："这难道是因为天下尚未得治

可如今天下已经太平

这难道是为了自己

鹇鸃筑巢于林[4]，不过仅占一枝

偃鼠饮水于河[5]，不过满腹而已

请回吧！君王

我哪里用得着这个天下"

于是去了箕山脚下[6]，颍水北岸[7]

种田为生，终生没有过问天下的表示

注释：

[1] 陶：即皋陶。化益：即伯益。真窥、横革：也是禹的辅臣，事不详。之交：不详。

[2] 金：钟鼎等铜器。石：指碑碣等。盘：浅而敞口的器皿，一般为铜制，用于沐浴或盛物。盂：碗状盛食器。

[3] 夫子：指许由。

[4] 鹇鸃：鸟名，即鹪鹩，又名桃雀。

[5] 偃鼠：鼠类，又作"鼹鼠"。

[6] 箕山：在河南省登封市东南，后世又名"许由山"。

[7] 颍水：源出河南省登封县西南。

因此，贤主对于贤者

不因外界事物有所妨碍

不让亲属、爱幸、近习、故交有所伤害

所以，贤者才能汇聚身边

贤者所聚之处

天地无毁，鬼神不害，人无阴谋

这是五常之根本 [1]

皋子 [2]，人们怀疑他意在窃国

召来了南官虔、孔伯产 [3]

人们才停止议论

晋人想要进攻郑国

派叔向到郑国聘问 [4]

借以察看郑国有无贤人

子产于是给叔向诵诗

说："子惠思我，褰裳涉洧

子不我思，岂无他士" [5]

叔向回到晋国说："郑有贤人

子产在郑，不可进攻

郑与秦、荆相近

子产赋诗又流露异心

不可攻郑" [6]

晋人于是不去攻郑

注释：

[1] 五常：同"五教"，五种封建伦理道德，即父义、母慈、兄友、弟恭、子孝。

[2] 皋子：人名，当为贤者，其事未详。许维遹以为即《列女传》中的"罩子"，亦即伯益。

[3] 南官虔、孔伯产：据文意，当时皋子罗致门下的贤者。

[4] 聘问：诸侯间派大夫相候修好。

[5] 引文见《诗经·郑风·褰裳》，大意为：你若心心念念我，就提起下衣涉过洧河；你若并不想我，难道会没有其他未婚帅哥？

[6] 这里，子产以男女情爱比喻晋郑两国关系，如果晋不与郑修好，郑就将与他国结盟。在外交场合赋诗言志，是春秋时期的风气。

孔子说："《诗》说：'无竞惟人'[1]

子产一诵，郑国得免"

察 传

六曰：

听到传闻，不可不调查清楚

数次辗转相传

白的就会成为黑的

黑的就会成为白的

狗像玃[2]，玃像母猴，母猴像人

人与狗相差甚远

愚蠢之人由此而致大错

听到传闻而调查清楚

简直就是造福

听到传闻不去调查清楚

就不如没有听到

齐桓公是从鲍叔那里听说的管仲

楚庄王是从沈尹筮那里听说的孙叔敖

听后都进行了详尽调查

注释:

[1] 无竞惟人：见《诗经·大雅·
抑》，意为：国家强大完全在
于拥有贤人。

[2] 玃：兽名，似猕猴而形体较大。

所以能够使本国称霸诸侯

吴王是从太宰嚭那里听说了越王勾践 [1]

智伯是从张武那里听说了赵襄子 [2]

听闻后不去调查清楚

所以国亡身死

凡是听到传闻

一定要作深入研究考察

尤其是关于人的传闻

一定要以事理证验符合逻辑

鲁哀公问孔子

说:"乐正夔一只脚,是否可信" [3]

孔子说:"从前舜想运用音乐

传布教化于天下

于是令重黎从民间举荐了夔 [4]

舜任命夔为乐正

夔于是定六律,和五声

以调和八方民风,而天下归服

重黎还想寻求更多的贤人

舜说:'音乐,天地之精华

政治得失之关键

所以只有圣人能实现和谐

和,为乐之本

夔能调和乐音以平天下

注释:

[1] 太宰嚭:伯嚭,春秋楚人,为吴王夫差太宰,所以称为"太宰嚭"。夫差败越之后,伯嚭接受越人贿赂,极力劝说夫差允许越国求和,使吴国终为越王勾践所灭。

[2] 智伯:名瑶,春秋晋哀公卿。赵襄子:名无恤,晋卿。张武:智伯的家臣。张武劝智伯纠合韩康子、魏桓子把赵襄子围困在晋阳,后韩、赵、魏三家暗中联合,反灭了智伯。

[3] 乐正:乐官之长。夔:人名,善音律,舜时为乐正。

[4] 重黎:相传尧时掌管时令,后为舜臣。

像夔这样的，一个就足够了'

所以说'夔一足'

而不是夔只有'一足'"

宋国的丁氏

家里没有井而需要外出打水

经常得有一个专人在外

等到他家挖了井，就告诉别人

说："我挖井得到一个人"

有人听到就传言说

"丁氏挖井得到一个人"

国人都在谈论这件事

宋国国君也听到了

宋君为此派人去问丁氏

丁氏说："是说得到一个人使唤

并不是从井里挖到了一个人"

像这样地对待传闻

就不如没有听闻

子夏到晋国去，路过卫国

有人在读记载历史的书

说："晋师三豕涉河"

子夏说："不对，应是'己亥'

那'己'和'三'相近

'豕'和'亥'相似"[1]

到了晋国一问，果然说是

注释:

[1] 古文"己"与"三"、"豕"与"亥"的字形相近易混。

"晋师己亥涉河"

言辞话语中有很多类非而是

也有很多类是而非

是非之界限，不可不清楚区分

对此圣人都要慎而又慎

那么，怎样才是慎重对待

就是要根据事物的本原及人的实际情况

来仔细考察相关传闻

这样才搞得清楚真相

贵直论第三

贵　直

一曰：

贤主所尊崇的莫过于士

之所以尊崇士

因为他们言语直率诚挚

言语直率诚挚，就会使邪曲显现

人主的问题在于

想闻知邪曲却又讨厌正直之言

这是障塞了水源又想得到水

水能从何而来

其实是轻贱了所想要的

却抬高了自己所厌恶的

所想要的能从何而来

能意见齐宣王 [1]

宣王说："寡人听说你性好正直

有这样的事吗"

能意回答说："意哪里能做到正直

注释：

[1] 能意：战国时齐国人，姓能，名意。

意听说性好正直的士

家不居于政治混乱的国家

自己不见德行污浊的君主

现在自己来见王，家又住在齐国

意哪里能算得上正直"

宣王生气地说："真是个野士"

打算治他的罪

能意说："臣年轻时喜好直言谏诤

成年以后还是这样做

王为什么不能听听野士之论

弄清楚他们的喜好意愿"

王于是赦免了他

像能意这样的人

让他在君主身边谨慎地议事

也一定不会曲意阿从君主

不曲从，难道君主所得教益就会少吗

这正是贤主所追求，而为不肖主所厌恶

狐援规劝齐湣王 [1]

说："殷商的九鼎被周陈列于朝廷 [2]

它的神社被周罩盖上棚屋

它的干戚之音被用于人们的游乐 [3]

亡国之音乐不准进入宗庙

亡国神社不得见到天日

注释：

[1] 狐援：战国齐臣，他书或作"狐咺""狐爰"。齐湣王：战国时齐国国君，名地，齐宣王子。

[2] 据说周灭商后，把商的九鼎迁到洛邑。

[3] 干：盾牌。戚：大斧。干戚之音：武舞的音乐。古代舞蹈分为文、武两种，文舞执羽旌，武舞执干戚。这里的"干戚之音"指代殷商的宫廷音乐。

亡国重器陈列于廷

以此为戒，王一定要好好努力

千万不要让齐国的大吕陈列于他国之廷 [1]

不要让太公的神社被罩盖上棚屋 [2]

不要让齐国的音乐用于别人的游乐"

齐王并未接受

狐援离开后为国事痛哭三日

哭道："先走的，穿布衣

后走的，满监狱

我马上就会看到百姓茫然东逃

不知道何处安居"

齐王问属下官吏

说："国家太平无事却给哭丧

按法令该治何罪"

下官说："斩"。王说："照法令行事"

官吏把刑具摆在齐的国都东门

并不愿真的杀死狐援，只是想把他吓跑

狐援听说，就跌跌撞撞地自己过去

官吏说："为国事痛哭，依法当斩

先生是老了？还是头脑发昏"

狐援说："怎么是发昏"

于是进一步说道："有人从南方来

进来时鲫鱼一般恭谨谦卑

住下以后却如鲸鲵一般凶残

注释：

[1] 大吕：齐钟名。

[2] 太公：战国田齐的开国始祖，姓田，名和，原为齐康公相，后逐康公，取代姜姓，自立为诸侯。

使人家的朝廷成为草莽

国都成为废墟 [1]

殷有比干，吴有子胥，齐有狐援

既不听我的劝谏，又要在东门把我斩杀

一旦被斩，则堪与比干、子胥比并为三"

狐援并不是乐于被斩

国家已乱，主上已昏

哀悯国家和人民，故出此言

说出的这些确非持平之论

既是想以此挽救危亡

必是几近危言才能惊人

因为湣王不纳忠言却戮辱直士

出于同样的原因

触子转身而去，达子死于齐难 [2]

赵简子进攻卫国，迫近外城

他亲自率兵而来

等到交战，却远远站着

待在掩体和犀橹之后 [3]

简子击鼓而士卒不动

简子扔下鼓槌感叹道："呜呼

士卒变坏，如此之快"

行人烛过摘下头盔 [4]

横拿着戈走到简子面前

注释：

[1] 史载，齐湣王四十年（公元前284年），燕、秦、韩、赵、魏等国伐齐，齐湣王奔卫。楚派淖齿率兵攻齐，遂为湣王相，继而淖齿杀湣王，与燕国瓜分了齐国原来侵占的土地和宝器。

[2] 触子、达子：都是齐湣王之臣，其事见《慎大览·权勋》篇。

[3] 犀橹：犀皮制作的大盾牌。

[4] 行人：官名，负责外交事务。

说:"只不过是君有些地方没能做到

士卒哪里有什么不好"

简子大怒,勃然变色

说:"寡人没有委派他人

而是亲自统率众将士

你却当面说寡人无能

你的话解释得有理尚可

说不出个道理,你就去死"

烛过回答说:"从前我们的先君献公 [1]

即位五年就把十九个国家兼并

用的就是这样的士卒

惠公即位二年 [2]

纵情声色,残暴傲慢,喜好美女

秦人袭击我国

逃到离绛七十里的地方 [3]

用的就是这样的士卒

文公即位二年,以勇武砥砺士卒

所以三年后士卒无不坚毅果敢

城濮之战,五败荆军 [4]

围卫取曹,攻占石社 [5]

安定天子之位 [6]

成就尊名,扬声天下

用的就是这样的士卒

所以说,只不过是君有些地方没能做到

注释:

[1] 献公:晋献公,春秋晋国君。

[2] 惠公:晋惠公,晋献公之子。

[3] 绛:指新绛,晋国都,在今山西省曲沃县西南。

[4] 城濮之战:公元前 632 年晋楚两国在城濮进行的一次战争,结果晋获全胜。城濮:春秋卫地,在今河南省范县南。

[5] 石社:地名,不详。

[6] 定天子之位:应指的是,晋文公元年(前 636 年),周襄王之弟叔带率狄人伐周,襄王出奔郑。第二年,晋文公兴兵诛叔带,复纳襄王。

士卒哪里有什么不好"

简子于是离开掩体和犀橹大盾

站到弓箭石砮的射程之内

击鼓一次，士卒就全都攻上敌城

简子说："与其让我缴获兵车千辆

不如听行人烛过一言"

行人烛过可谓善于劝谏其君

正当激战，战鼓将响

赏不加多，罚不加重

区区一言就使士卒

都乐于为其君上效死

直　谏

二曰：

不加隐讳、毫无保留地进言

会令听者发怒

听者怒则说者危

不是贤者，哪个肯临危冒犯

如果不是贤者

那么本就是借着进言以谋求私利

对于谋求私利的人来说

顶危冒险，能有什么好处

所以，不肖主身边

根本就不会有贤者

没有贤者，就听不到肺腑之言

听不到肺腑之言

奸人就会营私结党，百邪悉起

如果是这样，国家就无以存续

凡国家存续，君主平安，必有其因

不了解这个根由

虽存必亡，虽安必危

所以，不可不论述一番

齐桓公、管仲、鲍叔、宁戚在一起喝酒

酒酣之际，桓公对鲍叔说

"何不起身敬酒祝寿"

鲍叔于是捧杯敬酒

说："希望公勿忘当年逃亡在莒

希望管仲勿忘当年被囚于鲁

希望宁戚勿忘当年自己养牛且住在车下"

桓公离席拜了两拜

说："寡人与大夫

若都能不忘夫子之言

那么齐国社稷也许就不危险"

在这个时候

尚可与桓公一起无话不说，毫无保留

正因为可以一起无话不说，毫无保留

所以，可以相与一起成就霸业

荆文王得到茹黄之狗 [1]，宛路之矰 [2]

就带它们到云梦打猎，三月不回

得到丹地美女 [3]，就放纵淫欲

整整一年不去上朝听政

葆申说 [4]："先王占卜

以臣为太葆，卦象吉利

如今王得茹黄之狗，宛路之矰

打猎三个月不回

得丹地美女，放纵淫欲

整整一年不来上朝听政

王的罪该当施以鞭刑"

王说："不穀

自离开褓褓就位列诸侯

诚愿请求做个变更

而不要实施鞭刑"

葆申说："臣

承先王之令，不敢废弃

王若不受鞭刑

这就是废弃先王之令

注释：

[1] 荆文王：楚文王，春秋楚国君。
茹黄：猎犬名，他书或作"如
黄""如簧"。

[2] 宛路：竹名，即菌簵，细长而
直，可作箭杆。矰：带丝绳的
短箭。

[3] 丹：地名，即丹阳，在今湖北
省秭归县。

[4] 葆申：名为申的太葆。太葆，
即太保，官名。

臣，宁可获罪于王

不可获罪于先王"

文王说："敬诺"

葆申拉过席子，王伏在上面

葆申束捆起五十根细荆条

跪着放在文王的背上

再拿起来，这样反复做了两次

对王说："请起"

王说："一样地都是受鞭刑之名

索性真的抽我"

葆申说："臣有闻

对于君子，要让他感到羞耻

对于小人，要让他感到疼痛

如果让他感到羞耻却仍无改变

那么让他感到疼痛又有何益处"

葆申说完，快步疾行而出

自行流放于渊，请求治以死罪

文王说："这是不穀自己的错

葆申哪有什么罪过"

王于是做出改变，召回葆申

杀茹黄之狗，折宛路之矰，遣送丹地美女

后来荆国兼并三十九个国家

使荆国疆土广大到今天这个规模

这都是葆申之力，直言劝谏之功

知　化

三曰：

那凭借勇力奉事人的人，是在以死奉事

未死而言死

人们对他其实并不了解

真的死了，虽然人们也有所了解

但再也不能用其勇力

这与不了解还是一样

大凡智慧的可贵

就贵在察知事物发展变化的必然趋势

糊涂的人主就不是这样

事物没有发展变化到那一步，他茫然无知

事物发展变化到了那一步

虽然知道，也和不知道一样

做事，有些可以失误

有些不可以失误

如果事关身死国亡，那怎么可以失误

这为贤主所重，糊涂之主所轻

一旦轻视，国家怎么会不危险

自己怎么会不置身困厄

行于危困之道，遭致身死国亡

在于对于事物的发展变化未能事先察知

吴王夫差就是这样

子胥不是没有事先察知有变

而夫差不听劝谏

所以，吴国成为丘墟

祸及先君阖庐 [1]

吴王夫差将要攻伐齐国

伍子胥说："不可

那齐与吴，习俗不同，言语不通

即使我们得到齐的土地也不能居处

得到齐国的百姓也不能役使

那吴与越，疆土相接，国境毗邻

田壤交错，道路相连，习俗同，言语通

得到越的土地，我们就能够居住

得到越的百姓，我们就能够役使

越对于我国也是一般如此

吴越两国势不两立

越对于吴，譬如心腹之疾

即使没有发作

其伤害很深而且伤于体内

注释:

[1] 阖庐：春秋吴国君，夫差之父。夫差身死国破，阖庐不得享受祭祀，所以这样说"祸及"阖庐。

而齐对于吴，不过癣疥之疾

不能治愈也不用担心

并且也不会有什么伤害

现在舍越而攻齐

这犹如本来担心虎患却去杀猾 [1]

就是取胜，但后患无穷"

太宰嚭说："不可

君王之令所以不行于上国 [2]

就是由于齐、晋

君王如果讨伐齐国并战而取胜

再移师兵临晋国

晋国必俯首听从王命

这样君王一举而降服两国

君王之令必大行于上国"

夫差深以为然

就不听子胥之言，而用太宰嚭之谋

子胥说："天若想灭亡吴国

就会让君王一战而胜

天若不想灭亡吴国

就会让君王战而不胜"

夫差坚决不听子胥之言

子胥生气地提起衣服

把脚抬得高高地走出朝廷

说："嗟乎！吴国朝廷必荆棘丛生"

注释：

[1] 猾：三岁的猪。

[2] 上国：指中原地区各国，因地势高于吴越等南方国家，所以称"上国"。

夫差兴师伐齐

在艾陵和与齐军交战[1]，大败齐军

刚刚返回就要杀子胥

子胥临死

说："吁！我怎样才能

留下一只眼睛

来看越人进入吴国"

然后自杀。夫差于是把尸体投入长江

挖出子胥的眼睛，挂在国都东门

说："你哪看得到越人入我吴国"

过了几年，越人报复吴国

攻破吴国都城，断绝吴国世系

毁灭吴国社稷，夷平吴国宗庙

夫差被擒，临死说："死者如若有知

我有何脸面于地下去见子胥"

然后以幎巾覆面而死[2]

大难未至，说了也不明白就不用说

灾难已至，即使明白了也都来不及

所以，夫差死到临头才知有愧于子胥

不如就是什么都不明白

注释:

[1] 艾陵：春秋齐地，在今山东省莱芜市东。

[2] 幎巾：覆盖死者面部的巾。

过　理

四曰：

亡国之主总是一模一样

虽然天时各异，尽管行事不同

他们灭亡的原因相同

都是以不合礼义为乐

以不合礼义为乐

就不可能立命存身

糟丘酒池[1]，肉圃炮格[2]

铸造铜柱以虐害诸侯[3]

这是不合礼义

杀鬼侯之女以摘取她的玉环[4]

截断涉水者的小腿以察看他的骨髓[5]

杀死梅伯做成肉酱送给文王[6]

这是不合礼义

文王表面接受，然后告诉诸侯

建造璇室[7]，修筑顷宫[8]

剖孕妇之腹，以观看其未成形胎儿

注释：

[1] 糟丘：用酒糟堆起的小山。酒池：盛酒的池子。

[2] 肉圃：肉林。炮格：烤肉用的铜架。

[3] 铸造铜柱，下面点火，让人爬行柱上，坠入火中烧死。据说这是纣设置的一种酷刑。

[4] 鬼侯：商末诸侯，纣时为三公之一。鬼侯的女儿为商纣之妾。

[5] 高诱注："以其涉水能（耐）寒，故视其髓，欲知其与人有异不也。"

[6] 梅伯：纣时诸侯。

[7] 璇室：美玉装饰的房屋。

[8] 顷宫：高大巍峨宫殿。据其他文献，建造璇室的是夏桀。

杀死比干，以观看他的心脏 [1]

这是不合礼义

孔子听到这些暴行

说："他若心窍通达

比干就不会被杀"

这就是夏、商灭亡的原因

晋灵公暴虐无道 [2]

从高处用弹弓射人

为的是看看人怎样躲避弹丸

让厨师烹煮熊掌

熊掌不熟，就杀死厨师

命令妇人拉车载尸经过朝廷

借此显示淫威

这是多么的不合礼义

赵盾屡次劝谏都不听从 [3]

灵公厌恶赵盾，就派沮麛去刺杀 [4]

沮麛见到赵盾，不忍心下手

说："时时不忘恭顺严谨

这才是众民之主

杀害众民之主，这是不忠

弃而不行国君命令，这是不信

两者之中，哪怕只有其一

就都是生不如死"

注释：

[1] 比干：纣的叔父。多次力谏纣
　　王。纣说："我听说圣人的心
　　有七窍，确实是这样吗？"于
　　是刨比干之心。

[2] 晋灵公：春秋晋国君，文公之
　　孙，暴虐无道，为臣下所杀。

[3] 赵盾：春秋晋大夫，灵公时为
　　正卿（执政大臣），谥宣子。

[4] 沮麛：灵公手下的武士。

于是，头撞院中槐树自尽

齐湣王出逃，寓居卫国 [1]

对公玉丹说 [2]："我是怎样的一个君主"

公玉丹回答说："王是贤明之主

臣曾听说过

古人有抛弃天下而毫无遗憾之色的

臣此前仅闻其名

在王这里才眼见其实

王号称东帝 [3]，实际是治平天下

离开齐国住到卫国

体貌丰盈，容光焕发

毫无看重而舍不得国家的意思"

王说："说得很好。丹了解寡人

寡人自离开齐国住到卫国

衣带已增三倍"

宋王筑起高台 [4]

以皮囊盛血，套上甲胄

高高地悬挂起来

射穿甲胄，血流一地

左右侍从都祝贺说

"王之贤明远过汤、武

汤、武只能取胜于人

注释：

[1] 这里指齐湣王末年为燕秦等国说伐奔卫之事，参见《贯直》篇相关注释。

[2] 公玉丹：湣王的幸臣，参见《季秋纪·审己》

[3] 东帝：据《史记·田完敬仲世家》和《六国年表》所载，齐湣王三十六年（公元前288年）自称东帝，秦武王同时自称西帝。

[4] 宋王：此处指宋康王。

现在王却大胜于天

王的贤明无以复加"

宋王大悦，设宴饮酒

室中有人高呼万岁

堂上的人无不和应

堂上已应，堂下尽应

门外院中的听到，莫敢不应

这就是不合礼义

壅　塞

五曰：

亡国之主，不可以直言相谏

君主不可以直言相谏

就无从听到自己的过失

而贤善之人也无从而来

贤善之人不来

君主的思想就会壅塞不通

秦缪公时，戎人势力强大

秦缪公就把两佾女乐和上等厨师[1]

注释：

[1] 佾：列。女乐：女子歌舞队。

送给了戎人

戎王大喜，因为这个缘故

大吃大喝，日夜不停

身边左右有说秦军要来的

就满弓射他

秦军果然到达的时候

戎王正醉卧酒樽之下

结果被当场捆缚生擒

未被擒时不能使他知道将会被擒

已被擒时却仍不知自己被擒

即使再善于劝谏

对于这种人，又能怎样

齐国进攻宋国 [1]

宋王派人去伺探齐军动向 [2]

探使回来，说："齐寇已近，国人恐慌"

左右近臣都对宋王说

"这就是所谓的'肉自生虫' [3]

以宋国之强大、齐兵之怯弱

怎么可能这样"

于是宋王大怒而屈杀探使

又派人去察看齐寇。探使回报如前

宋王又大怒而屈杀探使

这样的事接连发生三次

注释：

[1] 此为战国时齐湣王灭宋之役，据《史记·六国年表》，事在齐湣王三十六年（公元前 286 年）。

[2] 宋王：这里的当为宋康王。

[3] 肉自生虫：比喻无事自扰。

之后又派人去探察情况

那时齐军已经临近，国人确实相当惶恐

探使在路上遇见他的哥哥

他的哥哥说："国家十分危险

你还要去哪里"

弟弟说："为王探察齐寇

没想到齐寇已经这么近

而且国人已经这么慌乱

现在我担心的是

先前派出探察齐寇动向的探使

都因为回报齐寇迫近而死

如果我也报告实情，是死

不报实情，恐怕也是一死

这可怎么办"

他的哥哥说："如果报告实情

不过是比那些国破必死的先死

那么不如比那些国破逃亡的人先逃"

于是探使回报宋王

说："完全没看到齐寇在哪里

国人非常安定"

宋王大喜，左右近臣都说

"先前被杀的人真是该杀"

王大赏探使钱财

齐军一到，王自己狂奔上车

急忙飞跑逃命

这个探使得以富足地生活于他国

登上高山，看牛就像羊一样

看羊就像小猪一样

牛，实际上不像羊那样小

羊，实际上不像小猪那样小

之所以觉得它们像羊或小猪

是因为观察所处的地势不对

如果因此迁怒于牛羊如此之小

这种人就是狂夫之大者

狂乱而行赏罚

这就是戴氏之所以灭绝的原因 [1]

齐王想以淳于髡做太子的老师 [2]

髡推辞说："臣不肖之人

不足以当此大任

王不如挑选国中德高望重的长者而用"

齐王说："你不要推辞

寡人岂会要求你

能让太子必如寡人一样

寡人的一切本来就是生而有之

你为寡人把太子教导成

像尧那样或者像舜那样就行"

凡是臣下的谏说能够得以实行

注释:

[1] 戴氏：指宋国。宋本为子姓国，后政权为其国内贵族戴氏篡夺，所以称宋国为戴氏。

[2] 淳于髡：战国齐人，姓淳于，名髡，博学善辩，滑稽多智，齐威王、宣王时游于稷下，被待以大夫之礼。

都是因为君主

能够从自以为不智出发

愿意去听从智者之论

能够从自以为非出发

愿意去接受正确意见

现在，齐王自以为贤明过于尧、舜

这还让人怎么可以对他陈说劝谏

任何谏说都听不进去

没听说过这样的君主还能国在身存

齐宣王颇好射箭

喜欢别人说自己能用强弓

他平时所使用的弓不过三石[1]

拿给左右侍从看

侍从们试着拉弓，只拉到一半就停

都说："这张弓的弓力不下九石

不是王谁还能用得了这样的强弓"

宣王的实际情况是

所用的弓不超过三石

却终生自认为用的是九石的弓

这岂不可悲

不是正直之士，谁能做到不奉迎君主

世上的正直之士，却总是寡不敌众

这是常理定数

注释：

[1] 石：古代重量单位，一百二十斤为一石。

所以，乱国之主

他们的问题就在于

用三石的弓却总自以为是九石

原 乱

六曰：

祸乱发生，必有逐步次第发展的过程

多次大乱之后，会有数次小乱

再经过几次讨乱，才可能平息

所以，《诗》说"毋过乱门"[1]

以此远避祸乱

宁可担心福运不足

宁愿过分估计灾祸

方可以此保全自身

武王以武力得天下，以文德治天下

倒置干戈，放开弓弦

向天下表示不再用兵动武

以此来守成天下

晋献公立骊姬为夫人[2]

注释：

[1] 毋过乱门：这句话不见于今《诗经》。高诱认为是逸诗。《左传·昭公十九年》引作"谚曰"。

[2] 骊姬：骊戎国君的女儿，初为晋献公妾，后立为夫人，谗害太子申生等，搞乱晋国。

以奚齐为太子 [1]

献公死，里克率领国人攻杀奚齐 [2]

荀息立奚齐的弟弟公子卓为君 [3]

献公刚刚安葬

里克又率领国人攻杀公子卓 [4]

这时，晋国无君

公子夷吾以土地为礼赠给秦国

请求帮助，以便回国为君 [5]

秦缪公率军把他送回晋国

晋人立夷吾为国君，这就是惠公

惠公在晋国地位安定以后

背弃秦国之恩而不偿付约定的土地

秦缪公率军进攻晋国

晋惠公亲自率军迎敌

与秦军战于韩原 [6]

晋军大败，秦俘获惠公回师

囚禁在灵台 [7]

十月，才与晋国媾和

放惠公回国而以太子圉为人质

太子圉后来逃回晋国

惠公死，太子圉立为晋君

这就是怀公

对圉的逃归，秦缪公大怒

就扶植帮助公子重耳进攻怀公

注释:

[1] 奚齐：晋献公之子，骊姬所生。

[2] 里克：晋大夫。

[3] 荀息：晋大夫，奚齐的老师，晋献公临终曾向他托孤。公子卓：晋献公之子，骊姬之妹所生，又称卓子。

[4] 这里是说，里克杀奚齐是在晋献公死而未葬时候，刚安葬了献公，又杀了公子卓。

[5] 骊姬之乱发生之前，献公之子夷吾、重耳等都被迫逃亡国外。

[6] 韩原：当为晋地，在黄河以东，所在说法不一。

[7] 灵台：高台名。

把怀公杀死在高梁 [1]

立重耳为君，这就是文公

文公施布德惠

起用被废弃罢黜的旧臣

和沉滞于下不得升迁的人

救济钱财匮乏生活困难的人

拯救遭受灾荒祸患的人

禁绝邪恶，轻薄赋税，赦免罪犯

减省器物，用民以时

于城濮打败荆人

安定周襄王的王位

为宋国解围

迫使驻守谷邑的荆人撤军 [2]

内外上下都很敬服

而后晋国之乱才得以止息

所以，献公听信骊姬

宠幸梁五、优施，杀太子申生 [3]

就有五次大祸随之而来

死三个国君，一个国君被俘 [4]

大臣卿士死于祸乱的数以百计

晋国遭受灾祸二十年之久

自上古以来

祸乱就从不会只发生一次

注释:

[1] 高梁：晋地，在今山西省临汾市尧都区东北。

[2] 谷：春秋齐邑，在今山东省东阿县。据《左传》，楚军进驻谷邑在晋文公三年，撤离也在城濮之战前夕。

[3] 梁五：人名。优施：名叫施的扮演杂戏的人。

[4] 三个国君：指奚齐、卓子、怀公。一个国君：指惠公。

而作乱之人的通病

都以为祸乱只发生一次而止

这是对事物的想法和事实不相一致

想法与事实不一致

是由于思想与实际不符

所以，凡是作乱之人

灾祸很少不祸及自身

不苟论第四

不 苟

一曰：

贤明的人做事

即使地位尊贵也不随意而行

即使君主听信也不借以谋私

务必与事理相符才会行动

务必与道义相合才有举措

这种忠臣之行

为贤主所赏识，而为不肖主所厌恶

所厌恶的并非忠臣的声音

人主虽有不肖

对于忠臣声音的喜欢

与贤主还是相同

实际行为却跟贤主的不同

实际行为不同

所以，他们的功名祸福也不同

实际行为不同

所以，子胥能为阖闾赏识

却被夫差厌恶

比干生时被商纣所憎恶

死后却受到周的嘉赏

武王伐纣至殷都郊外

袜带掉了，五大辅臣都陪侍身旁 [1]

没有一位肯替他系上

反而说："我是来奉事君主

并不是来替他系袜带"

武王左手放下白羽旗

右手放下黄钺 [2]，费力地自己系上

孔子听闻此事说："这五人

正是因此能够成为王者之佐

正是因此为不肖主所不容"

所以，天子有时不能胜过小民

据有天下，有时却对千乘之国无法取胜

秦缪公见到戎人由余 [3]

很赏识并且想把他留下，由余不肯

缪公以此告诉蹇叔

蹇叔说："君应该告诉内史廖" [4]

内史廖回答说："戎人

不通晓五音与五味

君不如把这些东西赠送给他们"

注释:

[1] 周武王的五位辅臣，即周公旦、召公奭、太公望、毕公高、苏公忿生。

[2] 白羽：用白色羽毛装饰的旗帜。黄钺：用黄金作装饰的大斧。白羽、黄钺都是古代的仪仗。

[3] 由余：祖先为晋人，亡入西戎，后归附秦穆公，辅佐穆公霸西戎。

[4] 内史廖：名字叫廖的内史。内史，官名，周代开始设置，掌管爵禄赏罚。

缪公就赠送给戎王

两队女乐和高明厨师

戎王十分高兴

神魂颠倒，胡作非为，昼夜饮酒不止

由余屡次劝谏而不听

一怒之下归附秦缪公

蹇叔不是不能做内史廖所做

而是他遵守的道义所不允许

秦缪公能让臣下时时坚持正义

所以能一雪秦晋殽战之耻 [1]

把疆土向西辟展到河雍 [2]

秦缪公以百里奚为相

晋国叔虎、齐国东郭蹇出使秦国 [3]

公孙枝请求会见他们 [4]

缪公说："请求会见使臣客人

是否你的职分"

公孙枝回答说："不是"

"是相国委派于你"

回答说："没有"

缪公说："这样看来

你是在做非你职分之内的事

秦国地处戎夷所居的僻陋之地

即使政事上任用得当，人尽其事

注释：

[1] 秦穆公三十六年（公元前 624 年，秦晋殽之战后三年），秦伐晋，取晋地，并埋葬死于殽的秦军尸骨，起土为坟。

[2] 河雍：指古雍州，包括今陕西、甘肃两省大部及青海省一部分地区。由于古雍州东界道西河（黄河在山西、陕西两省交界处南北流向的一段），所以称为"河雍"。秦故地原来只限于陕西中部，穆公统一西戎后，疆土得以向西大规模扩展。

[3] 叔虎：晋大夫，即下文的郤子虎。姓郤，名豹，字叔虎。东郭蹇：齐国大夫，姓东郭，名蹇。

[4] 公孙枝：秦大夫，字子桑，曾向秦穆公举荐百里奚。

仍然担心为诸侯所笑

而现在你竟然要做非你职分之内的事

退下！要对你的行为评判论罪"

公孙枝出朝，到百里奚那里陈说原委

百里奚替他向缪公求情

缪公说："这事相国也有所闻

枝若无罪，那有什么需要来求情

若有罪，哪还有什么情可请"

百里奚回来，回绝了公孙枝

公孙枝离开百里奚

去了人来人往的闹市中陈诉

百里奚就令官吏对其施行惩处

确定官员的名分职守

古人以此实行法治

现在缪公以此为方向而努力

他能称霸西戎，岂不是正得其所

晋文公将要伐邺 [1]

赵衰进言胜邺之法 [2]

文公采用，果然取得胜利

伐邺回来，文公准备行赏

衰说："君是要赏赐根本

还是要赏赐末节

若赏赐依令而行的

注释：

[1] 邺：春秋卫地，在今河北省临漳县。

[2] 赵衰：晋大夫，曾从晋文公出亡，谥成子。

那么有车兵将士在

若赏赐提出胜邺之法的

那么臣是从郤子虎那里听来"

文公召见郤子虎

说："衰进言以胜邺之法

既已胜邺，正要赏赐他

他说：'是从子虎那里听来的，请赏子虎'"

子虎说："事情都是

说起来容易，做起来难

臣不过是说了那么几句"

公说："你就不要推辞"

郤子虎不敢坚辞，这才接受赏赐

凡是颁行赏赐，总要范围广大

范围越大，则得助越多

现在郤子虎并未亲自进言

而君主恩赏仍然有所顾及

正因如此，这些关系生疏者

才会为君主竭智尽能

晋文公在外流亡很久，回国后

继承的是大乱之后的残局

却仍能称霸诸侯

大概就是由此而成

赞　能

二曰：

贤者因人仁德而与之亲善友好

中人因人事功而与之亲善友好

不肖者因人钱财而与之亲善友好

得到十匹好马，不如得到一个伯乐

得到十口宝剑，不如得到一个欧冶 [1]

得到千里土地，不如得到一个圣人

舜得到皋陶就用他治平了天下

汤得到伊尹就拥有了大夏人民

文王得到吕望就征服了殷商

得圣人，即得天下

岂仅限于区区数里的土地

管仲正被囚禁在鲁国

桓公想任用鲍叔为相

鲍叔说："君若想成就王霸之业

那么有管夷吾在鲁国，臣不如他"

桓公说："夷吾

注释：

[1] 欧冶：春秋时冶工，善铸剑。

是害寡人的凶手

是用箭射过我的人，不能用"

鲍叔说："夷吾

是为他的君主射人的人

君如果得而用他为臣

那么他也会为君而射别人"

桓公不听，坚持任用鲍叔为相

鲍叔坚决辞让，而后桓公终于听从

于是，派人告诉鲁国

说："管夷吾，寡人的仇敌

希望能得到并亲手将他杀死"

鲁君应允 [1]

派官吏用皮革套住管仲双手

用胶粘上他的眼睛

装入大皮口袋，放在车上

送到了齐国边境

桓公派人用朝车迎接 [2]

点起祭祀时的火炬

举行去灾祈福的仪式

杀牺豭以举行血祭 [3]

还复管仲自由之身

到达齐国都城

桓公命令主管官吏

打扫宗庙，设置竹席案几

注释:

[1] 这里指鲁庄公。

[2] 朝车：重臣朝见君主所乘的车。

[3] 牺豭：祭祀用的纯色公猪。

向祖先进荐管仲

说:"孤自从听闻夷吾之论

目益明,耳益聪

孤不敢擅专

冒昧地以此告请先君"

然后,回过头来命令管子

说:"夷吾请辅佐我"

管仲诚惶诚恐退避几步

再拜叩头,接受旨令后而出

管子治理齐国,只要做事有功

桓公必一定先赏鲍叔

说:"使齐国得到管子的,是鲍叔"

桓公可谓深知行赏之道

但凡行赏,应该赏其根本

赏其根本,则无从生过出错

孙叔敖、沈尹茎相与为友 [1]

叔敖到郢都出游三年

名声不响,德行无人知晓

沈尹茎对孙叔敖说

"陈说理义使人听从

学说主张确保实行

能令人主上至于称王天下

下至于称霸诸侯

注释:

[1] 沈尹茎:与他篇的"沈尹
筮""沈尹蒸""沈尹巫"等
实为一人。

这方面我不如你

顺应社会，附和世俗

陈说道理，调和适中

以适逢主上心意

这方面你不如我

你何不先归耕隐居

我将为你在这里奔走游说"

沈尹茎在郢都奔走游说五年

楚王想用他为令尹

沈尹茎辞让说

"期思有个草野之民孙叔敖，那是个圣人[1]

王一定要予以任用，臣不如他"

荆王于是派人用王舆迎接孙叔敖[2]

任命为令尹

十二年后庄王称霸

这都是沈尹茎之功

功，莫大于荐德进贤

注释：

[1]　期思：春秋楚邑，在今河南省固始县西北。

[2]　王舆：王车，君主乘的车。

自　知

三曰：

欲知平直，必赖水准墨线

欲知方圆，必赖圆规矩尺

人主要想有所自知，必靠正直之士

故天子立辅弼，设师保 [1]

用以举发天子之过

人本来就不能了解自己

人主于此尤甚

存亡安危，无须外求，关键在于自知

尧有欲谏之鼓 [2]，舜有诽谤之木 [3]

汤有司过之士 [4]，武王有戒慎之鞀 [5]

即使这样，他们还是担心不能自知

当今的君主

贤能比不上尧、舜、汤、武

还要掩蔽视听

他们何以能了知自身的过失

荆成、齐庄因不自知而被杀 [6]

吴王、智伯因不自知而亡国 [7]

注释：

[1] 辅弼：辅政大臣，古有天子"左辅右弼"之说。师保：负责教养、辅导帝王的官，有师有保，统称师保。

[2] 欲谏之鼓：供想进谏的人敲击的鼓。

[3] 诽谤之木：供书写批评意见所立的木柱。

[4] 司过之士：主管匡正过失的官吏。

[5] 戒慎之鞀：供想劝诫君主使之谨慎的人所摇的鼓。

[6] 楚成王不听令尹子上的劝谏，立商臣为太子，后又欲废黜商臣，结果被商臣率兵包围，逼其自杀。齐庄公与其臣崔杼妻私通，后为崔杼所杀。

[7] 吴王夫差伐越后头脑膨胀，伍子胥多次劝谏不听，终为越所灭。参本书《贵直论·知化》。智伯瑶刚愎自用，与韩、魏围赵襄子于晋阳，后赵与韩、魏暗中联合，灭了智伯。

宋、中山因不自知而被灭 [1]

晋惠公、赵括因不自知而被虏 [2]

钻荼、庞涓、太子申因不自知而兵败身死 [3]

败，莫大于不自知

范氏出亡 [4]

有个百姓得到他的一口钟

只想背着钟赶快跑走

可是钟太大，没法背

想用鼓槌打毁，却钟声洪亮

担心别人听见来与自己夺钟

就急忙掩起自己的耳朵

不愿别人听到钟声尚可

不想自己听到，就有些荒诞

身为人主而不愿听到自己的过失

不是正像这种情况一样

不愿别人听到自己的过失

倒还可以理解

魏文侯宴饮

令诸位大夫评论自己

有的说君睿智，有的说君仁义

轮到任座 [5]，任座说："君是不肖君

得到中山国不封给君的弟弟

注释：

[1] 宋康王狂乱暴虐，为齐所灭，参本书《贵直论•壅塞》等篇。中山国君荒淫无道，为魏文侯所灭，参本书《先识览•先识》。

[2] 晋惠公背信弃义，在韩之战中被秦俘虏，参本书《贵直论•原乱》。据《史记•廉颇蔺相如传》，赵括兵败被杀，与这里被俘的记录不同。

[3] 钻荼、庞涓都是魏惠王将。太子申，为魏惠王太子。据《史记•魏世家》，魏惠王三十年（公元前340年），魏伐赵，齐就赵击魏，太子申等与齐战于马陵，大败，太子申被俘，庞涓被杀。

[4] 范氏：指范昭子，名吉射，春秋末年晋六卿之一。范吉射于晋定公二十二年（公元前490年）为赵简子所伐，出亡齐国。一说，亡为灭亡。晋出公十七年（公元前458年）智伯与韩、赵、魏共分范氏地，范氏于是灭亡。

[5] 任座：魏文侯臣。

却封给君的儿子

以此可知君之不肖"

文侯很不高兴，怒形于色

任座快步而出

按次序轮到翟黄，翟黄说："君是贤君

臣听说其主贤，其臣就言语耿直

现在任座言语耿直，以此可知君之贤明"

文侯大喜，说："能否让他回来"

翟黄回答说："有何不能

臣听说，忠臣会竭尽其忠心

虽死也不敢远避，座大概还在门口"

翟黄出去一看，任座正在门口

翟黄就以君令叫他进去

任座入门，文侯下阶来迎

终任座一生，待为上宾

文侯如果没有翟黄

就几乎失掉一位忠臣

对上能够顺应君心而使贤者尊显

或许只有这位翟黄

当　赏

四曰：

人民无从得知上天

人民了解上天，依靠的是

四季寒暑的更迭和日月星辰的运行

四季寒暑更迭、日月星辰运行得当

那么，各种有生命有血气的众生物类

就能各得其所、各安其生

人臣也无从了解主上

人臣了解主上

只能根据赏罚爵禄的施予

主上赏罚爵禄施予得当

那么，亲疏远近、贤或不肖之人

都会竭尽其力而为君主所用

晋文公回到晋国

赏赐跟随自己流亡诸人

而陶狐不在其中 [1]

左右侍从们说："君回到晋国

注释：

[1]　陶狐：跟随晋文公逃亡的贱臣。
　　他书或作"陶叔狐""壶叔"。

三次封赏爵禄，都不给予陶狐

想冒昧地请问这样做的道理"

文公说："辅佐我以义，引导我以礼

我给他最上等封赏

教导我以善良，约束我以贤德

我给他次一等的封赏

违背我的意愿，多次举发我的过失

我给他末等的封赏

这三种是用来封赏有功之臣

如果要赏赐唐国的辛劳隶役 [1]

那么陶狐倒是将居首位"

周内史兴听闻此事 [2]

说："晋公必将成就霸业

从前的圣王都是以德为先

而把力量放在后面

晋公所为正与此相符"

秦小主夫人任用奄变 [3]

众多贤者不悦而隐匿不出

百姓郁闷怨恨并指责主上

公子连正逃亡在外借居魏国 [4]

听到这种情况

意欲借机入秦，取代小主为君

于是借助诸臣与百姓到了郑所要塞 [5]

注释：

[1] 唐国：即晋国。周成王封其弟叔虞于唐，叔虞子燮父徙居晋水，始改国名为晋。

[2] 内史：官名。兴：人名。他书或作"叔兴""叔兴父"。

[3] 小主：战国秦国君，秦惠公之子出子（依毕沅说）。据《史记·秦本纪》，出子即位时仅两岁，所以称为"小主"。小主夫人：当指出子的母亲（依陈奇猷说）。奄变：人名。

[4] 公子连：秦灵公之子，出子堂兄，后杀出子而自立，是为献公。

[5] 郑所：地名，所在不详。

右主然正在把守 [1]，不放公子连入塞

说："臣坚守道义，不可同时侍奉两主

公子您快点离开"

公子连离开，进入狄人所居之地

走到焉氏要塞，菌改请入 [2]

夫人听说，大为震惊

命令将士立即起兵

将士接到命令说："敌寇犯边"

将士出发的时候

都说："前去迎击敌寇"

走到半路，乘机发生哗变

说："不是迎击敌寇，是去恭迎主君"

公子连于是与众将士一起回来

到了雍城 [3]，包围夫人，夫人自尽

公子连立为国君，就是秦献公

献公痛恨右主然，将要处以重罪

感激菌改，想要实行重赏

监突规谏说 [4]："不可

秦公子流亡在外的很多

如果这样做，那么臣子们

就会争相放入流亡的公子

这对主上不利"

献公认为他说的正确

所以赦免右主然的罪过

注释：

[1] 右主然：秦守塞之吏。

[2] 焉氏：地名，在汉之乌氏县（依
王念孙说），今甘肃省平凉市
西北。菌改：秦守塞之吏。

[3] 雍：当时秦国的都城，在今陕
西省凤翔县南。

[4] 监突：秦大夫。

而颁赐菌改以官大夫爵位 [1]

赏给守塞士卒每人二十石米

献公可谓善用赏罚

但凡对一个人行赏

并非是因为喜爱他

处罚一个人

并非是因为憎恶他

或行赏，或处罚

都是凭观察其行为所导致的后果而定

所导致的后果好

即使憎恶其人，也要给予赏赐

所导致的后果不好

即使喜爱其人，也要给予处罚

先王正是以此转危为安、治乱为平

博　志

五曰：

先王每有大事，就要除去障害

所以，他所要求的一定能够得到

他所憎恶的一定能够去除

注释：

[1] 官大夫：秦国爵位名。

这就是功成名立的原因

俗主就不是这样

有大事，却不能消除障害

所以不能成就

去除或不能去除成就大事的障害

贤主与不肖主因此而判别分明

假使獐飞快奔跑，马都追不上

但不久就会被捕获

因为它时不时回头顾望

骥一日千里，因为车轻

拉上重载，就一天不过几里

因为负担过重

贤者做事，没听说过会没有成效

然而，名不显立、利不及世人

那就是为愚昧不肖之人所拖累

冬夏两季不能同时形成

野草与庄稼不能一起长大

新谷成熟则陈谷必亏

凡是长角的动物就没有上齿 [1]

果实繁多则干木枝条低矮

思想偏狭者做事无成

这都是上天的定数

注释：

[1] 指有些长角的动物如牛、羊等上颚缺门齿及犬齿。

故天子做事，不做完全

不做极端，不做圆满

全则必缺，极则必反，盈则必亏

先王知晓，任何事物

不可能两方面同时发展壮大

故每临大事，一定要处理得当

孔丘、墨翟、宁越^[1]

皆布衣之士，怀思天下

以为先王之术无有可比

于是日夜学习

凡是有利于学习的，无所不为

凡是不利于学习的，绝对不为

人们常这样说起孔丘、墨翟

白天背诵经典研习学业

夜晚就亲眼见到文王、周公旦

当面向他们请教

用心如此专一纯粹

何事不达，何为不成

故说："精而熟之，鬼将告之"^[2]

并非真的有鬼神相告

而是因为精专习熟

假如现有宝剑良马于此

人们定会把玩不厌，观赏不倦

注释：

[1] 宁越：战国时赵人，曾为周威
王师。

[2] 应为当时的谚语。

而对于宝行良道 [1]

做了一次就绝不再行

然后，还想身心平安、名声显扬

不也是太过困难

宁越，中牟鄙人 [2]，苦于耕稼辛劳

就对他的朋友说："要怎样做

才可以免于此苦"

他的朋友说："莫如学习

学习三十年即可显达"

宁越说："我愿用十五年来实现

人家休息，我将不敢休息

人家睡觉，我将不敢睡觉"

学了十五年后，周威公以宁越为师 [3]

箭矢快速，射程不过二里

因为它会停止

步履虽慢，可行百舍 [4]

因为脚步不停

以宁越之才而长久努力不止

他能成为诸侯之师

岂不正得其所

养由基、尹儒 [5] 都是技艺高超的人

荆国朝廷曾有一个灵动的白猿

注释：

[1] 宝行：可贵的行为。良道：善道，好的学说。"宝行良道"是承前句宝剑良马而言。

[2] 中牟：战国赵地，在今河南省汤阴县西。

[3] 周威公：战国西周国君。

[4] 舍：古代度量单位，三十里为一舍。

[5] 养由基：春秋楚人，以善射著称。尹儒：人名，善驾车。

荆国善射之人无人能够射中

荆王请养由基来射它

养由基举弓持箭而去

箭矢未出而猿已在目标之内

一箭射出则白猿应矢而坠

由此看来，在箭射之前

养由基已在心中射中

尹儒学习驾车

学了三年仍不得要领，为此苦恼忧伤

夜里做梦，得到老师传授秋驾技艺[1]

第二天，去拜见他的老师

老师远远看见了他

对他说："我并非吝惜技艺

是担心你还未可教授

今天我将教你秋驾技法"

尹儒转身后退几步，向北再拜

说："今天早些时候

学生已在梦中得受"

他先向老师讲述梦境

所梦正是秋驾技法

以上两位士可谓善学能学

可谓没有什么能形成障害

所以，他们得以扬名后世

注释:

[1] 秋驾：一种驾驭车马的高超技术。

贵　当

六曰：

名号广大显赫

不可强求，必由正道勤劳而来

整治器物，不在于器物而在于人

治理人民，不在于人民而在于诸侯

辖制诸侯，不在于诸侯而在于天子

制约天子，不在于天子而在于节制他的欲望

节制欲望，不在于欲望本身而在于依从天性

天性，是万物之本

不可增长，不可短损

只能顺应其本然而使之然

这是天地之数，自然规律

窥见鲜红血肉则乌鹊聚合

狸猫在堂而众鼠逃散

服丧而出则人知有丧

竽瑟铺陈而人知有喜

商汤、周武修养自身德行而天下顺从

夏桀、商纣轻慢自身修养则天下叛离

难道这还非要等着说出来

君子只需详察自身就是

荆国有个人擅长看相

所说从无失策，闻名全国

庄王召见他并问询

他回答说："臣并不会相人

而是会观察那人的朋友

观察布衣平民，如果他的朋友

都孝敬父母，顺从兄长

忠厚恭谨，敬畏王命

像这样的人

家中必日益富足，自身必日渐显荣

这就是所谓的吉人

观察侍奉君主的臣子，如果他的朋友

都诚信可靠，品行高尚，喜好行善

像这样的臣子

侍奉君主就会日益进步

官职会日渐升迁

这就是所谓的吉臣

观察人主

如果他的朝臣多是贤能之人

左右侍从多是忠良之辈

君主一有过失，都争相进谏

像这样的君主

他的国家会日益安定

自身会日益尊贵，天下会日益敬服

这就是所谓的吉主

臣并不是擅长相人

而是善于观察人的朋友"

庄王认为他说得很好

于是大力罗致贤士，日夜不懈

从而称霸天下

所以，贤主时时召见各种能人贤士

并不是要特别地做做样子而已

而是要以此成就大事

其实，事无大小，理本相通

田猎驰骋，射猎放狗

贤主并不是不做

而是做了，就要思想上日有所得

不肖主做了，则是头脑日见昏惑

古代记载："骄惑之事，不亡奚待"[1]

齐国有个人爱好打猎

旷日持久而没有猎到动物

回家愧对他的家人，出外愧对邻里朋友

考量自己打猎不得的原因

应该是狗不够好

注释：

[1] 引文意为：做事骄慢昏聩，不灭亡还等什么？

想弄到好狗，又家贫无钱买狗

于是回家奋力耕作

奋力耕作，然后家中富足

家中富足，就有钱求买好狗

狗好了就可以屡屡猎得野兽

打措的收获经常超过别人

不只是打猎，诸事如此

不经这齐人疾耕般的艰苦努力

就成就王霸之业的霸和王，古今无有

这就是贤与不肖截然不同的原因

贤与不肖主的欲念和常人相同

尧、桀、幽、厉都有着一样的欲念

但用来实现的做法不同

所以，贤主会详加考察

认为不可能的，就不做

认为可以的，才去做

做任何事情必经由正道

所以，就没有什么东西能够妨害他们

贤主与不肖主的功业

因此相差万倍

似顺论第五

似　顺

一曰：

有很多事似乎违背事理

而其实合于事理

有很多事似乎合于事理

而其实违背事理

有谁明白，看起来合理其实悖理

和看起来悖理其实合理的道理

就可以与他谈论事物的发展变化

夏至白天最长

过了夏至就要反过来变短

冬至白天最短

过了冬至就要反过来变长

这就是天之道，就是自然的规律

荆庄王打算攻伐陈国

派人去察看陈国情况

派去的人回来

说："不可攻伐陈国"

庄王说："什么缘故？"回答说

"城墙高大，护城河深，蓄积很多"

宁国说[1]："可以攻伐陈国

陈，一个小国

竟然蓄积很多，必是赋税繁重

那么，人民必对上有怨

城墙高大，护城河深

民力已然疲惫

起兵讨伐，陈国可取"

庄王听取，遂攻取陈国

田成子能占有齐国至今[2]

因为有位兄长叫完子，仁且有勇

越国兴兵讨伐田成子

说："为什么杀死国君而夺取国家"[3]

田成子对此忧心忡忡

完子愿率领士大夫迎击越军

请求准许自己一定参战

交战后请准许自己务必战败

战败后请准许自己务必战死

田成子说："一定要参与越国交战，可以
战必败，败必死，寡人对此不太明白"

完子说："君据有齐国，百姓怨恨君上

注释：

[1] 宁国：楚臣。

[2] 田成子：春秋末齐国大夫，名
田恒（陈恒），又称田常（陈
常），谥成子，为齐简公、平
公相，独揽齐国大权，注重争
取民心，其后代代取代姜姓做了
齐国国君。

[3] 国君：这里指齐简公。

贤良之臣中又有敢死之臣

认为蒙受耻辱

完就此来看，国家已堪忧惧

现在越国起兵，臣前去应战

战而败，贤良尽死

不死也不敢回到齐国

君与他们的后人居于齐国

以臣来看，齐国必安"

完子出发，田成子哭泣送别

死亡与失败，人之所恶

而完子反以自己的死败

求得齐国的安定

做任何事情岂止只有一种途径

所以，愿意听取意见的人主

与尚在学习的士

不可不广学博闻

尹铎治理晋阳 [1]

到晋国国都新绛向赵简子请示 [2]

简子说："去平了那些军营营垒

我将前往晋阳，此去见到营垒

简直就是看见中行寅与范吉射"

尹铎回去反而增高营垒

简子上行到晋阳

注释：

[1] 尹铎：赵简子的家臣。晋阳：
　　 春秋晋邑，赵简子的封地，在
　　 今山西省太原市。

[2] 当时，赵简子为晋国执政大
　　 臣，居于晋国国都新绛。

远远望见营垒就大怒

说："嘻！尹铎骗我"

于是驻扎在郊外，准备派人诛杀尹铎

孙明进谏说[1]："以臣私下考虑

尹铎值得奖赏。尹铎的话本意是

见享乐则恣意放纵

见忧患则励精图治

这是人之常理

现在，君一见营垒就念及忧患

又何况群臣与百姓

那安定国家并利于君主的事

即使加倍获罪，尹铎也一定要做

那顺从命令以取悦于君的事

大家都能做到，更何况尹铎

请君细细考虑"

简子说："如果不是你这一番话

寡人几乎犯错"

于是就以免难之赏重赏尹铎[2]

德行最高的人主

其喜怒总是有理可循

次一等的，喜怒不循常理

也一定会屡屡改正

虽然尚未达到大贤境界

仍足以超过浊世之君

注释：

[1] 孙明：赵简子家臣。

[2] 免难之赏：意为使君主免于患难的重赏。

简子就相当于这类人

今世之主的弊病

在于以不知为耻，又自负于自以为是

好坚持错误并厌恶听取规谏

以至于身陷危境

其实，最大的耻辱

莫过于使自己置身危险

别　类

二曰：

知道自己有所不知，这就是高明

人犯错误，问题就在于

明明不知却自以为知

事物大多相互类似又并不尽然

很多人似乎聪明其实并不聪明

所以，亡国戮民才会接连不断

那药草中有莘有藟 [1]

单独服用，就会杀人

合在一起服用，却会益寿延年

蝎子、紫堇都是毒药

注释：

[1] 莘、藟：都是有毒的药草。

配在一起却并不致死

漆是流体，水是流体

漆水相合却会凝固干硬

越是潮湿，漆就干得越快

铜很柔软，锡很柔软

两柔相合则变得刚硬

一旦燔烧又变成流体

有的越湿反而易干

有的火烧则成流体

万物万类从来不会固定不变

岂可仅靠推理而知

小方形，与大方形相似

小马，与大马属于同类

小聪明，与大智慧却绝不类同

鲁国有个叫公孙绰的人

告诉别人说："我能把死人治活"

别人问他道理何在

回答说："我本来会治偏瘫

如果我把治疗偏瘫的药加倍

就可以把死人治活"

其实，原本在小的方面起作用的

不一定能在大的方面起作用

可以对局部起作用的

不一定能对全局起作用

相剑的人说："所呈现出的白色

来自为提高剑的硬度而铜中加锡

所呈现出的黄色

来自使剑柔韧的铜

黄白夹杂呈现的是坚硬又柔韧

就是好剑"

诘责反驳者说："呈现出白色，

所以剑不够柔韧

呈现出黄色，所以剑不够坚硬

黄白夹杂，所以剑既不坚硬又不柔韧

而且柔韧就会卷刃，坚硬则会折断

既易折又卷刃，怎么能成为利剑"

剑本身没有改变

然而有的说好，有的说不好

不同的解释论说导致评价不同

所以若能以耳聪目明来听取各种解释论说

那么，胡说妄言者就会住口

若不能以耳聪目明来听取各种解释论说

就会连是尧是桀也无以分别

这正是忠臣的忧患所在

贤人也会因此被废弃不用

义，小作则小有福

大行则大有福

对于灾祸则不是这般

小有灾祸也不如没有

箭射箭靶的人希望射中最小的靶中

射猎野兽的人希望射中更大的野兽

事物从来不是固定不变

岂可仅靠推理而明

高阳应准备建造房舍 [1]

木匠答复说："还不行

木料尚湿，再加上泥，一定会被压弯

用湿木料盖房，现在虽然好看

以后一定会倒塌"

高阳应说："真照你所说

房子就不会倒塌

木料越干就越坚实有力

泥土越干就会越轻

以越来越坚实有力的东西

承担越来越轻的东西

肯定不会倒塌"

木匠无言以对，受令奉命而为

房子刚落成时确实很好

注释：

[1] 高阳应：姓高阳，名应，宋人。

后来，果然倒塌

高阳应这是善于小处明察而不通大道

骥、骜、绿耳背朝太阳向西而奔 [1]

到了夕阳西下的时候

太阳却仍在它们的前方

眼睛本来就有看不到的东西

智力本来就有弄不明白的道理

道术本来就有力所不及的方面

有些事就是那样自然而然

尽管不知如何解释其所以然而然

圣人因此顺应自然来定章立制

而不会擅凭主观臆断

有 度

三曰：

贤主听取各方意见

必有准则，所以不犯错误

坚持准则并依此来听取意见

就不被欺骗，不会疑惧

注释：

[1] 骥、骜：千里马。绿耳：良马
名，传为周穆王八骏之一。

不受恐吓，不可取悦

以常人之智

对于已知的不会糊涂

对于未知的则会不明

就容易被人欺骗

会惶惑，被惊吓，可取悦

因为所知不详

有个客人问季子[1]

说："凭什么知道舜有治世之能"

季子说："尧本来已经治平天下

舜所说的天下治平之道

与尧的正相符合

因此知道舜有治世之能"

"虽然知道他有治世才能

又从何而知他不谋求私利"

季子说："能治理天下的诸君

必是通晓性命之情的人

当然无私"

夏天不穿皮裘，并非吝惜皮裘

是因为温暖有余

冬天不用扇子，并非舍不得扇子

是因为寒凉有余

圣人所作所为不谋私利

注释:

[1] 季子：即东户季子，传说为尧
    时诸侯。

并非爱惜财货，是因为要节制自己

节制住自己

常人贪婪不廉之心尚能抑止

又何况圣人

许由辞让天下并无勉强

因为对性命之情已有通晓

有所通晓，就会摒弃不义不洁之利

孔丘、墨翟的弟子门徒布满天下

都以仁义之术教导天下

然而并没有什么地方予以实行

教导者的主张尚无法得到推行

又何况所教导的弟子们

这是因为什么

因为仁义之术是外在的

那以外在的仁义克服内在的私欲

平民百姓尚且做不到，又何况人主

只有通晓了性命之情

仁义之术方可自然推行

先王不可能全知尽知

执守根本之道则万物治平

令人不能执守根本之道的

正是外物的扰动

所以说：要弄通思想惑乱，解开心志纠结

去掉德行拖累，打通大道阻塞

高贵、富有、显荣、威权、声名、财利

这六者会惑乱思想

容貌、举止、神情、辞理、意气、情意

这六者会纠缠心志

嫌恶、爱欲、欣喜、愤怒、悲伤、欢乐

这六者会拖累德行

智慧、才能、背离、趋就、择取、舍弃

这六者会阻塞大道

这四类东西不荡动于胸，就会思想纯正

思想纯正则内心平静

内心平静则清净明澈

清净明澈则致虚无

能致虚无则无为而无不为

分　职

四曰：

先王善用非己之有如己所有

因为他们通晓为君之道

作为君主

居于清虚，执守素朴，大智若愚

故能使大家尽心尽智

智能返归于大巧若拙

故能使大家尽力尽能

能执守无为

故能使大家有所为

无智、无能、无为

这就是为人之君所应执守

糊里糊涂的人主就不是这样

以一己之智强逞聪明

以一己之能强逞能干

以一己之为强逞作为

这就是君主自处人臣之职

君主既自处人臣之职

又想要君命通行无所壅塞

就是舜也做不到

辅佐周武王的有五位能人 [1]

对于这五个人的职事

武王一样也做不来

然而举世皆说，夺取天下的是武王

故武王取用非己之有如己所有

这就是通晓为君之道

注释：

[1] 这五位能人是，周公旦、召公
奭、太公望、毕公高、苏公忿生。

通晓为君之道

能令智慧者出谋划策

能令勇武者振奋

能令善于言辞者发声

马，伯乐观相，造父驾驭

贤主乘坐，日行千里

不用在驾驭、观相上劳神

却享一日千里的成效

这就是了知乘车之道

如果是招待宾客，酒酣之际

会有倡优歌舞、鼓瑟、吹竽

但第二天，客人并不会

去向使自己快乐的倡优致谢

而是去拜谢主人

因为，倡优是主人所使

先王的建功立名与此相似

就是要用好众多能员贤人

功名大立，卓著于世

却不会归功于辅佐之人

而是尽归其君

因为是辅臣的君主命使辅臣

犹如建造宫室，一定要任用巧匠

什么缘故？回答是

工匠不巧，则宫室不好

那国家，何等重大

国家如果治理不好

其危害岂是宫室不好可比

巧匠建造宫室

画圆必用圆规，画方必用矩尺

取平直必用水准墨线

事情完工，哪知什么规矩墨线

都只会赏谢巧匠

宫室建成，也没人知道巧匠

而都会说："善！这是某君、某王的宫室"

这个方面不可不深思明了

不通晓为君之道的君主就不这样

自己去做，没有这个能力

任用贤者，又担心害怕

只好与不肖之人议论贤者

所以，功名毁败、国家倾危

枣，酸枣树所有

裘，狐之所有

人皆可吃酸枣树的枣

人皆可穿狐皮做的裘

先王当然可以用非己之有如己所有

一日之内，商汤、周武

尽有夏、商的百姓

尽占夏、商的土地

尽得夏、商的财富

以此安定夏、商的百姓

而天下无人敢于施加危害

以夏、商的土地分封诸侯

而天下无人敢于表露不悦

以夏、商的财富行赏

天下就都奋发效力

他们自己的郼与岐周并无任何耗费[1]

而天下无不称颂大仁，称颂大义

这都在于他们通晓

善用非己所有的道理

白公胜一度占得荆国[2]

没能做到把府库财物分给别人

事发七天后，石乞说[3]："祸患已到

舍不得分财给人，就把它烧掉

不能让别人以此来危害我们"

白公胜又没能做到

第九天，叶公进入国都[4]

打开太府给民众发放财物[5]

打开高库给百姓分发兵器[6]

注释：

[1] 郼：殷商统一天下前作为封国
的国名。

[2] 白公胜：春秋楚人，楚平王太
子建之子，惠王十年（公元前
479 年）作乱，杀令尹、司马，
后事败被杀。

[3] 石乞：白公胜的党羽。

[4] 叶公：楚国叶县大夫沈诸梁。

[5] 太府：国家储藏财物的仓库。

[6] 高库：国家放置兵车武器的仓
库。

然后以此向白公发动进攻

事发十有九天之后，白公败死

国家本不是自己所有

却意欲占有，可谓贪婪至极

占有了国家，不以府库分人

不能为别人谋利，又不能为自己谋利

可谓愚蠢至极

白公之吝啬可有一比，正如枭之爱子[1]

天寒地冻时分，卫灵公下令凿地挖池[2]

宛春劝谏说[3]："天寒时起役兴工

恐要伤害百姓"

公说："天真的寒冷吗"

宛春说："公身着狐裘，坐着熊皮之席

屋内边角有火灶，所以不觉寒冷

现在的百姓

衣服破旧不得缝补

鞋子坏了不得编织

为君者是不冷

做老百姓的是真冷"

公说："善"

下令停止工程

左右侍从劝谏说："君下令凿地挖池

君不知天寒，而宛春知道

注释：

[1] 枭：猫头鹰。据说枭子长大后食其母。

[2] 卫灵公：春秋卫国君，姬姓，名元，公元前534年—前493年在位。

[3] 宛春：卫灵公臣。

因为宛春知道天寒，就下令停工

好处将归于宛春

而百姓的怨恨将归于君"

灵公说："不是这样

这位宛春，鲁国一介匹夫

我举用他，百姓对他还没有什么了解

现在就要让百姓借此了解他

而且宛春行善犹如寡人也有善行

宛春的善行不就是寡人的善行吗"

灵公这样评论宛春

可谓深明为君之道

为君者本无具体职任

而要根据臣下职位授予其职责

完成的巧拙好坏，都在臣下

该赏该罚，自有法度法规

君主何必亲自去做

如此一来

受赏者无须对谁感恩戴德

违法犯罪而被处死者也莫怨他人

人人各自反躬求己即可

这就是治国的极致

处　方

五曰：

凡是治理国政，一定要先确定名分

君臣父子夫妇各有名分

君臣父子夫妇六者各居其位

那么地位低下的就不敢越礼逾规

地位尊贵的就不会随意妄为

年轻的不会凶暴邪僻

年长的不敢怠惰轻忽

金木功用相异

水火用途有别

阴阳性质不同

共同的一点的是，对人有用

所以，差异能保证同一

同一则会危害差异

同异之分，贵贱之别，长少之宜

这正是先王所慎重

国家治乱之关键

正在射箭的人，要是专注于毫微

就看不到整面墙壁

正在画画的人，要是专注于毛发

就会忽略整个容颜

这说明一定要明白根本

根本不明，即使尧舜也不得治平

所以，凡是祸乱

必自身边开始而后延及远处

必根本处产生而后延及微末

国家治平也是如此

百里奚在虞国而虞国亡

在秦国而秦国称霸

向挚在殷商而殷商覆灭 [1]

在周国而周国称王

百里奚在虞国的时候

才智绝非愚昧无知

向挚在殷商的时候

所掌持的国家法典并非不好

但虞、商都没有治国之本

百里奚置身秦国

才智并没有进一步增加

向挚置身周国

国家法典并没有进一步完善

注释：

[1] 向挚：商朝太史令，谏纣不听
而归周，周武王采用他的建议
而称王天下。

但是秦、周具有治国之本

所谓治国之本

说的就是确定名分

齐王下令章子率兵 [1]

与韩、魏两国一起进攻楚国

楚王命唐篾率军应敌 [2]

两军对峙，六个月不交战

齐王命周最督促章子尽快接战 [3]

言辞甚为尖刻

章子回答周最说："杀死我

罢免我，戮我全族

这些齐王对臣都可以做到

不可交战而要求交战

可以交战而不让交战

齐王在臣这里办不到"

与楚军隔泚水驻军对垒 [4]

章子派人察看河水

寻找地方，可以横渡

楚军放箭，齐军无法靠近

有一个人，正在河边割草

告诉齐军的刺探者说

"河水的深浅很容易知道

楚军严密防守的，都是水浅的地方

注释:

[1] 章子：战国时人，齐威王、宣
王时为将。

[2] 唐篾：楚怀王将。

[3] 周最：战国周人，纵横家。

[4] 泚水：安徽淝河的古称，发源
于泚山，北入淮河。

防守粗疏的，就是水深的地方"

齐军的刺探者用车带上割草的人

一起来见章子，章子非常高兴

以精兵乘夜突袭楚军严密防守的地方

果然杀死唐蔑

章子可谓深明为将的职分

韩昭釐侯出外射猎

骖马拉车的一侧皮带有些松

昭釐侯在车上，对他的车夫说

"皮带是不是有一侧松了"

车夫说："是的"

到了地方，车停下来

昭釐侯去射鸟

他的车右收束好那侧松了的皮带

使它松紧适宜

昭釐侯射猎结束，乘车回去

上了车，过了一会儿

说："先前皮带一侧有些松

现在又松紧合适，怎么回事"

他的车右在身后回答说

"现在，臣已经把它调适"

昭釐侯回到朝中，就此责问车令[1]

车令和车右都惶恐请罪

注释：

[1] 车令：官名，负责管理君主所乘车马。

所以，擅自行动、凭空猜测的做法

即使适当，贤主也不会遵循

假如有这样一个人

擅自假托君命行事而免国家于祸患

即使裁断轻重可以像衡器那样准确

画方圆可以像用圆规矩尺那样标准

这种人做起事来又精致又巧妙

但并不足以效法

法，对所有人都是一样

贤与不肖都要身体力行

计谋想出来不可用

事情做出来不可普遍推行

这都是为先王所舍弃的

慎　小

六曰：

主上尊贵，臣下低微

地位低微，就不能由小事了解主上

地位尊贵，就会骄恣妄为

骄恣妄为，就会轻忽小事

轻忽小事，主上就无处了解臣下

臣下就没有了解主上的途径

上下互不了解

主上就会非难臣下

臣下就会怨恨主上

就人臣常情来说

谁也不会为自己怨恨的主上效力

就君主常情来说

也不可能喜爱自己不以为然的臣下

上下因此各自大失其道

所以，贤主总是慎重对待小事

以表明自己的好恶

堤防巨大，容收小小蝼蚁

所引起的水灾，会冲毁城邑、淹死民众

烟囱里漏出一个迸飞的火花

所引起的大火，会焚毁宫室、烧掉积聚

将领下错一道命令，会召致军破身死

主上说错一句话

会导致国破名辱，为后世讥笑

卫献公约孙林父、宁殖吃饭[1]

正好有雁群于苑囿降落[2]

注释：

[1] 卫献公：春秋卫国君，名衎，公元前 576 年即位，前 559 年被逐出逃，前 547 年又返国复位，前 544 年卒。孙林父、宁殖都是卫大夫，又称孙文子、宁惠子。

[2] 囿：天之诸侯畜养禽兽以供打猎的地方。

虞人报告给献公 [1]，献公就自去苑囿射雁

二位等待国君

天色已晚，献公还不回来

献公回来时，皮冠不去就与二人见礼 [2]

二位很不高兴

于是驱逐了献公，立公子黚为君 [3]

卫庄公立为国君 [4]，打算驱逐石圃 [5]

有一次，庄公登上高台远望

看到戎州 [6]，就问说："这是做什么的"

侍者说："这是戎州"

庄公说："我与周宗室同为姬姓 [7]

戎人安敢住在我的国中"

就派人抢夺戎人住宅，破坏戎人州邑

这时适好晋国攻击卫国

戎州人乘机与石圃一起攻杀庄公

立公子起为君 [8]

这就是由于庄公对小事不够谨慎

人们常常都是这样

谁也不会被高山绊倒

却会绊倒在蚂蚁窝的穴口土堆

齐桓公即位，三年只说话三句

天下称颂他的贤德，群臣都很高兴

注释:

[1] 虞人：管理园囿的官吏。

[2] 皮冠：田猎时戴的用白鹿皮制成的帽子。依照礼节，国君见臣属应该脱去皮冠。

[3] 公子黚：据《左传》，二人所立为献公之弟公孙剽，即卫殇公，《史记·卫世家》则谓"立定公弟秋为卫君"。

[4] 卫庄公：春秋末卫国君，卫灵公之子，名蒯聩，公元前534年—前493年在位。

[5] 石圃：卫大夫。

[6] 戎州：戎人聚居的城邑。

[7] 姬姓：周王室之姓。

[8] 公子起：卫灵公之子，卫庄公弟，名起。

这三句话是

去掉苑囿中吃肉的野兽

去掉宫廷中吃粮食的鸟雀

去掉用丝编织的捕兽网

吴起治理西河 [1]

想表明自己取信于民

就头一天在南门外立起一根木柱

传令全城百姓

说："明天有谁能扳倒南门外木柱

就让他做长大夫" [2]

第二天直到天黑，没有人来扳倒木柱

人们一起议论说："这话一定不是真的"

有一个人说："我去试试扳倒木柱

最多得不到赏赐而已

哪能有什么其他妨害"

于是，这人扳倒了木柱，去禀告吴起

吴起亲自接见并送他出来

任命为长大夫

而后，又立起木柱

像前一次一样又对全城百姓传令

城中百姓围在南门，争相去扳木柱

木柱这回埋得特别深

没人能扳倒木柱赢得赏赐

注释:

[1] 西河：战国魏地，地在黄河以西。在今陕西省大荔县。

[2] 长大夫：即上大夫，古官名。

从此以后，民众都相信吴起的赏罚

其实，只要赏罚能取信于民

那么何事不成

岂止是用兵

士容论第六

士 容

一曰：

士，不偏私不结党，柔顺而刚强

看起来一无所知却内心充实

他们心地光明而不乖巧

精神专注沉寂好像忘记自身

他们藐视琐事而专心于远大目标

似无胆气却不受恐吓威胁

坚定勇敢而不可污辱伤害

临患遇难而守义不坠

面南称尊也不骄恣自大

一旦君临天下就着手筹谋收服海外

行事高瞻远瞩而不贪小利

耳听眼观摒弃世俗之见以定世安邦

不求富贵而贫贱不离

德行依循理义而耻于奸诈巧伪

心胸宽阔不诋毁他人而内心昂扬

难为外物之利所动而绝不随便屈节

这就是国士仪范

齐国有人擅长相狗

邻居委托他买一条捕鼠的狗

整整过了一年才买到

说："这是一条好狗"

他的邻居畜养几年，狗却不捕鼠

邻居就把这种情况告诉相狗的人

相狗的人说："这是一条好狗

它志在猎取獐麋猪鹿

而不是捕鼠，想让它捕鼠

就要束缚它的双足"

邻居缚住狗的后腿，狗这才捕鼠

那骥骜之气，鸿鹄之志

总自内心而发，真实不欺

人也是这样，只要着实具备

则精神其中，人尽感知

岂是言语可说

这就是所谓不言之言

有个前来拜见田骈的客人 [1]

服饰穿戴合于法式，举止进退合于礼节

步履有节娴静文雅，言语辞令恭顺敏捷

田骈刚听他说完就予以谢绝

注释：

[1] 田骈：战国道家人物。

客人出门，田骈目送

弟子对田骈说："来客是位士吧"

田骈说："恐怕不是士

刚才来客收敛不为的方面

正是士应申说施行的地方

士应收敛不为的地方

却是来客申说施行的方面

来客恐怕不是士"

所以，火光照亮一个角落

就会有一半房屋没有光亮

骨节早成，孔窍空疏，身材必不高大

常人不谋大道

只求谨慎遵礼于仪容外表

就会多行巧诈不端

心志若是不正，就会功业不成

喜好敛财，不愿施予

国家再大也不能统一天下

而会天天发生灾祸

所以，君子的仪容风范

美好啊，如钟山之玉 [1]

挺拔啊，如高山大树

朴实敦厚啊，言行谨慎，敬畏教令

从不肯自我满足

自强不息啊，取舍严肃不苟

注释：

[1] 钟山：昆仑山之别名。

而心地十分纯朴无华

唐尚的同年有人做了史 [1]

他的老友以为唐尚也有此愿

就把消息告诉给唐尚

唐尚说："我不是没有机会做史

不去做是对此感到羞耻"

他的老友不信

等到魏国围困邯郸 [2]

唐尚说服惠王而解邯郸之围 [3]

赵国把伯阳封给唐尚 [4]

老友才相信唐尚真的羞于做史

过了一段时间，老友为自己的哥哥求官

唐尚说："等卫君死了

我让你哥哥代替他"

老友起身离席，退避再拜，信以为真

对可信的不信，对不可信的相信

这正是愚人的通病

知道人之常情是追求私利

自己却不能丢弃自己的私欲

靠这个去做君主，即使据有天下

又于天下何益

所以，没有比愚蠢更能坏事

愚蠢的通病，在于固执自信

注释：

[1] 唐尚：战国时人。史：负责起草、抄写文书的小官。

[2] 据《史记·赵世家》，赵成侯二十一年（魏惠王十七年，公元前354年），魏围邯郸，第二年攻占邯郸，成侯二十四年魏复以邯郸归赵。

[3] 惠王：指魏惠王。

[4] 伯阳：邑名，先属赵，赵惠文王时归魏，在今河南省安阳市西北。

一味照自己的想法而行

憨直鄙陋之人就会前来祝贺

像这样据有国家，就不如没有

古来的让贤就是由此而生

让贤的人并非憎恶自己的子孙

不是非要追求和夸耀这个名声

而就是根据具体实情

务　大

二曰：

试看古代文献的记载

三王的佐臣 [1]

他们的名声无不荣显

他们的地位无不安然

因为功劳伟大

庸主的佐臣

对于名声和地位的追求

其实与三王的佐臣一样

他们的名声却无不耻辱

他们的地位却无不危险

注释：

[1] 三王：夏、商、周三代的开国
　　君主，禹、汤、文、武。

因为并无功劳

他们都只担心自己在国中不够显贵

而不在意他们的君主于天下并不显荣

所以，他们越渴望荣耀反而愈加可耻

越渴望平安反而愈加危险

孔子说："在同一个屋檐下

为在一个好地方筑巢，会有燕雀相争

母鸟哺育着小鸟，怡然自得

母子之间愉悦快乐，自以为一切平安

即使烟囱破裂，大梁燃烧

燕雀仍然面色不变

这是什么缘故

不知道祸之将至且祸及自身

这不也太过愚蠢

为人之臣而有免燕雀之灾见识的，很少

那些为人之臣的

只想着自己的爵禄富贵能够日益增进

父子兄弟一起在国中结党营私

颇为自得地一起游乐

以此危害自己的国家社稷

他们其实离烟囱很近

但始终没有察觉

他们的见识与燕雀的没有什么差别"

所以说，天下大乱，就不会有安定的国家

一国尽乱，就不会有安定的家室

一家尽乱，就不会有安身的个人

这里说的就是这个

所以，局部之安必有赖于大局之安

大局安定一定有赖于局部安定

局部与大局、尊贵与卑贱互为助益

然后，都能得其所愿

薄疑以称王天下之术游说卫嗣君[1]

卫嗣君回应他说

"我所拥有的只是千乘之国，愿就此受教"

薄疑回答说："假如能像乌获力举千钧

又何况举起这一斤"

杜赫以安定天下游说周昭文君[2]

昭文君对杜赫说："愿学如何安定周国"

杜赫回答说："臣之所说如果您做不到

那么就无从安定周国

臣之所说如果您能做到

那么周国自然安定"

这就是所谓不去安定而使它安定的方法

郑君问被瞻说[3]："听说先生主张

不为君主而死，不为君主出亡

注释：

[1] 薄疑：战国时人，曾居赵、卫等国。卫嗣君：战国卫国君，秦惠文王至秦昭王时期在位，其时卫已经国小如县，所以贬称"君"。

[2] 杜赫：战国时谋士，曾游说于东周、齐、楚等国。昭文君：战国时东周国君。

[3] 郑君：这里指郑穆公，春秋时郑国君。被瞻：郑人，曾事文公、穆公。

真的有这样的话吗”

被瞻说："确有此说

君主如果言不听、道不行

那么本来就算不上侍奉君主

如果君主言听道行

又哪里会有什么死与亡”

所以，被瞻的不为君主死难出亡

远胜过那些为君主死难出亡的主张

从前舜想收服海外而未成

既是如此，也足以成就帝业

禹曾想成就帝业而未成

既是如此，也足以称王海内

汤、武想继承禹的大业而未成

既是如此，足以称王于人力舟车通达之处

五霸想继承汤、武而未成

既是如此，也足以做诸侯之长

孔丘、墨翟欲行大道于天下而未成

既是如此，也足以成为显荣之人

虽然大义未成，最后还是会有所成就

所以，一定要致力于大事

上 农

三曰：

古代祖先圣王引导其百姓

首先就是致力于农业

使百姓致力于农业

不仅是为了土地生产之利

更能使百姓心志高尚

百姓致力于农业，则民心质朴

民心质朴则民力易用

民力易用则边境安靖，君位崇高

百姓致力于农业，则民风厚重

民风厚重则个人主张较少

个人主张少则公法确立，民力专一

百姓致力于农业，则其家产繁多

家产繁多则慎重迁徙

慎重迁徙则宁老死家乡而不多想

百姓若舍本事末 [1]，就会不听受命令

不听受命令

就不可用以坚守，不可用于攻伐

注释：

[1] 本：根本，指农业。末：末业，指工商。

百姓舍本事末，则其家产简约

百姓家产简约则轻于迁徙

轻于迁徙则一旦国家有难

都想远走高飞，而无安居之心

百姓舍本事末，就会偏好计谋

好计谋则多诈伪

多诈伪就会在法令上机心巧诈

以非为是，以是为非

后稷说："所以要致力于耕织

因为这是教化的根本"[1]

正因如此，天子亲率诸侯耕种帝籍田

举行籍田之礼

大夫、士都要完成各自的劳动

正因如此，正当农时急务

农民都不得在都邑出现

以此教导百姓重视农田生产

后妃率九嫔在郊外养蚕，到公田采桑

因而春夏秋冬都有绩麻缫丝之事

以此致力于教化妇女

正因如此，丈夫不织而有衣穿

妇女不耕而有饭吃

男女交换劳动所得以生存

这就是圣人之制

注释：

[1] 此处所引后稷所说应为古农书
上之言，出自古农书的假托。

所以，一定要慎守农时，爱惜光阴

非老不休，非疾不息，非死不弃

上等田地，一夫所耕要供食九人

下等田地，一夫所耕要供食五人

所供食之人，可以增加，不可以减损

一人种田，供十人消费

六畜皆在其中，统一折合计算

这就是充分使用土地的方法

所以，正当农时大忙

不兴土木，不起军师

庶人不举行冠礼、娶妻、嫁女、祭祀

不得摆酒聚会

农民未赐爵上闻 [1]，不准私自雇佣代耕

因为这些于农时有害

如果不是因为同姓

农民不从外地娶妻，女子不出嫁外地

以便农民安居一地

然后，制定关于乡野的禁令

关于乡野的禁令有五条

土地未得耕垦整治

不操作麻事，不清除污秽

年龄未上年纪，不准从事园囿劳动 [2]

注释：

[1] 上闻：赐爵的一种，得此爵则名字可以通于官府（依孙诒让说）。

[2] 园：栽种果树的地方。囿：饲养禽兽的地方。园囿劳动较轻，所以不许青壮年劳动力去做。

劳力估量不足，不准扩大耕地

农民不得经商行贾，不得去做其他事情

因为这些于农时有害

然后，制定在各个季节所应遵守的禁令

山中不准伐木取材

水泽地区的人不准割草烧灰

捕取鸟兽的缳网罝罦不准出门 [1]

捕鱼的罛罟不准下水 [2]

河泽之上不是舟虞不准借口行船 [3]

因为这些于农时有害

如果农民不尽力田事，就要没收他的家财

如果不这样做，农、工、商就会互相仿效

国家必难于治理至极

那就是所说的背本违则

会导致国家丧亡毁败

凡百姓，自成年以上

分属农、工、商三种职业

农民生产粮食

工匠制作器物

商人经营货物

农时与农事不相一致

这就是所谓的大凶

以大兴土木侵夺农时

注释：

[1] 缳：罗网。罝：捕兽网。罦：
捕鸟网。

[2] 罛、罟：捕鱼的网。

[3] 舟虞：官名，负责管理舟船。

这就是所谓的稽 [1]

百姓会忧虑不绝

搞不好连秕谷也要失去

以治水之事侵夺农时

这就是所谓的籥 [2]

悲丧与欢乐相继

四方邻国都会前来残害

以战事侵夺农时

这就是所谓的厉 [3]

灾祸整年连续不断

根本没机会开镰收割

如果连续侵夺农民农时

严重的饥荒就会到来

田野中到处是闲置的农具

有人闲谈，有人唱歌

早上是这样，到傍晚还是如此

粮食会损失很多

人们都能看到这种现象

却没人知道重农这个根本

注释：

[1] 稽：迟延，意为延误农时。

[2] 籥：浸渍。意为以治水之事侵夺农时，犹如把农民浸泡在水里一样。

[3] 厉：虐害。

任　地

四曰：

后稷说：你会改造洼地为高地吗

你会清除劣土而代之以湿润的土吗

你会使土壤状况合宜而用垄沟给土排水吗

你会将籽种埋得深浅适宜而保持湿润吗

你会使蓷夷不在田间滋长蔓延吗 [1]

你会让你的田野尽吹和煦之风吗

你会让谷物茎秆密节而坚实吗

你会让庄稼穗大而坚实均匀吗

你会让籽粒饱满而皮薄吗

你会让谷米肥厚润泽吃着有咬劲吗

怎样做到这些

但凡耕作，大原则是

土性刚强的土地要使它柔和

土性柔和的土地要使它刚强

休耕的土地要连年种植

注释：

[1] 蓷：通"萑"，生于旱地的一
　　种较小的苇子。夷：通"荑"，
　　茅草。

连年种植的土地要休耕

贫瘠的土地要使它肥沃

过肥的土地要使它贫瘠

土质坚实的土地要使它疏松

土质疏松的土地要使它坚实

过湿的土地要使它干燥

干燥的土地要使它湿润

地势高的田地，不要把庄稼种在田垄

地势低洼的田地，不要把庄稼种在垄沟

播种之前耕五次，播种之后锄五次

一定要仔仔细细并且彻彻底底

种植深度的标准，见到湿土才算

这样，田间才不杂草乱生

又不会有螟蜮害虫[1]

今年谷子丰收

来年麦子丰收

以六尺之长的耒柄，可测亩宽[2]

耜面宽八寸，用以挖出标准垄沟

耨柄长一尺，这是作物行距标准[3]

其面宽六寸，所以便于用来间苗

土地，可以让它肥，也可以让它贫瘠

人要耕种，须趁土地湿润

使苗根扎牢而土地疏松

注释:

[1] 螟：吃苗心的害虫。蜮：吃苗叶的害虫。

[2] 耜：古代一种人力翻土的工具，柄叫耒，装在柄端用以插入土中的平板叫耜。亩的宽度为六尺，耒耜的长度也为六尺，可作亩宽的标准。

[3] 耨：一种用来耘田锄草的短柄锄。

人要锄地，须在旱时

保持土壤肥力并减少养分耗损

孟冬之月，草木枯黄 [1]

冬至后五旬七日，菖蒲萌生 [2]

菖蒲，百草中最先萌生

这时，开始耕地

孟夏下旬，三叶枯死而收大麦 [3]

夏至，苦菜死而蒺藜生 [4]

就要种大麻和小豆

这是告诉人们种地的宝贵时令已尽 [5]

秋分，豨首生而谷子黄熟 [6]

就要进行收获蓄藏

这是告诉人们全年农事活动结束

春、夏、季夏、秋、冬五时 [7]

见百草生而知作物可生

见百草枯而知可以收获作物

天降四时，地生财富

从不与人谋划商量

丰年祭祀土神，歉年禳除灾祸

不要让百姓丧失农时

不要让百姓做违背农时的错事

要使百姓通晓失时致贫、守时为富之道 [8]

注释：

[1] 原文为"草端大月"，意不详。高诱注："大月，孟冬月也。"端，似通"黵"。《说文》："黵，黑黄色也。"指草木由墨绿变为黑黄。

[2] 菖蒲：一种生于浅水中的多年生草本植物。

[3] 三叶：即荠、葶苈、菥蓂三种植物，都是在夏历四月末枯死，这时正是大麦成熟的时候。

[4] 苦菜：指苣荬菜（依夏纬瑛说），味苦，嫩叶可食。

[5] 此处依夏纬瑛说。

[6] 豨首：一种野生植物。

[7] 五时：指春、夏、季夏、秋、冬，这是阴阳家把五行与四季相配而产生的观念。

[8] 意即为富必须谨守农时，丧失农时则会致贫。

要时至而作，时尽而止

这样甚至可以完全调动起老弱的力量

气力花费一半，功用收获倍增

不懂农事的

农时未到就提前行动

农时逝去又思念不已

正当农时却并不在意

役使百姓而延误农时

既已延误百姓的农时

又对大好农时思念不已

这是对农事最差的管理

这样做事粗劣，不知高下

农民就会苟且偷安

种晚种早熟的谷物

却实现不了晚种早熟

种早种晚熟的谷物

却实现不了早种晚熟

这样只会粮食收获很少

甚至会没有收成

辩　土

五曰：

但凡耕地，基本原则是

一定要先从垆土开始 [1]

因为它水分少且土层干厚

松软柔润的土地一定要后耕

虽然后耕也都还来得及

水分饱和的土地要缓耕

先耕土质坚硬的地

放过那些柔润的土地，稍后再耕

高处田地耕后要把土块耙碎弄平

田地低湿，就要排尽积水

不可让"三盗"用地 [2]

那四时依序而出

本与耕稼相互参验而发 [3]

若垄沟宽大，田畦窄小

农田就像困在地上的条条青鱼

禾苗于上，如兽颈鬃毛直立

这就是土地窃走了禾苗 [4]

注释：

[1]　垆：性质刚硬的黑土。

[2]　三盗：即下文的地窃、苗窃、草窃。

[3]　原句为"四时参发"，未详。此处依夏纬瑛解说而译。

[4]　这里描述的是，因为土地整理的不合理，而使农作物种植面积缩小，就像土地把苗盗走了一样，所谓"地窃"。

庄稼已种下却没有形成行列

即使耕耘也难以长大

这就是苗与苗之间的相互盗窃[1]

不除杂草则田地荒芜

一除杂草又苗根虚活不实

这就是杂草为盗侵吞禾苗

所以，一定要去除这"三盗"

然后才能多多收获粮食

当今所谓力事农耕有经营却无收获者

动手早的是先于农时

动手晚的是没有赶上农时

寒暑劳作与时节不合

庄稼于是灾害频多

这些人整治田亩

亩的侧壁又高又直则易水分脱失

若修得斜险则易倾颓

种在这样田地里的庄稼见风倒伏

培土过高一遇到大风就会连根拔出

天寒就凋零，天热就干枯

一时之间就有五六种致死之道

所以，根本就不会有好收成

有的庄稼，不曾一起出土却一起死掉

根部不牢的先死

注释:

[1] 这里描述的是，因为庄稼种得没有行列，相互之间太密，相互之间争夺养分、阳光和空气等，结果都长不好，好像在相互盗窃，所谓"苗窃"。

于是众盗正好行窃 [1]

有的庄稼，远望似乎长势良好

走近一看却发现没有籽实

农夫只知他的田地已经整治

不知他的庄稼过于稀疏，密度不够

只知他的田地已经除治

不知道他的庄稼在地里扎根不牢

这样，不除杂草就会土地荒芜

清除杂草又会导致苗根不牢

这都是农事中的大害

所以，农田应该宽而平

垄沟应该小而深

下得水阴，上得阳光

然后庄稼才能全面成长

庄稼应该萌生于松细之土

而在坚实的土中生长

一定要小心播种

不要过密，也不要过稀

覆土盖种，不要使土不足

也不要使土过厚

用土盖种要仔细去做

一定要在盖种的土上多下功夫

盖种的土要细密

注释：

[1] 根部不牢的庄稼先死，等于减少了庄稼的面积，就会给杂草滋生提供机会，所以原文说"众盗乃窃"。

盖种的土细密，庄稼出苗就早

盖种的土要施撒均匀

施撒均匀，庄稼生长一定坚牢

因此，农田宽而平则不伤庄稼本根

植株生长于田畦，亩面分为五等份

禾苗出土成行有距，所以迅速生长

从小互不妨害，所以长大很快

横行定要恰当，纵行定要笔直

要让行列端正，和风通畅

注意疏通农田中心地块

使田中处处通风

禾苗，幼小时让它单独生长

长起来就应相互靠拢在一起

成熟时就应互相依助

因此每三四株成为一簇

就能多打谷粟

凡是禾粟的问题

在于不同生却要同死

所以先出土的结粒饱满

后出土的多为秕子

因此，每当锄草间苗

要保证先生的牡苗生长

去掉晚生的弱苗

在肥沃的土壤中种植

不要种得过于稀疏

在瘠薄的土壤中种植

不宜密植而使庄稼挤在一起

土壤肥沃而植株茂盛则秕子会多

土壤瘠薄而植株聚集则死的会多

不会种田的人

他们要是锄草间苗

就会去掉那先生的壮苗

而留下那晚生的弱苗

收不到粮食而只能收获秕子

整地、播种、管理失当

会导致庄稼和土地状况不适

植株就会大量死亡

覆土厚则萌芽就不能钻出地面

覆土薄则种子被闭锢不得发芽

垆土埴土颜色发暗 [1]

刚硬的土壤要使之软熟后再种

勤勉翻耕以消灭杂草害虫

才能使农业生产顺顺当当

注释：

[1] 埴：黏土。

审　时

六曰：

但凡农事，基本原则是

以笃守天时为要

伐木不应天时

木材不是过刚就是过柔

庄稼成熟而不及时收获

定遭风雨天灾

那庄稼，耕种它的是人

生它的是土地

养育它的是天

因此，播种时田间要放得下脚

锄地间苗时要伸得进锄

收获时要容得手采摘抓握

此之谓耕作之道

顺应天时而种的谷子

谷穗总梗长，穗子长，根部发达

茎秆有节制不徒长，坚实粗壮

谷码疏落而谷穗大

谷粒圆而皮薄

谷米肥美而咬着有劲

这样的谷子不惧风灾

先于时令而种的谷子

茎秆叶子绕满毫芒而总梗短

谷穗大但子房脱落

䄨米皮厚而不香 [1]

后于时令而种的谷子

秸秆叶子绕满毫芒总梗小

穗端尖细而颜色发青

秕子多而籽粒不饱满

顺应天时而种的黍

茎秆有芒而根无分蘖

黍穗有芒而长

米粒圆而皮薄

舂起来方便

吃起来香甜而不腻

这样的黍子做出饭来不易变味

先于时令而种的黍

根部发达而植株繁茂纷披

茎秆低矮而不条达顺畅

叶片肥润而黍穗短小

注释:

[1] 䄨:未详。于省以为当是"饴"字之误（见王毓瑚《先秦农家言四篇别释引》）。又有说，"䄨"，为"秸"之讹字，这里依后者而译。

后于时令而种的黍

茎秆小而细长

黍穗短而棘皮厚

小小的米粒颜色黄黑又没有香气

顺应天时而种的稻

根部发达而茎秆丛生

总梗长而谷码疏落

稻穗如马尾

籽粒大而无芒

米粒圆而糠皮薄

舂起来方便吃起来香

这样的稻米吃着适口不噎

先于时令而种的稻

根部发达而茎叶相互迫近

总梗短，稻穗短

秕子多，糠皮厚

籽粒少而稻芒多

后于时令而种的稻

茎秆纤细而不分蘖

糠皮厚，秕子多

籽粒小而壳内不实

不到等待成熟

穗子就仰首朝天而死

顺应天时而种的麻

定有毫芒而且较长

茎节稀疏而色泽鲜明

根部小而茎秆坚实

麻秆外皮厚而均匀

成熟较晚，花开多多

秋分时籽实累累

这样的麻不受蝗虫之害

顺应天时而种的菽

上部分枝长而下部总干短

豆荚每排七个，两排簇生在一起

分枝多，茎节密

叶片繁茂，籽实盛多

大菽籽粒滚圆，小菽籽粒鼓胀

称起来重，吃起来耐嚼而有香气

这样的菽不受虫害

先于时令而种的菽

一定长得过长而蔓延

叶片虚而不壮，茎节稀疏

豆荚小而不结实

后于时令而种的菽

上部分枝短而茎节稀疏

根部虚而不实且不生籽实

顺应天时而种的麦

总梗长而麦穗深绿

每面七八个小穗，仿佛排成两行 [1]

薄壳包裹，麦粒颜色赤红

称起来重，吃起来极香而越嚼越多

使人肌肤润泽而有力量

这样的麦子不受蚰蛆之害

先于时令而种的麦

暑夏的雨未到

就会有蚰蛆虫害

那麦粒又瘦又小

后于时令而种的麦

麦苗弱而麦穗发青

颜色暗，只有麦芒长得好

所以，顺应天时而种的庄稼兴盛丰收

错过天时而种的庄稼衰弱低产

即使茎秆数量相当

称一称，适时而种的分量要重

取粟脱粒收获的粮食要多

分量基本相等的粟舂出米来

适时而种的出米要多

注释:

[1] 长得好的麦穗，每面常有七八个小穗，从侧面看，就像七八个麦粒排成两行的样子。

分量基本相等的米做饭来吃

适时而种的米吃了禁饿

所以，适时而种的庄稼

它的气味香，它的味道美，它的咬劲足

吃上百日，耳聪目明，心意睿智

四肢强健，恶气不入，身无病疴

正如黄帝所说："四时之不正也

正五谷而已矣"[1]

注释：

[1] 此为后人托名黄帝所著的书。此语意为：四时之气不正，只要所吃五谷纯正就可以了。

附录

《吕氏春秋》序

（汉）高诱撰

吕不韦者，濮阳人也，为阳翟之富贾，家累千金。

秦昭襄王者，孝公之曾孙，惠文王之孙，武烈王之子也。太子死，以庶子安国君柱为太子。柱有子二十余人，所幸妃号曰华阳夫人无子。安国君庶子名楚，其母曰夏姬，不甚得幸，令楚质于赵，而不能顾质，数东攻赵，赵不礼楚。时不韦贾于邯郸，见之，曰："此奇货也，不可失。"乃见楚曰："吾能大子之门。"楚曰："何不大君之门，乃大吾之门邪？"不韦曰："子不知也，吾门待子门大而大之。"楚默幸之。不韦曰："昭襄王老矣，而安国君为太子。窃闻华阳夫人无子，能立嫡嗣者独华阳夫人耳。请以千金为子西行，事安国君，令立子为嫡嗣。"不韦乃以宝玩珍物献华阳夫人，因言楚之贤，以夫人为天母，日夜涕泣，思夫人与太子。夫人大喜，言于安国君，于是立楚为嫡嗣，华阳夫人以为己子，使不韦傅之。

不韦取邯郸姬，已有身，楚见说之，遂献其姬，至楚所，生男，名之曰正，楚立之为夫人。

暨昭襄王薨，太子安国君立，华阳夫人为后，楚为太子。安国君立一年薨，谥为孝文王。太子楚立，是为庄襄王，以不韦为丞相，封为文信侯，食河南雒阳十万户。庄襄王立三年而薨，太子正立，是为秦始皇帝，尊不韦为相国，号称仲父。

不韦乃集儒书，使著其所闻，为十二纪、八览、六论，合十余万言，备天地万物古今之事，名为《吕氏春秋》。暴之咸阳市门，悬千金其上，有能增损一字者与千金。时人无能增损者。诱以为时人非不能也，盖惮相国畏其势耳。然此书所尚，以道德为标的，以无为为纲纪，以忠义为品式，以公方为检格，与孟轲、孙卿、淮南、扬雄相表里也，是以著在《录》《略》。诱正《孟子》章句，作《淮南》《孝经》解毕讫，家有此书，寻绎案省，大出诸子之右，既有脱误，小儒又以私意改定，犹虑传义失其本真，少能详之，故复依先师旧训，辄乃为之解焉，以述古儒之旨，凡十七万三千五十四言。若有纰缪不经，后之君子，断而裁之，比其义焉。

后记

习近平总书记指出，中国文化源远流长，中华文明博大精深。只有全面深入了解中华文明的历史，才能更有效地推动中华优秀传统文化创造性转化、创新性发展，更有力地推进中国特色社会主义文化建设，建设中华民族现代文明。

全面深入了解中华文明的历史，推动文明历史研究引向深入，其实是一件很具体的工作。作为历史爱好者和诗歌习练者，这里选择了《吕氏春秋》这样一部先秦的重要典籍作为自己的切入点。

《吕氏春秋》是先秦典籍中唯一一部可以知道确切写作年代的书。

《吕氏春秋·序意》中说："维秦八年，岁在涒滩，秋甲子朔。朔之日，良人请问十二纪。"汉末高诱认为这里的"八年"就是秦王政即位的第八年。还有其他一些考证而来的说法，相差多不过在两三年之间。

吕不韦在秦庄襄王、秦始皇时期为相十三年。秦庄襄王在位三年而死，秦王政即位时年仅十三岁，尊吕不韦为相国，号称仲父。《战国策》说："应侯之用秦也，孰与文信侯专？曰：应侯不如文信侯专。"此时的吕不韦主理秦国国政，决定秦国的大政方针，权力超过昭襄王相国应侯范雎，为完成秦的统一大业做出了决定性的贡献。

《吕氏春秋》是在秦王政亲政前夕，秦国行将统一天下之际，吕不韦召集门下宾客儒士集体编撰的。据《史记·吕不韦列传》所载："当是时，魏有信陵君，楚有春申君，赵有平原君，齐有孟尝君，皆下士喜宾客以相倾。吕不韦以秦之强，羞不如，亦招致士，厚遇之，至食客三千人。是时诸侯多辩士，如荀卿之徒，著书布天下。吕不韦乃使其客人人著所闻，集论以为八览、六论、十二纪，二十余万言，以为备天地万物古今之事，号曰《吕氏春秋》。"

尽管这部书出自诸宾客儒士之手，但它反映的是主持人吕不韦的思想。

司马迁说，吕不韦是从个人荣辱出发，为了和六国四公子比并而招士，仿效荀卿等著书布天下而使客人人著所闻。

若仅如此，就多少有些轻看了吕不韦。

因为，《吕氏春秋》的成书年代，正是中华民族即将结束春秋战国裂世，进入大一统新时代的关键时刻。

当时，秦国统一天下已成必然，历史潮流所向，六国无力阻挡。作为先秦时期最杰出的政治家、思想家之一，身为秦相，吕不韦清楚地认识并把握这一大势。他亲自率兵消灭东周，使得即使仅存形式上的号召力的周天子不复存在。他力主并发动对六国的一系列战争，取得一系列重大胜利，秦国疆土得以大大扩展，从而奠定秦国最终消灭六国一统天下的基础。他进而敏锐而深刻地认识到，秦国取得统一天下之后，保持住这个胜利，实现秦的长治久安，才是困难而更具有长远意义的。为此，他致力于把在秦国实行的政策理论化，作为统一的秦帝国的治国纲领；同时，编撰青少年秦始皇成长期间的"百科全书式"的"教辅书"乃至"教科书"。在这个意义上，《吕氏春秋》的出现正是适应了秦国统一天下的需要。这也是结合"执一""不二"两节

（《吕氏春秋·审分览第五》）而命名本书的原因。

书成之后，吕不韦曾命"布咸阳市门，悬千金其上，延诸侯游士宾客有能增损一字者予千金"（《吕不韦传》）。因此，即使仅就表述而言，《吕氏春秋》堪称先秦最考究的文字，堪称那个时代的思想结晶。

"历代没有深入研究此书者，"当代研究者张双棣、张万彬、殷国光、陈涛在他们的《吕氏春秋译注（修订本)》（北京大学出版社，2000 年）一书的前言中就此慨叹，"这样一部有价值的书，却长期没有引起人们的重视。"很多研究者认为此书杂糅各家，不成一家之言，基本上忽略了它的价值，很少进行深入研究，最多就是做些校勘，其他也就是做些补注之类。清人卢文弨说："世儒以不韦故，几欲弃绝此书。"（《抱经堂文集》卷十）冯友兰也说："惟其成书于众手，各记所闻，形式上虽具系统，思想上不成一家。"（《吕氏春秋集释·序》）近世的哲学史或思想史著作，几乎无一为《吕氏春秋》单辟一章，都只将其附于有关各家之后。

历史上只有司马迁在《报任安书》中把《吕氏春秋》与《周易》《春秋》《国语》《离骚》等相比并，看作"倜傥非常之人"所作的重要著作；高诱为之训解，称它"大出诸子之右"。今人郭沫若先生的《吕不韦和秦王政的批判》，明确指出了《吕氏春秋》的时代局限性，同时为《吕氏春秋》的研究廓清路径。近年来，我国哲学史界、思想史界开始重视这部书，并取得一定的成果。

用诗的方式做一个译本，这是译者多年反复阅读《吕氏春秋》后一个终于固化下来的闪念。随着阅读的深入，愈加坚定地认为《吕氏春秋》是先秦时期中华民族所创作出来的最好的文字之一。疫情三年，正好可以别无他顾，专心致志地实现这个想法。

　　窃以为，对于思想作品而言，诗反而应该是比论更容易为读者所接受的一种方式。因为，诗句可以同样庄重却最富于感情，韵文可以同样严谨而长于引发共鸣。其实，更深刻的理解往往闪现于不可言说的顿悟，顿悟则一向足以担当古往今来灵犀相通的捷径。相对而言，诗句正好迎合了现代人碎片化阅读的习惯和兴趣，毕竟我们的阅读并不置于吕不韦所处时代的形势压力和迫切需要之下。如果诗句足够精致和贴切，那么甚至会有助于现代读者体会 2000 多年前志在实现华夏大一统的中华民族的豪士英杰们势在必得的气势和雄心、格局和感情，甚至可以深切地感受到他们的脉搏和心跳、呼吸和情绪。甚至会祈望，这样的诗句能够告慰徘徊于中华民族第一个大一统巅峰之上的英灵，并得到他们的认可，乃至祝福。

　　既然从老子、孔子、庄子到莎士比亚、雪莱、普希金甚至是米拉日巴、仓央嘉措的作品都可以拥有多种译本，那么《吕氏春秋》当然也可以拥有今天这样的一个译本。为此，学习、研究、借鉴了如《吕氏春秋译注（修订本）》（张双棣、张万彬、殷国光、陈涛注译，北京大学出版社，2000 年）、《吕氏春秋》（陆玖译注，中华书局，2011）等当代学者的白话文译本。出于对于这些前辈、学者的贡献和努力的敬重和感谢，这里谨将自己的翻译定义为"诗笔记"。

　　应该强调的是，虽然是"诗笔记"的形式，翻译仍是逐字逐句地进行的，致力于确保以词达意；保持相对合理的自有见解，同时在遣词用句上尽可能地体现现代诗文的考究、格律和气韵；在正视其时代局限性的同时，为发掘、展现这样一部 2000 多年前先秦典籍的现代意义而努力。

　　这里还有一个想法：对于当代的诗歌，表达一下力所能及的探索。

也许可以不那么确切地打个比方，在文学手法上，这是以浪漫主义形式展现的现实主义，或者是以现实主义原则实现的浪漫主义。

之所以这样做，都有一个最近的目的：希望更多的人来关注、喜欢《吕氏春秋》。

投身于伟大的民族复兴，我们注定与伟大的文化复兴相伴相生。这里，很想大声说：在中华民族伟大复兴的新征程上，让诗译《吕氏春秋》成为大家心中喜爱的那首歌吧！

用诗如心，请允许在此向我们伟大的祖先致敬！

感谢尊敬的李慎明会长！作为 2000 多年前中国传统政治学、哲学经典的诗译本，能够得到新时代中国政治学会会长作序，其中彰显的应该是中华优秀传统文化的现代性。

感谢尊敬的曹洪欣先生！作为具有世界影响的中医药大师，在本书的写作进程中，他的如药般的教导同时增强着我们的文化自信。

感谢尊敬的梁鸿鹰先生！"诗笔记"的创意，最先得到这位声名卓著的文艺理论大家的肯定。他是许多作家和作品的"指路人"和"接生婆"。

感谢尊敬的张高里先生！这位成就卓著的资深出版大家，在听到本书的选题时几乎没有任何犹豫就做出了肯定性决定。他对于中华优秀传统文化的深厚造诣，一定会在今后继续提供深入指导。

感谢尊敬的丁波先生！无论是作为先秦史研究专家，还是作为出版大家，他的肯定和支持，都是令人感激不已的珍宝。

感谢尊敬的安玉霞女士！她和她的同事杰出的专业水平和严谨的工作态度保证了本书能够以当前这样一种美好的方式呈现出来。

感谢尊敬的邵剑武先生！作为一位在诗词、书法、绘画、文物鉴定等多方面建树丰硕的文化大家，他的篆书墨宝"执一不二"令本书熠熠生辉。

感谢尊敬的张跃先生！他在中医药方面的才华和成就，令人坚信中华优秀传统文化泽被古今。

感谢尊敬的希中文化协会主席杨少波先生！他是亲赴希腊多年深入研究古希腊戏剧的著名学者，从他对本书的关注和支持中仿佛能够听到中西文明交流 2000 多年的浑厚回声。

感谢广大读者和所有提供帮助的人！愿你们拥有所有的美好！

译　者

2023 年 6 月 2 日